U0506087

本书为国家社科基金重大项目“‘一带一路’战略实施中
积极推进人民币国际化问题研究”(15ZDA017)阶段性成果

吉林大学哲学社会科学学术文库

中国对外市场提供者问题研究

Study on China's Role as a Market Provider for Foreign Countries

冯永琦◎著

社会科学文献出版社
SOCIAL SCIENCES ACADEMIC PRESS (CHINA)

序　言

冯永琦同志的专著《中国对外市场提供者问题研究》一书就要交由出版社正式出版了。作为他曾经的硕士、博士生指导老师和现在的学术合作者，应他之邀为本书作序，由衷地感到高兴。首先，我要向永琦第一本专著的面世表示衷心祝贺！

2018 年 5 月 20 日早晨传来消息，中美两国 5 月 19 日在华盛顿就双边经贸磋商发表了联合声明："双方同意，将采取有效措施实质性减少美对华货物贸易逆差。为满足中国人民不断增长的消费需求和促进高质量经济发展，中方将大量增加自美购买商品和服务。这也有助于美国经济增长和就业。"正在对美国进行访问的习近平主席特使、中共中央政治局委员、国务院副总理、中美全面经济对话中方牵头人刘鹤于当地时间 5 月 19 日上午接受了媒体采访。他表示："此次中美经贸磋商的最大成果是双方达成共识、不打贸易战，并停止相互加征关税。中美双方将在能源、农产品、医疗、高科技产品、金融等领域加强贸易合作。这既可以推动我国经济转向高质量发展，满足人民的需要，也有利于美方削减贸易赤字，是双赢的选择。"他强调："中国有庞大的中等收入群体，将成为世界最大的市场。这个市场具有高度竞争性，如果想在中国市场获取份额，出口国必须要提高自己产品和服务的竞争力，让中国人民愿意买。中国不仅愿意从美国买，也将从全世界买。中国将举办首届国际进口博览会，欢迎世界各国参加。"

由此，近期备受关注的"中美贸易争端"暂时告一段落。自 2018 年 3 月下旬特朗普总统对中国发起咄咄逼人的"贸易战"攻势以来，中美之间的贸易不平衡问题、知识产权问题、技术转让问题以及金融市场开放等问题均集中凸显出来。习近平主席 4 月 10 日在博鳌亚洲论坛上的讲话及其提出的四个领域的扩大开放措施，被认为是中国进入“新一轮改革开放”的重大举措，受到举世瞩目。此次中美贸易战不过是两国漫长的大国博弈进程的开端。值得注意的是，此次中美双方都本着合作务实的精神，暂时并未触及双方博弈的难点，而是以相对最为简单的市场开放为核心取得突破。而在此过程中，中国则体现出成为开放的全球市场提供者的新姿态。这对中国和世界不啻一个重大改变，是关乎世界经济增长格局的转变。

永琦的这部专著恰逢此时出版面世，理论意义和现实意义十分重大。

二十多年前，虽然当时中国经济崛起尚待时日，但从其发展趋势以及中国和东亚经济增长面临的诸多问题出发，我提出了中国作为东亚地区“市场提供者”这个研究命题，并带领研究团队进行了持续性的研究。整个 20 世纪 90 年代，我一直关注东亚经济发展问题。1995 年末，经过近四年的学习和研究，我的博士论文《东亚后发展经济进程与“强政府”》通过了答辩并被评为优秀博士论文。随后，该论文以“东亚奇迹与‘强政府’——东亚模式的制度分析”为题，1996 年被经济科学出版社作为“中国中青年经济学家文库”的首发卷出版发行。本书的问题逻辑是这样的：在二战后许多发展中国家的经济发展过程中，为什么某些采取西方民主政体的国家的经济增长速度不及那些采取集权体制的国家？比较分析的结论一般是，像印度那样的被缪尔达尔称为“软国家”的政府强度较弱，导致治理能力低下，而东亚各国、各地区政府的强度很高，对经济增长的促进作用一般更大。但接着又出现了另一个问题，为什么同样采取集权政体甚至“政府强度”更高的拉美各国的经济增长绩效却远不如东亚各国、各地区？寻着这一思路，我的研究结论是：“强政府”对经济增长的促进作用不仅仅在于“政府强度”（它具有“发动”和“减压”两项功能），更在于“政府质量”即政府致力于经济增长的目的性、经济施政的效率以及政府的自律性。这些是构成“东亚模式”的核心要素。该书出版后，在学术界获得了较大反响，核心观点被写入了国内编撰的发展经济学教材。但在我看来，相关研究始终有一个缺憾，就是所谓“东亚模式”除了各国、各地区内部的制度特征及其共性之外，还有一个重要的区域产业循环机制的存在，这从外部环境构成了“东亚模式”的另一个重要特征，只有对二者进行充分的研究，才能构成一个系统、全面的关于“东亚模式”的研究。1997 年亚洲金融危机爆发后，我的研究重点转向了东亚区域货币金融合作、人民币国际化和国际货币体系等研究领域。在随后的研究过程中，也只是对东亚区域产业循环机制问题进行过一些粗浅的研究。2000 年，我曾主编了《东亚区域产业循环机制与中国工业振兴》一书（吉林大学出版社），并发表了《中国在东亚经济中地位的提升：基于贸易动向的考察》（《世界经济与政治论坛》2005 年第 5 期）、《中韩产业关联的现状及其启示：基于 2000 年亚洲投入产出表的分析》（《世界经济》2009 年第 12 期）、《东亚产业关联的研究方法与现状——一个国际/国家间投入产出模型的综述》（《经济研究》2010 年第 4 期）和《东亚产业关联与经济相互依赖性——基于 AIIOT2000 的实证分析》（《世界经济研究》2010 年第 4 期）等一系列论文。其间，我曾在 1995 年提出，伴随着中国经济的快速增长，中国将会成为东亚地区最主要的市场提供者（《中日经济关系在东亚经济发展中的地位与作用》，《世界经济与政治》1995 年第 1 期），并在此后对此进行了初步的分析（《新世纪的东亚区域货币合作：中国的地位与作用》，《吉林大学社会科学学报》2004 年第 2 期；《中国作为东亚市场提供者的现状与前景》，《吉林大学社会科学学报》2010 年第 2 期等）。当时的考虑主要是，东亚地区虽然区域内贸易增长迅速，但主要以中间产品、资本货物为主，由于缺乏域内的最终产品市场提供者，不仅对美欧等外部的发达国家市场产生极大的依赖，而且不得不将本币牢牢地钉住美元，使得本国或本地区货币以及经济发展成为“美元体系”的附庸，且由于缺少区域货币金融合作安排及其机制，它们又被迫地独自承担该体系带来的风险与成本。因此，伴随着中国经济的崛起尤其是经济增长方式的转换，中国有希望成为东亚地区内部乃至世界上最大的最终产品市场提供者，这不仅将促进东亚经济的稳定和可持续发展，为人民币国际化提供更为良好的条件，也将改变全球经济增长的格局。

在近十年左右的时间里，我们研究团队中的许多成员包括博士研究生都持续性地关注并研究过相关问题，发表了许多较高水平的研究成果。冯永琦副教授的这部专著不仅是对这些研究的归纳、梳理与总结，而且是相关研究的高水平成果，可以说是在我们的研究课题系列中填补了一项空白。

这部专著分析了中国作为东亚以及“一带一路”沿线国家市场提供者的地位和发展前景，研究了中国对外市场提供者地位对东亚区域的贸易模式转型和推进中国人民币国际化战略的影响，探讨了中国对外市场提供者的结构变化对中国贸易模型转型和经济增长的影响，论述了中国对外市场提供者的结构变化与经济发展之间的关系。这部专著得出的相关结论能够为现阶段中国全方位对外开放、进口贸易政策和结构优化、对外国际关系政策以及供给侧结构性改革等宏观经济管理提供理论参考。同时，在我看来，这部专著有三个主要特点。一是相关文献、资料、数据归纳、梳理得比较全面，足以使得该项研究具有深厚的积淀和更为广阔的视野。例如，以往的相关研究主要是围绕着东亚地区展开，探讨中国作为东亚地区最终产品市场提供者的地位及其前景等问题，而这部专著将研究视野扩展至“一带一路”沿线国家，开始关注中国作为全球市场提供者的地位等问题。二是研究思路系统、全面，不仅着重分析了中国的市场提供者地位对东亚贸易模式转型的影响，同时对中国对外市场提供者的结构变化与中国进口贸易模式转型、中国最终需求对不同行业产品的进口诱发以及中国经济增长的影响等问题进行了比较深入的探讨，并分析了中国对外市场提供者地位对人民币国际化的影响，以及中国经济发展对不同产业部门进口需求的拉动作用。三是研究方法比较先进，不仅运用了定性分析和逻辑推理，而且采用了 GMM 估计方法、误差修正模型、变系数面板模型、变截距面板模型、动态面板模型、投入产出模型等诸多模型和分析方法进行了定量研究，使得研究过程及其结果更加科学、规范和可信。

当然，这部专著同任何学术成果一样，也自然存在一些不足。我相信这将成为永琦继续做好研究的动力。依我对永琦的了解，我对此充满信心。

永琦 2001 年至 2005 年就读于吉林财经大学，于 2007 年 9 月考取了吉林大学经济学院世界经济专业的硕士研究生，在我的指导下学习了两年，并于 2009 年被推荐免试攻读博士研究生，继续在我的指导下进行了三年的博士课程，在 2012 年 7 月顺利完成博士论文答辩、获得了博士学位后，以优异的成绩留校任教。

永琦为人低调、谦虚，勤奋、认真。他由一所省级地方院校考入国家重点大学并取得优异成绩本身，足以证明他的才华。但我更看重的，是其锲而不舍的勤奋精神和乐于助人、善于与人合作的优秀品质。这种精神品质使他在毕业仅仅两年后即2014年9月被聘为副教授，2017年9月又被聘为博士生指导教师，更有助于他将来成为一名优秀的学者。

希望今后永琦能够产出更多、更优秀的研究成果。

李 晓

2018年5月20日于长春净月家中

摘 要

美国总统特朗普上台后，美国开始收缩对外经济战略。美国对促进贸易全球化方面责任的放弃，使全球化发展到了又一个转折点。这对中国来说，既是机遇，同时也是挑战。中国应该在未来的国际经贸领域，继续倡导经济全球化，继续推动贸易自由化。在“一带一路”倡议下，依据“共商、共享、共建”的原则，积极主张“互通互联”。既然是“互通互联”，就意味着既有“走出去”，同时又有“走进来”。2017 年 5 月 14～15 日，中国在北京主办了“一带一路”国际合作高峰论坛。在高峰论坛最终的 76 大项成果中含有一项“中国将从 2018 年起举办中国国际进口博览会”。2018 年博鳌亚洲论坛上，国家主席习近平明确提出主动扩大进口等重大开放举措。因此，作为全球最大市场之一的中国要充分发挥对外市场提供者的作用，充分重视不同类别产品进口结构的优化。

中国积极对外提供产品市场以及进行结构优化具有重要现实意义。一方面，中国对外市场提供者地位的提升有利于增强中国在国际经济地位中的影响力。一国对外产品市场提供的能力能够直接地体现他国对该国的经济依赖度。研究中国对外市场提供者的地位和结构的变化及影响，可以为中国在“一带一路”建设中对自身国际经济地位的认识、争取增强“一带一路”沿线国家对中国的依赖程度以及如何寻求共同利益而实现“合作共赢”提供理论上的思路。另一方面，这会为“新常态”下中国如何充分发挥作为供给管理重要手段的进口贸易结构管理作用提供理论依据。中国宏观经济管理的思路正在发生重大转变和调整，主要转变为需求管理与供给管理并重，而改善进口贸易结构是改善经济供给面的重要内容，在进口贸易结构的调整中，要重视不同类别进口数量与结构的优化以实现经济增长预期。

本书以中国对外市场提供者的地位与结构为主要研究对象，分析中国对外市场提供者地位与结构的变化及其影响。全书共计七章。第一章为导论。第二章至第五章主要研究中国对外市场提供者的地位问题。第六章和第七章主要研究中国对外市场提供者的结构问题。通过分析和研究，本书的核心观点如下。第一，中国于2007年超过日本成为东亚最大的初级产品市场提供者，2003年和2009年超过美国成为东亚最大的中间产品和最终资本品市场提供者。但是，中国提供的最终消费品市场依然落后于美国甚至日本。中国作为东亚最终消费品市场提供者的地位还会提升，中国作为东亚中间产品和初级产品市场提供者的地位将下降，中国作为东亚最终资本品市场提供者的地位可能下降或者变化不大。第二，中国是大部分“一带一路”沿线国家主要的初级产品市场提供者，是东南亚国家、中亚国家和西亚国家主要的中间产品市场提供者，中国作为“一带一路”沿线国家最终资本品和最终消费品市场提供者的地位很低。中国作为“一带一路”沿线国家初级产品和中间产品市场提供者的地位还会进一步上升，而最终消费品和最终资本品市场提供者的地位不会有显著的上升。第三，中国作为东亚区域内最大的最终产品市场提供者，将在东亚贸易模式转型这个过程中扮演重要的角色。中国外贸发展方式的转变是东亚贸易转型的直接推动力，中国内需的扩大是推动东亚贸易模式转型的最重要因素。第四，中国对外市场提供者地位的提升可以积极推进人民币贸易计价货币功能的实现，可以促进人民币作为贸易融资货币的使用。为了提高人民币在东亚区域内“货币锚”的作用，应着重推动中国作为东亚最终消费品市场提供者地位的进一步提升。第五，目前中国没有发生大规模的产业海外转移，国内总私人消费对进口贸易模式转型的作用依然没有充分发挥。所以，短期内中国进口贸易模式转型难以出现。但是，长期来看中国进口贸易模式转型还会发生。第六，近年来，中国对外提供初级产品市场规模所占比重经历了迅速上升，但目前已经出现明显下降的趋势。中国提供的中间产品市场所占比重会比较稳定或呈下降趋势，提供的最终产品市场所占的比重将会逐渐上升。中国对外市场提供者的结构变化会对经济增长产生一定的影响。第七，中国对外提供的市场仍旧是初级产品市场和中间产品市场所占比重比较大。从发展趋势上来看，中国对外提供市场的产业类型会从中间产品产业类型向最终产品产业类型逐渐转换，即中国对外提供最终产品市场的能力会伴随着中国产业结构的升级而不断提高。但是，这一转变的实现仍有很长的路要走。第八，最终需求是诱发一个国家产生进口的动力根源，各项最终需求对不同行业进口诱发能力的变化直接推动中国对外提供市场结构上的变化。例如，存货增加和贵重物品净值进口诱发能力较强的行业构成了中国为韩国所提供产品市场的重要主体。

Abstract

Since President Trump took office, the US has been reluctant to fulfill its responsibility of promoting the globalization of trade. This has led the world to a turning point. It poses a challenge as well as an opportunity for China. In the international arena, China should keep promoting economic globalization and free trade. With the guidance ofthe Belt and Road Initiative and its principle of "Consultation, Contribution and Shared Benefits", China has been actively promoting "connectivity". It means both "coming in" and "going out". On the 14th and 15th of May, 2017, China hosted the "Belt and Road Forum for International Cooperation" in Beijing. There are 76 major projects in the final outcome of the summit, including the decision that "China will hold the China International Import Expo from 2018". In the 2018 Bo'ao Forum for Asia, President Xi proposed to open up China's market through expanding imports and other measures. Therefore, as the one of the biggest global market, China should fulfill its role as a market provider and focus on optimizing its import trade structure.

It is of great practical significance for China to actively provide markets for other countries and optimize its import trade structure. On the one hand, the improvement of China's status as a market provider can strengthen China's position in international economy. A country's importation reflects how much other countries are economically dependent on it. Studying the influence of the changes in China's import trade structure and its role as a market provider can help us better understand China's position in international economy and deepen

OBOR countries' economic dependence on China's market. It will also offer us fresh ideas on how to pursue mutual benefits and achieving a win-win situation. This will provide a theoretical basis for how China can give full play to the management of its import trade structure, which is an important means of supply management under the "new normal". The thinking of China's macroeconomic management is undergoing major changes, mainly equally emphasizing demand management and supply management. Improving the import trade structure is an important part of improving the economic supply. In the adjustment of import trade structure, we must pay attention to different types of imports, their quantities and the overall structure optimization in order to achieve the economic growth expectations.

This book focuses on the status and structure of China as a market provider, and analyzes the changes in the status and structure of China' as a market provider and its impact. It consists of seven chapters. The first chapter is the introduction. Chapters 2 through 5 focus on the issue of the status of China as a market provider. Chapters 6 and 7 focus on the structure of China as a market provider. The main findings of this book are as follows: First, China surpassed Japan in 2007 to become the largest supplier of primary commodity markets in East Asia, in 2003 and 2009, China exceeded the United States as the largest provider of intermediate products and final capital markets in East Asia. However, China's position as a final consumption goods market still falls behind the United States and even Japan. China's position as a market provider of consumer goods in East Asia will also increase. China's position as a market provider of intermediate products and primary products in East Asia will decline, and its status as a market provider of final capital goods in East Asia may decline or change insignificantly. Second, China is the major market provider of primary products in most of the countries along the "Belt and Road" region, and is a major intermediate product market provider for Southeast Asian countries, Central Asian countries and West Asian countries. China's position as a final capital goods and final consumption goods market provider for the "Road and Belt" countries is quite low. China's status as a provider of primary goods and intermediate goods for the countries along the "Belt and Road" region will further increase, and its status as final consumer goods and final capital goods market provider will not rise significantly. Third, as the largest market provider of final product in the East Asian region, China will play an important role in the transformation of the East Asian trade model. The transformation of China's foreign trade development mode is a direct stimulus for the transformation of East Asian trade. The increase in China's domestic demands is the most important factor in the transformation of the East Asian trade model. Fourthly, the improvement of the status of China as a market provider can actively promote RMB as the currency for financing. In order to improve the role of RMB as a "currency anchor" in East Asia, China should focus on promoting its status as a provider of final consumer goods in East Asia. Fifth, at present, there is no large-scale industrial overseas shift in China, and domestic private consumption has not fully played its role in the transformation of import trade structure. Therefore, in the short term, it is unlikely that China will transform its import trade model. However, in the long run, the transformation of China's import trade model will happen. Sixth, the recent years has witnessed a rapid increase in the ratio of China's primary goods market, but it has already shown a clear downward trend. The proportion of intermediate products market provided by China will be relatively stable or declining, and the proportion of the final product market provided by China will gradually increase. Changes in the structure of China's market for other countries will also have certain impact on its economic growth. Seventh, China's market for primary goods and intermediate goods still takes up a relatively large part of the whole market. Judging from the development trends, there will be a change of focus from intermediate products to final products in China's importation. That is, China's ability to provide a final product market to other countries will continue to increase along with the upgrading of China′s industrial structure. However, this transformation still has a long way to go. Eighth, final demands trigger a country's importation. Each final demand directly influences the induced ability of imports of different industries and directly promotes the changes in the market structure provided by China. For example, industries with increased inventory and strong ability to induce the imports of valuables constitute the main body of China's market for Korea.

目录
CONTENTS

图表目录

第一章 导 论

第一节 市场提供者问题的提出

一 研究背景与意义

（一）“一带一路”倡议的实施

“一带一路”倡议是中国国家领导人从统筹国内和国际两个大局的角度出发，为实现中国的和平崛起和中华民族的伟大复兴所做出的规划。2013 年 9 月至 10 月，中国国家主席习近平在访问哈萨克斯坦和印度尼西亚时，先后提出共建“丝绸之路经济带”和“21 世纪海上丝绸之路”的倡议构想。[①] 此后不久，中国政府将“一带一路”正式纳入国家发展议程当中，并有条不紊地施以顶层设计。中国将全面推进新一轮对外开放，发展开放型经济体系，为亚洲和世界发展带来新的机遇和空间。[②] 李克强总理在 2017 年 3 月所做的《政府工作报告》中指出，扎实推进“一带一路”建设，推动互联互通、经贸合作、人文交流，坚持共商、共建、共享，使“一带一路”成为和平友谊纽带、共同繁荣之路。

“一带一路”构成了中国全方位对外开放的新格局和周边外交战略的

① 2013 年 9 月 7 日，习近平主席首次提出共建“丝绸之路经济带”的倡议；2013 年 10 月 3 日，习近平主席首次提出共同建设“21 世纪海上丝绸之路”的倡议。

② 习近平：《弘扬和平共处五项原则建设合作共赢美好世界——在和平共处五项原则发表 60 周年纪念大会上的讲话》，《人民日报》2014 年 6 月 29 日，第 2 版。

新框架，标志着中国对外开放战略发生了实质性变化。从开放的内涵上来讲，从“引进来”转向“走出去”，“引进来”和“走出去”更好结合，以开放促改革；从开放的广度上来讲，为发展中国西部地区，实施向西开放，形成全方位开放新格局；从开放的深度上来讲，顺应世界区域经济一体化发展趋势，以周边为基础加快实施自由贸易区，实现商品、资本和劳动力的自由流动。

从本质来看，“一带一路”倡议是通过“互通互联”来体现“合作共赢、开放包容”的，共商、共建、共享是“一带一路”建设秉持的原则。① 既然是“互通互联”，就意味着既有“走出去”，同时又有“走进来”，只有输出没有输入是不可能也是做不到的。

这需要我们考虑两个问题。一是在“一带一路”倡议下不仅我们对别人产生影响，别人也会对我们产生影响，“一带一路”沿线国家与中国之间相互影响的程度需要我们思考。二是“一带一路”沿线国家经济发展水平和宗教文化背景差异较大，实现“合作共赢”必然要面临诸多挑战，而实现“合作共赢”的基础就是寻找共同利益。一般来说，经济依赖度和依存度越高的区域，其共同利益的存在性就越大。所以，“一带一路”沿线国家与中国之间相互依赖的程度问题也值得我们思考。

产品市场的提供能力能够直接地体现他国对该国的经济依赖度。例如，中国作为“一带一路”沿线国家产品市场提供者的地位越高，这些国家对中国经济的依赖程度也就越高。在“一带一路”倡议实施过程中，为了寻找中国与“一带一路”沿线国家共同利益和实现“合作共赢”，中国应该争取增强“一带一路”沿线国家对中国的依赖程度。那么，这就需要进一步提升中国作为“一带一路”沿线国家市场提供者的地位。

（二）“新常态”下的经济结构转型

当前，中国经济发展已进入所谓的“新常态”阶段，中国经济增长已

① 互通互联即为以政策沟通、设施联通、贸易畅通、资金融通、民心相通为主要内容，加强合作。2015 年 3 月 28 日，习近平主席指出“一带一路”建设秉持的是共商、共建、共享原则。

进入结构性减速阶段。[①] 速度上“由高速增长转向中高速增长”，结构上“经济结构不断优化升级”，动力上“从要素驱动，投资驱动转向创新驱动”。2015 年 11 月 10 日，习近平总书记在中央财经领导小组会议上首次提出了“供给侧改革”，明确提出“在适度扩大总需求的同时，着力加强供给侧结构性改革，着力提高供给体系质量和效率，增强经济持续增长动力”。2015 年 11 月 17 日，李克强在“十三五”规划纲要编制工作会议上强调，在供给侧和需求侧两端发力促进产业迈向中高端。2017 年 3 月的《政府工作报告》中进一步指出，坚持以推进供给侧结构性改革为主线，把改善供给侧结构作为主攻方向，加快破除体制机制障碍，以供给侧结构性改革提高供给体系的质量和效率，进一步激发市场活力和社会创造力，减少无效供给、扩大有效供给，更好适应和引导需求。

相应地，中国宏观经济管理的思路也需要做重大转变和调整，主要转变为需求管理与供给管理并重，应当是从供给与需求两端同时发力。在需求方面，部分领域的扩大需求还是必要的；在供给方面，主要是放松管制和约束，增加有效供给。[②] 从对外贸易关系角度来考虑，长期以来国家比较重视和强调出口贸易，因为出口贸易是需求面的重要内容。但在经济增长的结构性减速阶段，外部需求的增长空间有限，只强调出口贸易增长已经很难改善经济增长的潜在条件。因此，需要把进口贸易作为供给管理的重要手段，发挥进口贸易改善经济增长潜在条件的积极作用，这是中国经济增长结构性减速阶段需要研究和解决的新课题。[③]

优化进口贸易结构是改善经济供给面的重要内容；对于一国宏观经济管理部门而言，除了强调需求管理以外，进口贸易结构调整也是一种重要的管理手段。在进口贸易结构的调整中，要重视不同类别进口数量与结构

---

① 袁富华：《低碳经济约束下的中国潜在经济增长》，《经济研究》2010 年第 8 期，第 79~89 页；中国经济增长前沿课题组：《中国经济长期增长路径、效率与潜在增长水平》，《经济研究》2012 年第 11 期，第 5~18 页；裴长洪：《对未来经济发展取向和增长理念的若干分析》，《经济学动态》2013 年第 2 期，第 4~9 页。

② 胡鞍钢、周绍杰、任皓：《供给侧结构性改革——适应和引领中国经济新常态》，《清华大学学报》（哲学社会科学版）2016 年第 2 期，第 17~22 页；丁任重：《关于供给侧结构性改革的政治经济学分析》，《经济学家》2016 年第 3 期，第 13~15 页。

③ 裴长洪：《对未来经济发展取向和增长理念的若干分析》，《经济学动态》2013 年第 2 期，第 4~19 页。

的优化以实现经济增长预期，为中国经济结构的调整、优化和升级创造有利条件。[①] 目前，中国进口贸易结构正在发生转变，初级产品所占比重迅速上升，而中间产品进口比重呈下降趋势。[②] 因此，对进口贸易模式变化及其转变影响因素的研究，将为“新常态”下充分发挥作为供给管理重要手段的进口贸易结构管理作用提供理论依据。

（三）中国日益提升的国际影响力

目前，世界经济仍然在低水平运行，这并不是危机，而是一种均衡的状态——可以称之为低增长、低通货膨胀、低利率、低投资、低油价、低进口、低对外直接投资。[③] 同时，从宏观政策空间看，全球治理和抵御风险的政策空间和市场能力在急剧萎缩。未来 10 年，全球经济将发生根本性的结构变化，比如人口经济结构、需求偏好、劳动生产率等。与此同时，全球也面临一系列拐点，包括货币政策、流动性、财政政策以及政治。政治风险、利率风险、汇率风险会成为世界经济最主要的风险。[④] 发达国家经济增长的分化格局可能会进一步凸显，美联储已经开启了加息进程，而欧洲和日本则依然需要维持量化宽松的政策。区域经济危机与政治军事冲突不断，国际政坛也频现“黑天鹅”事件。这些都预示着世界经济将进入“不确定性”十分突出的时期。

中国在国际经济中的地位和影响力仍将进一步上升。中国于 2010 年超越日本成为世界第二大经济体。从 GDP 贡献率看，2001 年，中国实际 GDP 对全球贡献率为 0.53%，2015 年，这一数字为 24.8%；对全球实际 GDP 增长率的拉动度也从 0.03 个百分点升至 0.6 个百分点。从进口看，中国货物贸易进口额由 2001 年的 0.24 万亿美元升至 2015 年的 1.68 万亿美

---

① 裴长洪：《对未来经济发展取向和增长理念的若干分析》，《经济学动态》2013 年第 2 期，第 4~19 页。

② 冯永琦、裴祥宇：《中国进口贸易结构变化与经济增长关系实证研究》，《经济问题探索》2013 年第 10 期，第 100~108 页。

③ 朱民：《持续低迷和结构性变化主导世界经济》，《第一财经日报》2017 年 2 月 20 日，第 A11 版。

④ 朱民：《世界经济未来 10 年：低迷、结构性变化和拐点》，《21 世纪经济报道》2017 年 3 月 1 日，第 9 版。

元，增长了6倍。中国商品进口占世界的比重从3.8%上升至10.1%。中国是带动世界经济增长的重要力量，中国经济发展的动向都已经成为世界各国关注的焦点。

另外，美国总统特朗普上台后，美国开始收缩对外经济战略，很有可能采取贸易保护主义政策。特朗普提出退出TPP和北美贸易协议，在墨西哥边境筑墙，指控中国为“汇率操纵国”，并宣称对从中国进口的商品征收45%的关税。在贸易方面，美国贸易赤字过大，特朗普希望加大美国出口，特别是服务业出口。特朗普想通过政治手段支持美国出口，包括服务业和制造业产品的出口，限制进口，为美国短期经济发展支撑一个国际市场空间。① 可预见的是，美国可能会不顾WTO的规则，大胆采取更多的贸易保护主义措施。这将给世界经济和贸易带来不确定性，给各国特别是发展中国家带来较大冲击。②

美国已经放弃在促进贸易全球化方面的责任，全球化发展到了又一个转折点。2017年3月17~18日，G20成员国央行行长与财长会议在德国巴登召开。这也是特朗普政府第一次参加G20会议。但是，在最后的会议公报中竟然不再把促进自由贸易列入其中，删除了促进世界贸易、反对贸易保护主义的条文，取而代之的是“公平贸易”的提法。这是近50年来，首次世界顶级经济协商机制中，不再把促进自由贸易、反对贸易保护主义作为己任。作为世界第一和第三大贸易国，中国和德国均对美国的做法表示了反对。③

当美国不再愿意充当全球化的“火车头”的时候，世界格局将随之发生怎样的变化？这对中国来说，既是机遇，同时也是挑战。中国将在未来的国际经贸领域，推动贸易自由化方面发挥重要作用。一方面，我们要加快转型升级的步伐，坚持攀登科技树的顶端，提高创新能力，使

① 朱民：《特朗普的经济政策将如何影响全球?》，《第一财经日报》2017年3月6日，第A11版。

② 何帆、朱鹤、韩国成：《特朗普贸易新政下，中国如何化挑战为机遇?》，中国新闻网，http：//finance.chinanews.com/cj/2017/03-21/8179589.shtml。

③ 中方当天呼吁，G20成员国应促进全球贸易和投资，坚定不移地反对贸易保护主义，维护多边体制的有效性。而德国则做了大量劝说工作，甚至提出在公报之外签署一份促进自由贸易的原则性条款的建议，都一一被美国拒绝。

中国经济不仅有数量规模，更要有高品质。另一方面，中国作为全球的最大市场之一，有实力也有机会成为新一轮的全球化“发动机”。这就要求对自身的定位和对外市场提供方面的地位进行深入了解，这样才能在未来推动经济全球化和贸易自由化过程中有效和准确地制定具体的对外战略和政策。

二 相关研究综述

（一）关于“市场提供者”问题的研究

“市场提供者”一词最早是日本经济企划厅于 1988 年提出的，并且日本通过鼓励从东亚地区的进口来争取成为“东亚市场提供者”。① 20 世纪 90 年代，东亚市场提供者问题在国内也开始引起部分学者的关注。丛涛认为日本逐渐增加在东亚区域内的进口并不断调整从东亚进口的商品结构类型，从最初的只进口原材料等初级产品转向进口工业制成品，这使得日本作为东亚区域内市场提供者的地位日趋提高。②

对于中国的市场提供者问题，早在 20 世纪 90 年代，李晓曾预测中国未来将成为东亚地区最主要的市场提供者。③ 随着中国经济实力的不断增强，中国与其他东亚经济体之间的贸易、产业关联度日益提高，中国有条件成为东亚地区主要的市场提供者。④ 近些年来，该问题又引起部分学者的关注。一部分研究认为中国作为东亚区域内市场提供者在降低对区域外市场依赖方面的作用并不突出。中国的崛起加强了亚洲的内部分工，但没有为亚洲创造出一种区域贸易的自动引擎，亚洲生产的最终产品仍然依赖于外部市场。⑤ 东亚地区产品出口依赖于欧美国家的状况没有随着中国的

① 详见〔日〕经济企划厅国际地域协作促进研究会编《地域主义抬头条件下日本的选择》，1988，第 145 页。

② 丛涛：《日本能成为东亚的市场提供者吗?》，《日本研究》1996 年第 1 期，第 20~25 页。

③ 李晓：《中日经济关系在东亚经济发展中的地位与作用》，《世界经济与政治》1995 年第 1 期，第 41~45 页。

④ 李晓、丁一兵：《新世纪的东亚区域货币合作：中国的地位与作用》，《吉林大学社会科学学报》2004 年第 2 期，第 79~87 页。

⑤ Gaulier, G., F. Lemoine, and Ü. K. Deniz, "China's Emergence and the Reorganisation of Trade Flows in Asia," *China Economic Review*, Vol. 18, No. 3, 2007, pp. 209-243.

崛起而改变，尽管中国市场变得重要了，但其所占份额仍然有限。[①] 但是，也有学者认为中国的东亚市场提供者地位呈不断上升趋势，并能够对东亚经济发展产生重要作用。随着中国经济增长和市场的扩大，中国可以推动东亚地区结构的调整，从而减轻东亚各经济体的结构性缺陷。[②] 李晓和张建平研究发现如何准确衡量中国吸纳东亚产品的真实能力是反映中国融入东亚区域生产网络影响的关键。[③] 中国从东亚进口大部分的半成品和零部件两类中间产品，中间产品贸易在中国与东亚经济体的贸易中具有重要的地位。[④] 中国在东亚经济发展中的角色逐渐由区域出口平台向区域市场提供者转变。[⑤] 李晓和付竞卉也指出中国虽然在东亚区域内成为最终产品市场提供者还有一定的难度，但是通过中国经济结构的优化、经济增长方式的转变以及经济增长速度的调整，中国会成为最终产品市场提供者。[⑥] 冯永琦和黄翰庭指出美国作为东亚区域最终产品的主要出口市场，这使得东亚各经济体强烈需要对美元汇率保持稳定而钉住美元。但随着中国经济规模的日益壮大，并基于庞大的人口基数，中国也已经成为东亚地区重要的市场提供者。[⑦]

对于中国作为东亚区域内最终产品市场提供者的问题，学者们更为关注。李晓、冯永琦发现中国和日本在提供最终产品方面，两国的侧重点有

---

① Pula, G., and T. A. Peltonen, "Has Emerging Asia Decoupled? An Analysis of Production and Trade Linkages Using the Asian International Input-Output Table," *ECB Working Paper*, No. 993, 2009.

② 张蕴岭：《东亚区域合作的新趋势》，《当代亚太》2009 年第 4 期，第 4~16 页。

③ 李晓、张建平：《东亚产业关联的研究方法与现状——一个国际/国家间投入产出模型的综述》，《经济研究》2010 年第 4 期，第 147~160 页。

④ 谢锐：《东亚区域经济一体化进程中中国贸易结构变迁与经济效应研究》，博士学位论文，湖南大学，2010。

⑤ 冯永琦：《东亚区域的生产分工、产品需求结构与贸易模式转型》，《当代亚太》2011 年第 3 期，第 41~56 页；Li, Xiao, and Yibing Ding, "From Export Platform to Market Provider: China's Perspectives on Its Past and Future Role in a Globalised Asian Economy," *Third World Quarterly*, Vol. 36, No. 11, 2014, pp. 2098-2111。

⑥ 李晓、付竞卉：《中国作为东亚市场提供者的现状与前景》，《吉林大学社会科学学报》2010 年第 2 期，第 17~28 页。

⑦ 冯永琦、黄翰庭：《中国作为东亚市场提供者的地位与前景研究》，《世界经济研究》2016 年第 8 期，第 59~70 页。

所不同，中国以最终资本品为主，而日本则以最终消费品为主。[①] 日本相对于东亚市场最大的提供者美国而言仍旧有一定的差距，中国尚不具备成为东亚最终产品市场提供者的条件，但正在逐步向这一目标迈进。[②] 一些学者也考察了中国成为区域内最终产品市场提供者的影响因素。经济增长的速度、东盟对中国投资的增加以及中国-东盟自由贸易区（简称CAFTA）的建立都对中国成为东盟市场提供者起到了促进作用。[③] 人民币汇率的稳定性、人民币资本项目可兑换改革、加工贸易的格局、经济增长的结构特别是消费引领的经济增长结构是现阶段直接影响中国作为东亚区域最终产品市场提供者地位的因素。[④] 同时，一些学者也考察了人民币实际有效汇率变动对贸易结构的影响，进而对中国市场提供者地位产生影响。[⑤] 中国作为东亚最终消费品市场提供者的地位将提升，而作为东亚最终资本品市场提供者的地位可能下降或变化不大。[⑥]

部分学者针对中国作为东盟市场提供者的问题也进行了研究。刘志雄和王新哲实证研究表明随着中国与东盟贸易往来的逐渐增多及逐步深入，中国作为东盟市场提供者的地位目前虽然有所提升，但要想真正实现这一目标还必须进一步调整产业结构。[⑦] 王珊珊、黄梅波运用实证分析方法发

---

① 李晓、冯永琦：《中日两国在东亚区域内贸易中地位的变化及其影响》，《当代亚太》2009年第6期，第26~46页。

② 李晓、付竞卉：《中国作为东亚市场提供者的现状与前景》，《吉林大学社会科学学报》2010年第2期，第17~28页；王伟：《中国的东亚市场提供者地位研究》，博士学位论文，吉林大学，2011；丁一兵、刘璐、傅缨捷：《中国在东亚区域贸易中的地位变化与其经济结构调整》，《国际商务》2013年第4期，第5~14页；张坤：《东亚新贸易模式的形成与转型——基于中国地位及作用的考察》，《世界经济研究》2013年第10期，第75~80页。

③ 刘志雄、王新哲：《中国作为东盟产品市场提供者的实证研究》，《经济问题探索》2013年第1期，第84~88页。

④ 王珊珊、黄梅波：《人民币成为东亚区域计价结算货币的影响因素研究——基于最终产品市场提供者的视角》，《经济经纬》2015年第3期，第144~148页。

⑤ 黄锦明：《人民币实际有效汇率变动对中国进出口贸易的影响——基于1995-2009年季度数据的实证研究》，《国际贸易问题》2010年第9期，第117~122页；冯永琦、裴祥宇：《人民币实际有效汇率变动的进口贸易转型效应》，《世界经济研究》2014年第3期，第21~26页。

⑥ 冯永琦、黄翰庭：《中国作为东亚市场提供者的地位与前景研究》，《世界经济研究》2016年第8期，第59~70页。

⑦ 刘志雄、王新哲：《中国作为东盟产品市场提供者的实证研究》，《经济问题探索》2013年第1期，第84~88页。

现中国作为东盟市场提供者的地位同美国相比差距较大，与日本相比也有一定的差距，但这种差距正在逐渐减小。①

（二）关于进口贸易模式与结构的研究

关于进口贸易模式与结构的研究主要集中在进口贸易结构变化对经济增长的影响方面。裴长洪经研究发现：经济增长与进口贸易结构变化存在明确的正向关联性，优化进口贸易结构是改善经济供给面的重要内容。②不同贸易结构能够影响国内全要素生产率的提高，③含有先进技术的进口品投入国内生产可促进经济增长，④高科技产品进口对技术模仿和创新具有很大溢出效应。⑤ Romer、Coe 等的研究也表明机械和设备进口有利于技术进步和提高劳动生产率。⑥ Lawrence 发现进口不仅通过提高中间投入品质量，更重要的是通过强化竞争使部门的劳动生产率得到提升。⑦国内的学者们也认为不同类型的产品、初级产品、工业制成品以及最终产品分别对经济增长以及技术进步具有不同作用。佟家栋认为中国对机械及运输设备、食品、化学品的进口要积极引导。⑧徐光耀认为扩大进口先进技术、关键设备和国内短缺的能源、原材料，促进资源进口的多元化，将更加有

① 王珊珊、黄梅波：《人民币成为东亚区域计价结算货币的影响因素研究——基于最终产品市场提供者的视角》，《经济经纬》2015 年第 3 期，第 144~148 页。

② 裴长洪：《对未来经济发展取向和增长理念的若干分析》，《经济学动态》2013 年第 2 期，第 4~19 页。

③ Lee, J. W., "Capital Goods Imports and Long-Run Growth," *Journal of Development Economics*, Vol. 48, No. 1, 1995, pp. 91-110.

④ Wolfgang, Keller, "How Trade Patterns and Technology Flows Affect Productivity Growth," *NBER Working Paper*, 1999, pp. 69-90.

⑤ Connolly, M., "The Dual Nature of Trade: Measuring Its Impact on Imitation and Growth," *Journal of Development Economics*, Vol. 72, 2003, pp. 31-55.

⑥ Romer, Paul, "Idea Gaps and Object Gaps in Economic Development," *Journal of Monetary Economics*, Vol. 32, 1993, pp. 547 - 573. Coe, D., Helpman, E., Hoffmaister, A., "North-South R&D Spillovers," *Economic Journal*, Vol. 107, 1997, pp. 134-149.

⑦ Lawrence, Z. Robert, "Trade and Growth: Experience from Japan and Korea," *Rethinking the East Asian Miracle*, 2000, pp. 259-283.

⑧ 佟家栋：《关于我国进口与经济增长关系的探讨》，《南开学报》1995 年第 3 期，第 9~12 页。

利于中国国内生产总值的增长。[①] 李兵研究发现工业制成品进口对中国经济增长有长期稳定的促进作用，初级产品进口则有抑制作用，中国初级产品的进口更多的是工业制成品进口带动的。[②] 进口和出口一样可以成为促进经济增长的因素，进口贸易比货币政策更能实现“低通胀、低失业、高增长”的目标。[③] 朱春兰、冯永琦和裴祥宇都从初级产品和工业制成品的进口角度，分析了初级产品和工业制成品进口分别对经济增长以及技术进步的不同作用。[④]

而直接以进口贸易模式和结构变化为研究对象的分析甚少。Barhoumi从汇率变动传递效应的角度来分析汇率变动对贸易结构的影响，并认为汇率制度、贸易壁垒和通胀目标机制等差异导致不同发展中国家汇率变动对不同类型产品进口价格的传导作用不同。[⑤] Otani 等经研究发现，与 20 世纪 80 年代相比，20 世纪 90 年代后日本多数行业的进口汇率传导弹性降低，其中降幅最大的是初级产品。[⑥] 在过去 10 年，大部分国家对贸易品的需求偏好发生了变化，收入对进口商品的需求弹性也在下降，人们转而消费更多的国内服务业产品。这一现象在美国“千禧一代”尤其突出，他们不愿意买车、买房，对物质需求逐渐下降，但是对服务业，包括旅游、饭店等需求在不断上升。无论是发达经济体还是新兴经济体，虽然在不同的发展平面上，但是在消费偏好上趋于向服务业靠拢，这对未来的制造业、

---

① 徐光耀：《我国进口贸易结构与经济增长的相关性分析》，《国际贸易问题》2007 年第 2 期，第 1~7 页。

② 李兵：《进口贸易结构与我国经济增长的实证研究》，《国际贸易问题》2008 年第 6 期，第 27~38 页。

③ 季铸：《进口贸易与经济增长的动态分析》，《财贸经济》2002 年第 11 期，第 31~36 页。

④ 朱春兰：《进口贸易结构对我国经济增长的影响》，《经济技术与管理研究》2012 年第 4 期，第 71~74 页；冯永琦、裴祥宇：《中国进口贸易结构变化与经济增长关系实证研究》，《经济问题探索》2013 年第 10 期，第 100~108 页。

⑤ Barhoumi, K., "Differences in Long Run Exchange Rate Pass-through into Import Prices in Developing Countries: An Empirical Investigation," *Economic Modeling*, Vol. 23, No. 6, 2006, pp. 926-951.

⑥ Otani, A., Shiratsuka, S., Shirota, T., "Revisiting the Decline in the Exchange Rate Pass-through: Further Evidence from Japan's Import Price," *Monetary and Economic Studies*, Vol. 24, 2004, pp. 61-75.

资产偏好、贸易结构、资本流动，都会产生巨大的影响。[①]

（三）对现有研究的评述

综观以往学者的众多研究，可以得到如下几个共识。第一，这些研究普遍认为中国当前作为东亚地区市场提供者地位呈不断上升的趋势，并随着中国经济实力的不断提升和改革的逐步深入，中国最终可能将成为东亚地区的最终产品市场提供者。第二，进口贸易结构调整能够对经济增长产生影响，特别是对于一些中间投入产品或某些高科技产品以及资本品的进口。第三，在中国对东亚区域市场提供者地位的国际比较方面，中国对日本的优势已经开始显现，但与美国相比还有较大差距。第四，市场提供者地位的提升能够提高其他国家对本国经济的依赖程度，以及有利于本国国际经济地位的提升。

但是，这些研究在诸多领域尚还需要进一步深入的研究，主要如下。第一，这些研究没有从不同产品类型角度系统阐述中国为东亚提供初级产品、中间产品和最终产品市场的状况，更多以东亚地区为研究对象，没有涉及更多的“一带一路”沿线国家，也没有进行相关实证性分析，比如分析市场提供者地位提升的影响因素等问题。第二，很少有人探究中国进口贸易或对外市场提供的结构变化对经济发展的影响机制和作用。第三，很少有学者研究国内经济需求对进口贸易结构或对外提供市场结构变化的影响机制和作用。第四，很少有学者研究中国市场提供者地位提升对中国某一对外经济战略或在本区域内国际经济地位的具体影响。

（四）本书的结构框架

本书将以中国对外市场提供者地位与结构为主要研究对象，分析中国对外市场提供者地位与结构的变化及其影响。全书共计七章。

第一章为导论。

第二章至第五章主要研究中国对外市场提供者的地位问题。首先，第

---

① 朱民：《世界经济未来10年：低迷、结构性变化和拐点》，《21世纪经济报道》2017年3月1日，第9版。

二章和第三章分别研究了中国作为东亚地区和“一带一路”沿线国家的市场提供者地位的变化，特别是分析中国作为这些地区市场提供者地位提升的影响因素和发展前景。之所以选取东亚地区和“一带一路”沿线国家这两个区域作为中国对外提供市场的主要目标区来进行研究，主要是由于东亚地区是中国对外经贸联系最为密切的地区，而“一带一路”沿线国家也已经是中国对外经济合作发展的重要区域。其次，第四章和第五章分别研究了中国对外市场提供者地位的变化带来的影响。第四章主要研究中国对外市场提供者地位的提升对东亚区域贸易模式的影响，即对东亚区域长期以来对区域外市场严重依赖问题是否能够带来积极的作用，对东亚贸易模式转型的影响程度及其发展前景。第五章主要研究中国对外市场提供者地位对中国正在推进的人民币国际化战略的影响，并借鉴了日本对外市场提供者地位对日元国际化影响的经验。

第六章和第七章主要研究中国对外市场提供者的结构问题。首先，第六章研究了中国对外市场提供者的结构变化与中国进口贸易模式转型。中国对外市场提供者的结构变化是分析中国进口贸易模式问题的重要视角。这里结合日本进口贸易模式转型的经验对中国进口贸易模式转型的影响因素和前景进行了研究。其次，第七章研究了中国对外市场提供者的结构变化与中国经济发展的关系和相互作用。这里研究了不同类型产品市场提供的结构变化对中国经济增长的影响，利用投入产出分析法探讨中国对不同进口产业部门市场需求的结构变化，以及中国不同部门的产品市场提供对经济发展的影响。

第二节 市场提供者地位的测度

一 对产品类别的划分

由于本书要对中国对外提供的产品市场进行细分，需要考虑对产品类别进行划分。根据联合国广义分类法（BEC）对“产品”种类的划分，国际贸易产品可分为初级产品、中间产品和最终产品三大类。其中，中间产品又包括半成品和零部件，最终产品又包括最终资本品和最终消费品。不同类型产品的名称及其对应的 BEC 编码如表 1-1 所示。

表 1-1 联合国广义分类法（BEC）编码对应的产品名称

BEC 编码	产品名称	BEC 编码	产品名称
1	食品和饮料	4	资本货品（运输设备除外）及其零件和附件
11	初级产品		
111	主要用于工业	41	资本货品（运输设备除外）
112	主要用于家庭消费	42	零件和附件
12	加工品	5	运输设备及其零件和附件
121	主要用于工业	51	机动小客车
122	主要用于家庭消费	52	其他
2	未列名的工业供应品	521	工业用
21	初级产品	522	非工业用
22	加工品	53	零件和附件
3	燃料和润滑油	6	未列名的消费品
31	初级产品	61	耐用品
32	加工品	62	半耐用品
321	汽油	63	非耐用品
322	其他	7	未列名的货品

资料来源：UN Comtrade Database（联合国商品贸易统计数据库），http：//comtrade. un. org/。

其中，初级产品主要是原材料，包括编码 111、21 和 31 所对应的产品；中间产品的零部件包括编码 42 和 53 所对应的产品，中间产品的半成品包括编码 121、22 和 32 所对应的产品；最终产品的最终消费品包括 112、122、51、522、61、62 和 63 所对应的产品，最终产品的最终资本品包括 41、521 所对应的产品。BEC 分类法对产品类别的划分如表 1-2 所示。

表 1-2 BEC 分类法对产品类别的划分

BEC 分类法的划分		产品名称及其对应的 BEC 编码
初级产品	原材料	用于工业的粮食类初级产品（111）；未列名的工业供应初级产品（21）；燃料和润滑油类的初级产品（31）
中间产品	零部件	运输设备除外的资本货品的零件和附件（42）；运输设备的零件和附件（53）
	半成品	用于工业的粮食类加工品（121）；未列名的工业供应加工品（22）；燃料和润滑油类的加工品（32）
最终产品	最终消费品	用于家庭消费的食品和饮料类初级产品和加工品（112、122）；非工业用运输设备（51、522）；未列名的消费品（6）
	最终资本品	运输设备除外的资本货品（41）；工业用运输设备（521）

资料来源：UN Comtrade Database（联合国商品贸易统计数据库），http：//comtrade. un. org/。

二 市场提供指数的提出

为了方便分析中国对外市场提供者地位的现状及变化趋势，这里提出“市场提供指数”（MP 指数）的概念。A 国对 B 国 i 产品的“市场提供指数”为 B 国对 A 国的 i 产品出口占 B 国对世界 i 产品总出口的比重，即 A 国对 B 国 i 产品的 MP 指数：

$$MP_{AB}^{i}=\frac{EX_{BA}^{i}}{EX_{BW}^{i}}\times 100$$

其中，EX_{BA}^{i}表示 B 国对 A 国的 i 产品出口，EX_{BW}^{i}表示 B 国对世界的 i 产品总出口。A 国对 B 国 i 产品的 MP 指数反映了 B 国对 A 国在 i 产品市场上的依赖程度。MP_{AB}^{i}越高，B 国对 A 国在 i 产品市场上的依赖程度就越高，MP_{AB}^{i}在 0 和 100 之间。当然，MP 指数也可以应用于区域之间。

一般来说，中国对某一国家或地区市场提供指数越高，该国家或地区对中国市场的依赖程度就越高。根据联合国广义分类法，这里把产品分为四类：初级产品、中间产品（包括零部件和半成品）、最终资本品和最终消费品。所以，也会有四种不同类型的市场提供指数：初级产品市场提供指数、中间产品市场提供指数、最终资本品市场提供指数和最终消费品市场提供指数。在以下的研究里，市场提供指数将成为测度中国对外市场提供的重要指标。

第二章

中国作为东亚市场提供者地位的变化及前景分析

中国是东亚区域的重要经济体，中国对外市场提供者地位的提升首先会在本区域内有着明显的体现。长期以来，东亚地区对区域外市场一直存在严重的依赖，特别是在2008年全球金融危机之后，东亚地区对外部市场尤其是最终产品市场严重依赖的问题已经引起东亚各经济体的重视。东亚各经济体希望在区域内部出现一个市场提供者，特别是最终产品市场提供者来替代日益萎靡的区域外部需求，并降低对外部市场的依赖。这对中国作为东亚市场提供者地位的考察，对中国自身国际经济地位以及东亚区域经济发展都具有重要意义。本章将考察中国作为东亚市场提供者地位的变化历程，并与日本进行比较分析，在中国作为东亚市场提供者地位提升动因研究的基础上，分析中国作为东亚市场提供者地位的前景。

第一节　中国作为东亚市场提供者地位的变化历程

一　中国作为东亚市场提供者地位的现状概述

20世纪90年代以来，中国在为东亚地区提供市场方面的作用越来越突出。从总体来看，1990年，中国对东亚其他经济体的市场提供指数仅为4.49；之后逐年上升，2003年超过了日本对东亚其他经济体的市场提供指数，达到14.1；2007年超过了美国对东亚其他经济体的市场提供指数，达到18.3；2015年进一步上升到20.99，而同年日本和美国对东亚其他经济体的市场提供指数分别为 7.0 和 17.7。虽然总体上看，中国对东亚其他经济体的市场提供指数已超过日本和美国，但是从不同类型产品来看，中国对东亚其他经济体的不同类型产品市场提供指数如何呢？

（一）中国是东亚最大的初级产品市场提供者

从图 2-1 可以看出，1990 年，中国从东亚地区进口的初级产品占该地区初级产品总出口的比重，即中国对东亚的初级产品市场提供指数仅为 2.96，而到 2015 年该指数达到 22.57。与此同时，日本对东亚的初级产品市场提供指数从 41.1 降到 12.44，美国从 9.37 降低到 5.06。自 2007 年起，中国已经超越日本成为东亚各经济体初级产品最大的市场提供者。

其中值得注意的是，2006 年中国对东亚的初级产品市场提供指数仅为 14.94，而到 2013 年该指数已经翻了近一番，并仍处于总体上升趋势。这说明 2006 年以来中国为东亚各经济体提供的初级产品市场规模上升得更为迅猛。

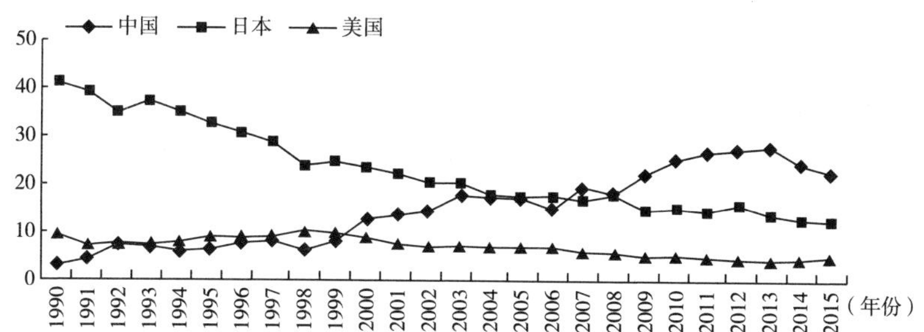

图 2-1　1990~2015 年中国、日本和美国的东亚初级产品市场提供者地位比较

资料来源：根据 RIETI-TID 2015（日本产业经济研究所 2015 年数据库）的数据计算得出。

（二）中国是东亚最大的中间产品市场提供者

中国对东亚的中间产品市场提供指数从 1990 年的 6.59 上升到 2015 年的 24.85，而日本该指数从 16.38 下降到 6.67，美国该指数也从 21.0 下降到 12.10（见图 2-2）。值得说明的是，中国对东亚的中间产品市场提供指数在 1999 年为 9.64，而到 2007 年就上升到 22.56。这段时期也正是中国加工贸易发展最为迅猛的时期，也是东亚“新三角贸易”模式形成并迅速发展的时期。2003 年，中国对东亚的中间产品市场提供指数超过美国，成为最大的东亚中间产品市场提供者。可见，中国为东亚提供中间产品市场与东亚地区以及中国对外贸易模式有着重要关系。

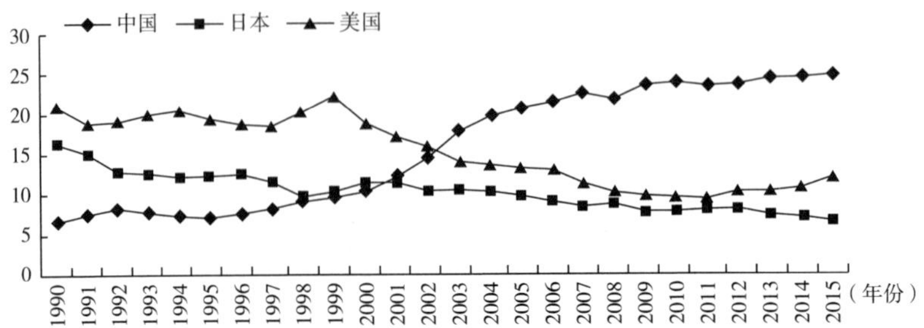

图 2-2　1990~2015 年中国、日本和美国的东亚中间产品市场提供者地位比较

资料来源：同图 2-1。

（三）中国的东亚最终产品市场提供者地位与美国比相差甚远

从图 2-3 可以看出，中国对东亚的最终产品市场提供指数从 1990 年的 2.78 上升到 2015 年的 14.39。同期，日本对东亚的最终产品市场提供指数从 11.57 降到 7.25。2004 年中国对东亚的最终产品市场提供指数超过日本。美国对东亚的最终产品市场提供指数在 1990 年为 33.87，之后总体呈下降趋势。但 2015 年仍有 24.8%的东亚最终产品市场是美国提供的，为中国的 1.72 倍。目前，美国还是东亚最大的最终产品市场提供者。

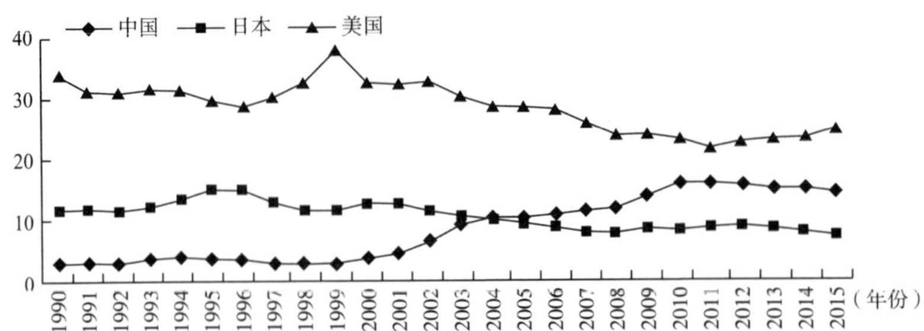

图 2-3　1990~2015 年中国、日本和美国的东亚最终产品市场提供者地位比较

资料来源：同图 2-1。

从图 2-4（a）的最终资本品市场来看，2002 年以来，中国对东亚的最终资本品市场提供指数开始高于日本，2015 年达到 21.34，已经是日本 5.60 的 3 倍多。同时，美国对东亚的最终资本品市场提供指数也在总体下降，从 1990 年的 30.99 下降到 2015 年的 21.19。所以，在为东亚提供最终资本品市场方面，在 2009 年，中国已经超过美国，成为东亚最大的最终资本品市场提供者。

但是，从图 2-4（b）的最终消费品市场来看，中国不仅和美国相差甚远，还和日本悬殊。1990~2015 年，美国对东亚的最终消费品市场提供指数从 35.73 降到 28.71，日本总体上略呈下降趋势，1990 年为 13.72，之后略有上升，2015 年为 9.01。而 1990 年中国对东亚的最终消费品市场提供指数是 1.53，直到 2009 年才超过 4，2015 年达到 7.37。虽然中国在为东亚提供最终消费品市场方面相差甚多，但近几年上升的速度较快。

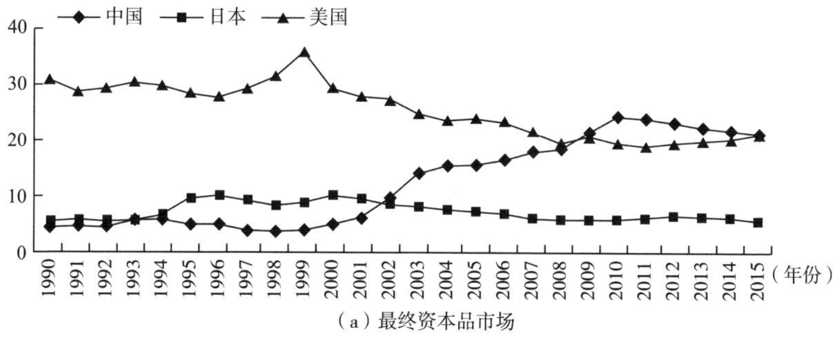

（a）最终资本品市场

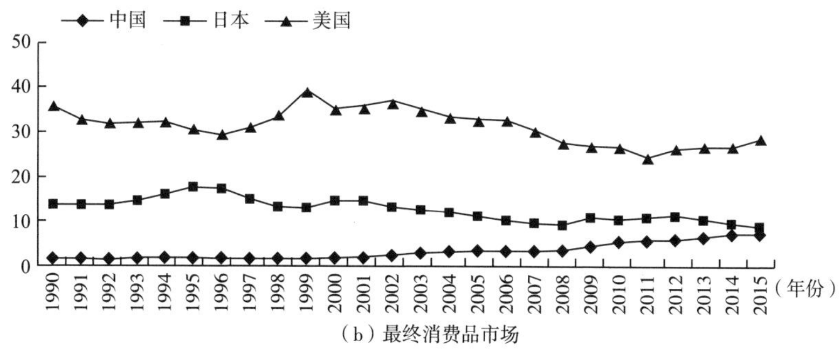

（b）最终消费品市场

图 2-4　1990~2015 年中国、日本和美国的东亚最终资本品和最终消费品市场提供者地位比较

资料来源：同图 2-1。

通过上面分析可知，中国为东亚提供初级产品和中间产品市场的能力很强，分别于2007年和2003年超过日本和美国为东亚提供初级产品和中间产品市场的能力。2009年，中国也超过美国成为东亚最大的最终资本品市场提供者。但是，中国提供的最终消费品市场依然落后于美国和日本，中国为东亚提供最终消费品市场方面还存在很大空间。

二　中日作为东亚市场提供者的地位变化

作为东亚区域内较大两个经济体的中国和日本，它们为东亚提供市场的能力和潜力问题自然成为关注的焦点。20世纪80年代，日本无疑是东亚区域内最大的市场提供者，而中国为东亚提供的市场规模仅为日本的1/2左右。但是，经过30多年来的发展，中日作为东亚市场提供者的地位发生了巨大的变化，总体来说，日本的东亚市场提供者地位有所下降，中国的地位得到迅速升高。中国对东亚的市场提供指数从1988年的5.5上升到2015年的20.99，同一时期日本对东亚的市场提供指数从8.8下降到7.1。尤其是2000年以后，中国对东亚的市场提供指数从2000年的5.8快速增加到2007年的18.3，日本则从12.5减少到8.5。

虽然中国在总量上已经超过日本成为区域内东亚最大的市场提供者，但对于初级产品、中间产品、最终产品等不同类型产品的市场提供方面，中日之间又有着怎样的关系？30年来，中日作为东亚市场提供者地位的巨大变化又是哪些因素导致的？这些变化的演进又对中日两国以及东亚区域带来怎样的影响？对于这些问题的回答将为进一步认识中国在东亚区域经济中的自身地位，为“一带一路”倡议和人民币国际化战略的实施，以及中国处理区域国际经济事务等提供重要参考和依据。

因此，这里将从初级产品、中间产品、最终资本品和最终消费品不同产品类型方面分析中日作为东亚市场提供者地位变化的演进历程，深入了解引起中日近30年来的东亚市场提供者地位变化的内部和外部因素，并分析这些变化对中日两国以及对整个东亚区域发展带来的影响。

（一）中国内地和日本作为东亚初级产品市场提供者地位的变化

从中国内地和日本对东亚的初级产品市场提供指数来看（见图2-1），

中国内地于2007年已取代日本成为东亚最大的初级产品市场提供者。中国内地对东亚的初级产品市场提供指数从1988年的2.7增加到2015年的22.6，而日本对东亚的初级产品市场提供指数从1988年的39.6减少到2015年的12.4（见表2-1）。

从分别对东亚各经济体的初级产品市场提供指数来看（见表2-1），2015年，中国内地对菲律宾、中国香港、日本、泰国、韩国的初级产品市场提供指数很高，均超过30；而日本对东亚的初级产品市场提供指数最高的地区为韩国，但也仅达到19.3。同时，中国内地对菲律宾、中国香港、泰国和马来西亚的初级产品市场提供指数分别是日本该指数的3.30倍、21.78倍、3.50倍和4.74倍，除了新加坡和印度尼西亚以外，中国内地对东亚主要经济体的初级产品市场提供指数均高于日本。

表2-1　1988~2015年中国内地和日本作为东亚初级产品市场提供者地位的变化

地区	中国内地					日本				
	1988年	1994年	2000年	2007年	2015年	1988年	1994年	2000年	2007年	2015年
中国内地	—	—	—	—	—	42.9	38.0	27.5	17.2	12.6
日本	4.6	18.1	27.2	40.0	37.5	—	—	—	—	—
韩国	0.8	4.7	9.9	33.1	32.2	60.2	57.7	27.0	26.2	19.3
中国香港	14.8	17.4	40.1	65.2	50.1	22.4	14.4	3.3	1.8	2.3
中国台湾	—	0.08	3.0	28.2	19.9	69.2	56.5	34.0	18.5	19.8
新加坡	11.1	4.4	2.3	1.3	2.1	16.9	13.3	15.1	13.0	9.2
马来西亚	3.7	3.8	9.7	14.2	19.9	32.4	29.7	14.4	7.1	4.2
印度尼西亚	1.7	6.5	9.7	13.8	13.2	48.3	35.3	30.5	24.4	16.5
菲律宾	1.7	1.5	3.5	39.0	51.2	69.0	60.4	42.2	27.8	15.5
泰国	7.9	7.7	14.5	26.1	37.5	38.9	30.4	17.8	15.8	10.7
越南	0.05	6.3	17.5	13.9	21.7	45.6	37.3	14.8	10.9	14.4
东亚	2.7	6.1	12.8	19.6	22.6	39.6	35.0	23.5	16.8	12.4

注：日本产业经济研究所2015年数据库中没有统计东盟十国中的老挝和缅甸，同时由于柬埔寨和文莱贸易规模很小，且波动性很大，所以，这里东盟国家的数据只统计新加坡、印度尼西亚、马来西亚、菲律宾、泰国和越南。

资料来源：根据RIETI-TID 2015（日本产业经济研究所2015年数据库）提供的数据计算得出。

从中国内地和日本相互的初级产品市场提供指数来看（见表2-1），中国内地对日本的初级产品市场提供指数从1988年的4.6增加到2015年的37.5，而日本对中国内地的初级产品市场提供指数从1988年的42.9减少到2015年的12.6。

可见，中国内地目前作为东亚初级产品市场提供者的地位明显高于日本，而这与20世纪80年代末的情况正好完全相反。值得注意的是，中国内地对东亚的初级产品市场提供指数主要是从2000年开始迅速增加，而日本对东亚的初级产品市场提供指数基本上也是从2000年开始出现迅速下降（见表2-1）。

（二）中国内地和日本作为东亚中间产品市场提供者地位的变化

从中国内地和日本对东亚的中间产品市场提供指数来看（见表2-2），进入21世纪后，中国内地对东亚的中间产品市场提供指数已超过日本并成为东亚最大的中间产品市场提供者。中国内地对东亚的中间产品市场提供指数从1988年的8.5增加到2015年的24.9，而日本对东亚的中间产品市场提供指数从1988年的9.1减少到2015年的6.7。

从分别对东亚各经济体的中间产品市场提供指数来看（见表2-2），2015年，中国内地对韩国、中国台湾和菲律宾的中间产品市场提供指数很高，均超过25；而日本对东亚各经济体的中间产品市场提供指数最高的地区是印度尼西亚，也仅达到11.8。同时，中国内地对中国香港、新加坡和韩国的中间产品市场提供指数分别是日本的13.25倍、5.35倍和6.92倍，中国内地对东亚的中间产品市场提供指数均高于日本。

表2-2 1988~2015年中国内地和日本作为东亚中间产品市场提供者地位的变化

地区	中国内地					日本				
	1988年	1994年	2000年	2007年	2015年	1988年	1994年	2000年	2007年	2015年
中国内地	—	—	—	—	—	16.9	11.8	11.7	8.3	6.5
日本	7.1	7.4	11.2	22.7	23.0	—	—	—	—	—
韩国	0.8	12.3	19.8	31.9	36.0	23.8	13.7	11.9	8.0	5.2
新加坡	4.7	5.6	6.0	9.3	12.3	9.9	6.1	5.4	3.2	2.3
中国香港	52.4	32.9	22.3	21.1	10.6	2.6	3.1	3.0	1.3	0.8
中国台湾	—	0.2	3.9	27.3	27.5	11.7	7.5	9.2	6.4	6.6
马来西亚	2.1	4.0	6.1	18.1	24.8	15.9	12.7	12.1	9.3	8.7

续表

地区	中国内地					日本				
	1988 年	1994 年	2000 年	2007 年	2015 年	1988 年	1994 年	2000 年	2007 年	2015 年
印度尼西亚	4.7	4.1	7.8	8.7	15.1	48.2	33.9	26.1	22.4	11.8
菲律宾	2.5	3.2	4.6	34.8	26.1	16.9	13.4	13.3	8.9	10.2
泰国	7.2	3.5	10.5	17.7	21.5	14.3	17.5	12.0	11.1	8.8
越南	0.3	5.5	5.0	6.9	20.8	20.0	6.4	23.6	24.9	11.1
东亚	8.5	7.4	10.4	22.6	24.9	9.1	12.2	11.5	8.5	6.7

注：同表 2-1。

资料来源：根据 RIETI-TID 2015（日本产业经济研究所 2015 年数据库）提供的数据计算得出。

从中国内地和日本相互的中间产品市场提供指数来看（见表 2-2），中国内地对日本的中间产品市场提供指数从 1988 年的 7.1 增加到 2015 年的 23.0，而日本对中国内地的中间产品市场提供指数从 1988 年的 16.9 减少到 2015 年的 6.5。

可见，中国内地目前作为东亚中间产品市场提供者的地位也明显高于日本，而这同 20 世纪 80 年代末的情况也完全相反。同时，中国内地对东亚的中间产品市场提供指数呈螺旋上升趋势并从 2000 年开始迅速增加，而日本对东亚的中间产品市场提供指数基本上呈螺旋下降趋势（见表 2-2）。

（三）中国内地和日本作为东亚最终资本品市场提供者地位的比较

从中国内地和日本对东亚的最终资本品市场提供指数来看，自 20 世纪 80 年代以来，尽管中国内地和日本对东亚的最终资本品市场提供指数基本呈现出平稳上升的趋势，但日本对东亚的最终资本品市场提供指数在大部分年份都低于中国。中国内地对东亚的最终资本品市场提供指数从 1988 年的 6.2 增加到 2015 年的 21.2，同时日本对东亚的最终资本品市场提供指数从 1988 年的 0.9 增加到 2015 年的 5.6。如表 2-3 所示。

从分别对东亚各经济体的最终资本品市场提供指数来看（见表 2-3），2015 年，中国内地对韩国和中国台湾的最终资本品市场提供指数很高，均超过 25；而日本对东亚各经济体的最终资本品市场提供指数最高的地区为菲律宾和印度尼西亚，也仅达到 9.3 和 8.6。同时，中国内地对韩国、中国台湾、越南和中国香港的最终资本品市场提供指数分别是日本的10.34倍、6.56倍、5.76倍和7.38倍，除了印度尼西亚以外，中国内地对东亚主要经济体的最终资本品市场提供指数均高于日本。

表2-3 1988~2015年中国内地和日本作为东亚最终资本品市场提供者地位的变化

地区	中国内地					日本				
	1988年	1994年	2000年	2007年	2015年	1988年	1994年	2000年	2007年	2015年
中国内地	—	—	—	—	—	1.5	6.2	8.2	6.5	6.2
日本	4.6	7.3	6.3	17.4	22.3	—	—	—	—	—
韩国	0.3	7.5	5.7	25.2	33.1	6.8	5.8	8.9	4.7	3.2
新加坡	1.8	1.2	3.9	9.9	13.8	3.7	7.2	7.2	4.0	4.8
中国香港	39.4	29.1	17.7	10.1	5.9	1.1	2.4	1.5	0.8	0.8
中国台湾	—	0.2	1.3	25.7	29.5	—	7.4	14.2	4.6	4.5
马来西亚	0.3	0.5	2.1	5.7	14.5	1.2	6.7	11.7	4.5	5.5
印度尼西亚	0.8	0.8	2.5	10.2	8.3	4.5	4.1	10.1	8.5	8.6
菲律宾	1.1	1.1	2.8	25.5	25.0	4.7	7.0	16.9	10.9	9.3
泰国	2.9	0.6	2.3	17.4	12.8	8.3	9.3	13.2	7.8	6.7
越南	0.06	2.1	1.3	8.5	9.8	0.2	0.8	34.8	9.8	1.7
东亚	6.2	5.8	4.9	18.0	21.2	0.9	6.6	10.0	6.0	5.6

注：同表2-1。

资料来源：根据RIETI-TID 2015（日本产业经济研究所2015年数据库）提供的数据计算得出。

从中国内地和日本相互的最终资本品市场提供指数来看（见表2-3），中国内地对日本的最终资本品市场提供指数从1988年的4.6增加到2015年的22.3，而日本对中国内地的最终资本品市场提供指数从1988年的1.5增加到2015年的6.2。

可见，从20世纪80年代末以来，中国内地作为东亚最终资本品市场提供者的地位明显高于日本，并基本保持平稳，日本为东亚提供最终资本品市场的地位总体呈现低速上升趋势（见表2-3）。

（四）中国内地和日本作为东亚最终消费品市场提供者地位的比较

从中国内地和日本对东亚的最终消费品市场提供指数来看，自20世纪80年代以来，日本作为东亚最终消费品市场提供者的地位明显高于中国内地。但是，中国内地对东亚的最终消费品市场提供指数总体上仍呈现上升趋势，而日本对东亚的最终消费品市场提供指数曾出现上升趋势，但目前又将回到20世纪80年代末的水平。具体来说，中国内地对东亚的最终消费品市场提供指数从1988年的1.7增加到2015年的7.4，而日本对东亚的最终消费品市场提供指数从1988年的8.8增加到1994年的16.1，继而又减少到2015年的9.0。如表2-4所示。

从分别对东亚各经济体的最终消费品市场提供指数来看（见表2-4），2015年，中国内地对日本的最终消费品市场提供指数超过9，而日本对东亚其他经济体的最终消费品市场提供指数超过10的经济体达到2个。其中，日本对菲律宾的最终消费品市场提供指数达16.9。除了中国香港、中国台湾和韩国以外，日本对东亚其他经济体的最终消费品市场提供指数均高于中国内地。

表2-4　1988~2015年中国内地和日本作为东亚最终消费品市场提供者地位的变化

地区	中国内地					日本				
	1988年	1994年	2000年	2007年	2015年	1988年	1994年	2000年	2007年	2015年
中国内地	—	—	—	—	—	13.5	15.4	16.4	10.8	9.4
日本	1.2	2.7	2.1	3.4	9.3	—	—	—	—	—
韩国	0.07	1.3	2.1	4.4	7.5	22.4	24.7	14.0	4.4	4.7
新加坡	2.2	0.9	2.3	3.1	4.8	5.7	7.9	9.7	2.8	9.1
中国香港	8.5	4.6	4.9	6.5	5.3	6.8	5.2	2.0	1.5	1.1
中国台湾	—	0.1	1.0	4.5	11.7	—	20.1	14.5	10.2	9.8
马来西亚	0.9	0.3	1.1	1.6	3.5	4.6	8.2	12.6	5.9	9.0
印度尼西亚	0.7	0.4	0.6	1.5	4.5	23.5	17.8	12.4	6.6	7.0
菲律宾	0.7	0.3	1.2	3.5	8.4	25.3	19.4	16.6	15.4	16.9
泰国	1.5	0.9	1.2	3.2	8.4	17.1	22.4	16.5	11.6	11.8
越南	0.2	2.8	0.4	2.0	6.2	39.7	28.3	19.3	8.2	9.5
东亚	1.7	1.9	1.9	3.4	7.4	8.8	16.1	14.6	9.6	9.0

注：同表2-1。

资料来源：根据RIETI-TID 2015（日本产业经济研究所2015年数据库）提供的数据计算得出。

从中国内地和日本相互的最终消费品市场提供指数来看（见表2-4），中国内地对日本的最终消费品市场提供指数从1988年的1.2增加到2015年的9.3，而日本对中国内地的最终消费品市场提供指数从1988年的13.5

减少到2015年的9.4。目前中国内地和日本的最终消费品市场提供指数已基本持平。

可见，目前中国内地作为东亚最终消费品市场提供者的地位与日本相比还有一定的差距。但2000年以后，中国内地对东亚的最终消费品市场提供指数呈明显上升趋势，从1.9增加到7.4，而同期日本对东亚的最终消费品市场提供指数有所下降，从14.6降低到9.0（见表2-4）。

通过上述的分析可以看出以下几点。第一，中国内地为东亚提供产品市场的总体规模已经明显超过日本，但中国内地作为东亚最终消费品市场提供者的地位同日本相比仍然有很大差距。第二，从近30年来的发展历程来看，中国内地作为东亚初级产品、中间产品和最终资本品市场提供者的地位迅速上升，而日本对东亚的初级产品和中间产品市场提供指数总体在下降。第三，从2007年以来的发展态势来看，中国内地作为东亚初级产品和最终消费品市场提供者的地位仍保持上升趋势，作为东亚中间产品和最终资本品市场提供者的地位处于平稳趋势；而日本对东亚的所有类型产品市场提供指数并未呈现上升趋势，且作为东亚初级产品市场提供者的地位呈下降趋势。

三　中日作为东亚的市场提供者地位变化的原因分析

从上述分析可以看出，中日两国作为东亚市场提供者的地位在发生着巨大的变化。虽然总体来看，中国已经超过日本成为东亚最大的市场提供者。但是，中日两国在为东亚提供不同类型产品市场方面也有着不同的表现。中日作为东亚各类产品市场提供者地位的不同变化是诸多因素造成的。这里主要从东亚区域整体经济与贸易发展环境和中日两国经贸发展模式上的差异两个角度，来深入探讨中日作为东亚市场提供者地位发生重大变化的动因。

（一）东亚区域整体经济与贸易发展环境

1. 东亚地区产业分工模式的演进

20世纪90年代以前，东亚地区产业分工模式明显体现为“雁行模式”①。在该模式下，日本属于第一层次，具有先进技术和发达工业，重点

① “雁行模式”的提法起源于日本经济学家赤松要的“雁行产业发展形态论”，该模式是由赤松要于1932年根据日本棉纺工业的发展史实提出的。

发展技术密集型产业；新兴工业化经济体（“亚洲四小龙”）属于第二层次，具有比较先进的技术，重点发展资本密集型产业；东盟国家属于第三层次，其资源和劳动力丰富，重点发展劳动密集型产业；中国内地属于第四层次，拥有丰富的生产要素和辽阔的市场，成为东亚地区仅次于东盟的新的经济增长区。日本对东亚的直接投资结构也根据不同的发展层次采取了不同的直接投资策略，因此，20 世纪 60 年代至 80 年代东亚地区国际产业转移呈现出明显的梯度特征。20 世纪 90 年代以后，东亚地区的“雁行模式”受到了严重挑战。日本经济持续低迷使其在东亚经济发展中“领头雁”的地位日益削弱。同时，随着东盟国家特别是中国经济的迅猛发展，各个经济体之间产业结构发展的梯度层次逐渐弱化，总之，由于“领头雁”的迷失方向和“群雁”的正在加速赶上，东亚传统“雁行模式”逐步被复杂化、网络化的“生产网络模式”所替代。东亚地区的产业分工模式也逐渐由垂直型的产业间分工转变为水平型的产业内分工。在产业内分工的环境下，一个产品的生产过程可以分为一系列独立又相互联系的环节，各个环节又分布在不同国家或地区。[①]

随着东亚地区产业分工模式的演进，中国与东亚各经济体之间的贸易也从以国家或地区间要素禀赋差异为基础的产业间贸易逐渐转变为产业内贸易。[②] 这种以规模经济和产品差别为基础的贸易方式使得中国对原材料、零部件以及半成品的进口需求增加，这为中国作为东亚初级产品和中间产品市场提供者地位迅速上升提供了重要基础和条件，也是日本作为东亚初级产品和中间产品市场提供者地位下降的重要原因。

2. 东亚地区“新三角贸易”的形成与发展

随着中国在东亚区域内贸易中地位的提高，东亚逐步形成以中国为中间枢纽的“新三角贸易”模式，即中国从东亚主要经济体进口中间产品，在中国进行加工组装，然后再将最终制成品出口到欧美等发达国家。

---

① 张红霞：《东亚地区产业分工模式的演进及中国的对策》，《东北亚论坛》2006 年第 5 期，第 26~30 页。

② 冯永琦：《东亚区域的生产分工、产品需求结构与贸易模式转型》，《当代亚太》2011 年第 3 期，第 41~56 页。

在“新三角贸易”模式下，中国逐渐成为东亚其他国家或地区出口的加工基地，并替代东亚其他国家或地区向区域外出口最终制成品。中国日益成为东亚地区实现向区域外出口的重要平台，致使中国对中间产品的需求大幅增加。例如，中国对东亚的中间产品市场提供指数从 1994 年的 7.4 迅速增加到 2007 年的 22.6。

但是，2008 年全球金融危机之后，东亚各经济体已经认识到对区域外最终产品市场严重依赖的重要危害，这些经济体努力通过提升区域内市场需求来降低对外部市场的依赖。中国也在逐渐调整加工贸易模式以及对外贸易结构，中间产品进口的增长幅度迅速下滑，这致使中国对东亚的中间产品市场提供指数从 2007 年到 2015 年仅上升了 2.3。

3. 中国-东盟自由贸易区的因素

中国-东盟自由贸易区是中国提出建立并开始谈判的第一个自由贸易区。根据双方签署的协议，自 2005 年 7 月 1 日起，中国与东盟国家开始全面启动降低关税的进程，至 2010 年 1 月 1 日，中国-东盟自由贸易区如期全面建成。中国对东盟十国 91.5%的产品实行零关税，对东盟的平均关税由此前的 9.8%降低到 0.1%；东盟“老六国”对中国 90%以上的产品实行零关税，对中国的平均关税也由 12.8%降低到 0.6%。除去中国和东盟国家双方提出的一些敏感产品之外，大多数贸易产品已经实现零关税。

自中国与东盟开始全面降低关税以来，中国从东盟的进口贸易额不断增加，进口增长率从 2005 年的 17.98%稳步增加到 2007 年的 21.07%。2010 年中国与东盟零关税的实施又使中国对东盟国家的进口增长率进一步迅猛增加，仅在 2010 年 1 月至 11 月期间，中国对东盟的进口贸易额就增加了 47.5%。其中，东盟国家大量的初级产品如石油等能源、原材料以及农产品大量涌入中国。中国对东亚的初级产品市场提供指数从 2000 年的 12.8 迅速增加到 2015 年的 22.6。而这也对日本为东亚提供初级产品市场带来一定的替代效应，日本对东亚的初级产品市场提供指数从 2000 年的 23.5 迅速减少到 2015 年的 12.4。相对于日本而言，中国与东盟在建设自由贸易区方面的主动性与先行性成为促进中国作为东亚初级产品市场提供者地位迅速上升的重要原因。

（二）中日两国经贸发展模式上的差异

1. 中日两国对外直接投资与产业海外转移的程度不同

20 世纪 70 年代以来，在石油危机的影响下，日本加速本国产业的海外转移，特别是 1985 年《广场协议》签署后，日元的大幅度升值又推动日本对外直接投资急剧扩大。20 世纪 80 年代以前，日本对外直接投资额仅有几十亿美元，1986 年日本对外直接投资额为 223 亿美元，1989 年增加到 675 亿美元。日本向海外的产业转移最初集中在劳动密集型产业，而后将资本与技术密集型产业也向海外进行转移。一方面，日本大量的对外直接投资与产业的海外转移，使日本国内对初级产品和中间产品的需求大幅降低，日本对东亚的初级产品市场提供指数从 1988 年的 39.6 下降到 2015 年的 12.4；另一方面，生产最终消费品的诸多劳动密集型产业的海外转移，使日本需要从东亚进口大量的最终消费品。这是日本作为东亚最终消费品市场提供者的地位要明显高于中国的重要原因。

对于中国而言，尽管 2000 年以来中国政府开始实施“走出去”战略以及人民币已经出现较大幅度的升值，但是中国尚未出现产业海外转移的高潮。中国国内大量最终消费品的生产已满足国民的基本需求，对东亚其他经济体最终消费品的需求必然有限。但是，近几年来，随着劳动力成本迅速上升，中国对外直接投资发展迅速。2014 年，中国已经成为直接投资净流出国。2015 年，中国对外直接投资流量达到 1180 亿美元，超过日本成为世界上对外直接投资流量第二大的国家，中国对外直接投资存量也于 2015 年底首次超过万亿美元大关。中国部分产业已经显现出向海外转移的动向，在中国的日本企业也出现从中国向东南亚转移的迹象。在“一带一路”倡议下，中国对外直接投资规模还会进一步迅速增长。在中国对外直接投资增长以及产业向海外的转移将降低国内对初级产品和中间产品的需求，为中国增加对最终消费品的进口需求提供一定条件，也就是说，中国作为东亚最终消费品市场地位的提升还有很大的空间。

2. 中日两国对外贸易的模式不同

20 世纪 90 年代以来，随着中国在东亚产业分工体系中地位的上升，中国的加工贸易迅速发展，并在整个对外贸易中发挥着举足轻重的作用。[①] 在加工贸易模式中，中国进口原材料或者零部件，利用本国的生产能力和技术加工成成品后再出口出去，致使中国对中间产品和初级产品的进口需求不断增加。这是中国对东亚的中间产品市场提供指数能够在 1994 年到 2015 年的 21 年间从 7.4 迅速增加到 24.9 的重要原因。同时，在 1988 年到 1998 年期间，中国的进料加工得到了长足的发展，并逐步超过来料加工成为加工贸易的主导方式，导致中国在此期间对初级产品的进口需求快速增加，中国对东亚的初级产品市场提供指数在 1988 年至 2000 年提高了将近 4 倍。这也是中国作为东亚市场初级产品和中间产品市场提供者地位明显高于日本的重要原因。

但是，自 2008 年全球金融危机以来，外部市场需求的降低使中国加工贸易模式受到了严峻挑战，同时，中国劳动力成本上升等因素使外商直接投资流入的积极性下降，如在中国的日本企业出现从中国向东南亚转移的迹象等。在加工贸易模式受到冲击的情况下，中国的东亚中间产品市场提供者地位有所下降。

对于日本而言，日本的劳动力和资源禀赋都不及中国，不具备加工贸易的条件，故日本对东亚的中间产品市场提供指数始终在 15 以下。1985 年后日元急剧升值，使日本的出口贸易在国外市场上受到了严重的影响。大批企业为了保住海外市场，日本的对外贸易开始由以产品输出为主转向以资本输出为主，且以每年 27.6%的平均速度递增。另外，20 世纪 90 年代以来，日本人口老龄化和工资成本过高的现象严重突出，使日本劳动密集型产业的比较优势大幅下降，致使很大一部分资本输出到海外去寻找廉价的劳动力。同时，劳动密集型产业不断向海外转移导致日本对最终消费品的进口贸易需求增加，加之日本具有较高的消费水平从而对最终消费品的进口需求较大。所以，在日本的贸易模式有利于推动其成为东亚重要的最终消费品市场提供者，而不利于推动其成为东亚重要的初级产品和中间产品市场提供者。

---

① 张坤：《东亚新贸易模式的形成与转型——基于中国地位及作用的考察》，《世界经济研究》2013 年第 10 期，第 75~80 页。

3. 中日两国货币汇率变动带来的影响不同

1985 年《广场协议》签订后，从日元兑美元名义汇率看，日元大幅度升值，1985 年 2 月至 1988 年 11 月，升值 111%，1990 年 4 月至 1995 年 4 月，升值 89%。日元大幅升值使日本商品在国际市场上的竞争能力减弱，出口大幅度减少，日本政府为了缓解当时国内出现的需求不足、供给过剩的困境，积极采取扩张性财政政策，扩大总需求刺激个人消费[①]，这是日本对东亚的最终消费品市场提供指数从 1988 年的 8.8 增加到 1994 年的 16.1 的主要原因。1995 年，日元兑美元汇率达到 79.75∶1 的历史最高点，随后日元开始贬值，1998 年，日元兑美元汇率升至 140∶1，随后一直在 120∶1 和 100∶1 之间浮动。[②] 日元贬值导致日本对最终消费品以及初级产品的进口减少，这也是日本对东亚的最终消费品市场提供指数从 1994 年的 16.1 下降到 2007 年的 9.6，初级产品市场提供指数从 1994 年的 35.0 下降到 2007 年的 16.8 的又一大原因。

而中国则自 2005 年 7 月 21 日开始进行完善人民币汇率形成机制改革。从 2005 年到 2015 年 10 年间，根据人民币兑美元汇率的变化，人民币累计升值 36%。人民币升值有利于降低进口产品的成本，当进口产品价格的上涨幅度小于人民币升值幅度时，人民币升值会使进口的海外产品价格下降，从而使国内居民对最终消费品的需求增加，使企业对原材料的需求增加。[③] 因此，中国对东亚的初级产品市场提供指数从 2007 年的 19.6 快速增长到 2015 年的 22.6，最终消费品市场提供指数从 2007 年的 3.4 增长到 2015 年的 7.4。可见，随着人民币的大幅升值，中国作为东亚初级产品和最终消费品市场提供者的地位也在提高。

日元经历了 1985 年到 1995 年期间的迅速升值之后又经历了贬值过程，而人民币自 2005 年以来总体上处于长期升值态势，尚未出现严重的贬值经历。所以，这对中日作为东亚市场提供者地位变化的影响也是不同的。日

---

① 朱心坤：《1985 年日元升值以来的日本经济及其 90 年代的发展前景》，《日本研究》1990 年第 2 期，第 1~7 页。

② 董葆茗：《日元升值对日本进出口贸易的影响分析》，《现代日本经济》2006 年第 5 期，第 52~55 页。

③ 冯永琦、裴祥宇：《人民币实际有效汇率变动的进口贸易转型效应》，《世界经济研究》2014 年第 3 期，第 21~26 页。

元的升值历程有助于日本作为东亚最终消费品市场提供者地位的提升，但日元的贬值历程又推动了日本作为东亚初级产品和最终消费品市场提供者地位的急剧下滑。而人民币的升值历程促使中国对东亚市场的初级产品和最终消费品市场提供指数不断升高，推动中国作为东亚市场提供者的地位进一步上升。

4. 中日两国经济增长速度和经济增长方式的不同

20 世纪 90 年代以来，中国经济规模快速扩大，1990 年中国的经济总量仅为日本的 12%，商品进口规模还不足日本的 22.7%；2003 年，中国经济总量增加到日本的 32.5%，商品进口规模已经超过日本；2010 年，中国已超过日本成为世界第二大经济体，商品进口规模已是日本的 2 倍多。近年来，中国不断采取政策推进经济结构战略性调整，促进产业结构优化升级，经济增长方式也从依靠固定资产和人力资本的增长逐渐转向依靠生产效率的提高。所以，中国经济总量的快速增长、经济结构的战略性调整、经济增长方式的转变都是中国作为东亚市场提供者地位提高的重要基础。

反观日本，自进入 20 世纪 90 年代以来，经济泡沫破灭，经济危机出现，经济增长速度放缓。1991 年至 2002 年期间，日本经济平均增长率只有 1.25%，甚至在 1997 年和 1998 年两年出现经济负增长，导致企业对初级产品和中间产品的进口需求大量减少，从而日本对东亚的初级产品和中间产品市场提供指数逐步减少。另外，日本自 20 世纪 80 年代末就实现了经济增长依靠内需来拉动的经济发展方式，这推动了日本对最终消费品进口需求的增加，进而巩固了其作为东亚最终消费品市场提供者的地位，但是，日本作为东亚初级产品、中间产品市场提供者的地位缺乏巩固的基础。

四　中日两国作为东亚的市场提供者地位变化的影响

由于东亚区域整体经济与贸易发展环境的变化以及中日两国经贸发展模式上的差异，中日作为东亚市场提供者的地位在近 30 年来发生了巨大的变化。这些变化的演进对中国和日本的国际经济地位造成了很大的影响，同时也或多或少地影响着东亚区域合作的进程以及东亚地区对区域外最终产品市场的依赖程度。

（一）对中日国际经济地位的影响

中国作为东亚市场提供者地位的上升使中国逐渐成为东亚区域乃至世界经济贸易中的重要一员，并使中国经济对世界经济的影响力日益增强，更多国家对中国经济和中国市场的关注度越来越高。1990 年，中国进口贸易规模还不足日本的 23%，在世界排名第 11 位，中国的 GDP 仅为日本的 10%左右，在世界排名第 10 位；2003 年时，进口贸易规模已经超过日本，中国 GDP 已达到日本的 30%，跃居世界第 7 位；而到 2010 年，中国进口贸易规模已扩大到日本的 2 倍多，中国 GDP 也超过日本成为世界第二大经济体。作为东亚地区最大的进口贸易国家，中国在东亚以及世界经济中的地位得到迅速上升。

相对于中国，日本对东亚的市场提供指数总体呈下降趋势，使日本在国际经济中的地位明显下降，特别是 20 世纪七八十年代日本在东亚产业分工中的主导地位已经明显消退，日本在东亚国际经济中的影响力也明显下降。可见，中日作为东亚市场提供者地位的变化对两国在国际经济中的地位带来了不同方向的影响。

（二）对东亚区域经济合作的影响

东亚的区域经济合作与欧洲或北美等其他区域经济合作相比，起步较晚且发展相对滞后。在进入 21 世纪以前的东亚区域经济合作进程中，不管是从经济实力还是从影响力来看，日本都有资格扮演东亚区域合作“带头者”的角色，日本的积极作用在很大程度上推动了东亚区域经济合作的进展。

然而，中国在东亚市场上地位的升高削弱了日本在东亚区域一家独大的局面，使东亚各经济体的联系更加密切，合作更加频繁，推动东亚区域内经济合作向前发展的同时也使东盟国家对中国的依赖性增强。自中国-东盟自由贸易区全面建成以来，中国和东盟的经济相互依赖程度逐步加深，合作关系更加密切。随着中国作为东亚中间产品市场提供者地位的提高，中国从东盟国家进口的初级产品和最终产品也在不断增多，这明显加强了东盟国家对中国的依赖。

随着中国作为市场提供者地位的提高，中国在东亚区域经济合作中的主导性日益增强。东亚区域经济合作由最初的日本主导格局转变为21世纪初的中日两国共同主导的格局，而目前中国在东亚区域合作的地位仍在进一步上升，如中国“一带一路”倡议的提出，中国主导的“亚投行”的建立，等等。中国为东亚提供各类产品市场地位的进一步提高，将是中国在东亚区域经济合作中地位提升的重要基础。

（三）对东亚地区依赖区域以外最终产品市场程度的影响

长期以来，东亚各经济体在工业化进程中形成对区域外市场严重依赖的局面，特别是对美国最终产品市场存在严重依赖。这在一定程度上成为“东亚奇迹”出现的必要条件，但是东亚各经济体在抵御外部经济和金融冲击等方面处于被动和不利地位。特别是2008年全球金融危机以后，东亚各经济体已充分意识到这一问题。而如果在东亚区域内部出现能够为本区域提供规模庞大的最终产品市场提供者，对于缓解或解决东亚区域严重依赖外部最终市场的问题具有重要意义。

20世纪90年代以来，日本对东亚的最终产品市场提供指数有所下降，但中国对东亚的最终产品市场提供指数逐渐增加，并呈现继续上升趋势。这对于改变东亚区域对美国等外部市场严重依赖的现象能够起到积极的作用。中国对东亚的最终消费品市场提供指数从2007年的3.4上升到2015年的7.4，对东亚的最终资本品市场提供指数从2000年的4.9上升到2015年的21.2。虽然中国对东亚的最终产品市场提供指数与美国相比还相差较远，但是中国对东亚的最终产品市场提供指数仍在不断提高，并与美国的差距在不断缩小。可见，中国作为东亚最终产品市场提供者的发展趋势有利于进一步降低东亚区域对外部最终产品市场的依赖性。

第二节　中国作为东亚市场提供者地位提升的动因

一　中国作为东亚市场提供者地位提升的主要动因

在中国为东亚提供市场能力不断提高的进程中，有哪些因素对其产生了重要影响呢？对此问题的分析也将为分析中国作为东亚市场提供者地位的前景提供重要依据。

（一）主要动因

1. 经济增长速度

1990 年中国经济总量仅为日本的 12%，相应地，中国商品进口规模不足日本商品进口的 22.7%。2010 年，中国超过日本成为世界第二大经济体，经济总量为美国的 40.31%，相应地，中国货物进口规模已是日本的 2 倍多，是美国的 59.46%。2015 年，中国经济总量已经达到美国的 58.31%，中国货物进口规模也已经达到美国的 60.91%。中国经济总量的快速增长是中国发挥市场提供者作用的重要基础。

2. 人民币的升值

2006~2015 年，中国对东亚的初级产品市场提供指数已经翻了近一番，这正好与人民币升值进程相符合。又如，2007~2015 年，中国对东亚的最终消费品市场提供指数从 3.4 上升到 7.4。人民币升值会带来进口成本相对下降，这会成为促进其进口扩大的重要推动力。

3. 国内总投资

长期以来，中国是以投资为主来驱动经济增长的国家。投资扩张的过程会带来大量相应初级产品和中间产品的投入以及需要大量用于生产的最终资本品。这会推动中国作为东亚市场提供者地位的提升。

4. 国内总消费

长期以来，中国消费需求始终不旺盛，这也是中国对东亚的最终消费品市场提供指数严重落后于美国和日本的重要原因。中国国内总消费的增长是中国东亚市场提供者地位提升的重要内在因素。

5. 不同产品的进口需求程度

一般来说，进口需求程度较高的产品是国内需求量较大的产品，相应地会带来该产品的大规模进口，而这些产品的大量存在会有效地提升中国的市场提供者的地位。

（二）主要动因发挥作用的内在机制

上述因素可以通过一定的作用机制对中国的东亚市场提供者地位产生

重要影响。这些因素发挥作用的内在逻辑为我们进一步进行实证分析提供一定的理论基础。

1. 相对价格变动作用机制

当人民币汇率发生变动时，进口商面临的进口成本也会发生变动。例如，人民币升值相对会降低进口成本，这对于需求弹性较大商品的效果更为明显；同样，当人民币贬值时，进口成本会上升，这便不利于中国市场提供者地位的提升。

2. 需求结构变动作用机制

进口需求程度较高的产品会带来该产品的大规模进口，进而提高市场提供能力。为了在产品层面体现出不同产品进口需求程度的差异，这里采用不同产品在进口贸易结构中的比重这一指标来衡量该产品的进口需求程度。也就是说，某种产品在进口结构中所占比重越高，该产品的进口需求程度也就越高。所以，进口需求结构上的变化能够反映出中国为不同类型产品所提供市场能力的高低。

3. 经济发展的基础性作用机制

在经济增长过程中，一定会有相应规模的需求形成。其中，一部分表现为对外部市场的需求，即推动了进口的出现。经济增长速度越快，形成相应需求的规模也就越大，其中所包含的对外部市场的需求也会越大。因此，经济发展速度对提升市场提供者地位具有基础性作用。

4. 直接作用机制

国内消费能力的上升必然会增加对消费品的需求，国内投资能力的上升也必然会增加对资本品的需求，而对这些产品的需求不仅在国内实现，也可以通过进口贸易来实现。因此，国内总消费和总投资的增长会直接带动对相关产品的进口需求。

二　中国作为东亚市场提供者地位提升动因的实证分析

（一）模型的设定

中国已经是最大的东亚初级产品、中间产品和最终资本品市场提供者，所以，对中国的东亚最终消费品市场提供能力的研究会具有更为明显的意义。那么，能够影响中国最终消费品市场地位的因素应该要重点关注。这里认为经济增长速度和国内消费水平是提升最终消费品市场提供能力的较为重要的因素，其中，国内消费水平包括私人消费和政府消费两部分。因此，将 GDP 增速、私人和政府消费作为模型分析的核心变量。此外，实际有效汇率水平、国内投资以及不同种类进口产品的进口需求程度等影响不同产品进口额的因素将作为控制变量加入模型。其中，某项产品的进口需求程度用该项产品进口额占总进口额的比重来表示。

本书使用全部变量的总体数据，采用变截距固定系数面板数据模型和固定效应变系数面板数据模型分别进行分析。首先检验模型中系数是否对全部截面都一致，考虑如下两个假设。

$$H_1: \beta_1 = \beta_2 = \cdots = \beta_N$$

$$H_2: \alpha_1 = \alpha_2 = \cdots = \alpha_N$$
$$\beta_1 = \beta_2 = \cdots = \beta_N$$

在假设 H_2 下构建检验统计量 F_2：

$$F_2 = \frac{(S_3 - S_1)/[(N-1)(k+1)]}{S_1/[NT - N(k+1)]} \sim F[(N-1)(k+1), N(T-k-1)]$$

在假设 H_1 下构建检验统计量 F_1：

$$F_1 = \frac{(S_2 - S_1)/[(N-1)k]}{S_1/[NT - N(k+1)]} \sim F[(N-1)k, N(T-k-1)]$$

经计算得出 $F_2=4.3$，$F_1=1.06$，F_2 大于 5%显著水平下相应的 F 值，因此拒绝假设 H_2，F_1 小于 5%显著水平下相应的 F 值，因此接受假设 H_1。为了消除趋势因素的影响，变量采用差分的形式。

1. 变截距固定系数面板数据模型

通过变截距固定系数面板数据模型（1）进行估计：

$$\Delta Y_{it} = c_i + \beta_1 \Delta g_{it} + \beta_2 \Delta pc_{it} + \beta_3 \Delta gc_{it} + \beta_4 control_{it} + \varepsilon_{it} \tag{1}$$

其中，Y_{it}表示第 i 类进口产品，i 为 BEC 分类编码，g_{it}表示 GDP 增长率，代表经济发展情况，pc_{it}代表私人消费，gc_{it}代表政府消费，$control_{it}$指控制变量集，包括实际有效汇率$reer_{it}$，i 项产品的进口需求程度用该项产品进口额占总进口额的比重$prop_{it}$表示，固定投资fi_{it}，Δ 为时间上前后两项数据的差分。

模型（1）可能存在内生性问题，尤其是经济增长率g_{it}可能与干扰项中的许多因素相关，因此下面采用 Davidson-MacKinnon（1993）的方法检验模型是否存在内生性问题。[①] 首先需要确定适当的工具变量，根据中国经济发展的实际情况来看，推动经济增长的“三驾马车”中起主要作用的是投资和出口，而投资中固定资产投资又占据主导地位，所以选取固定资产投资和出口两个变量构成经济增长率的工具变量 Δg_{it}_iv。然后分别估计原始固定效应模型和带有工具变量的固定效应模型，并使用 Davidson-MacKinnon 方法验证二者的系数是否一致。检验结果显示：检验统计量的值为 4. 390，P 值为 0. 374，在 5%的显著水平下拒绝了不存在内生性的原假设，因此需要修改原模型，用工具变量 Δg_{it}_iv 替代 Δg_{it}，修改后模型如下：

$$\Delta Y_{it} = c_i + \beta_1 \Delta g_{it}\_iv + \beta_2 \Delta pc_{it} + \beta_3 \Delta gc_{it} + \beta_4 control'_{it} + \varepsilon_{it} \quad (2)$$

按照联合国广义分类法（BEC）的划分，中国从东亚地区进口的主要产品可以细分为 17 类，如表 1-1 所示，这些数据均来源于 UN Comtrade 数据库。人民币升值用人民币实际有效汇率来衡量，它和中国的固定资产投资、私人消费和政府消费支出数据来源于 EIU 数据库。中国经济增长用 GDP 增长率数据来表示，来源于世界银行数据库，外商直接投资数据来源于中国国家统计局。所有的样本数据区间为 1998 年至 2014 年。

2. 固定效应变系数面板数据模型

接下来将采用固定效应变系数面板数据模型进一步探究经济增长率g_t、实际有效汇率水平$reer_t$、固定投资fi_t、私人消费pc_t、政府消费gc_t和产品进

---

① Davidson, R., MacKinnon, J. G., *Estimation and Inference in Econometrics*, New York: Oxford University Press, 1993.

口额所占比重$prop_{it}$对中国从东亚其他经济体进口的不同产业下的初级产品、中间产品和最终产品的影响。

这里采用 RIETI-TID 2014 数据库中的 13 类产业分类法，并用符号 I_1 至 I_{13}分别依次表示这 13 类产业。[①] 中国从东亚其他经济体进口的每类产业产品基本上都包含 5 种类型产品，即初级产品、中间产品中的零部件和半成品、最终产品中的资本品和消费品。根据固定效应变系数面板数据模型，共得到 47 组被解释变量，并得到来自经济增长率g_t、私人消费pc_t、政府消费gc_t、实际有效汇率水平$reer_t$、固定资产投资fi_t和产品进口额所占比重$prop_{it}$对这些被解释变量的影响结果。

（二）变截距固定系数面板数据模型的检验结果

对上文中设定的模型进行检验，检验结果如下：

$$\Delta\hat{Y}_{it} = c_i + 22.3\Delta g_{it}\_iv + 1.99\Delta reer_{it} - 0.054\Delta pc_{it} + 0.164\Delta gc_{it} + 14.8\Delta prop_{it} \quad (3)$$
$$(5.52) \qquad (1.61) \qquad (0.020) \qquad (0.055) \qquad (437)$$

式（3）中各项系数的 P 值分别为 0、0.216、0.007、0.003、0.001，因此，除实际有效汇率水平$reer_{it}$外，经济增长率g_{it}_iv、私人消费pc_{it}、政府消费gc_{it}和产品进口额所占比重$prop_{it}$均对各类产品的进口额具有显著影响。

实证结果显示，核心变量经济增长率、私人消费和政府消费均对进口存在显著影响，但它们的影响方向和程度不同。第一，经济增长率 g_{it}_iv 的系数为正，说明随着中国经济的不断增长，中国对各类产品的进口额会增加，也就是说经济增长会提升中国的东亚市场提供者地位。第二，私人消费 pc_{it}的系数为负，但数值较小，私人消费的增长会小幅度降低中国从东亚市场进口的产品数额。这也许是因为中国私人消费增长的过程也是中国经济结构转型的过程，而这个经济转型的过程会降低对中间产品的需

① 13 类产业包括 I_1 食品及相关农业、林业和渔业，I_2纺织品，I_3纸浆、纸张和木材产品（包括橡胶、皮革和石油）及相关的农业、林业和渔业，I_4化工产品（包括塑料），I_5石油和煤炭产品、相关矿业，I_6陶瓷、水泥制品、相关矿业，I_7钢铁、有色金属和金属制品、相关矿业，I_8通用机械，I_9电力机械，I_{10}家用电子产品、家用电器，I_{11}运输设备，I_{12}精密仪器，I_{13}玩具和杂货。

求。也就是说，目前中国主要为东亚提供的是中间产品市场，私人消费的增长带来的中国从东亚进口最终消费品的增加幅度小于其带来的中国从东亚进口中间产品的降低幅度。第三，政府消费 gc_{it} 的系数为正，即中国政府消费支出的增长会提升中国的东亚市场提供者地位。

相关控制变量对中国从东亚地区进口产品的数额也存在一定的影响。第一，人民币实际有效汇率 $reer_{it}$ 的系数为正，说明人民币升值对中国对各类产品进口有正向的影响。当人民币实际有效汇率上升时，中国对各类产品的进口额将增加，中国的东亚市场提供者地位会上升。第二，产品进口额所占比重 $prop_{it}$ 的系数为正，说明随着某种产品在全部进口产品中比重的增加，该种产品的进口额也会逐步扩大。

由实证结果可知，中国的东亚市场提供者地位提升主要是经济增长和政府支出来推动的。而目前中国正处于“新常态”之下，经济发展方式逐步转变，经济增长速度变慢，政府支出将逐渐减小，这不利于中国的东亚市场提供者地位的进一步提升。

（三）固定效应变系数面板数据模型的检验结果

下面列出了相关系数在1%、5%和10%水平下显著的核心解释变量及其对应的系数和P值，如表2-5所示。固定效应变系数面板数据模型的检验结果和变截距固定系数面板数据模型的检验结果基本一致。

表2-5 核心变量对不同产业不同类型产品进口规模有着显著影响的实证结果

项目	初级产品		半成品		零部件		消费品		资本品	
GDP增长率	I_1	-7.27^{**}	I_4	817.37^{*}	I_9	1195.31^{*}	I_8	-0.26^{**}		
	I_5	-152.21^{***}	I_7	336.37^{*}	I_{11}	-20.79^{***}	I_{13}	24.96^{***}		
私人消费	I_1	-0.12^{*}	I_3	-2.34^{*}	I_7	-0.32^{***}	I_6	-0.018^{**}	I_8	-1.35^{**}
	I_3	-1.17^{***}	I_4	-3.98^{*}	I_9	-4.49^{*}	I_8	-0.003^{*}	I_9	-1.79^{**}
	I_5	-3.26^{*}	I_5	-3.15^{*}	I_{12}	-1.03^{*}	I_{11}	-1.84^{**}	I_{10}	-1.13^{*}
	I_6	-0.13^{**}	I_7	-2.47^{*}	I_{11}	-2.02^{*}	I_{13}	0.18^{**}	I_{12}	-3.08^{*}
	I_7	-2.03^{*}	I_{11}	-0.20^{**}						
			I_{12}	-1.13^{**}						

续表

项目	初级产品		半成品		零部件		消费品		资本品	
政府消费	I_1	0.34*	I_3	7.86*	I_2	0.08***	I_1	1.91**	I_8	3.90*
	I_2	0.05***	I_4	17.54*	I_7	0.96**	I_6	0.06*	I_9	21.31*
	I_3	3.68**	I_5	10.71*	I_8	1.63***	I_8	0.008*	I_{10}	3.53*
	I_5	8.98*	I_7	9.63*	I_9	21.31*	I_{11}	5.55*	I_{12}	10.64*
	I_6	0.39*	I_{11}	0.40***	I_{11}	5.78*	I_4	1.09**		
	I_7	6.61*	I_{12}	3.32**	I_{12}	2.83*				

注：***、** 和 * 分别表示回归方程的系数在 1%、5%和 10%的显著性水平下显著异于零。

1. 核心解释变量对提升中国的东亚市场提供者地位的影响

首先，经济快速增长能够对中国东亚市场提供者地位的提升有着重要的影响。虽然 GDP 增长率只对 8 种产品的进口额存在显著影响，但是 2014 年这 8 种产品进口额占总进口额的比重为 51.15%，这说明经济增长对超过 1/2 的进口额存在显著影响。虽然经济增长率的系数有正有负，但系数为正的产品进口额占总进口额的 48.99%。其中，经济快速增长对玩具和杂货类的最终消费品进口促进比较显著，玩具和杂货类的最终消费品进口约占最终消费品总进口的 8%。总体来说，经济增长对提升中国作为东亚市场提供者地位能够起到促进作用。

其次，私人消费的增长会降低中国的东亚市场提供者地位。私人消费对 47 类进口产品中的 23 类具有显著影响，与前文中的回归结果基本相同，私人消费的系数为负且数值较小。这说明国内私人消费的增加可能会促进国内经济的转型及消费品的生产，国内产品将替代一部分进口商品。私人消费的增长不利于中国的东亚五大类型产品市场提供者地位的提升。

最后，政府消费支出的增长会显著提升中国的东亚五大类型产品市场提供者地位的提升。政府消费支出能够对 47 类进口产品中的 27 类产品的进口产生显著正向影响，这些产品基本上涵盖了大部分的进口产品。相对于其他类型产品来说，政府消费支出对于中国提升东亚的最终消费品市场的影响并不是最显著的，但也对 74.03%的最终消费品产生显著的正向影响。这说明政府消费支出的增加对各类产品进口规模的增加都有明显的促进作用。

2. 政府消费对中国为东亚提供不同类型产品市场的影响

首先，政府消费能够显著影响到初级产品进口的有6个产业，即食品及相关农业、林业和渔业，纺织品，石油和煤炭产品、相关矿业，钢铁、有色金属和金属制品、相关矿业，纸浆、纸张和木材产品及相关的农业、林业和渔业，陶瓷、水泥制品、相关矿业。这6个产业初级产品进口总量占全部初级产品进口总量的64.41%。

其次，政府消费能够显著影响到零部件进口的产业有6个，即纺织品，钢铁、有色金属和金属制品、相关矿业，通用机械，电力机械，运输设备，精密仪器；显著影响到半成品进口的产业有6个，即纸浆、纸张和木材产品及相关的农业、林业和渔业，化工产品，石油和煤炭产品、相关矿业，钢铁、有色金属和金属制品、相关矿业，运输设备，精密仪器。也就是说，显著影响到中间产品进口的产业合计为9个，这9个产业中间产品进口总量占全部中间产品进口总量的95.11%。

再次，政府消费能够显著影响到最终资本品进口的产业有4个，即电力机械，通用机械，精密仪器，家用电子产品、家用电器。这4个产业最终资本品进口总量占全部最终资本品进口总量的97.8%。

最后，政府消费显著影响到最终消费品进口的产业有5个，即食品及相关农业、林业和渔业，化工产品，陶瓷、水泥制品、相关矿业，通用机械，运输设备。这5个产业最终消费品进口总量占全部最终消费品进口总量的74.03%。

通过固定效应变系数面板数据模型也可以得到控制变量对中国的东亚市场提供者地位提升的检验结果（见表2-6）。控制变量组中的固定资产投资对中国不同产业不同类型产品进口的影响相对较低，而人民币升值以及该产业各类产品的进口需求程度将对提升中国的东亚市场提供者地位有着显著的作用。

表2-6 控制变量组对不同产业不同类型产品进口规模有着显著影响的实证结果

项目	初级产品		半成品		零部件		消费品		资本品	
固定资产投资	I_1	0.21**	I_4	-10.36**	I_9	-18.95*	I_8	0.005**	I_{11}	1.45**
	I_5	8.24*	I_8	0.02*	I_{11}	6.72*				
	I_7	4.24***	I_{11}	1.22*	I_{12}	2.21**				

续表

项目	初级产品		半成品		零部件		消费品		资本品	
实际有效汇率	I_1	3.74*	I_2	99.24*	I_8	46.08*	I_1	47*	I_8	60.59*
	I_2	2.13*	I_3	180.0*	I_9	661.59*	I_2	8.11***	I_9	150.29*
	I_3	63.69*	I_4	490.16*	I_{10}	28.63***	I_3	14.68***	I_{10}	26.77***
	I_5	102.02*	I_5	202.89*	I_{11}	89.24*	I_4	22.81**	I_{12}	180.69*
	I_6	8.96*	I_6	36.36**	I_{12}	41.71**	I_6	1.01**		
	I_7	73.81*	I_7	261.06*			I_8	0.1**		
			I_9	33.31**			I_{11}	73.5*		
			I_{10}	8.89***						
			I_{12}	41.01**						
产品进口额所占比重	I_1	434.9***	I_1	2316.6*	I_2	1206**	I_1	1590*	I_7	1314.2**
	I_2	1813.8*	I_2	564.4**	I_3	1933.4*	I_6	814.7***	I_8	3069.9*
	I_3	4265.3*	I_3	1500*	I_7	2144.8*	I_7	1746.8*	I_9	846.1***
	I_4	1726.4*	I_5	3458.5*	I_8	2382.6*	I_8	457.5**	I_{10}	3297.1*
	I_5	1778.7*	I_6	2030.8*	I_{10}	1144.7*	I_{10}	2490*	I_{11}	1617.6*
	I_6	3505.3*	I_7	1657.5*	I_{11}	1033.3**	I_{11}	2048.2*	I_{12}	1583.6*
	I_7	3118.2*	I_8	1449.8*	I_{12}	1518.9*	I_{12}	1604.2*	I_{13}	2274.3*
			I_9	1958.8*	I_{13}	1702.6*	I_{13}	1149**		
			I_{10}	3791.3*						
			I_{11}	1660.9*						
			I_{12}	1918.8*						
			I_{13}	1438.5*						

注：***、** 和 * 分别表示回归方程的系数在 1%、5%和 10%的显著性水平下显著异于零。

总体来看，经济快速增长、私人消费和政府消费对中国的东亚市场提供者地位能够产生重要影响。其中，经济快速增长能够对提升中国的东亚市场提供者地位产生促进作用，政府消费对提升中国的东亚市场提供者地位具有的正向作用最为显著，而私人消费的增长将降低中国的东亚市场提供者地位。同时，政府消费能够对大部分不同产业不同类型产品的进口规模产生重要影响。因此，政府消费支出是中国作为东亚市场提供者地位提升最为重要的促进因素。

第三节　中国作为东亚市场提供者地位的前景分析

本书通过对中国的东亚市场提供者地位影响因素的实证分析，可知不同的因素对中国东亚市场提供者地位提升的影响是不同的。下面根据本书的检验结果并结合中国实际的发展情况，分析中国作为东亚市场提供者地位的前景。

一　基于不同影响因素角度的分析

根据前文的实证分析，中国经济增长速度对中国的东亚市场提供者地位能够产生促进作用。但是，未来中国经济增长速度的减缓，或者说中国经济高速增长的情况将很难继续。2015 年中国 GDP 增长 6.9%，为 25 年来新低。所以，这会给中国作为东亚市场提供者地位的进一步提升带来较大的影响。

政府消费支出与中国的东亚市场提供者地位提升有着显著的正相关关系。目前，中国政府消费占财政收入的比重远高于发达国家。随着改革的深入，政府成本可能会降低，政策性浪费等问题也会减少，政府消费支出的规模不会有大幅度上升。因此，政府消费支出因素对中国作为东亚市场提供者地位提升的推动作用将下降。这也将不利于中国作为东亚市场提供者地位的进一步提升。

私人消费支出与中国的东亚市场提供者地位提升有着明显的负相关关系。私人消费的增长主要与国内经济结构调整、经济发展方式转变等因素有着密切的关系，而这些因素可能会减少中国从东亚进口初级产品、中间产品以及资本品等。同时，目前私人消费的增长幅度有限，国内生产部门基本可以满足私人消费的增长。所以，也没有带来最终消费品的显著增加。但是，这种情况也许在逐渐转变。目前中国私人消费的增长主要被自身消化，只有当中国私人消费的增长达到一定程度时，才会对中国从东亚进口最终消费品的推动作用更加强烈，私人消费支出也会对中国的东亚市场提供者地位提升产生推动作用。

二 基于不同类型产品角度的分析

从初级产品的角度来看，中国作为东亚初级产品市场提供者的地位可能下降。中国从东亚进口的初级产品在规模上有超过 2/3 能够受到经济增长和国内消费的影响。随着国内经济增速的放缓和政府消费支出的下降，以及私人消费能力的提高，中国作为东亚初级产品市场提供者的地位会受到影响，并会出现下降趋势。另外，中国-东盟自由贸易区全面建成的贸易创造效应基本已过峰值，所以，中国作为东亚初级产品市场提供者的地位可能会出现下降。

从中间产品的角度来看，中国作为东亚中间产品市场提供者的地位将下降。中国从东亚进口的中间产品超过 95%都会受到经济增速和国内政府消费的影响。而中国经济增速的下滑，政府消费支出的规模可能会下降，特别是与中国的东亚市场提供者地位提升有着负相关关系的私人消费支出在不断增长，这些都是促使中国作为东亚中间产品市场提供者地位下降的重要因素。

从最终资本品的角度来看，中国作为东亚最终资本品市场提供者的地位可能下降或者变化不大。中国从东亚进口的最终资本品有 95%以上会受到中国经济增速和国内消费的影响。其中，中国下滑的经济增速以及不断增长的私人消费支出对于中国的东亚最终资本品市场提供者地位提升都不会带来正向作用。因此，中国作为东亚最终资本品市场提供者的地位可能下降或者变化不大。

从最终消费品的角度来看，中国作为东亚最终消费品市场提供者的地位会进一步上升。虽然国内经济增速的减缓和政府消费支出的下降不利于中国的东亚最终消费品市场提供能力的提升，但是它们只能影响到超过 70%的最终消费品的进口。目前，中国私人消费的增长速度很快，对直接推动中国对东亚最终消费品进口方面可能会产生促进作用，而且中韩自由贸易区的建设等一系列新的因素也会提升中国对东亚最终消费品的需求。

综上所述，中国经济增速和国内消费因素对推动中国东亚市场提供者地位提升的作用将出现回落。中国的东亚初级产品、中间产品和最终资本品市场的提供相对较容易受到中国内部因素的影响，而中国的东亚最终消费品市场提供受到中国内部因素影响的程度相对弱些。同时，“一带一路”倡议下中国对外产业转移带来的贸易创造、中韩自由贸易区的建设等一系列新的外部因素也可能会对中国的东亚市场提供者地位的提升产生积极的作用。依此可以判断，中国作为东亚最终消费品市场提供者的地位还会提升，中国作为东亚中间产品和初级产品市场提供者的地位将下降，中国作为东亚最终资本品市场提供者的地位可能下降或者变化不大。中国仍将是东亚最大的初级产品和中间产品市场提供者，尽管中国的东亚最终资本品市场提供者地位赶上了美国，但中国的东亚最终消费品市场提供者地位仍远落后于美国。尽管中国的东亚最终消费品市场提供者地位还会有所上升，但中国的东亚最终消费品市场提供者地位要超过美国还有很远的路要走。

本章小结

从近30年来的发展历程来看，中国作为东亚初级产品、中间产品和最终资本品市场提供者的地位迅速上升，分别于2007年和2003年超过日本和美国为东亚提供初级产品和中间产品市场的能力。2009年，中国也超过美国成为东亚最大的最终资本品市场提供者。但是，中国提供的最终消费品市场依然落后于美国甚至日本，中国为东亚提供最终消费品市场方面还存在很大空间。

从2007年以来的发展态势来看，中国作为东亚初级产品市场提供者的地位迅速上升后已经开始回落，作为最终消费品市场提供者的地位仍保持上升趋势，作为东亚中间产品和最终资本品市场提供者的地位处于平稳趋势；而日本对东亚的所有类型产品市场提供指数并未呈现上升趋势，且作为东亚初级产品市场提供者的地位总体呈下降趋势。中日作为东亚各类产品市场提供者地位的不同变化是诸多因素造成的，主要是东亚区域整体经济与贸易发展环境和中日两国经贸发展模式上的差异导致的。

在中国为东亚提供市场能力不断提高的进程中，经济快速增长、私人消费和政府消费对中国的东亚市场提供者地位能够产生重要影响。其中，经济快速增长能够对提升中国的东亚市场提供者地位产生促进作用，政府消费对提升中国的东亚市场提供者地位具有的正向作用最为显著，而私人消费的增长将降低中国的东亚市场提供者地位。同时，政府消费能够对大部分不同产业不同类型产品的进口规模产生重要影响。因此，政府消费支出是中国作为东亚市场提供者地位提升最为重要的促进因素。

从中国作为东亚市场提供者地位的前景来看，中国作为东亚最终消费品市场提供者的地位还会提升，中国作为东亚中间产品和初级产品市场提供者的地位将下降，中国作为东亚最终资本品市场提供者的地位可能下降或者变化不大。中国仍将是东亚最大的初级产品和中间产品市场提供者，尽管中国的东亚最终资本品市场提供者地位赶上了美国，但中国的东亚最终消费品市场提供者地位仍远落后于美国。尽管中国的东亚最终消费品市场提供者地位还会有所上升，但中国的东亚最终消费品市场提供者地位要超过美国还有很远的路要走。

第三章 中国作为“一带一路”沿线国家市场提供者的地位及前景分析

在“一带一路”建设过程中，“一带一路”沿线国家与中国之间相互依赖的程度问题值得我们思考。一般来说，国家之间经济依赖度和依存度越高的区域，其共同利益的存在性就越大，经贸合作的前景也越广阔。产品市场的提供能力能够直接地体现他国对该国的经济依赖度。为了使中国与“一带一路”沿线国家之间能够形成共同利益并实现“合作共赢”，就需要进一步提升中国作为“一带一路”沿线国家市场提供者的地位。本章将对中国作为“一带一路”沿线国家市场提供者的地位进行分析，并与美国进行比较分析。同时，在中国作为“一带一路”沿线国家市场提供者地位提升动因研究的基础上，分析中国作为“一带一路”沿线国家市场提供者地位的前景。

第一节 中国作为“一带一路”沿线国家市场提供者地位分析

目前已有的研究基本上都认为中国当前作为东亚地区市场提供者地位呈不断上升的趋势，并随着中国经济实力的不断提升和改革的逐步深入，中国未来可能成为区域的最终产品市场提供者。但是，这些研究范围主要局限在东亚地区内，没有涉及更多的“一带一路”沿线国家。这里将对中国为“一带一路”沿线国家提供的产品市场进行细分，通过分析中国作为“一带一路”沿线国家产品市场提供者的地位，来考察这些国家对中国市场的依赖程度。“一带一路”沿线国家众多，不同地区的国家有着不同特征，因此，依据不同区域对“一带一路”沿线国家也进行了划分，主要分为六大区域：东南亚地区、南亚地区、中亚地区、独联体地区、西亚地区、中东欧地区。[①] 这样，更能有效地反映出中国为“一带一路”沿线不同国家提供产品市场的情况。

一　中国作为“一带一路”沿线国家市场提供者地位的概述

（一）中国是“一带一路”沿线国家主要的初级产品市场提供者

对于东南亚国家来说，自2000年以来，中国对东南亚地区的初级产品市场提供指数长期保持在20左右，2015年上升到近40。对于南亚国家来说，2001年以后，中国对南亚地区的初级产品市场提供指数迅速上升，2005年到2010年期间高达50，但近几年来呈持续下降趋势。对于西亚国家来说，中国对西亚国家的初级产品市场提供指数从2006年的10.85上升到2015年的35.75。对于独联体7国来说，中国对独联体7国的初级产品市场提供指数从2010年的5.34上升到2015年的11.87。对于中东欧国家来说，尽管中国对中东欧国家的初级产品市场提供指数比较低，不足2，但近年来呈现明显上升趋势。对于蒙古国来说，中国对蒙古国的初级产品市场提供指数长期以来保持在80以上的高水平，近两年来甚至接近100。这表明蒙古国对中国初级产品市场的依赖程度已经非常高了。总之，由于中国是“一带一路”沿线国家主要的初级产品市场提供者，“一带一路”沿线国家对中国初级产品市场有较强的依赖。如图3-1所示。

---

① “一带一路”沿线国家涉及东南亚、南亚、中亚、独联体、西亚和中东欧地区的65个国家，但是由于相关数据的可获得性和有效性，最终只统计和研究45个国家。其中，东南亚地区包括8个国家，分别为新加坡、马来西亚、印度尼西亚、泰国、柬埔寨、越南、菲律宾和文莱；南亚地区包括6个国家，分别为印度、巴基斯坦、孟加拉国、斯里兰卡、马尔代夫和尼泊尔；西亚地区包括10个国家，分别为伊朗、伊拉克、土耳其、以色列、沙特阿拉伯、阿曼、阿联酋、卡塔尔、科威特和塞浦路斯；独联体地区包括7个国家，分别为俄罗斯、乌克兰、白俄罗斯、格鲁吉亚、阿塞拜疆、亚美尼亚和摩尔多瓦；中亚地区包括哈萨克斯坦和吉尔吉斯斯坦2个国家；中东欧地区包括11个国家，分别为波兰、立陶宛、爱沙尼亚、拉脱维亚、捷克、斯洛伐克、匈牙利、斯洛文尼亚、克罗地亚、罗马尼亚和保加利亚；另外，蒙古国单独列出，不包含在这6个地区中。

（二）中国是部分“一带一路”沿线国家主要的中间产品市场提供者

对于东南亚国家来说，中国对东南亚地区的中间产品市场提供指数总体呈持续上升趋势，自 1999 年的 3.74 上升到 2013 年的 13.52，2014 年后出现小幅度下降趋势。对于西亚国家来说，2008 年以后，中国对西亚国家的中间产品市场提供指数总体呈迅速上升趋势，从 2008 年的 3.38 上升到 2015 年的 12.31。对于中亚国家来说，2000 年左右以及 2010 年至 2013 年期间，中国对中亚国家的中间产品市场提供指数保持在近 15 的水平，但 2014 年有很大幅度下降。对于蒙古国来说，大部分年份中国对蒙古国中间产品市场提供指数都在 20 以上，但最近两年下降到 13 左右。中国对其他“一带一路”沿线国家的中间产品市场提供指数大多在 5 或低于 5 的水平。因此，对于部分“一带一路”沿线国家来说，中国是其主要的中间产品市场提供者，这些国家对中国中间产品市场有较强的依赖。如图 3-1 所示。

（三）中国作为“一带一路”沿线国家最终资本品市场提供者的地位很低

除东南亚国家和蒙古国外，中国对其他“一带一路”沿线国家的最终资本品市场提供指数大多在 5 或低于 5 的水平。例如，中国对南亚国家的最终资本品市场提供指数最高仅在 3 的水平，中国对中东欧国家的最终资本品市场提供指数最高也仅在 2.2 的水平。对于东南亚国家来说，中国对其最终资本品市场提供指数在 2009~2012 年超过 10，近两年维持在 8 的水平。对于蒙古国来说，在 1998~2000 年中国对其最终资本品市场提供指数超过 30，2004~2006 年中国对其最终资本品市场提供指数超过 20，但近两年下降到 4 左右。因此，中国作为绝大部分“一带一路”沿线国家最终资本品市场提供者的地位很低，绝大部分“一带一路”沿线国家对中国最终资本品市场的依赖程度很低。如图 3-1 所示。

（四）中国作为“一带一路”沿线国家最终消费品市场提供者的地位很低

除东南亚地区、独联体 7 国和蒙古国外，中国对其他“一带一路”沿线国家的最终消费品市场提供指数都低于5的水平。例如，中国对西亚国家、中东欧国家和南亚国家的最终消费品市场提供指数不超过1.5。中国对东南亚国家最终消费品市场提供指数也不高，但是从2008年以来呈明显上升趋势，从2008年的3.37上升到2015年的6.29。中国对独联体7国最终消费品市场提供指数也不高，但是从2008年以来总体也呈明显上升趋势，从2008年的0.97上升到2015年的5.06。因此，中国作为“一带一路”沿线国家最终消费品市场提供者的地位很低，“一带一路”沿线国家对中国最终消费品市场的依赖程度很低。如图3-1所示。

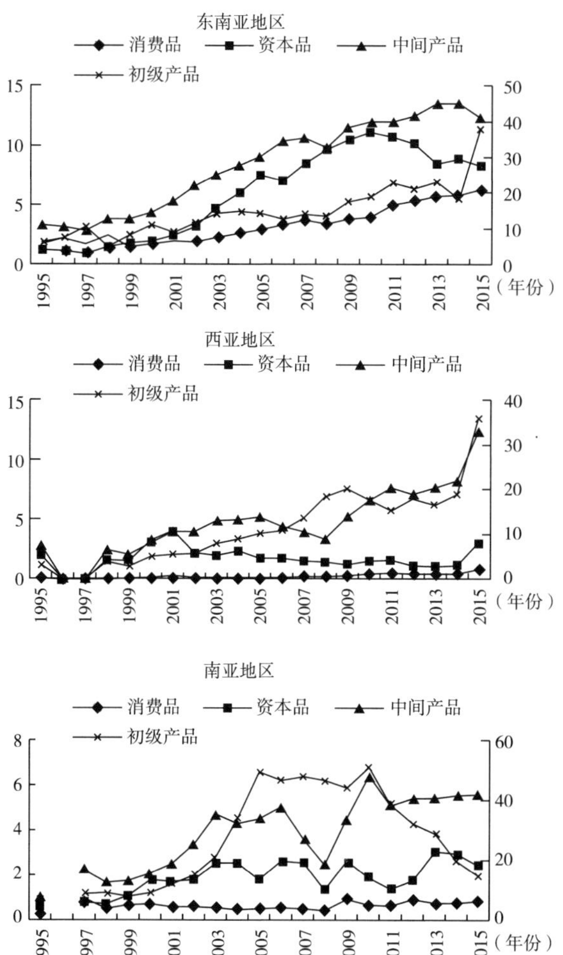

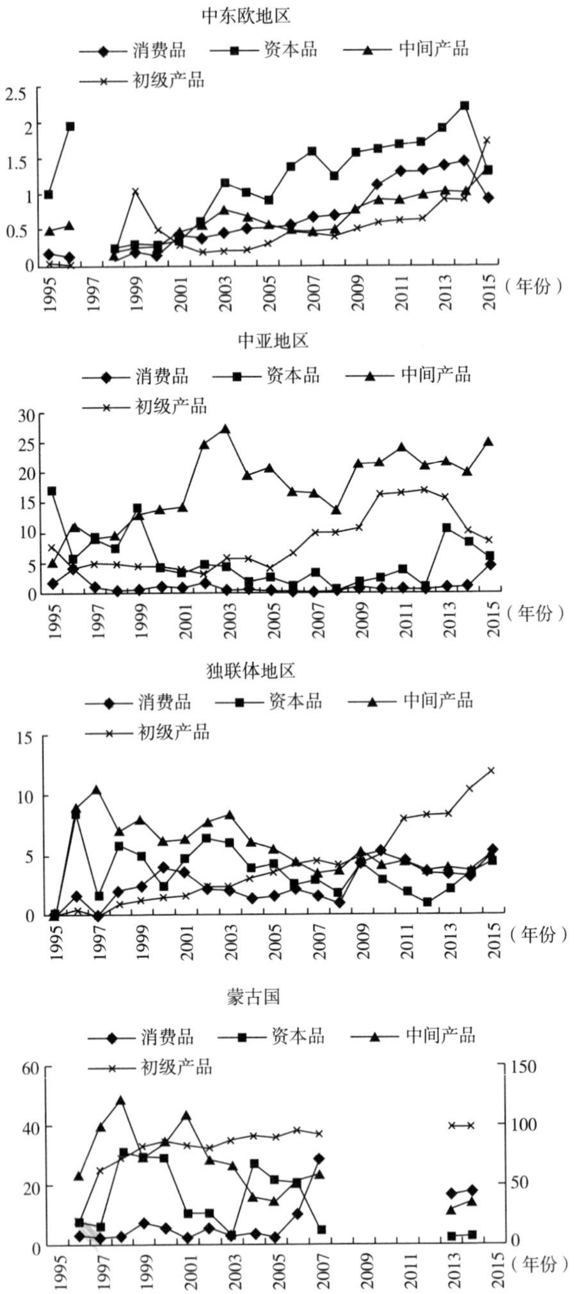

中东欧地区

消费品 资本品 中间产品 初级产品

中亚地区

消费品 资本品 中间产品 初级产品

独联体地区

消费品 资本品 中间产品 初级产品

蒙古国

消费品 资本品 中间产品 初级产品

图 3-1　1995~2015 年中国对“一带一路”沿线国家不同地区不同产品市场提供指数

注：在东南亚、南亚、西亚地区和蒙古国图中，右轴表示的是中国对这些地区的初级产品市场提供指数。

二　中美两国作为“一带一路”沿线国家市场提供者地位的比较

（一）中美作为“一带一路”沿线国家初级产品市场提供者地位的比较

第一，当前中国为“一带一路”沿线国家提供初级产品市场的优势明显高于美国。

从中美两国分别对34个“一带一路”沿线国家的初级产品市场提供指数来看（见表3-1），[①] 2015年，中国对“一带一路”沿线国家的初级产品市场提供指数大于10的有12个国家，而美国只有2个国家。其中，中国对蒙古国、泰国、菲律宾和越南的初级产品市场提供指数都超过20，这些国家对中国初级产品市场的依赖程度非常高。从中美两国分别对每一个“一带一路”沿线国家的初级产品市场提供指数来看，2015年，美国拥有的初级产品市场提供指数高于中国的有7个国家，即印度、新加坡、马其顿、以色列、摩尔多瓦、匈牙利、塞尔维亚。而同年，中国拥有的初级产品市场提供指数高于美国的有25个国家，主要为东南亚国家、中亚国家和独联体国家。

第二，2000年以来，中国作为“一带一路”沿线国家初级产品市场的地位迅速提升。

从中美两国分别对每一个“一带一路”沿线国家的初级产品市场提供指数的变化趋势来看（见表3-1），2000年，中国对“一带一路”沿线国家的初级产品市场提供指数大于10的只有3个国家，为蒙古国、泰国和越南，而美国却有5个国家，为印度、印度尼西亚、泰国、菲律宾和亚美尼亚。同年，美国拥有的初级产品市场提供指数高于中国的有21个国家，而中国拥有的初级产品市场提供指数高于美国的只有12个国家，包括蒙古国、越南、马来西亚、巴基斯坦、柬埔寨、哈萨克斯坦、爱沙尼亚、斯洛文尼亚、罗马尼亚、匈牙利、阿塞拜疆、俄罗斯。可以明显地看出，2000

① 由于有些国家年份数据不全，所以这里只列出了34个国家的相关数据。

年时美国为“一带一路”沿线国家提供初级产品市场的优势明显高于中国。

综上，说明2000~2015年，中国作为“一带一路”沿线国家初级产品市场的地位有着较大幅度的提升。

表3-1 1995~2015年中美对“一带一路”沿线国家初级产品市场提供指数的比较

中国						美国					
国家排序	1995年	2000年	2005年	2010年	2015年	国家排序	1995年	2000年	2005年	2010年	2015年
蒙古国	—	86.53	89.70	—	96.61	印度	10.58	16.15	8.54	4.61	12.45
泰国	6.15	18.35	17.57	26.01	40.83	越南	—	7.50	9.99	10.04	11.50
菲律宾	—	6.59	8.27	23.74	33.37	印度尼西亚	13.15	10.01	8.69	7.04	7.95
越南	—	21.17	19.67	22.87	21.97	泰国	17.08	20.46	11.67	11.79	5.91
马来西亚	3.19	6.01	7.39	14.23	17.36	新加坡	5.12	6.44	3.90	3.96	5.84
格鲁吉亚	—	0.10	1.72	6.02	16.89	马其顿	4.98	7.72	0.53	1.07	4.86
阿尔巴尼亚	—	0.00	3.74	20.74	16.00	以色列	4.63	6.49	5.89	3.90	4.18
乌克兰	—	0.05	1.78	10.95	14.80	菲律宾	—	10.87	6.05	4.08	3.64
俄罗斯	—	2.14	6.02	6.93	13.33	巴基斯坦	—	4.21	4.05	1.88	3.49
印度尼西亚	6.70	7.99	10.02	15.67	12.40	阿尔巴尼亚	—	7.09	4.33	1.63	2.65
巴基斯坦	—	4.40	7.99	23.94	11.79	保加利亚	—	2.86	3.95	1.54	1.72
柬埔寨	—	1.99	0.54	30.76	11.23	塞尔维亚	—	—	1.04	0.30	1.56
印度	3.46	5.39	38.53	41.25	8.81	爱沙尼亚	0.48	0.32	0.61	0.48	1.42
哈萨克斯坦	5.54	3.37	3.96	16.21	7.96	马来西亚	3.84	5.43	4.35	2.62	1.40
新加坡	3.55	5.72	13.25	14.13	5.00	俄罗斯	—	0.69	2.62	4.09	0.72
拉脱维亚	0.00	0.01	0.74	1.34	3.73	亚美尼亚	—	16.12	0.06	0.21	0.69
保加利亚	—	1.46	1.24	1.81	3.70	拉脱维亚	1.18	1.27	0.39	0.27	0.64
爱沙尼亚	0.00	1.42	2.52	2.38	3.15	匈牙利	0.26	0.34	0.74	0.40	0.56
斯洛文尼亚	0.00	0.13	0.16	0.22	2.31	波兰	0.08	0.35	0.43	0.21	0.39
以色列	0.18	0.31	0.76	3.48	2.08	乌克兰	—	1.12	0.49	0.54	0.35
罗马尼亚	0.02	3.27	3.62	3.29	2.02	摩尔多瓦	0.09	1.23	3.92	1.61	0.33
立陶宛	0.00	0.02	1.29	0.53	1.22	罗马尼亚	0.11	0.05	0.08	0.09	0.28
波兰	0.03	0.13	0.73	1.10	0.94	捷克	0.30	0.27	0.12	0.22	0.21
捷克	0.02	0.09	0.62	1.58	0.85	克罗地亚	0.21	0.06	0.44	0.08	0.19
马其顿	0.00	0.00	0.00	0.33	0.78	立陶宛	0.45	4.32	0.13	0.05	0.18

续表

中国						美国					
国家排序	1995年	2000年	2005年	2010年	2015年	国家排序	1995年	2000年	2005年	2010年	2015年
克罗地亚	0.01	0.00	0.10	0.70	0.50	格鲁吉亚	—	0.71	0.40	1.89	0.16
匈牙利	0.03	0.37	0.57	0.44	0.46	斯洛文尼亚	0.07	0.13	0.06	0.43	0.15
白俄罗斯	—	0.00	0.01	0.34	0.40	柬埔寨	—	0.03	11.76	0.04	0.13
塞尔维亚	—	—	0.00	0.13	0.18	哈萨克斯坦	0.43	0.55	2.54	0.43	0.05
沙特阿拉伯	0.00	0.00	0.00	0.01	0.10	蒙古国	—	0.06	1.06	—	0.04
摩尔多瓦	0.05	0.00	0.00	0.00	0.03	沙特阿拉伯	20.63	0.01	0.01	0.00	0.01
阿塞拜疆	—	0.05	3.65	1.72	0.01	白俄罗斯	—	0.00	0.07	0.00	0.00
伊朗	—	0.08	0.28	2.52	—	阿塞拜疆	—	0.01	0.00	8.96	0.00
亚美尼亚	—	—	—	—	—	伊朗	—	0.00	0.00	0.00	—

资料来源：根据 UN Comtrade Database（联合国商品贸易统计数据库）的数据计算整理得到，http：//comtrade.un.org/。

（二）中美作为“一带一路”沿线国家中间产品市场提供者地位的比较

第一，当前中国为东南亚国家、中亚国家和部分独联体国家提供中间产品市场的优势明显高于美国，而为西亚国家和中东欧国家提供中间产品市场的优势明显低于美国。

从中美两国分别对 45 个“一带一路”沿线国家的中间产品市场提供指数来看（见表 3-2），[①] 2015 年，中国对“一带一路”沿线国家的中间产品市场提供指数大于 10 的有 8 个国家，而美国有 4 个国家。其中，中国对柬埔寨、哈萨克斯坦和巴基斯坦的中间产品市场提供指数都超过 20，美国对以色列的中间产品市场提供指数超过 20。这些国家对中国或美国中间产品市场的依赖程度都非常高。从中美两国分别对每一个“一带一路”沿线国家的中间产品市场提供指数来看，2015 年，美国拥有的中间产品市场提供指数高于中国的有 24 个国家，主要是西亚国家和中东欧国家。而同年，中国拥有的中间产品市场提供指数高于美国的只有 18 个国家，主要为

① 由于有些国家年份数据不全，所以这里列出了 45 个国家的相关数据。

东南亚国家、中亚国家和部分独联体国家。

第二，2000 年以来，中国作为“一带一路”沿线国家中间产品市场的地位迅速提升，特别是对于东南亚国家。

从中美两国分别对每一个“一带一路”沿线国家的中间产品市场提供指数的变化趋势来看（见表 3-2），2000 年，中国对“一带一路”沿线国家的中间产品市场提供指数大于 10 的国家只有蒙古国，而美国却有 9 个国家，为以色列、菲律宾、印度、马来西亚、斯里兰卡、亚美尼亚、泰国、新加坡和巴基斯坦。其中，美国对以色列和菲律宾的中间产品市场提供指数都超过 20。同年，美国拥有的中间产品市场提供指数高于中国的有约 40 个国家，而中国拥有的中间产品市场提供指数高于美国的只有 6 个国家，包括蒙古国、越南、吉尔吉斯斯坦、乌克兰、白俄罗斯、伊朗。可以明显地看出，2000 年时美国为“一带一路”沿线国家提供中间产品市场的优势明显高于中国。

综上，说明 2000~2015 年，中国作为“一带一路”沿线国家中间产品市场的地位有着很大幅度的提升。

表 3-2　1995~2015 年中美对“一带一路”沿线国家中间产品市场提供指数的比较

中国						美国					
国家排序	1995 年	2000 年	2005 年	2010 年	2015 年	国家排序	1995 年	2000 年	2005 年	2010 年	2015 年
柬埔寨	—	6.71	1.76	0.15	28.63	以色列	31.74	42.64	44.90	30.63	27.11
哈萨克斯坦	4.58	0.06	21.94	22.63	22.44	斯里兰卡	—	17.47	13.61	14.54	19.17
巴基斯坦	—	5.67	5.92	12.56	20.05	印度	16.23	19.93	13.83	9.19	13.53
越南	—	5.27	6.76	15.19	17.22	菲律宾	28.77	24.96	10.94	10.09	10.95
新加坡	2.91	4.61	9.33	11.81	15.96	越南	—	0.65	4.90	7.84	9.51
马来西亚	3.62	3.61	8.08	14.31	14.85	爱沙尼亚	3.81	2.50	5.09	6.70	8.11
泰国	3.27	6.01	8.74	11.84	14.00	泰国	12.89	14.07	10.24	6.05	7.62
印度尼西亚	3.88	5.17	9.37	8.94	12.08	马来西亚	17.80	17.85	13.26	7.29	7.27
菲律宾	1.91	2.12	11.49	9.22	7.83	立陶宛	0.56	4.13	7.33	4.86	7.20
蒙古国	—	34.12	14.32	—	9.09	阿曼	0.46	1.02	0.63	3.53	6.28
约旦	0.05	0.04	0.10	3.23	7.58	新加坡	14.67	13.78	7.83	5.59	6.05
卡塔尔	—	1.30	1.66	3.36	7.06	印度尼西亚	5.54	6.68	4.52	3.70	5.88

续表

中国						美国					
国家排序	1995年	2000年	2005年	2010年	2015年	国家排序	1995年	2000年	2005年	2010年	2015年
阿曼	0.77	0.03	0.51	4.66	6.17	巴林	—	—	1.91	0.61	5.86
以色列	0.24	0.90	1.60	4.17	6.00	土耳其	5.38	9.05	8.14	3.56	5.34
马其顿	0.00	0.08	1.01	5.16	5.82	俄罗斯	9.67	8.42	4.79	4.17	4.92
俄罗斯	9.47	6.79	6.87	5.08	5.52	巴基斯坦	—	11.31	9.07	2.95	3.58
印度	1.08	1.64	4.52	6.20	4.95	哈萨克斯坦	1.17	0.01	1.98	4.05	3.00
白俄罗斯	—	2.60	3.94	2.58	4.39	波兰	2.76	2.98	2.26	2.06	2.76
保加利亚	—	0.16	0.89	1.72	3.30	捷克	1.46	2.42	3.01	2.06	2.74
乌克兰	7.98	5.79	2.08	1.11	3.09	罗马尼亚	2.02	4.32	5.84	2.48	2.40
阿塞拜疆	—	0.67	0.62	0.71	2.85	阿联酋	—	1.21	1.03	0.80	2.37
吉尔吉斯斯坦	9.05	3.71	1.71	1.68	2.10	匈牙利	3.59	2.88	2.68	1.87	2.14
匈牙利	0.11	0.11	0.92	2.65	1.79	约旦	3.73	0.40	1.00	0.56	1.86
波兰	0.27	0.52	1.02	1.67	1.56	乌克兰	3.12	5.73	3.38	2.19	1.84
阿联酋	—	0.42	0.75	0.78	1.52	斯洛文尼亚	2.99	2.46	1.56	1.31	1.77
爱沙尼亚	0.00	0.13	0.54	1.64	1.42	保加利亚	—	2.33	2.70	1.35	1.34
捷克	0.35	0.19	0.41	1.08	1.36	拉脱维亚	1.68	4.67	4.38	1.17	1.29
斯里兰卡	—	0.24	0.36	1.72	1.20	克罗地亚	2.59	3.70	2.15	1.23	1.18
罗马尼亚	3.04	0.81	0.99	0.94	1.16	斯洛伐克	1.28	1.44	1.08	0.68	1.12
也门	—	—	0.11	11.08	1.11	也门	—	—	1.49	9.93	0.94
拉脱维亚	0.01	0.01	0.20	0.15	0.73	塞尔维亚	—	—	1.71	0.46	0.87
斯洛伐克	0.09	0.07	0.31	0.49	0.62	阿尔巴尼亚	—	0.32	1.63	3.13	0.68
斯洛文尼亚	0.07	0.23	0.34	0.57	0.61	蒙古国	—	1.31	13.84	—	0.66
土耳其	0.41	0.60	0.62	0.58	0.55	白俄罗斯	—	1.46	1.94	0.38	0.57
克罗地亚	1.12	0.06	0.04	0.32	0.53	摩尔多瓦	0.07	0.48	0.67	0.22	0.48
立陶宛	0.02	0.07	0.06	0.11	0.33	波黑	—	—	4.56	0.06	0.37
巴林	—	—	0.30	0.28	0.31	卡塔尔	—	4.62	2.22	1.14	0.35
波黑	—	—	0.00	0.07	0.29	阿塞拜疆	—	0.86	2.77	0.14	0.35
摩尔多瓦	—	—	0.01	0.01	0.22	格鲁吉亚	0.29	5.30	8.81	26.29	0.23
塞尔维亚	—	—	0.05	0.02	0.18	马其顿	2.23	8.56	0.10	0.08	0.14
阿尔巴尼亚	—	0.00	0.00	0.09	0.10	吉尔吉斯斯坦	2.01	0.06	0.52	0.01	0.01

续表

中国						美国					
国家排序	1995年	2000年	2005年	2010年	2015年	国家排序	1995年	2000年	2005年	2010年	2015年
格鲁吉亚	—	0.89	0.28	0.18	0.02	亚美尼亚	—	15.14	11.18	8.30	—
亚美尼亚	—	0.01	0.18	0.26	0.00	伊朗	—	0.00	0.00	0.00	—
伊朗	—	8.68	6.29	13.07	—	叙利亚	—	3.57	27.35	12.26	—
叙利亚	—	—	0.02	1.74	—	柬埔寨	—	—	—	—	—

资料来源：根据 UN Comtrade Database（联合国商品贸易统计数据库）的数据计算整理得到，http：//comtrade. un. org/。

（三）中美作为“一带一路”沿线国家最终资本品市场提供者地位的比较

第一，当前美国为绝大部分“一带一路”沿线国家提供最终资本品市场的优势明显高于中国。

从中美两国分别对 43 个“一带一路”沿线国家的最终资本品市场提供指数来看（见表 3-3），[①] 2015 年，中国对“一带一路”沿线国家的最终资本品市场提供指数大于 10 的有 5 个国家，而美国有 9 个国家。其中，中国对斯里兰卡的最终资本品市场提供指数超过 20，美国对以色列、蒙古国和巴基斯坦的最终资本品市场提供指数超过 20。从中美两国分别对每一个“一带一路”沿线国家的最终资本品市场提供指数来看，2015 年，美国拥有的最终资本品市场提供指数高于中国的超过 30 个国家。而同年，中国拥有的最终资本品市场提供指数高于美国的只有 9 个国家，为白俄罗斯、波黑、俄罗斯、黑山、吉尔吉斯斯坦、柬埔寨、斯里兰卡、乌克兰、新加坡。

第二，2000 年以来，中国作为“一带一路”沿线国家最终资本品市场的地位迅速提升，但总体上看依然没有赶上美国。

从中美两国分别对每一个“一带一路”沿线国家的最终资本品市场提供指数的变化趋势来看（见表 3-3），2000 年，中国对“一带一路”沿线国家的最终资本品市场提供指数大于 10 的国家只有蒙古国，而美国却有

① 由于有些国家年份数据不全，所以这里列出了 43 个国家的相关数据。

12 个国家，为以色列、马来西亚、新加坡、菲律宾、巴基斯坦、泰国、亚美尼亚、印度尼西亚、土耳其、匈牙利、斯里兰卡和印度。其中，美国对以色列、马来西亚、新加坡、菲律宾、巴基斯坦、泰国和亚美尼亚的最终资本品市场提供指数都超过 20。同年，美国拥有的最终资本品市场提供指数高于中国的有接近 40 个国家，而中国拥有的最终资本品市场提供指数高于美国的只有 5 个国家，包括哈萨克斯坦、吉尔吉斯斯坦、俄罗斯、白俄罗斯、摩尔多瓦。可以明显地看出，2000 年时美国为“一带一路”沿线国家提供最终资本品市场的优势明显高于中国。

综上，说明 2000~2015 年，中国作为“一带一路”沿线国家最终资本品市场的地位有着很大幅度的提升，但对于大部分国家来说，与美国相比还有一定的差距。

表 3-3　1995~2015 年中美对“一带一路”沿线国家最终资本品市场提供指数的比较

中国						美国					
国家排序	1995 年	2000 年	2005 年	2010 年	2015 年	国家排序	1995 年	2000 年	2005 年	2010 年	2015 年
斯里兰卡	—	1.82	1.73	0.84	31.97	以色列	26.41	39.42	31.11	25.07	27.13
菲律宾	—	0.43	10.50	19.26	18.65	蒙古国	—	—	0.01	—	23.25
蒙古国	—	72.98	52.92	—	14.63	巴基斯坦	—	27.23	16.71	13.05	21.63
新加坡	1.39	2.56	7.59	6.70	12.14	马来西亚	35.09	29.12	42.22	20.47	19.92
马来西亚	0.87	1.96	4.32	12.78	10.78	菲律宾	—	28.21	22.81	31.63	18.72
柬埔寨	—	0.31	9.81	0.34	7.50	泰国	23.49	23.66	15.50	14.09	17.06
以色列	2.13	0.88	2.65	4.28	6.33	印度尼西亚	37.21	17.72	16.26	9.18	15.27
也门	—	—	5.40	2.68	6.19	越南	—	1.25	19.25	12.41	15.10
吉尔吉斯斯坦	1.92	3.66	3.77	11.05	5.87	新加坡	28.67	28.27	20.08	13.60	10.46
俄罗斯	—	3.38	7.38	5.49	5.63	印度	14.87	13.27	15.97	9.23	9.31
泰国	0.78	1.53	11.75	14.93	5.34	也门	—	—	30.31	15.19	8.77
哈萨克斯坦	18.15	2.00	2.33	0.90	4.53	匈牙利	4.45	15.57	6.26	3.88	8.59
越南	—	0.45	5.86	9.10	3.69	哈萨克斯坦	0.33	0.01	1.77	44.10	7.72
印度尼西亚	1.33	0.42	3.57	3.78	3.48	斯里兰卡	—	13.61	13.41	4.84	4.63
乌克兰	—	0.58	0.48	0.66	2.45	俄罗斯	—	2.47	0.91	0.85	4.47
巴基斯坦	—	0.99	1.20	7.19	2.14	克罗地亚	0.69	1.31	2.10	1.46	4.04

续表

中国						美国					
国家排序	1995年	2000年	2005年	2010年	2015年	国家排序	1995年	2000年	2005年	2010年	2015年
匈牙利	1.44	0.26	0.62	1.75	1.96	斯洛文尼亚	1.40	3.92	1.86	1.90	3.98
克罗地亚	0.00	0.00	0.21	0.35	1.76	柬埔寨	—	0.38	5.27	0.31	3.86
波黑	—	—	0.11	0.55	1.68	保加利亚	—	3.88	2.62	2.50	3.78
捷克	1.03	0.37	0.62	1.39	1.64	拉脱维亚	1.31	3.63	0.68	2.63	3.60
斯洛伐克	0.20	0.38	0.74	1.85	1.49	约旦	0.33	0.46	0.81	1.44	3.56
保加利亚	—	0.29	0.20	0.45	1.36	捷克	4.53	5.47	3.31	2.35	3.19
卡塔尔	—	—	0.08	0.05	1.35	卡塔尔	—	1.26	1.15	1.94	2.91
爱沙尼亚	1.32	0.00	0.46	0.78	1.21	土耳其	3.31	16.00	1.82	1.56	2.69
罗马尼亚	8.20	0.96	0.72	0.50	1.14	罗马尼亚	3.66	4.23	1.54	0.60	2.56
斯洛文尼亚	0.02	0.34	0.37	1.25	1.06	波兰	3.82	5.84	2.14	2.57	2.46
波兰	0.20	0.16	0.83	1.04	0.71	爱沙尼亚	0.61	0.33	1.68	2.31	2.44
土耳其	0.16	0.14	0.19	0.46	0.70	阿曼	2.76	0.38	0.53	2.00	2.19
白俄罗斯	—	1.10	0.63	1.25	0.64	亚美尼亚	—	22.35	6.10	5.34	2.14
阿联酋	—	0.03	0.02	0.31	0.55	斯洛伐克	0.58	3.31	2.03	2.44	2.05
拉脱维亚	0.00	0.07	0.55	0.35	0.54	立陶宛	0.63	4.68	1.36	0.79	1.65
约旦	0.05	—	0.00	0.05	0.43	塞尔维亚	—	—	0.28	0.42	1.65
立陶宛	0.01	0.01	0.08	0.23	0.36	阿塞拜疆	—	9.10	0.02	0.05	1.39
塞尔维亚	—	—	0.39	0.18	0.29	阿联酋	—	0.55	0.76	0.58	1.39
格鲁吉亚	—	0.03	0.00	0.42	0.20	摩尔多瓦	0.16	0.86	2.10	0.11	1.36
马其顿	0.08	—	—	0.04	0.15	乌克兰	—	6.36	2.67	0.42	0.93
巴林	—	—	0.34	1.19	0.13	白俄罗斯	—	0.16	0.32	0.18	0.55
黑山	—	—	—	0.01	0.12	马其顿	1.45	4.23	0.97	0.82	0.37
阿曼	—	—	0.21	0.03	0.05	波黑	—	—	0.44	0.40	0.35
科威特	0.04	—	—	0.05	0.02	格鲁吉亚	—	0.55	0.42	0.29	0.28
亚美尼亚	—	—	35.19	0.08	0.02	吉尔吉斯斯坦	0.17	1.88	1.39	0.02	0.11
阿塞拜疆	—	0.01	0.00	0.15	0.01	黑山	—	—	—	0.02	0.08
摩尔多瓦	—	4.47	1.42	0.10	0.01	阿尔巴尼亚	—	—	4.65	0.11	0.06

资料来源：根据 UN Comtrade Database（联合国商品贸易统计数据库）的数据计算整理得到，http：//comtrade. un. org/。

（四）中美作为“一带一路”沿线国家最终消费品市场提供者地位的比较

第一，当前中国作为绝大部分“一带一路”沿线国家最终消费品市场提供者地位与美国相差甚远。

从中美两国分别对 43 个“一带一路”沿线国家的最终消费品市场提供指数来看（见表 3-4），[①] 2015 年，中国对“一带一路”沿线国家的最终资本品市场提供指数大于 10 的国家只有蒙古国，大于 5 的国家也仅有 6 个；而美国对“一带一路”沿线国家的最终资本品市场提供指数大于 10 的有 12 个国家。其中，美国对菲律宾、越南、斯里兰卡、柬埔寨、印度尼西亚、巴基斯坦和印度这 7 个国家的最终消费品市场提供指数都超过 20。这些国家对美国最终消费品市场存在严重的依赖。从中美两国分别对每一个“一带一路”沿线国家的最终资本品市场提供指数来看，2015 年，美国拥有的最终资本品市场提供指数高于中国的超过 30 个国家。而同年，中国拥有的最终资本品市场提供指数高于美国的只有 8 个国家，为卡塔尔、蒙古国、阿联酋、俄罗斯、格鲁吉亚、哈萨克斯坦、吉尔吉斯斯坦、科威特。

第二，2000 年以来，中国作为绝大部分“一带一路”沿线国家最终消费品市场提供者的地位提升缓慢，虽然美国最终消费品市场提供者的地位有所下降，但中国与美国相比差距依然很大。

从中美两国分别对每一个“一带一路”沿线国家的最终资本品市场提供指数的变化趋势来看（见表 3-4），2000 年，中国对“一带一路”沿线国家的最终消费品市场提供指数大于 10 的只有哈萨克斯坦一个国家，而美国却有 17 个国家，其中，蒙古国、柬埔寨、罗马尼亚、卡塔尔、菲律宾、斯里兰卡、马尔代夫的最终消费品市场提供指数都超过 40。同年，除了俄罗斯和哈萨克斯坦之外，美国拥有的最终消费品市场提供指数都要高于中国。可以明显地看出，2000 年时，中国为“一带一路”沿线国家提供最终消费品市场的地位也远落后于美国。

综上，说明 2000~2015 年，中国作为“一带一路”沿线国家最终消费

① 由于有些国家年份数据不全，所以这里列出了 43 个国家的相关数据。

品市场的地位上升幅度不大，只有对东南亚国家的新加坡、泰国、菲律宾、印度尼西亚和马来西亚的最终消费品市场提供指数有明显提高。但对于大部分国家来说，与美国的最终消费品市场地位相比还有很大差距。

表 3-4　1995~2015 年中美对“一带一路”沿线国家最终消费品市场提供指数的比较

中国						美国					
国家排序	1995年	2000年	2005年	2010年	2015年	国家排序	1995年	2000年	2005年	2010年	2015年
蒙古国	—	6.42	4.96	—	29.98	菲律宾	—	48.99	27.43	59.02	37.40
卡塔尔	—	0.00	0.37	0.02	18.47	越南	—	7.49	29.77	31.13	34.12
俄罗斯	—	9.50	4.04	14.42	9.48	斯里兰卡	—	48.34	42.14	26.06	31.56
科威特	0.06	—	—	0.95	8.08	柬埔寨	—	73.76	68.58	55.23	27.90
越南	—	6.42	3.20	3.16	7.79	印度尼西亚	25.03	32.30	35.13	30.84	24.82
新加坡	1.37	2.54	6.57	8.83	7.73	巴基斯坦	—	35.14	35.53	27.98	24.26
泰国	2.70	1.25	2.49	3.69	6.52	印度	19.48	25.95	25.00	18.07	20.80
阿联酋	—	0.13	0.96	1.35	4.26	罗马尼亚	—	71.28	35.56	10.31	17.14
菲律宾	—	1.03	1.08	1.86	4.17	马来西亚	25.64	28.85	26.35	14.67	14.44
塞尔维亚	—	—	—	5.03	3.97	泰国	—	32.87	25.45	16.17	14.34
印度尼西亚	0.72	0.61	1.04	2.05	3.94	蒙古国	—	81.25	72.60	—	11.21
马来西亚	0.89	0.56	1.89	2.24	3.41	马尔代夫	19.90	44.78	0.92	0.71	10.51
哈萨克斯坦	1.69	12.34	0.14	0.45	3.19	新加坡	13.29	18.49	16.81	9.59	9.34
斯洛伐克	0.70	0.01	0.48	4.10	2.69	巴林	—	—	22.23	17.44	5.12
柬埔寨	—	0.12	0.07	0.56	2.45	匈牙利	3.05	2.41	1.21	1.04	4.13
巴基斯坦	—	0.52	0.39	0.79	2.28	土耳其	7.72	12.05	6.23	3.33	3.68
匈牙利	0.03	0.08	0.07	0.12	1.98	斯洛伐克	1.64	1.00	7.60	2.41	3.64
吉尔吉斯斯坦	1.19	0.81	0.40	0.54	1.93	克罗地亚	1.53	1.47	6.94	4.96	2.41
斯里兰卡	—	0.03	0.08	0.27	1.55	卡塔尔	—	69.84	13.89	4.81	2.30
格鲁吉亚	—	—	0.11	1.22	0.92	斯洛文尼亚	3.85	3.91	2.93	1.91	2.12
爱沙尼亚	0.00	0.16	0.22	0.22	0.79	立陶宛	1.11	6.03	1.50	0.84	2.04
摩尔多瓦	0.07	0.00	0.00	0.24	0.74	阿联酋	—	7.04	3.59	2.14	1.97
印度	0.25	0.96	0.73	0.79	0.55	摩尔多瓦	1.70	4.87	3.85	1.64	1.90
捷克	0.55	0.27	0.00	0.14	0.49	亚美尼亚	—	33.73	17.86	4.32	1.84

续表

中国						美国					
国家排序	1995年	2000年	2005年	2010年	2015年	国家排序	1995年	2000年	2005年	2010年	2015年
拉脱维亚	0.00	0.00	0.02	0.31	0.49	波兰	2.88	2.98	2.07	1.40	1.76
波兰	—	0.06	0.05	0.12	0.46	保加利亚	—	7.98	3.86	1.14	1.71
巴林	—	—	2.03	6.13	0.46	爱沙尼亚	1.24	2.61	2.34	1.29	1.71
立陶宛	0.01	0.00	0.03	0.22	0.40	拉脱维亚	0.83	3.18	3.17	2.17	1.29
土耳其	0.07	0.06	0.14	0.20	0.38	乌克兰	—	4.09	1.60	0.42	1.20
阿曼	0.11	0.18	1.20	0.99	0.38	马其顿	3.07	18.01	4.78	0.55	1.12
乌克兰	—	0.19	0.15	0.15	0.37	捷克	2.12	2.61	1.61	0.98	1.10
保加利亚	—	0.03	0.03	0.12	0.34	波黑	—	—	1.53	0.87	0.94
波黑	—	—	0.02	0.08	0.30	俄罗斯	—	8.22	2.76	1.77	0.76
克罗地亚	0.11	0.21	0.13	0.13	0.27	格鲁吉亚	—	2.06	1.22	0.86	0.70
斯洛文尼亚	0.07	0.01	0.08	0.18	0.24	阿曼	10.79	10.40	5.25	0.29	0.68
马其顿	—	—	0.01	0.03	0.19	科威特	5.78	—	—	0.92	0.54
亚美尼亚	—	—	0.20	0.09	0.19	吉尔吉斯斯坦	0.00	3.60	0.62	0.04	0.40
白俄罗斯	—	0.19	0.08	0.10	0.05	白俄罗斯	—	2.47	1.65	0.12	0.27
阿塞拜疆	—	—	—	0.02	0.05	哈萨克斯坦	0.30	0.08	2.31	0.19	0.06
马尔代夫	—	—	0.04	0.42	0.02	阿尔巴尼亚	—	—	0.01	0.02	0.01
阿尔巴尼亚	—	—	0.00	0.00	0.00	也门	—	1.12	0.16	0.26	—
也门	—	0.00	5.01	8.31	—	塞尔维亚	—	—	—	25.72	—
罗马尼亚	—	—	—	—	—	阿塞拜疆	—	2.31	0.43	0.54	—

资料来源：根据 UN Comtrade Database（联合国商品贸易统计数据库）的数据计算整理得到，http：//comtrade. un. org/。

三 中日美三国作为东盟国家市场提供者地位的比较

从“一带一路”沿线国家中的不同地区来看，东南亚地区对中国具有较高的市场依赖程度，其他地区对中国市场的依赖度相对较低。鉴于中国和东盟国家经济往来具有密切联系的基础，中国作为东盟国家市场提供者地位及趋势的研究也具有重要意义。这里对中日美三国作为东盟产品市场提供者地位变化和趋势的考察，能够反映“一带一路”沿线国家里，同中国经济联系最为密切地区对中国经济依赖程度，以及通过横向对比分析其进一步发展趋势。

（一）中日美作为东盟市场提供者地位的变化

1. 中日美三国作为东盟初级产品市场提供者地位的变化

从中日美三国为东盟初级产品提供的市场份额来看（见图 3-2），自20 世纪 80 年代末以来，中国为东盟初级产品提供的市场份额从 1988 年的 3.39%上升到 2015 年的 14.49%，在 2000 年后加速上涨并超过了美国，2008 年后又超越了日本。与此同时，日本、美国为东盟初级产品提供的市场份额总体均呈下降趋势。日本则从 1988 年的 40.07%下降到 2015 年的 10.88%，美国从 1988 年的 12.48%下降到 2015 年的 3.76%。

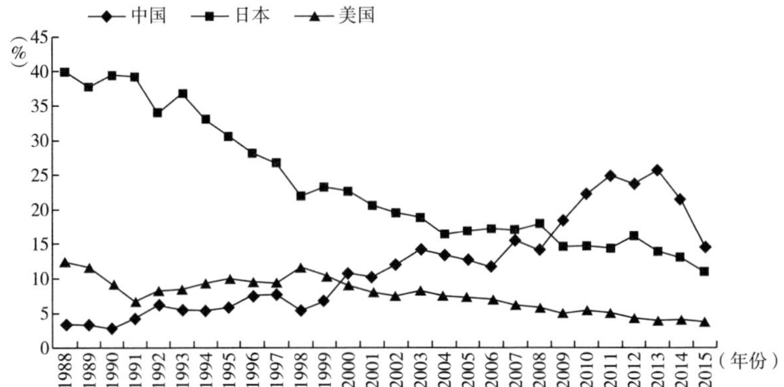

图 3-2　1988~2015 年中日美三国为东盟初级产品提供的市场份额变化情况

资料来源：1988~2014 年数据来源于 RIETI-TID 2014（日本产业经济研究所 2014 年数据库）；2015 年数据来源于 UN Comtrade 数据库。

从分别为东盟各经济体提供初级产品市场的角度看（见表 3-5），2015 年中国为菲律宾、泰国提供了较高的市场份额，均达到 38%，提供最低市场份额的国家是新加坡，为 5.65%；而日本为东盟经济体提供初级产品市场份额最高的国家为菲律宾，仅达到 19.41%，美国为东盟经济体提供初级产品市场份额最高的国家为泰国，仅达到 4.35%。日本和美国提供初级产品最低市场份额的国家分别是马来西亚和新加坡，为 4.28%和 0.52%。

表 3-5　1994~2015 年中日美三国作为东盟初级产品市场提供者地位的变化

单位：%

国家	中国提供的市场份额				日本提供的市场份额				美国提供的市场份额			
	1994年	2000年	2007年	2015年	1994年	2000年	2007年	2015年	1994年	2000年	2007年	2015年
新加坡	4.37	2.31	1.28	5.65	13.32	15.15	13.05	7.33	3.19	3.27	1.43	0.52
马来西亚	3.80	9.74	14.22	18.27	29.66	14.37	7.12	4.28	3.03	9.08	1.50	1.04
印度尼西亚	6.48	9.72	13.77	9.69	35.29	30.48	24.43	12.12	14.32	9.44	6.72	4.23
菲律宾	1.47	3.52	39.03	38.30	60.45	42.24	27.83	19.41	9.45	9.46	2.06	2.82
泰国	7.72	14.47	26.06	38.03	30.37	17.82	15.83	10.11	15.64	12.71	10.78	4.35

资料来源：1988~2014 年数据来源于 RIETI-TID 2014（日本产业经济研究所 2014 年数据库）；2015 年数据来源于 UN Comtrade 数据库。

可见，中国为东盟初级产品提供的市场份额自 20 世纪 80 年代以来呈上升趋势，而日本和美国为其初级产品提供的市场份额总体呈现递减趋势。中国目前作为东盟初级产品市场提供者的地位明显高于日本和美国。

2. 中日美三国作为东盟中间产品市场提供者地位的变化

从中日美三国为东盟中间产品提供的市场份额来看（见图 3-3），20 世纪 80 年代末以来，中国为东盟中间产品提供的市场份额从 1988 年的 5.60%上升到 2015 年的 14.75%，在 1993 年超过了美国，之后又在 2009 年超过了日本；日本为东盟中间产品提供的市场份额从 1988 年的 32.62%下降到 2015 年的 8.80%；而美国为其中间产品提供的市场份额从 1988 年的 9.38%下降到 2015 年的 7.02%，与中国和日本相比，变化幅度较小。

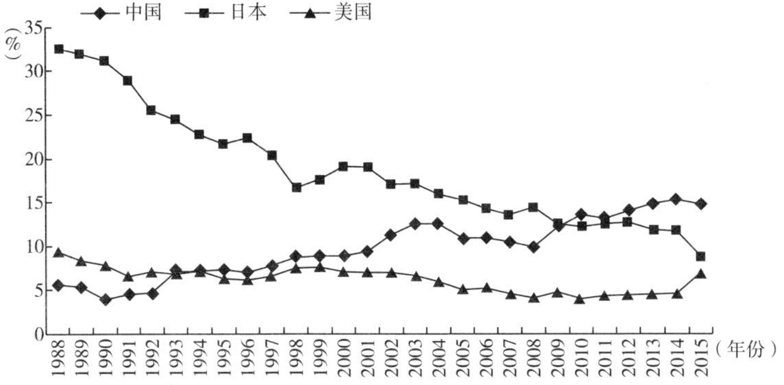

图 3-3　1988~2015 年中日美三国为东盟中间产品提供的市场份额变化情况

资料来源：同图 3-2。

从分别为东盟各经济体提供中间产品市场的角度看（见表 3-6），2015 年中国为东盟经济体提供中间产品市场份额最高的国家为印度尼西亚，达到 15.17%，份额最低的国家为菲律宾，为 7.83%。而日本和美国则都为菲律宾中间产品提供了最高的市场份额，分别为 25.05% 和 10.95%；提供最低份额的国家分别是新加坡和印度尼西亚，为 3.76% 和 6.87%。

表 3-6　1994~2015 年中日美三国作为东盟中间产品市场提供者地位的变化

单位：%

国家	中国提供的市场份额				日本提供的市场份额				美国提供的市场份额			
	1994 年	2000 年	2007 年	2015 年	1994 年	2000 年	2007 年	2015 年	1994 年	2000 年	2007 年	2015 年
新加坡	10.60	8.32	8.16	14.43	7.80	4.76	2.96	3.76	5.60	5.29	2.87	7.50
马来西亚	7.99	8.29	11.71	14.85	20.84	22.05	15.16	10.90	6.56	7.24	4.86	7.27
印度尼西亚	4.43	8.43	8.62	15.17	35.71	28.64	24.20	11.99	6.13	5.75	4.11	6.87
菲律宾	9.36	9.17	12.61	7.83	15.82	17.83	17.17	25.05	18.94	20.15	11.62	10.95
泰国	6.01	12.50	16.77	14.00	19.06	12.29	10.90	9.39	12.34	11.10	6.47	7.62

资料来源：同表 3-5。

可见，中国为东盟中间产品提供的市场份额自 20 世纪 80 年代以来呈加速上升趋势，而日本为东盟中间产品提供的市场份额总体呈加速下降趋势，美国波动幅度不大，总体呈缓慢下降趋势。中国目前作为东盟中间产品市场提供者的地位明显高于日本和美国。

3. 中日美三国作为东盟最终资本品市场提供者地位的变化

从中日美三国为东盟最终资本品提供的市场份额来看（见图 3-4），20 世纪 80 年代以来，中国为东盟最终资本品提供的市场份额从 1988 年的 1.48%上升到 2014 年的 13.85%，但 2015 年下降到 6.97%，在 2003 年超过了日本，之后又在 2009 年超过了美国；日本为东盟最终资本品提供的市场份额从 1988 年的 3.49%上升到 2015 年的 10.98%；而美国则从 1988 年的 32.37%下降到 2015 年的 21.28%。

从分别为东盟各经济体提供最终资本品市场的角度看（见表 3-7），

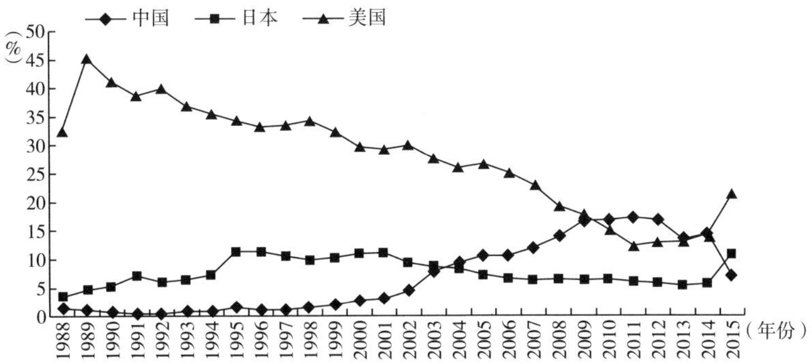

图 3-4　1988~2015 年中日美三国为东盟最终资本品提供的市场份额变化情况

资料来源：同图 3-2。

2015 年中国和日本为东盟经济体提供最终资本品市场份额最高的国家均为印度尼西亚，分别达到 18.16%和 28.10%，提供份额最低的国家均为马来西亚，分别为 3.41%和 7.39%。而美国为菲律宾最终资本品提供了最高的市场份额，达到 37.40%，为新加坡提供的市场份额最低，为 10.04%。

表 3-7　1994~2015 年中日美三国作为东盟最终资本品市场提供者地位的变化

单位：%

国家	中国提供的市场份额				日本提供的市场份额				美国提供的市场份额			
	1994年	2000年	2007年	2015年	1994年	2000年	2007年	2015年	1994年	2000年	2007年	2015年
新加坡	1.20	3.85	9.91	8.42	7.17	7.25	4.02	7.89	33.24	29.81	19.34	10.04
马来西亚	0.50	2.09	5.71	3.41	6.66	11.72	4.51	7.39	36.97	32.98	36.77	14.44
印度尼西亚	0.81	2.52	10.25	18.16	4.12	10.12	8.55	28.10	43.04	22.31	13.22	14.35
菲律宾	1.11	2.75	25.51	4.17	7.03	16.85	10.87	15.21	48.47	29.47	18.47	37.40
泰国	0.58	2.34	17.42	6.52	9.31	13.24	7.83	11.06	35.61	27.24	14.76	14.34

资料来源：同表 3-5。

可见，20 世纪 80 年代末以来，美国为东盟最终资本品提供的市场份额在经历了加速上升后，从 1989 年开始便总体呈下降趋势；中国为东盟最终资本品提供的市场份额在2002年后总体呈加速上升趋势，但在2012年后有所下降；而日本为东盟最终资本品提供的市场份额变化不大，在经历了短暂上升后，于1995年开始缓慢下降。值得注意的是，中国与美国的差距在逐年缩小。2010~2013年，中国作为东盟最终资本品市场提供者的地位高于美国，但是，目前美国作为东盟最终资本品市场提供者的地位仍高于中国和日本。

4. 中日美三国作为东盟最终消费品市场提供者地位的变化

从中日美三国为东盟最终消费品提供的市场份额来看（见图3-5），20世纪80年代末以来，中国为东盟最终消费品提供的市场份额从1988年的1.31%上升到2015年的8.36%；日本为东盟最终消费品提供的市场份额从1988年的14.91%下降到2015年的5.52%；而美国为东盟最终消费品提供的市场份额从1988年的26.24%下降到2015年的12.58%。

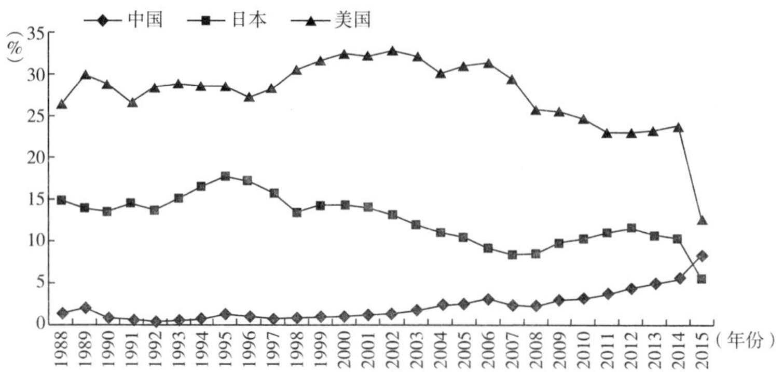

图3-5 1988~2015年中日美三国为东盟最终消费品提供的市场份额变化情况

资料来源：同图3-2。

从分别为东盟各经济体提供最终消费品市场的角度看（见表3-8），2015年中日两国为东盟各经济体提供最终消费品市场份额最高的国家均为菲律宾，分别为18.65%、11.22%；美国为马来西亚提供了最高的市场份额，为19.92%。而中日美三国为东盟提供的份额较低的国家均是印度尼西亚，分别为2.08%、1.96%和3.67%。

表 3-8 1994~2015 年中日美三国作为东盟最终消费品市场提供者地位的变化

单位：%

国家	中国提供的市场份额				日本提供的市场份额				美国提供的市场份额			
	1994年	2000年	2007年	2015年	1994年	2000年	2007年	2015年	1994年	2000年	2007年	2015年
新加坡	0.91	2.26	3.11	6.16	7.87	9.65	2.75	5.63	20.71	16.77	32.64	12.50
马来西亚	0.26	1.06	1.61	10.78	8.22	12.64	5.91	6.47	28.60	28.76	20.30	19.92
印度尼西亚	0.35	0.65	1.52	2.08	17.83	12.44	6.59	1.96	28.08	35.02	32.90	3.67
菲律宾	0.26	1.23	3.45	18.65	19.43	16.62	15.39	11.22	48.66	54.41	39.05	18.72
泰国	0.90	1.18	3.18	5.34	22.38	16.47	11.62	6.53	29.66	36.18	22.91	17.06

资料来源：同表 3-5。

可见，2015 年美国作为东盟最终消费品市场提供者的地位仍高于日本和中国，但美国和日本为东盟最终消费品提供的市场份额自 20 世纪 80 年代末以来总体呈下降趋势，而中国则从 1988 年的 1.31%上升到 2015 年的 8.36%，正在缩短与美国的差距，并在 2015 年超过了日本。

通过以上的分析可以得出以下几点。第一，自 20 世纪 80 年代末以来，中国作为东盟初级产品和中间产品市场提供者的地位迅速上升，而日本和美国作为东盟初级产品、中间产品市场提供者的地位总体在下降。中国明显是东盟最大的初级产品和中间产品市场提供者。第二，中国为东盟最终资本品提供的市场份额自 21 世纪初开始呈加速上升趋势，日本则保持稳步发展，而美国波动幅度较大，但美国作为东盟最终资本品市场提供者的地位仍高于中国和日本。第三，中国为东盟最终消费品提供的市场份额总体在增加并超过日本，而日本和美国为东盟最终消费品提供的市场份额有所下降。目前美国作为东盟最终消费品市场提供者的地位仍明显高于中国和日本。

（二）中日美三国作为东盟市场提供者地位变化的原因

自 20 世纪 80 年代以来，中日美三国作为东盟产品市场提供者的地位发生了很大变化。总体来说，中国为东盟产品提供的市场份额呈持续上升趋势，但在不同类型的产品市场上，中日美三国的地位变化有所不同。下面将分别从三国的经济总量变化、汇率变化、贸易结构差异和区域产业分工模式的角度来分析这些变化产生的原因。

1. 经济总量的变化

经过资本主义黄金发展期以及“滞胀”问题的解决，1988 年，日本国内生产总值为 376.5775 万亿日元，超越苏联，成为世界第二大经济体，且已经达到美国的 2/3。经济的繁荣发展促进了日本对进口产品需求的增加，成为东盟初级产品最主要的市场提供者。但随着中国的改革开放，国内经济加快发展，国民生产总值从 1988 年的 1.50428 万亿元增加到 2014 年的 63.6463 万亿元。2010 年中国经济总量首次超过日本，成为世界第二大经济体。经济的快速发展带动了对原材料需求的增加，进而促进了国内对进口产品的需求，使中国对东盟初级产品的进口逐步超过日本，并成为该地区初级产品市场的主要提供者。同时，经济总量的增加将对中国作为东亚地区最终产品市场提供者地位的提高产生重要影响。[①] 因此，中国为东盟最终资本品提供的市场份额从 1988 年的 1.48% 上升到 2015 年的 6.97%，并且在最终消费品市场上与美国的差距正逐步缩小。

2. 汇率的变化

1985 年，美、日、英、德、法五国发表联合声明，有秩序地使主要货币兑美元升值，而这项联合声明被称作《广场协议》。《广场协议》实施后，日元升值幅度最大，与 1985 年相比，1988 年的升值幅度达到 86.1%。日元购买力的提高，促进了日本进口商品的增加。[②] 这一升值过程也解释了 20 世纪 80 年代末日本成为东盟最主要的初级产品和中间产品市场提供者的原因。

中国自 2005 年完善人民币汇率形成机制改革以来，人民币总体上处于长期升值趋势。根据人民币对美元汇率的变化，从 2005 年的 1：8.19 上升为 2015 年的 1：6.23。人民币的不断升值降低了进口原材料的成本，从而促进了对东盟地区初级产品和中间产品的进口需求的增加。[③] 因此，中国为东盟初级产品提供的市场份额从 2006 年的 11.60% 增加到 2015 年的

① 王珊珊、黄梅波：《人民币成为东亚区域计价结算货币的影响因素研究——基于最终产品市场提供者的视角》，《经济经纬》2015 年第 3 期，第 144～148 页。

② 董葆茗：《日元升值对日本进出口贸易的影响分析》，《现代日本经济》2006 年第 5 期，第 52～55 页。

③ 冯永琦、裴祥宇：《人民币实际有效汇率变动的进口贸易转型效应》，《世界经济研究》2014 年第 3 期，第 21～26 页。

14.49%，中间产品市场份额从 2006 年的 10.92%增加到 2015 年的 14.75%。由此可见，人民币的不断升值是中国作为东盟初级产品和中间产品市场提供者地位提高的重要原因。

3. 贸易结构的差异

20 世纪 80 年代末以来，美国作为东盟最终产品市场提供者的地位始终高于中国和日本，而 1997 年亚洲金融危机过后，东盟各经济体将寻找区域内市场提供者作为当前发展的首要问题，逐步减少对区域外市场的依赖。中国和日本作为区域内较有影响力的两个国家，具有成为该地区市场提供者的潜力，但两国的贸易结构有所不同。

1985 年《广场协议》后，日元的大幅度升值促进了日本对外直接投资的增加，加速了日本国内企业向海外转移的趋势，从转移劳动密集型产业开始到转移资本与技术密集型产业。① 日本企业的海外转移导致日本减少了初级产品和中间产品的进口需求，为东盟初级产品提供的市场份额从 1988 年的 40.07%下降到 2015 年的 10.88%；另外劳动密集型产业的转移促进了日本对消费品的进口需求，这也是日本作为东盟最终消费品市场提供者的地位大多年份高于中国的原因。

对比中美进口产品结构可以发现，20 世纪 80 年代末以来，最终消费品在美国进口贸易结构中占有最大比重且始终保持在 30%以上；而在中国进口产品中，最终消费品占的比重最低，一直徘徊在 10%左右，大概相当于美国该比重的 1/3，差距十分明显。因此，中国这种贸易结构不利于其成为东盟最大的最终产品市场提供者，目前美国作为该市场提供者的地位仍明显高于中国和日本。

4. 东亚地区产业分工模式的转变

20 世纪 60 年代至 80 年代，东亚地区形成以日本为“雁首”，“亚洲四小龙”为“雁翼”，而中国内地、东盟同处“雁尾”的“雁行产业分工”发展模式。在这种发展模式下，日本积极发展知识、技术密集型产业的同时，将纺织、钢铁、化工、机械等丧失竞争优势的传统产业依次传递给“亚洲四

① 冯永琦、王丽莉：《中日作为东亚市场提供者的地位变化及其原因和影响分析》，《现代日本经济》2016 年第 4 期，第 53~57 页。

小龙”、东盟国家以及中国内地东部沿海地区。进入 20 世纪 90 年代以后，由于日本产业升级减缓，而中国内地、“亚洲四小龙”经济实力不断提升，东亚地区的产业分工模式出现了一些新的变化，这也是中国在初级产品、中间产品和最终资本品的市场提供方面逐渐超过日本的主要原因。

（三）中日美作为东盟市场提供者地位变化的影响

中日美三国在经济基础、贸易结构等方面的差异导致其作为东盟市场提供者地位的不同，经过近 30 年的发展，它们的地位也发生了很大变化，无论是对东盟各经济体还是对中日美三国都将带来影响。

1. 对中国的影响

经过近 30 年的发展，中国作为东盟初级产品、中间产品和最终产品市场提供者的地位不断显著提升。在初级产品和中间产品市场上已超过日本成为该地区主要的市场提供者，并在最终消费品市场上逐步缩小与美国的差距。中国对东盟乃至全世界的经济贸易产生越来越重要的影响，1988 年，中国进口贸易规模不足日本的 30%、美国的 15%，GDP 仅为日本的 13%、美国的 8%；而到了 2015 年，进口规模扩大到日本的 1.88 倍、美国的 69%，GDP 达到日本的 2.39 倍、美国的 63%。中国在世界经济中的地位和影响日益扩大，为中国“一带一路”倡议在东盟地区的进展提供重要基础和条件，也为中国的改革开放继续营造一个睦邻友好的周边环境。

另外，东盟国家成为中国跨境贸易人民币结算业务推广的重要地区，中国在东盟市场中地位的提升促使区域内经济体越来越多地使用人民币进行贸易结算，有利于人民币区域化的发展，进而加速人民币国际化的进程。这也增强了东南亚国家对人民币汇率的稳定性要求，有利于人民币成为东亚货币金融合作中的“锚”货币。

与此同时，中国与东盟之间存在产业内贸易比重不断提高的趋势，中国作为东盟产品市场提供者地位的提高将促进中国-东盟自由贸易区的发展和完善。2010 年 1 月 1 日起，中国-东盟自由贸易区正式成立，2015 年中国与东盟双边贸易额达到 4721.6 亿美元，高于全国外贸总体增幅近 5 个百分点。中国作为东盟产品市场提供者地位的提升将促进 2020 年中国-东盟双边贸易额达到 1 万亿美元目标的实现。

2. 对日本的影响

20 世纪 80 年代末期，日本成为东盟初级产品和中间产品最主要的市场提供者，但随着日本国内企业海外转移和区域分工模式的变化，日本作为东盟初级产品和中间产品市场提供者的地位不断下降，初级产品从 1988 年的 40.07%下降到 2015 年的 10.88%，中间产品则从 1988 年的 32.62%下降到 2015 年的 8.80%，中国逐渐超过日本成为该地区主要的市场提供者。日本作为东盟初级产品和中间产品市场提供者地位的下降不利于日本在该区域经济合作中主导作用的增强，也不利于日本国际贸易地位的提升。

3. 对美国的影响

美国作为东盟最终产品市场提供者，在该市场上始终占据着主导地位，但受中国的崛起以及 2008 年金融危机的影响，美国作为东盟最终产品市场提供者的地位有所下降。在最终资本品市场上，2009 年曾经被中国超越，提供的市场份额也从 1988 年的 32.37%下降到 2015 年的 21.28%；在最终消费品市场上，虽然仍是该市场主要的市场提供者，但与中国和日本的差距逐渐缩小。中国和日本作为东盟市场提供者地位的上升削弱了美国在该地区的影响力，不利于美国对东亚地区的经济的主导，这一变化将加快美国重返亚太战略的进程。同时，人民币在东亚区域贸易结算中使用的增加将促使人民币有望成为东亚货币金融合作中的“锚”货币，逐渐减少东盟国家货币对美元的依赖，削弱了美元在东亚地区的地位。

4. 对东亚区域经济合作的影响

自 20 世纪 80 年代末以来，日本为东盟区域内贸易发展做出了巨大贡献，20 世纪 60 年代至 80 年代形成的“雁行产业分工”发展模式，带动了东亚区域内产业分工的发展，增强了区域内各国贸易发展的关联度。目前，中国已取代日本成为东盟最大的初级产品和中间产品市场提供者，美国在东盟最终产品市场上的地位逐渐下降；同时，日本为东盟最终消费品市场提供的市场份额大多高于中国，与美国的差距也在逐渐缩小。这些对于培育东亚区域内部最终产品市场提供者起到积极作用，逐步降低东亚各经济体对区域外市场的依赖，加强东亚区域内部的经济合作。

中国作为东盟产品市场提供者地位的提高将促使人民币成为东亚货币金融合作中的“锚”货币，逐渐降低对美元乃至区域外市场的依赖程度，为建立更大范围的区域经济合作做好准备。

第二节 中国作为"一带一路"沿线国家市场提供者地位提升的影响因素

一 影响因素的选取与数据来源

中国经济总量对中国作为"一带一路"沿线国家市场提供者地位的提升具有重要作用。这里将中国经济总量分解成三部分，即国内总消费、国内总投资和国内政府支出。中国国内消费能力的上升也会增加对消费品的需求，国内投资能力的上升也必然会增加对资本品的需求，而对这些产品的需求不仅可以在国内实现，也可以通过进口途径来实现。国内消费、投资和政府支出的增长会直接带动对相关产品的进口需求。这里用私人消费、固定投资和政府消费分别来衡量中国的国内消费、投资和政府支出水平。

"一带一路"沿线国家的经济发展总量也对中国为其提供市场的规模有着重要影响。例如，"一带一路"沿线国家的经济总量越大，就越容易带动这些国家对中国的出口需求。

汇率也是重要的影响因素。汇率发生变动时，中国进口商面临的进口成本也会发生变动。例如，当人民币贬值时，进口成本会上升，这便不利于中国市场提供者地位的提升。同样，当人民币升值相对会降低进口成本，这对于需求弹性较大的商品效果更为明显。由于这里要考察中国对"一带一路"沿线国家不同地区的市场提供情况，所以，根据人民币对"一带一路"沿线不同国家货币的汇率水平以及在这些国家对中国的贸易权重，计算出中国对不同地区的有效汇率指数，以衡量人民币对不同地区的汇率变动情况。[①]

因此，中国作为"一带一路"沿线国家市场提供者地位的影响因素主要包括国内私人消费、国内政府消费、国内固定投资、"一带一路"沿线

① 例如，东亚地区8个国家货币兑人民币的有效汇率指数的计算如下：以1995年为基期，先计算这8个国家的货币分别兑人民币的双边汇率指数，再根据这8个国家分别对中国市场出口占8个国家对中国总出口的比重作为有效汇率指数的权重，这样加权计算出东亚地区货币兑人民币的有效汇率指数。同理，也可计算出其他地区货币对人民币的有效汇率指数。

国家不同地区的经济总量、人民币对“一带一路”沿线国家不同地区的有效汇率。

上述变量将作为模型中的自变量。中国国内私人消费、政府消费和固定投资数据来源于 EIU 数据库，“一带一路”沿线国家不同地区的经济总量来源于 Wind 数据库，“一带一路”沿线国家货币兑人民币的双边汇率来源于 OANDA 数据库。模型的因变量为中国对“一带一路”沿线国家不同地区各类产品的市场提供指数，用它来衡量中国作为“一带一路”沿线国家不同产品市场提供者的地位，数据来源于 UN Comtrade 数据库。所有变量的样本区间为 1995 年至 2015 年。

二　模型设定及实证结果

本书采用变截距固定系数面板数据模型和固定效应变系数面板数据模型分别进行分析。首先检验模型中系数是否对全部截面都一致，考虑如下两个假设：

$$H_1: \beta_1 = \beta_2 = \cdots = \beta_N$$

$$H_2: \alpha_1 = \alpha_2 = \cdots = \alpha_N$$

$$\beta_1 = \beta_2 = \cdots = \beta_N$$

在假设 H_2 下构建检验统计量 F_2：

$$F_2 = \frac{(S_3 - S_1)/[(N-1)(k+1)]}{S_1/[NT - N(k+1)]} \sim F[(N-1)(k+1), N(T-k-1)]$$

在假设 H_1 下构建检验统计量 F_1：

$$F_1 = \frac{(S_2 - S_1)/[(N-1)k]}{S_1/[NT - N(k+1)]} \sim F[(N-1)k, N(T-k-1)]$$

经计算得出 $F_2 = 4.3$，$F_1 = 1.06$，F_2 大于 5%显著水平下相应的 F 值，因此拒绝假设 H_2，F_1 小于 5%显著水平下相应的 F 值，因此接受假设 H_1。为了消除趋势因素的影响，变量采用对数的形式。

（一）变截距固定系数面板数据模型

通过变截距固定系数面板数据模型（1）进行估计：

$$\ln Y_{ijt} = c_i + \beta_1 \ln gdp_{jt} + \beta_2 \ln r_{jt} + \beta_3 \ln pc_t + \beta_4 \ln gc_t + \beta_5 \ln fi_t + \varepsilon_{it} \quad (1)$$

其中，Y_{ijt}表示中国对“一带一路”沿线 j 地区 i 类产品在 t 时期的市场提供指数，i 为 BEC 分类编码，gdp_{jt}表示 t 时期“一带一路”沿线 j 地区内全部国家的国内生产总值之和，r_{jt}为 t 时期人民币兑 j 地区货币的有效汇率水平，pc_t代表 t 时期中国国内私人消费，gc_t代表 t 时期中国国内政府消费，fi_t代表 t 时期中国国内固定投资总额。

对模型（1）进行估计，可以得到不同解释变量对中国为“一带一路”沿线六个不同地区提供产品市场的影响情况（见表 3-9）。第一，国内私人消费的影响最为显著，但影响方向并不统一，对中国为中亚地区和独联体地区提供市场的影响为正，而对中国为东南亚地区、西亚地区和南亚地区提供市场的影响为负。第二，国内政府消费对中国为西亚地区提供市场的影响为正，对中国为中亚地区提供市场的影响为负。第三，国内固定投资对中国为东南亚地区、南亚地区和中东欧地区提供市场的影响为正，对中国为中亚地区提供市场的影响为负。第四，这些地区的货币兑人民币有效汇率对中国为东南亚地区和中亚地区提供市场的影响为负，说明这些地区的货币兑人民币有效汇率下降，即人民币兑这些地区货币的升值将有利于提升中国对这些地区的市场提供者地位。第五，多数地区经济总量的影响并不显著，只有中亚地区和东南亚地区经济总量对中国为其提供市场有显著影响，中亚地区经济总量的提升将有利于中国作为其市场提供者地位的提高，但东南亚地区的影响相反。

表 3-9　中国分别为六大地区提供产品市场的估计结果

解释变量	模型 1	模型 2	模型 3	模型 4	模型 5	模型 6
	南亚地区	中亚地区	东南亚地区	独联体地区	西亚地区	中东欧地区
$\ln gdp_t$	-3.014	5.204***	-2.381*	-0.074	-0.754	-0.980
$\ln r_t$	-0.045	-8.793***	-2.738*	-0.234	0.004	-0.110

续表

解释变量	模型 1	模型 2	模型 3	模型 4	模型 5	模型 6
	南亚地区	中亚地区	东南亚地区	独联体地区	西亚地区	中东欧地区
$\ln pc_t$	-4.884**	21.436***	-2.878*	4.984*	-6.560***	-4.427
$\ln gc_t$	1.409	-23.546***	2.839	-2.555	8.110***	2.568
$\ln fi_t$	4.685***	-4.124**	1.878***	-1.522	-0.893	2.582*

注：*、**、***分别表示在10%、5%、1%的水平下通过显著性检验。

（二）固定效应变系数面板数据模型

接下来将采用固定效应变系数面板数据模型进一步探究不同因素对中国作为“一带一路”沿线的东南亚、南亚、中亚、西亚、中东欧和独联体地区的市场提供者地位的影响。中国对各个地区的最终消费品、最终资本品、中间产品、初级产品的市场提供指数为被解释变量，分别对“一带一路”沿线 j 地区的经济总量 $\ln gdp_{jt}$、人民币兑 j 地区货币的有效汇率水平 $\ln r_{jt}$、中国国内私人消费 $\ln pc_t$、中国国内政府消费 $\ln gc_t$、中国国内固定投资总额 $\ln fi_t$ 进行估计。结果如下。

1. 中国作为东南亚地区的产品市场提供者地位

第一，中国对东南亚地区的初级产品市场提供指数受到人民币兑该地区货币的有效汇率、中国国内政府消费和东南亚地区经济总量的显著影响，但东南亚地区经济总量的影响方向为负。第二，中国对东南亚地区的中间产品市场提供指数受到全部因素的影响，其中，国内私人消费和东南亚地区经济总量的影响方向为负。第三，中国对东南亚地区的最终资本品市场提供指数受到国内私人消费和固定投资的影响，其中，国内私人消费的影响方向为负。第四，中国对东南亚地区的最终消费品市场提供指数并不受到以上五种因素的显著影响。如表 3-10 所示。

表 3-10　中国作为东南亚地区不同类型产品市场提供者地位的估计结果

产品类型	$\ln pc_t$	$\ln gc_t$	$\ln fi_t$	$\ln r_t$	$\ln gdp_t$
最终消费品	4.323	-0.517	0.652	4.499	-2.951
最终资本品	-20.384***	5.181	14.258***	-0.375	1.198

续表

产品类型	$\ln pc_t$	$\ln gc_t$	$\ln fi_t$	$\ln r_t$	$\ln gdp_t$
中间产品	-20.505***	18.668***	11.072***	14.138***	-10.252**
初级产品	6.295	13.739*	4.039	26.123**	-20.724**

注：*、**、***分别表示在10%、5%、1%的水平下通过显著性检验。

2. 中国作为南亚地区的产品市场提供者地位

第一，中国对南亚地区的初级产品市场提供指数受到中国国内私人消费、政府消费、固定投资、人民币兑该地区货币的有效汇率和南亚地区经济总量五种因素的显著影响，只有国内私人消费影响方向为负，其他因素影响方向为正。第二，中国对南亚地区的中间产品市场提供指数受到人民币兑该地区货币的有效汇率、中国国内固定投资和南亚地区经济总量的显著影响，其中，人民币兑该地区货币的有效汇率的影响方向为负，其他两项的影响方向为正。第三，上述五种因素对中国对南亚地区的最终资本品市场提供指数没有显著影响。第四，中国对南亚地区的最终消费品市场提供指数受到人民币兑该地区货币的有效汇率和南亚地区经济总量的显著影响，其中，人民币兑该地区货币的有效汇率的影响方向为负。如表3-11所示。

表3-11 中国作为南亚地区不同类型产品市场提供者地位的估计结果

产品类型	$\ln pc_t$	$\ln gc_t$	$\ln fi_t$	$\ln r_t$	$\ln gdp_t$
最终消费品	-0.165	-1.543	-0.412	-2.576**	2.282*
最终资本品	19.503	-17.359	1.939	3.772	-2.747
中间产品	-4.935	-2.576	4.108***	-4.859**	3.603**
初级产品	-180.642***	110.418***	53.72***	43.427***	23.855***

注：*、**、***分别表示在10%、5%、1%的水平下通过显著性检验。

3. 中国作为中亚地区的产品市场提供者地位

第一，中国对中亚地区的初级产品市场提供指数仅受到中国国内固定投资的显著正向影响。第二，中国对中亚地区的中间产品市场提供指数受到中国国内固定投资的正向影响以及人民币兑该地区货币有效汇率的负方向影响，人民币兑该地区货币的升值以及中国固定投资的增加有助于中国作为中亚地区中间产品市场提供者地位的上升。第三，中国对中亚地区的最终资本品市场提供指数受到中国国内私人消费和固定投资的显著影响，其中，固定投资的影响方向为负。第四，中国对中亚地区的最终消费品市场提供指数仅受到中国国内私人消费的显著影响，且国内私人消费的影响方向为正。如表 3-12 所示。

表 3-12　中国作为中亚地区不同类型产品市场提供者地位的估计结果

产品类型	$\ln pc_t$	$\ln gc_t$	$\ln fi_t$	$\ln r_t$	$\ln gdp_t$
最终消费品	23.685*	-21.967	-0.408	-2.487	-0.184
最终资本品	52.478**	-32.996	-17.340*	-1.459	2.593
中间产品	-1.536	-26.710	24.906***	-16.828*	-2.478
初级产品	-10.552	2.185	16.705**	10.028	-3.616

注：*、**、*** 分别表示在 10%、5%、1%的水平下通过显著性检验。

4. 中国作为独联体地区的产品市场提供者地位

第一，中国对独联体地区的初级产品市场提供指数受到中国国内私人消费的显著影响，影响方向为正。第二，中国对独联体地区的中间产品市场提供指数以及最终资本品市场提供指数并不受这五种因素的显著影响。第三，中国对独联体地区的最终消费品市场提供指数受到中国国内固定投资的正向显著影响以及独联体地区经济总量的负向显著影响。如表 3-13 所示。

表 3-13　中国作为独联体地区不同类型产品市场提供者地位的估计结果

产品类型	$\ln pc_t$	$\ln gc_t$	$\ln fi_t$	$\ln r_t$	$\ln gdp_t$
最终消费品	-8.261	5.992	6.185**	1.652	-4.397***
最终资本品	-0.296	-2.553	4.237	0.097	-3.255
中间产品	1.676	-4.051	2.900	-0.154	-2.525
初级产品	13.616**	-6.103	-2.729	-0.922	-0.061

注：*、**、*** 分别表示在 10%、5%、1%的水平下通过显著性检验。

5. 中国作为西亚地区的产品市场提供者地位

第一，中国对西亚地区的初级产品市场提供指数受到西亚地区经济总量和中国国内固定投资的显著影响。其中，西亚地区经济总量的影响方向为负。第二，中国对西亚地区的中间产品市场提供指数受到中国国内私人消费、固定投资、人民币兑该地区货币有效汇率和该地区经济总量的显著影响。其中，国内私人消费和该地区经济总量的影响方向为负。第三，中国对西亚地区的最终资本品市场提供指数受到中国国内私人消费、政府消费、人民币兑该地区货币的有效汇率和西亚地区经济总量的显著影响，但国内私人消费和该地区经济总量的影响方向为负。第四，中国对西亚地区的最终消费品市场提供指数仅受到西亚地区经济总量的显著影响，且影响方向为负。如表 3-14 所示。

表 3-14　中国作为西亚地区不同类型产品市场提供者地位的估计结果

产品类型	$\ln pc_t$	$\ln gc_t$	$\ln fi_t$	$\ln r_t$	$\ln gdp_t$
最终消费品	-0.179	0.685	0.006	0.235	-0.414*
最终资本品	-11.360***	13.005***	-0.031	2.384*	-3.355**
中间产品	-7.561*	6.729	7.844**	3.823*	-8.135***
初级产品	-0.825	3.348	13.033*	4.618	-12.237***

注：*、**、*** 分别表示在 10%、5%、1%的水平下通过显著性检验。

6. 中国作为中东欧地区的产品市场提供者地位

第一，中国对中东欧地区的初级产品市场提供指数不受到上述这些因素的显著影响。第二，中国对中东欧地区的中间产品市场提供指数受到中国政府消费、固定投资以及中东欧地区经济总量的显著影响，但中国政府消费的影响方向为负。第三，中国对中东欧地区的最终资本品市场提供指数受到中国国内私人消费、政府消费和国内固定投资的显著影响，其中中国政府消费的影响方向仍然为负。第四，中国对中东欧地区的最终消费品市场提供指数受到中国国内固定投资、中东欧地区经济总量的影响，但中东欧地区经济总量的影响方向为负。如表 3-15 所示。

表 3-15　中国作为中东欧地区不同类型产品市场提供者地位的估计结果

产品类型	$\ln pc_t$	$\ln gc_t$	$\ln fi_t$	$\ln r_t$	$\ln gdp_t$
最终消费品	-1.595	0.988	1.201*	0.325	-0.776*
最终资本品	3.990*	-5.122*	1.592*	0.380	0.128
中间产品	1.312	-2.209*	1.558***	-0.225	0.580*
初级产品	-0.347	1.845	-0.722	0.189	-0.682

注：*、**、*** 分别表示在 10%、5%、1%的水平下通过显著性检验。

总体来看，我们能够得到如下实证结果。

第一，中国国内私人消费对中国为“一带一路”沿线地区提供产品市场相对具有显著影响，但对不同的地区影响方向不同。中国国内私人消费的提升有助于中国作为中亚地区最终产品、中东欧地区最终资本品和独联体地区初级产品的市场提供者地位的提升，但是对于中国作为东南亚和西亚地区的最终资本品和中间产品、南亚地区的初级产品市场提供者地位的提升具有反作用。

第二，中国国内固定投资对中国作为“一带一路”沿线地区市场提供者地位总体具有显著的正向影响。中国国内固定投资规模的增加对绝大部分地区的中间产品和初级产品市场提供者地位的提升具有显著正向影响，对东南亚地区最终资本品、中东欧地区最终资本品和最终消费品也具有显著正向影响，仅对中亚地区最终资本品具有反向影响。

第三，中国国内政府消费对中国作为“一带一路”沿线地区市场提供者地位的影响总体并不显著。中国国内政府消费的提升只对东南亚地区中间产品和初级产品、南亚地区初级产品、西亚地区最终资本品具有正向影响；对中东欧地区最终资本品和中间产品具有反向影响。

第四，人民币兑“一带一路”沿线国家货币升值对中国作为“一带一路”沿线国家市场提供者地位提升的负向影响总体不显著，只有对南亚地区最终消费品和中间产品、中亚地区中间产品具有负向影响。同时，对东南亚地区中间产品和初级产品、南亚地区初级产品、西亚地区最终资本品和中间产品具有正向作用。

第五，“一带一路”沿线国家经济总量的增长对中国为“一带一路”沿线地区提供产品市场相对具有显著影响，但对不同的地区影响方向不同。南亚地区经济总量的增长有利于中国作为其产品市场提供者地位的提升，但是西亚地区经济总量的增长不利于中国作为其各类产品市场提供者地位的提升，东南亚地区经济总量的增长也不利于中国作为其初级产品和中间产品市场提供者地位的提升。

第三节　中国作为“一带一路”沿线国家市场提供者地位的前景分析

本书通过对中国作为“一带一路”沿线国家市场提供者地位影响因素的实证分析，可知不同因素带来的影响是不同的。其中，中国国内固定投资的影响最为显著。接下来根据本书的检验结果分析中国作为“一带一路”沿线国家市场提供者地位的前景。

一　基于不同影响因素角度的分析

从中国国内私人消费的影响因素来看，中国作为“一带一路”沿线国家市场提供者地位不会有很大提升。一方面，中国国内私人消费对中国作为“一带一路”沿线国家不同地区市场提供者地位的影响，在不同的地区有着不同的影响方向。另一方面，除了中亚地区以外，中国私人消费的增长也不会带来对“一带一路”沿线国家最终消费品市场提供规模地位的提升。这可能与目前中国国内私人消费的增长幅度有限有关，国内生产部门基本可以满足私人消费的增长。所以，也没有带来对外部最终消费品的显著增加。中国私人消费的增长目前主要被国内市场消化，只有当中国私人消费的增长达到一定程度时，情况可能会发生改变。因此，中国国内私人消费支出增加因素对中国作为“一带一路”沿线国家市场提供者地位还没有产生明显的积极推动作用。

从中国国内政府消费和人民币兑“一带一路”沿线国家货币有效汇率水平的影响因素来看，中国作为“一带一路”沿线国家市场提供者地位也不会有很大提升。这主要是由于这两个影响因素对中国作为“一带一路”沿线国家市场提供者地位提升的影响不十分显著或者正负影响基本相当。

中国国内固定投资规模与中国作为“一带一路”沿线国家市场提供者地位提升有着明显的正相关关系。目前中国经济增长速度放缓，中国国内固定投资增长速度也将放缓，2011 年以来低于 10%。虽然中国国内固定投资增长速度的下滑会给中国作为“一带一路”沿线国家市场提供者地位的提升带来不利影响。但是，中国国内固定投资增长速度的下滑不意味着国内固定投资不增长，只是实际增长率会保持较低水平，但也保持在 5%以上的水平。这就决定其对中国作为“一带一路”沿线国家提供者地位的提升依然具有重要的支撑作用。

“一带一路”沿线国家经济总量有助于中国作为部分“一带一路”沿线国家市场提供者地位的提升，特别是中国作为南亚地区市场提供者地位会进一步上升。同时，东南亚地区和西亚地区经济总量增加对中国市场提供者地位提升呈反向变化，这说明这些地区经济低迷更有利于中国市场提供者地位的提升。

二 基于不同类型产品角度的分析

从初级产品的角度来看，中国作为“一带一路”沿线国家初级产品市场提供者的地位还会进一步上升。其中，中国为南亚国家、西亚国家和独联体国家提供的初级产品市场规模进一步上升的趋势更加明显。中国进口的初级产品主要集中在能源和矿产方面。

从中间产品的角度来看，中国作为“一带一路”沿线国家中间产品市场提供者的地位也会进一步上升。中国为东南亚国家、南亚国家和西亚国家提供的中间产品市场规模进一步上升的趋势更加明显，中间产品主要集中在和初级产品相关的半成品方面。

从最终资本品和最终消费品的角度来看，中国作为“一带一路”沿线国家最终资本品和最终消费品市场提供者的地位不会有显著的上升。一方面是由于各因素对中国作为“一带一路”沿线国家最终资本品市场提供者地位的正向和负向影响基本相当，另一方面是由于中国作为“一带一路”沿线国家最终资本品和最终消费品市场提供者的地位对这些因素的影响并不明显。

综上所述，中国作为“一带一路”沿线国家初级产品和中间产品市场的地位还会进一步上升，而最终消费品和最终资本品市场提供者的地位不会有显著的上升。从中也可以看出，“一带一路”沿线国家对中国的初级产品和中间产品市场会有相对较强的市场依赖，而对中国最终资本品和最终消费品市场依赖性不强。同时，从不同地区来看，东南亚国家以及蒙古国对中国具有较高的市场依赖程度，其他地区对中国市场的依赖度相对较低，特别是中东欧国家对中国市场的依赖度最低，且上升的趋势亦不明显。可见，中国同大部分“一带一路”沿线国家的经济关联程度还有待提高，应该同更多“一带一路”沿线国家加强经济合作，为实现“合作共赢”奠定必要的经贸基础。

本章小结

从不同产品类别来看，中国是大部分“一带一路”沿线国家主要的初级产品市场提供者，是东南亚国家、中亚国家和西亚国家主要的中间产品市场提供者，中国作为“一带一路”沿线国家最终资本品和最终消费品市场提供者的地位很低。总体来看，蒙古国和东南亚国家对中国市场的依赖度比较高。

2000 年以来，中美作为“一带一路”沿线国家市场提供者的地位发生了一定的变化。中国作为“一带一路”沿线国家初级产品、中间产品市场和最终资本品提供者的地位迅速提升，但作为最终消费品市场提供者的地位提升缓慢。当前，中国为“一带一路”沿线国家提供初级产品市场的优势明显高于美国，中国为东南亚国家、中亚国家和部分独联体国家提供中间产品市场的优势也明显高于美国，但为西亚国家和中东欧国家提供中间产品市场的优势明显低于美国。美国为绝大部分“一带一路”沿线国家提供最终资本品和最终消费品市场的优势明显高于中国。

中日美三国作为东盟产品市场提供者的地位发生了巨大变化。目前，中国作为东盟地区初级产品和中间产品市场提供者的地位已经明显高于日本和美国；中国的最终消费品市场提供者地位已经超过日本，与美国的差距在缩小；中国的最终资本品市场提供者地位总体呈下降趋势。中日美作为东盟市场提供者地位的变化主要是经济发展水平、汇率变化、贸易结构差异和产业分工模式演变造成的。

在中国作为“一带一路”沿线国家市场提供者地位提升的影响因素中，中国国内固定投资是中国作为“一带一路”沿线国家市场提供者地位提升最为显著的影响因素。中国国内固定投资规模的扩大对绝大部分地区的中间产品和初级产品市场提供者地位的提升具有显著正向影响，对东南亚地区最终资本品、中东欧地区最终资本品和最终消费品也具有显著正向影响。中国国内私人消费的提升有助于中国作为中亚地区最终产品、中东欧地区最终资本品和独联体地区初级产品的市场提供者地位的提升。中国国内政府消费的提升只对东南亚地区中间产品和初级产品、南亚地区初级产品、西亚地区最终资本品具有正向影响。人民币兑“一带一路”沿线国家货币升值只对南亚地区最终消费品和中间产品、中亚地区中间产品具有负向影响。

基于中国作为“一带一路”沿线国家市场提供者地位提升的不同影响因素和不同类型产品的角度，可以判断中国作为“一带一路”沿线国家初级产品和中间产品市场提供者的地位还会进一步上升，而作为最终消费品和最终资本品市场提供者的地位不会有显著的上升。

第四章
中国对外市场提供者地位对东亚贸易模式转型的影响

长期以来，东亚区域[①]对区域外市场的依赖一直较强，特别是在最终产品市场方面表现得更为明显。对于东亚区域的这种状况，一方面促进了东亚区域工业化浪潮的不断向前推进，并推动东亚区域“经济奇迹”的实现；但另一方面，东亚对区域外市场的严重依赖，使东亚区域经济进一步增长的瓶颈日益明显，并且使东亚在国际经济中的诸多问题上处于被动和不利的地位。在后全球金融危机时代，随着世界经济的重大调整和变革，东亚地区能否在新的历史时期中保持稳定的增长、东亚区域经济发展模式将发生怎样的变化以及东亚区域对外部最终产品市场严重依赖的问题将成为重要的研究议题。本章将探讨东亚“外需主导型”贸易模式的形成、东亚贸易转型的必要性和面临的困难，在此基础上，分析中国市场提供者地位的提升对东亚贸易模式转型的影响。

第一节　东亚“外需主导型”贸易模式的形成

一　东亚贸易模式问题的提出

东亚区域对区域外最终产品市场的严重依赖，主要是东亚区域内部对最终产品需求的严重不足所致。东亚区域对外部最终产品市场严重依赖是

① 本章的东亚区域指的是东盟十国以及中国内地、日本、韩国、中国台湾和中国香港所组成的区域。

对东亚区域产品需求结构的主要特征，而东亚区域内产品需求结构的变化会受到东亚区域生产分工演进的影响。

以前学者对不同时期东亚区域分工形式的研究较多。赤松要在二战前就提出了产业发展的“雁行形态”，后来经过小岛清的拓展和深化，“雁行模式”在20世纪80年代成为日本学者们分析东亚区域产业分工的主要依据，即东亚的“雁行分工体系”。20世纪70年代末，学者们对产业内贸易成因的探讨兴起，也推动了对东亚区域产业分工形式的研究。20世纪80年代以来，东亚区域产业内分工特别是垂直产业内分工的比重不断增加，也带动了产业内贸易（IIT）的发展。[①] Kyoji等认为东亚区域的产业内分工以垂直型产业内分工为主，区域内的FDI激增是导致这一现象的主要因素。[②]

但是产业内分工理论在解释东亚区域内贸易特别是中间产品贸易剧增等现象存在缺陷。Jones和Kierzkowski提出零散化生产（Fragmented Production）的概念，并形成生产阶段分工理论。[③] Prema-chandra利用该理论考察了世界和东亚制造业中的分割生产型贸易，对东亚区域普遍出现的加工贸易进行了解释。[④] Ando研究了东亚区域垂直型产业内贸易与生产阶段分工之间的相关性，研究表明，发达国家之间的贸易形态以产业内贸易为主，但生产阶段分工在发达国家与发展中国家之间广泛形成，并带有要素禀赋理论的特征。[⑤] Hummels等提出“垂直型专业化”（Vertical Specialization）的概念，认为在垂直型生产分工体系中，特定生产阶段向各国和各地区的扩散是确定生产分工形态的主要因素，并利用包括日本、

---

① 这方面的研究主要有 Hellvin, Lisbeth, “Intra-Industry Trade in Asia,” *International Economic Journal*, Vol. 8, No. 4, 1994. Kyoji, Fukao, et al., “Vertical Intra-Industry Trade and Foreign Direct Investment in East Asia,” *Japanese Internationgal Economies*, Vol. 17, 2003. Francis, Ng, and Alexander Yeats, “Major Trade Trends in East Asia,” *World Bank Policy Rearch Paper*, No. 3084, 2003. Ryuhei, Wakasugi, “Vertical Intra-Industry Trade and Economic Integration in East Asia,” *Asian Economic Paper*, Vol. 6, No. 1, 2007, pp. 26-39.

② Kyoji, Fukao, et al., “Direct Investment in East Asia,” *RIETI Dicussion Paper Seriese*, 2003.

③ Jones, R. W., and Kierzkowski, H., “The Role of Services in Production and International Trade: A Theoretical Framework,” *RCER Working Papers from University of Rochester*, 1988.

④ Prema-chandra, Athukorala, “Production Fragmentation and Trade Integration: East Asia in a Global Context,” *The North American Journal of Economics and Finance*, Vol. 17, No. 3, 2006, pp. 233-256.

⑤ Ando, Mitsuyo, “Fragmentation and Vertical Intra-Industry Trade in East Asia,” *Claremont Regional Integration Workshop with Particular Reference to Asia*, 2005.

韩国、中国台湾在内的 14 个国家（地区）和新兴市场的投入产出表数据，对 1970~1990 年这些国家出口品中所含进口的中间产品价值的比率（垂直专业化比率，VS）进行了计算，结果 20 年间这些地区的 VS 值增长了近 30%。[①] Feenstra 也提出非一体化生产（International Disintegration of Production）的概念。[②] Kimura 和 Ando 认为东亚的国际生产网络有效地顺应了分割和集聚等新经济逻辑，有力地促进了该地区的经济发展。[③] 所以，在垂直专业化思想的基础上形成产品内分工理论，使之成为解释东亚区域生产网络和中间产品贸易的一个有力分析框架。

产品内分工（Intra-Product Specialization）指一种产品的生产过程可以按要素禀赋分割为不同的环节（有些环节是资本密集型，有些是技术密集型，有些是劳动密集型），不同的生产环节被分散配置在全球不同的国家或地区的分工现象。[④] 卢锋教授将产品内分工定义为“一种特殊的经济国际化过程或展开结构，其核心内涵是特定产品生产过程不同工序或区段，通过空间分散化展开成跨区或跨国性的生产链条或体系，因而有越来越多的国家参与特定产品生产过程中的不同环节或区段的生产或供应活动”。[⑤]

一些学者在分析东亚区域分工的基础上对东亚贸易的发展和变化进行了相关的研究，如 Ishii 和 Yi 指出了以产品内分工模式为基础的产品内贸易是世界经济增长的重要变量。[⑥] 张伯伟和彭支伟、孙卫东和韩友德、郑

---

① Hummels, D., et al., "Vertical Specialization and the Changing Nature of World Trade," *Economic Policy Review*, No. 7, 1998, pp. 79-99. Hummels, D., et al., "The Nature and Growth of Vertical Specialization in the World Trade," *Journal of International Economics*, No. 54, 2001, pp. 75-96.

② Feenstra, C. Robert, "Integration of Trade and Disintegration of Production in the Global Economy," *Journal of Economic Perspectives*, Vol. 12, No. 4, 1998, pp. 31-50.

③ Kimura, Fukunari, and Mitsuyo Ando, "The Economic Analysis of International Production/Distribution Networks in East Asia and Latin America: The Implication of Regional Trade Arrangements," *Business and Politics*, Vol. 7, No. 1, 2005, pp. 1-38.

④ Arndt, W. Sven, "Globalization and the Open Economy," *North American Journal of Economics and Finance*, Vol. 1, 1997, pp. 71-79.

⑤ 卢锋：《产品内分工》，《经济学》（季刊）2004 年第 1 期，第 55~73 页。

⑥ Ishii, Jun, and Kei-Mu Yi, "The Growth of World Trade," *Federal Reserve Bank of New York Research Paper*, No. 9718, 1997. Yi, Kei-Mu, "Can Vertical Specialization Explain the Growth of World Trade," *Journal of Political Economy*, Vol. 111, No. 1, 2003, pp. 76-98.

昭阳和周昕在考察了东亚区域产业分工格局或形态的基础上，指出了东亚地区中间产品贸易的显著增长。[①] 徐春祥认为在由“异质”结构成员组成的，并且以区域生产网络为特征的东亚区域内，“浅层次”贸易一体化是东亚区域进行经济合作的一种新的模式。但是，他们的研究没有把东亚区域分工的形态同最终产品贸易进行结合分析。[②] Lemoine 和 Deniz 指出中国通过零部件、中间产品贸易不断融入东亚的国际分工体系的同时，也改变了东亚原有的“三角贸易”格局，美日作为除中国以外其他东亚经济体的最终产品出口市场的地位在减弱。[③] Athukorala 分析了东亚区域内部的产品内分工对区域内贸易和中间产品贸易的促进作用，也表明其增加了该地区经济增长对区域外因素的依赖程度。[④] 在东亚“后雁行模式”的分工体系下，东亚产业内贸易与产业间贸易同时存在。[⑤] 近年来，东亚贸易模式也在转变，如产业内贸易比重上升、新三角贸易模式的形成等。[⑥]

同时，关于需求因素是国际贸易产生和变动的重要影响因素的观点，已经得到学者们广泛的认同。在相互需求论、需求偏好相似论、产业内贸易论、国家竞争优势论中，需求已经成为重要的考察变量。从理论的发展来看，似乎不应再把“需求”处理成一个假设，而应探讨“需求”作为独立变量对贸易格局的影响。[⑦] 不同国家内部需求的差异是国际贸易模式形

① 张伯伟、彭支伟：《东亚地区经济内部化及产业分工体系研究》，《南开学报》2006 年第 5 期，第 56~62 页；孙卫东、韩友德：《东亚地区生产分工对其贸易结构影响的实证研究》，《经济与管理》2007 年第 7 期，第 34~41 页；郑昭阳、周昕：《中国东亚地区贸易结构中的地位和作用——基于零部件贸易的研究》，《世界经济研究》2007 年第 8 期，第 22~29 页。

② 徐春祥：《“浅层次”贸易一体化：东亚区域经济合作新模式》，《亚太经济》2009 年第 1 期，第 27~31 页。

③ Françoise, Lemoine, Deniz Ünal-Kesenci, “China's Emergence and the Reorganisation of Trade Flows in Asia,” *China Economic Review*, Vol. 18, No. 3, 2006, pp. 209-243.

④ Prema-chandra, Athukorala, “Product Fragmentation and Trade Patterns in East Asia,” *RePEc Working Paper*, No. 21, 2003. Prema-chandra, Athukorala, “Multinational Enterprises and Manufacturing for Export in Developing Asian Countries: Emerging Patterns and Opportunities for Latecomers,” *Hi-Stat Discussion Paper Series*, No. 4, 2006, pp. 561-562.

⑤ 郑京淑、李佳：《“后雁形模式”与东亚贸易结构的变化》，《世界经济与政治论坛》2007 年第 2 期，第 6~11 页。

⑥ 李娇、陆晓丽：《从国际生产网络视角考察东亚贸易模式转变》，《亚太经济》2008 年第 3 期，第 3~9 页。

⑦ 钟伟：《需求模式与贸易结构》，《南京社会科学》1998 年第 11 期，第 29~34 页。

成的重要因素，[①] 需求模式的变动会通过区域分工模式和结构调整来影响贸易模式的发展和变化，贸易模式和格局变动的动因要到需求结构中去找。[②]

从已有的研究中可以看出，学者们只是提出或阐述了东亚区域长期以来对区域外最终产品市场严重依赖的现象，缺乏对其出现的原因、产生的影响以及发展趋势的深入研究，而且学者们对东亚区域产品需求结构的研究缺乏系统和深入的分析，很少分析东亚区域内产品需求结构对贸易模式的影响。所以，本章通过对东亚区域的生产分工演进、区域内产品需求结构变化与贸易模式发展之间影响作用分析的基础上，进一步研究东亚区域贸易模式的缺陷、转型的必要性以及中国市场提供者地位提升对其带来的影响。

二 东亚区域生产分工形式和模式的演进

东亚区域的生产分工是在不断地演进过程之中的，并从生产分工形式和生产分工模式两种不同的侧重角度同步进行的。“分工模式”[③] 指的是在一定时期内生产主体即国家或企业在生产过程中的分工状况和基本关系，以及体现出来的生产分工的特征，如雁型模式和生产网络模式；而“分工形式”是以产品为划分标准[④]，更侧重于通过生产客体即产品所能触及的生产范围来反映生产分工的特征，如产业间的分工形式、产业内的分工形

① Rolf, Weder, “Domestic Demand, Comparative Advantage, and the Pattern of Trade,” *Swiss Journal of Economics and Statistics*, Vol. 131, No. 3, 1995, pp. 377 - 388. Rolf, Weder, “How Domestic Demand Shapes the Pattern of International Trade,” *World Economy*, Vol. 9, No. 3, 1996, pp. 273-286.

② 阳中良：《需求贸易理论与我国的绿色贸易战略》，《现代经济探讨》2006 年第 9 期，第 68~72 页。

③ 模式（Model）是一种模型或式样，即发展的基本特点以及反映发展状况。多用来分析经济发展的基本特点和发展状况，参见李琮《现阶段发达资本主义国家的经济发展模式》，《经济社会体制论坛》1996 年第 6 期。

④ Grubel 和 Lloyd 于 1975 年提出的产业间贸易和产业内贸易这两种贸易形式就是以产品内容为划分标准，即产品在同一产业间或者在不同的产业间的贸易。对于产业内贸易又分为水平差异产品、垂直差异产品和中间产品三种形式。这是从生产客体即产品的角度进行分析的经典应用。Grubel, P., J. Lloyd, *Intradeindustry Trade: The Theory and Measuremento Iniemational Tradein Differeniiated Produets*, London: Macmillan, 1975.

式和产品内的分工形式。所以，东亚区域的分工形式和分工模式是基于不同的侧重角度来反映东亚区域生产分工的特征和状况的。

（一）东亚区域分工形式的演进

第二次世界大战以后特别是20世纪60年代以来，东亚区域生产分工的演进在形式上，主要经历了产业间分工、产业内分工、产品内分工三种形式。这三种分工形式在演进的过程中没有明显的时间界限，但是在不同的时期以不同的分工形式为主，并且遵循着“产业间分工→产业内分工→产品内分工”的演进路径。

20世纪60年代至80年代初，东亚区域生产分工以产业间分工为主。虽然二战后初期东亚区域传统的先进工业国和落后农业国的国际分工格局被逐渐改变，但这个时期在不同部门或产业之间的分工体系表现得十分明显。例如，1966年韩国、中国台湾与日本之间还没有产业内贸易，基本都属于产业间贸易，但到1987年，两地区对日本贸易中产业内贸易的比重已接近30%。[①]

20世纪80年代以后，东亚区域产业间分工仍在发展，但产业内分工的发展更加迅速。这首先是由于日本从事电子产品和汽车生产的企业于20世纪70年代就在海外进行直接投资；其次，1985年日元大幅度升值以后，日本对东亚区域的直接投资额从1985年的10.32亿美元猛增至1995年的178.91亿美元。[②] 日本将高级家电、电子产品、精密机械等技术密集型产业的制造分散到“亚洲四小龙”（NIEs）以及东盟国家，相应地同一产业内不同零部件的生产也被分散到东亚各经济体中。1990年以前，东亚区域产业内分工更多的是垂直型产业内分工。东亚区域的产业内垂直分工主要是利用各经济体在生产要素禀赋上的比较优势而进行的。日本主要控制着产业链上游的核心技术，NIEs以制造和研发为重点，东盟和中国内地则在产业链中下游的部分元器件的生产以及加工组装上建立起庞大的生产体

① Chow, P., et al., “East Asian NIC Manufacture Intra-Industry Trade 1965-1990,” *Journal of Asia Economics*, Vol. 5, No. 3, 1994, pp. 335-348.

② 汪斌：《东亚国际产业分工的发展和21世纪的新产业发展模式》，《亚太经济》1998年第7期，第1~5页。

系。20世纪80年代末，东亚区域的水平型产业内分工也开始了较快的发展。例如，1988年，中国香港、新加坡、中国台湾、韩国的彩电、冰箱、计算机等产品便在价格或综合性能上优于日本。日本三和综合研究所资料表明，20世纪90年代初日本因零部件与中间产品的外购而大大增加了进口，日本从NIEs进口的工业制品比重已超过70%，从东盟四国进口的工业制品比重也上升到20%。[①] 根据Kandogan提出的产业内贸易测算方法，1999~2003年东亚产业内贸易已经达到77%，其中水平产业内贸易为48%，垂直产业内贸易为29%。[②] 这表明20世纪90年代以后，东亚区域产业内的“产品差别化分工”、企业内的“生产工序型”分工和“零部件专业化”分工的迅速发展，同时也为产品内分工的兴起奠定了基础。

20世纪90年代后期以来，东亚区域生产过程的各个环节广泛分布在不同的国家或地区，这种生产活动在空间上的深度分割使得中间产品（零部件和半成品）在不同国家之间的流动性大幅度提高。产品内分工中的产品被“分裂”成彼此独立的生产工序或部件，如果分布在同一产业中，就形成产业内贸易，如果分布在不同产业中就形成产业间贸易。所以，产业内分工使国际分工从产业间和产业内深入产品价值链条的内部，也正是因为这样，原来集中在一个国家或地区生产的产品，现在根据产品的工序或区段分散到不同国家或地区，形成每个国家专门生产产品价值链条中的某个环节和工序的形式。

产品价值链中不同生产环节的比较优势，使东亚区域形成一个垂直专业化的产品内分工体系：日本主要专业化生产高技术、高附加值的零部件以及从事产品的研发设计，韩国、中国台湾等专业化生产中等技术的零部件和部分高技术零部件，东南亚较为不发达的国家主要专业化生产资源性产品，中国香港、新加坡等提供部分金融贸易服务，中国内地和东盟四国主要专业化生产劳动密集型产品以及加工、组装和包装等劳动密集型工序。但是，随着中国和东盟生产技术水平的提升，东亚区域垂直专业化的

① 史智宇：《东亚产业内贸易发展趋势的实证研究——对发展我国与东亚产业内贸易的政策思考》，《财经研究》2003年第9期，第75~80页。

② 数据引自陈建安《东亚的产业分工体系及其结构性不平衡》，《世界经济研究》2008年第4期，第77~87页。

特征在减弱，但是产品的不同生产工序或部件被广泛地分布在东亚各经济体之中，产品内分工体系在东亚区域的形成和发展已经成为共识。

（二）东亚区域分工模式的演进

1. 雁行模式

20 世纪 90 年代以前，东亚区域国际分工关系基本上是一种以线性垂直分工为主的“雁行模式”。从 20 世纪 60 年代经济崛起的日本为“雁头”，70 年代崛起的“亚洲四小龙”为“雁身”，再到之后的东盟以及中国内地为“雁尾”。“雁行模式”的形成是建立在东亚各经济体的比较优势和要素禀赋差异基础之上的，所以它具有明显的互补性，形成较为明显的阶梯形产业结构和产业分工层次。各经济体通过各自的比较优势参与到东亚区域的国际分工中来，从而获得比较利益。

由于东亚区域“雁行分工体系”的阶梯形特征，所以在“雁行模式”下呈现出多层次性。20 世纪 80 年代之前，由于各层次之间存在互补性，产业分工主要在不同层次的经济体之间展开，所以这个时期东亚区域分工主要存在于产业间。

但是，随着处于“雁身”和“雁尾”国家和地区产业结构的升级，雁阵结构的均衡面临巨大的挑战。东亚区域旧有的封闭式、产业间分工形式向垂直型产业内分工过渡。如 20 世纪 80 年代初随着日本资本密集型产业优势转移到“亚洲四小龙”，“亚洲四小龙”通过技术引进，建立了电子、精密机床、制药等技术含量较高的产业。所以这时产业内分工已经在日本与“亚洲四小龙”之间发展起来。这样，竞争性不仅存在于同一层次经济体中，在不同层次之间也出现了。特别是进入 20 世纪 90 年代，东盟四国与中国产业不断升级，东亚区域使其产业分工的“雁行形态”不十分明显了，以规模经济为基础的新的产业分工模式在逐步形成。

2. 生产网络模式

20 世纪 90 年代以后，东亚区域产业分工开始形成以规模经济为基础的“生产网络模式”。由于日本经济处于长期低迷状态，东盟和中国经济逐渐攀升，不同层次国家和地区的产业差距及技术差距不断缩小，尤其是中低层次国家和地区的产业结构趋向。东亚地区“由线到面”形成一种多边、互补、垂直分工和水平分工交织、复合型的新型国际区域分工网络体系。这种新型国际分工的形成是原来“雁行模式”得以存在的前提条件之一，即经济发展水平参差不齐，以线型垂直分工为主导的关系发生了变化。建立在低劳动力价格基础上的东亚“雁行分工体系”，已失去其所依赖区域的劳动力禀赋的竞争性比较优势，“雁行模式”下的产业梯度逐渐模糊，东亚区域的“生产网络模式”开始显现。

区域生产网络（Regional Production Networks）是企业内部和企业之间的一种关系，企业组织通过这种关系开展其整个系列的商业活动，包括从研发活动、产品定位和设计，到投入要素的供给，再到制造、分销和支持及售后服务。[①] 在雁行模式的基础上，东亚各国利用外资发展出口导向型产业的经济，以及跨国公司的推动，这些因素形成东亚区域分工的“生产网络模式”。由于跨国公司能够及时了解国际市场的变化，并根据各经济体的比较优势，有效地选择各种生产工序的配置地点，所以，跨国公司极大地推动了生产网络模式的形成和发展。

在东亚区域生产分工模式的演进过程中，构成“生产网络模式”的生产主体是企业，特别是跨国公司，并以规模经济为基础；而对“雁行模式”进行分析的生产主体是国家或地区，依据国家或地区之间资源禀赋、劳动生产率的相对优势而形成分工模式。同时，“生产网络模式”主要体现产品内的分工形式，“雁行模式”主要体现产业间的分工形式。“雁行模式”的实现是以 FDI 的存在为前提，“生产网络模式”除了 FDI 以外，还包括外包、许可生产或销售、分包、代工、贴牌生产、战略性技术合作等实现形式。可见，在东亚区域分工的演进过程中，分工形式从产业向产品不断深化，分工模式的生产主体从宏观的国家向微观的企业转移，且生产分工的实现形式也更加多样化。

根据以上的分析可知，东亚区域分工形式和模式的演进过程是同步进行的（见表 4-1）。东亚区域分工经历了“产业间分工→产业内分工→产品内分工”的演进，该路径被称为“分工形式”的演进路径。20 世纪 80

---

① Michael, Borrus, et al., *International Production Networks in Asia: Rivalry or Riches*, Routledge Press, 2000.

年代以前的东亚区域分工以产业间分工为主，2000 年以来产品内分工成为主要的分工形式。东亚区域分工也经历了“雁行模式→生产网络模式”的演进，该路径被称为“分工模式”的演进路径。在 20 世纪 90 年代中期，东亚区域分工的“雁行模式”开始被“生产网络模式”所取代。

表 4-1　东亚区域分工形式和模式的演进

<table>
<tr><th>项目</th><th>20 世纪 80 年代之前</th><th colspan="2">20 世纪 80 年代后期至
20 世纪 90 年代末</th><th>2000 年以来</th></tr>
<tr><td>东亚区域分工形式</td><td>产业间分工为主</td><td colspan="2">产业内分工为主</td><td>产品内分工为主</td></tr>
<tr><td>东亚区域分工模式</td><td colspan="2">雁行模式</td><td colspan="2">生产网络模式</td></tr>
</table>

三　东亚区域产品需求结构的变化

东亚区域的产品需求结构指的是在东亚经济体之间产生的对不同类别产品的需求构成。产品的不同类别主要包括初级产品、中间产品和最终产品。东亚区域产品需求结构的变化是建立在东亚区域分工演进基础之上的。因为东亚区域分工形式或模式的变化直接影响到东亚经济体之间对产品需求构成的改变。所以，在东亚区域分工形式和模式演进的不同阶段，东亚区域产品需求结构也有着不同的变化。

这里对“产品”种类的划分是以产品内分工理论的一级产品和二级产品为依据，采用联合国广义分类法（BEC）进行的，如表 4-2 所示。下面将以东亚区域分工形式和模式的演进为分析基础，从中间产品和最终产品的需求结构角度对东亚贸易模式及发展动向进行分析，并从“雁行模式”和“生产网络模式”两种不同生产分工的阶段进行分析。

表 4-2　产品内分工理论和 BEC 分类法对产品类别的划分

<table>
<tr><th colspan="2">产品内分工理论的划分</th><th colspan="2">BEC 分类法的划分</th><th>对应的 BEC 编码</th></tr>
<tr><td rowspan="2">一级产品</td><td>家庭、政府消费的最终产品</td><td rowspan="2">最终产品</td><td>最终消费品</td><td>112、122、51、522、6</td></tr>
<tr><td>厂商用于生产的资本品</td><td>最终资本品</td><td>41、521</td></tr>
<tr><td rowspan="3">二级产品</td><td rowspan="2">零件类二级产品</td><td rowspan="2">中间产品</td><td>零部件</td><td>42、53</td></tr>
<tr><td>半成品</td><td>121、22、32</td></tr>
<tr><td>原料类二级产品</td><td>初级产品</td><td>原材料</td><td>111、21、31</td></tr>
</table>

（一）东亚区域“雁行模式”下的分析

在东亚“雁行模式”阶段中，东亚区域对初级产品的需求比重呈下降的趋势，特别是在20世纪80年代后，东亚区域对初级产品的需求比重迅速下降。在该模式下，东亚区域对中间产品和最终产品的需求比重总体呈上升趋势。如表4-3所示。

首先，东亚区域对初级产品的需求比重呈下降趋势，其主要原因是东亚产业间分工形式的不断减退。在具有梯度特征的“雁行模式”的前期，也就是20世纪80年代之前，产业间分工是东亚区域主要的分工形式。由于处于不同分工层次底端的“雁尾”国家，初级产品是它们当时具有比较优势的产品。而处在“雁头”和“雁身”的先进工业化经济体也会产生巨大的对初级产品的需求，但是这种需求随着“雁尾”国家产业结构的升级和它们的比较优势产品向低技术水平工业制成品的转移而不断下降。进入20世纪80年代，东亚区域对初级产品需求的比重已经下降到30%（见表4-3），而且，由于产业间分工形式的减退而不断下降。

其次，东亚区域对中间产品和最终产品的需求比重总体呈上升趋势。这与东亚工业化浪潮的推进、东亚经济体之间的产业转移、“雁行模式”被逐渐打破以及东亚产业内分工形式的发展密切相关。“雁行模式”的形成是建立在东亚各经济体经济发展的不同层次基础上的。同时，在这种多层次性基础上进行的各经济体之间的产业转移，推动着东亚工业化浪潮的前进。东亚区域的工业化进程不断增加对最终产品的需求。另外，在这个过程中，东亚区域内经济体之间生产技术差距在缩小，使同一产业内开始出现“生产差异化”“多阶段化生产”等现象，在推动区域产业内分工发展的同时，也促进了东亚区域对中间产品的需求。在这个阶段，东亚区域对中间产品和最终产品需求的提升基本属于同步增加的态势。到20世纪80年代末期，东亚区域对最终产品需求的比重上升到接近40%，对中间产品需求的比重已经上升到50%。1990年与1980年相比，东亚区域对中间产品和最终产品需求比重上升的程度基本相当，都上升了约10个百分点（见表4-3）。所以，在这个阶段，东亚区域对中间产品和最终产品需求的提升基本属于同步增加的态势。

（二）东亚区域“生产网络模式”下的分析

在东亚“生产网络模式”的阶段中，东亚区域产品需求结构的变化主要表现在对中间产品需求比重的总体上升，对最终产品需求比重的总体下降以及对初级产品需求比重的总体下降。如表 4-3 所示。

首先，东亚区域对初级产品需求比重的总体下降，主要是因为 1990 年后，高新技术产业逐渐成为日本以及东亚新兴工业经济体的主导产业，在国民生产体系中对初级产品需求增加的幅度远小于中间产品和最终产品。特别是在 2000 年后，东亚区域信息技术等高科技产业的发展使东亚对初级产品需求的比重进一步下降，到 2015 年时只为 3.68%（见表 4-3）。

其次，东亚区域内产品需求结构更为突出的变化是，东亚区域对中间产品需求比重总体上升的同时，对最终产品需求的比重在总体下降。这种变化出现的原因正是东亚区域“生产网络模式”的形成和产品内分工形式的出现。1990 年后，“零散化生产”“垂直型专业化生产”“非一体化生产”在东亚区域广泛地出现。国际分工从产业间和产业内深入产品价值链条的内部，东亚区域生产网络也逐渐形成。最终产品的生产工序被“分割”到东亚不同的经济体中，专门生产产品价值链条中的某个环节和工序的形式得以确立。在东亚区域生产网络中的这种分工形式，极大地推动了区域内对中间产品的需求，而不易提升区域内对最终产品的需求。

特别是在 2000 年以后，中国成为东亚产品内分工形式和“生产网络模式”的核心。由于中国经济的崛起以及东亚各经济体产业结构和技术水平差距的缩小，产品的不同工序分散在东亚不同经济体中，之后所形成的中间产品可以不断地吸收到中国。这样东亚区域内形成了很大的对中间产品的需求，而最终产品的需求不能在本区域内得到实现。所以，在“生产网络模式”和产品内分工形式下，1994 年与 2015 年相比，东亚区域对最终产品需求的比重由 40.23%下降到 31.70%，但近几年略有上升趋势，而对中间产品需求的比重由 54.64%上升到 64.62%，在上升过后逐渐趋于稳定（见表 4-3）。所以，“生产网络模式”和产品内分工形式极大地推动了区域内对中间产品的需求，而对最终产品需求提升的能力相对下降。

表 4-3　1980~2015 年东亚区域产品需求结构的变化及最终产品对域内市场的依赖程度

单位：%

项目	1980 年	1982 年	1984 年	1986 年	1988 年	1990 年	1991 年	1992 年	1993 年	1994 年	1995 年
初级产品需求比重	29.31	26.42	21.66	14.81	10.19	8.19	7.37	6.81	5.77	5.12	4.30
中间产品需求比重	44.41	45.99	48.55	49.09	52.76	54.41	54.46	54.41	53.88	54.64	57.40
最终产品需求比重	26.28	27.59	29.78	36.10	37.05	37.40	38.17	38.79	40.34	40.23	38.31
最终产品对域内市场的依赖程度	21.00	20.45	19.11	16.91	25.04	29.30	31.66	32.08	35.04	37.70	39.69
项目	1996 年	1997 年	1998 年	1999 年	2000 年	2001 年	2002 年	2003 年	2004 年	2005 年	2006 年
初级产品需求比重	4.29	4.21	3.62	3.40	3.51	3.54	3.39	3.43	3.45	3.78	3.85
中间产品需求比重	56.68	58.32	59.36	60.11	60.74	59.87	61.00	61.70	63.10	64.15	65.39
最终产品需求比重	39.03	37.47	37.02	36.49	35.76	36.58	35.61	34.87	33.45	32.07	30.76
最终产品对域内市场的依赖程度	40.21	37.23	31.56	29.81	34.27	33.37	33.42	33.21	32.60	31.42	30.65
项目	2007 年	2008 年	2009 年	2010 年	2011 年	2012 年	2013 年	2014 年	2015 年		
初级产品需求比重	4.26	4.82	4.89	4.97	5.83	5.48	5.09	4.37	3.68		
中间产品需求比重	65.97	66.35	64.34	65.33	64.68	64.05	65.29	65.96	64.62		
最终产品需求比重	29.77	28.82	30.76	29.70	29.49	30.47	29.62	29.68	31.70		
最终产品对域内市场的依赖程度	29.69	29.53	31.22	32.20	32.36	33.83	32.57	37.71	31.83		

注：最终产品对域内市场的依赖程度用东亚最终产品“对区域内的出口”与“对全世界的出口”的比值来表示。

资料来源：根据 RIETI-TID 2015（日本产业经济研究所 2015 年数据库）的数据计算得出。

（三）不同行业类别下的分析

为了更深入地了解东亚区域内部的产品需求结构的变化，下面再从主要的行业类别角度进行分析。这里把所有产品分为 13 个行业类别，即食品类，纺织类，纸浆、纸制品及木材类，化学制品及相关产品类，石油、煤炭及其制品类，陶瓷、玻璃类，钢铁、有色金属类，一般机械类，电气机械类，家电类，交通运输设备类，精密仪器类，玩具、杂货类。东亚区域内对这些类别的产品需求变化如表 4-4 所示。

表 4-4　1980~2015 年东亚区域内各行业的产品需求结构

单位：%

产品类别	产品结构	1980 年	1985 年	1990 年	1995 年	2000 年	2005 年	2010 年	2015 年
食品类	最终产品	64.54	75.56	81.48	85.59	84.57	84.62	83.74	84.05
	中间产品	16.04	7.63	10.21	8.04	5.91	7.25	9.50	11.04
	初级产品	19.43	16.81	8.31	6.37	9.51	8.13	6.76	4.91
纺织类	最终产品	36.92	40.96	39.98	44.01	51.42	55.95	51.35	49.93
	中间产品	60.22	51.38	58.39	55.17	47.54	43.61	48.17	49.54
	初级产品	2.86	7.66	1.63	0.82	1.04	0.45	0.48	0.54
纸浆、纸制品及木材类	最终产品	5.80	11.10	28.62	32.79	32.92	30.12	24.61	28.35
	中间产品	32.14	42.75	43.46	49.74	53.87	54.16	54.19	54.72
	初级产品	62.07	46.15	27.92	17.48	13.20	15.73	21.20	16.93
化学制品及相关产品类	最终产品	6.17	7.37	9.71	10.90	10.63	8.44	8.71	11.49
	中间产品	93.05	91.76	89.86	88.43	88.48	90.29	89.76	87.43
	初级产品	0.78	0.87	0.42	0.66	0.89	1.27	1.54	1.08
石油、煤炭及其制品类	最终产品	0	0	0	0	0	0	0.01	0.04
	中间产品	38.61	49.29	60.12	66.79	74.13	73.98	75.44	77.49
	初级产品	61.39	50.71	39.88	33.21	25.87	26.02	24.55	22.47
陶瓷、玻璃类	最终产品	5.37	6.50	8.36	8.55	7.47	4.69	3.29	3.42
	中间产品	63.85	60.32	68.71	72.26	73.85	80.41	81.05	82.46
	初级产品	30.78	33.18	22.93	19.20	18.68	14.90	15.65	14.13
钢铁、有色金属类	最终产品	3.48	4.33	4.32	5.04	5.27	3.03	2.39	2.80
	中间产品	77.95	83.19	87.40	88.83	88.41	88.25	85.49	87.15
	初级产品	18.56	12.49	8.28	6.13	6.31	8.71	12.12	10.05
一般机械类	最终产品	69.80	59.51	62.01	61.67	57.30	52.70	56.82	59.92
	中间产品	30.20	40.49	37.99	38.33	42.70	47.30	43.18	40.08
	初级产品	0	0	0	0	0	0	0	0
电气机械类	最终产品	53.35	54.92	36.93	23.83	21.81	20.31	19.81	22.89
	中间产品	46.65	45.08	63.07	76.17	78.19	79.69	80.19	77.11
	初级产品	0	0	0	0	0	0	0	0

续表

产品类别	产品结构	1980 年	1985 年	1990 年	1995 年	2000 年	2005 年	2010 年	2015 年
家电类	最终产品	77.29	75.26	73.64	70.68	67.16	74.64	77.20	81.05
	中间产品	22.71	24.74	26.36	29.32	32.84	25.36	22.80	18.95
	初级产品	0	0	0	0	0	0	0	0
交通运输设备类	最终产品	77.71	74.76	42.01	51.28	49.83	46.72	51.02	49.01
	中间产品	21.95	24.49	57.93	48.61	49.43	53.20	48.23	50.86
	初级产品	0.34	0.74	0.05	0.11	0.75	0.07	0.75	0.13
精密仪器类	最终产品	58.73	65.00	68.05	71.04	64.93	67.14	62.70	64.58
	中间产品	41.27	35.00	31.95	28.96	35.07	32.86	37.30	35.42
	初级产品	0	0	0	0	0	0	0	0
玩具、杂货类	最终产品	60.05	64.52	69.50	77.95	81.80	82.82	80.77	78.82
	中间产品	39.95	35.48	30.50	22.05	18.20	17.18	19.23	21.18
	初级产品	0	0	0	0	0	0	0	0

资料来源：RIETI-TID 2015（日本产业经济研究所 2015 年数据库）。

1980~2015 年东亚区域内各类别产品需求结构的变化幅度如表 4-5 所示。其中，最终产品需求总体明显上升而中间产品需求总体下降的有食品类，纺织类，玩具、杂货类；最终产品和中间产品需求都总体明显上升的只有纸浆、纸制品及木材类；中间产品需求总体明显上升而最终产品变化不大的有石油、煤炭及其制品类，陶瓷、玻璃类，钢铁、有色金属类；中间产品需求总体明显上升而最终产品需求总体明显下降的有一般机械类、电气机械类、交通运输设备类；产品需求结构变化不大的有化学制品及相关产品类、家电类、精密仪器类。

可知，1980~2015 年，中间产品需求明显上升的主要有 7 种行业类别的产品，这些产品大部分属于资本密集型的工业制品。其中，石油、煤炭及其制品类，电气机械类，交通运输设备类的中间产品需求比重上升超过了 25 个百分点。但是，最终产品需求明显上升的只有 4 种类别的产品，它们基本属于劳动密集型的产品。其中，纸浆、纸制品及木材类，纺织类的最终产品需求比重上升超过 15 个百分点（见表 4-5）。

东亚地区对劳动密集型产品的最终需求有较大增加，是因为这些劳动密集型产品的生产工序相对较少、产品的价值链条较短、进行“分散化生产”的机会较少。而对于生产工序较多且易于在东亚区域内分散生产的资本和技术密集型产品来说，就会产生较多的中间产品需求。所以，东亚区域内产品需求结构的变化与东亚区域分工形式的演进密切相关。

表 4-5　1980~2015 年东亚区域内各类别产品需求结构的变化幅度

变化方向	产品类别	变化的百分点（a/b）
最终产品和中间产品需求都总体明显上升	纸浆、纸制品及木材类	22.55/22.58
最终产品需求总体明显上升而中间产品需求总体下降	食品类	19.51/-5
	纺织类	13.01/-10.68
	玩具、杂货类	18.77/-18.77
中间产品需求总体明显上升而最终产品变化不大	石油、煤炭及其制品类	0.04/38.88
	陶瓷、玻璃类	-1.95/18.61
	钢铁、有色金属类	-0.68/9.2
中间产品需求总体明显上升而最终产品需求总体明显下降	一般机械类	-9.88/9.88
	电气机械类	-30.46/30.46
	交通运输设备类	-28.7/28.91
产品需求结构变化不大	家电类	3.76/-3.76
	化学制品及相关产品类	5.32/-5.62
	精密仪器类	5.85/-5.85

注：变化的百分点“a/b”中，“a”表示最终产品需求变化的百分点，“b”表示中间产品需求变化的百分点，“-”表示下降。

资料来源：根据 RIETI-TID 2015（日本产业经济研究所 2015 年数据库）的数据计算得出。

综上所述，在东亚区域分工形式和模式演进的基础上，东亚区域产品需求结构也发生较大的变化。“雁行模式”阶段下，东亚区域对初级产品需求的比重呈下降的趋势，而对中间产品和最终产品需求的比重总体呈上升趋势；“生产网络模式”阶段下，东亚区域对中间产品需求的比重总体上升，对最终产品需求的比重总体下降以及对初级产品需求的比重总体上也呈现下降趋势。总体上来说，初级产品需求比重变化的基本趋势是不断下降；中间产品需求比重变化的基本趋势是不断上升；最终产品需求的比重在 20 世纪 90 年代中期前总体呈上升趋势，之后则总体呈下降趋势。最终产品需求比重总体明显上升且中间产品需求总体下降的产品行业属于与生活消费密切相关的劳动密集型行业，中间产品需求比重总体明显上升而最终产品需求总体明显下降的产品行业属于制造工序众多的资本密集型行业。

四 东亚区域“外需主导型”贸易模式的形成

在相对较长的经济发展时期里，一个区域存在对不同产品类别需求的基本结构，在该结构下所反映出来的区域内部之间或区域内外之间的产品流动的模式，被称为该地区的“贸易模式”。所以，本章对贸易模式的分析，主要是从产品需求的视角进行的。

（一）东亚区域“外需主导型”贸易模式的出现

区域的产品需求结构与区域的贸易模式密切相关。在最终产品需求比重较低的地区会形成“外需主导型”贸易模式，而在最终产品需求比重较高的地区会形成“内需主导型”贸易模式。最终产品需求比重较低的地区，中间产品需求比重较高，中间产品需求的实现是建立在对最终产品生产基础上的。而由于最终产品需求相对较低，生产出来的最终产品只能销往区域之外。在区域外部存在对区域内最终产品需求的条件下，就产生了该区域对区域外最终需求依赖的“外需主导型”贸易模式。当然，在“外需主导型”贸易模式下，区域外部最终产品需求的下降也会影响到区域内中间产品需求的实现。

与“外需主导型”贸易模式相对的是“内需主导型”贸易模式。在“内需主导型”贸易模式下，区域内对最终产品需求的比重较高。即使在产品内分工形式下，在区域内中间产品需求实现之后，生产出来的最终产品也能在本区域内进行“消化”。因为区域内存在对最终产品较高的需求，而不需要依赖区域外部，进而形成“内需主导型”的贸易模式。

对于东亚区域来说，区域内提供的对中间产品的需求较多，而对最终产品的需求相对较少，生产出来的最终产品只能销往东亚区域之外。当东亚区域外部存在对最终产品的需求时，最终产品需求便很容易形成对区域外的依赖。在这种依赖状况持续较长时期时，便形成了依赖区域外最终需求的需求结构。由于东亚区域的中间产品需求主要在区域内实现，而最终需求依赖于区域以外实现。所以，把在该需求模式下所反映出来的产品流动模式，即中间产品贸易主要在区域内市场完成，而最终产品贸易依赖于区域以外市场来完成的模式称为“外需主导型”的贸易模式。

东亚区域“外需主导型”贸易模式的形成是以东亚区域分工演进和区域产品需求结构变化为基础的。从表4-3可以看出，1993年是东亚区域最终产品需求比重最高的年份，其比重为40.34%，之后总体下降，到2015年为31.70%。这段时期正是东亚产品内分工兴起和发展的时期。目前东亚区域已经形成以中间产品需求为主的产品需求结构。面对东亚区域内最终产品需求的有限，东亚地区不得不依靠区域外市场实现对最终产品的需求。2015年，东亚最终产品有68.17%是出口到区域外部的，也就是说东亚最终产品68.17%是依靠区域外市场实现的。对区域外最终产品市场依赖最低的年份是1996年，但也达到59.79%（见表4-3）。同时，中间产品需求的实现是建立在最终产品需求实现的基础之上的。所以，在东亚区域分工演进和区域产品需求结构变化的基础上，东亚区域形成了依赖区域外需求的“外需主导型”的贸易模式。

（二）东亚区域产品需求结构的变化对贸易模式的影响

由前文可知，在东亚区域生产分工模式不断演进的过程中，东亚区域内产品需求结构也在发生着变化。那么，东亚区域内产品需求结构的变化对东亚“外需主导型”贸易模式产生怎样的影响，下面将进行详细的分析。

1986~1996年，东亚最终产品对区域外市场的依赖程度逐渐下降，由83.09%下降到59.79%（见表4-6）。这说明在这个时期，东亚“外需主导型”贸易模式有着不断减弱的趋势。但是，1996年以后，东亚最终产品对区域外市场的依赖程度总体上升，特别是在2000年以后更为明显。这说明在1996年以后，东亚“外需主导型”贸易模式有着不断增强的趋势。

在不同时期，东亚区域贸易模式出现了两种变化趋势，而东亚区域内产品需求结构的变化也产生着两种不同的趋势。产品需求结构的两种不同变化趋势主要表现在最终产品需求比重的变化上。在东亚区域内需求结构中，最终产品需求的比重在“雁行模式”阶段总体呈上升趋势，但在“生产网络模式”阶段总体呈现下降趋势。1980年东亚区域最终产品需求比重为26.28%，到1993年其比重上升到40.34%，此年是东亚区域内产品需求结构中最终产品需求比重最高的年份，之后总体下降，到2008年为28.82%（见表4-3）。

可以看出，东亚区域内需求结构中最终产品需求比重变化的趋势与东亚区域贸易模式变化趋势有着相同的变化方向。但是，东亚区域内最终产品需求比重出现不同趋势变化的转折点，要领先于贸易模式变化趋势的转折点。如1993年是东亚区域内最终产品需求比重最高的年份，之后总体下降，而东亚区域贸易模式变化趋势是在1996年发生变化的，由对区域外需求的加强转变为减弱。又如，1986年东亚区域贸易模式对区域外需求开始减弱，东亚区域最终产品需求比重提升的趋势是从1980年就开始了。

因此，东亚区域内最终产品需求比重的上升会减弱对区域外最终产品市场的依赖，即减弱贸易模式中“外需主导”的作用；而东亚区域内最终产品需求比重的下降会增加对区域外最终产品市场的依赖，即增强贸易模式中“外需主导”的作用。

表4-6　1980~2015年东亚区域的最终产品对区域外市场的依赖程度

单位：%

年份	1980	1981	1982	1983	1984	1985	1986	1987	1988
依赖程度	79.00	79.16	79.55	80.31	80.89	82.63	83.09	80.79	74.96
年份	1989	1990	1991	1992	1993	1994	1995	1996	1997
依赖程度	71.80	70.70	68.34	67.92	64.96	62.30	60.31	59.79	62.77
年份	1998	1999	2000	2001	2002	2003	2004	2005	2006
依赖程度	68.44	70.19	65.73	66.63	66.58	66.79	67.40	68.58	69.35
年份	2007	2008	2009	2010	2011	2012	2013	2014	2015
依赖程度	70.31	70.47	68.78	67.70	67.64	66.17	67.43	62.29	68.17

注：最终产品对区域外市场的依赖程度用东亚最终产品“对区域外的出口”与“对全世界的出口”的比值来表示。

资料来源：根据RIETI-TID 2015（日本产业经济研究所2015年数据库）的数据计算得出。

（三）东亚区域生产分工的演进对贸易模式的影响

东亚区域生产分工的演进没有改变东亚“外需主导型”的贸易模式。因为无论是在“雁行模式”还是在“生产网络模式”下，无论是在产业间、产业内还是在产品内的分工形式下，东亚区域都没有脱离“外需主导型”的贸易模式。从 1980 年到 2015 年，东亚区域最终产品对区域外市场的依赖程度只有一年没有超过 60%。所以，东亚区域生产分工不是形成东亚“外需主导型”贸易模式的决定性因素。

虽然东亚区域生产分工不是形成东亚“外需主导型”贸易模式的根源，但也一定会对贸易模式的发展产生影响。因为东亚区域生产分工的演进会引起东亚区域内产品需求结构的变化。这正如前文所分析的，在“雁行模式”下，东亚区域对初级产品的需求比重呈下降的趋势，而对中间产品和最终产品的需求比重总体呈上升趋势；在“生产网络模式”下，东亚区域对中间产品需求的比重总体上升，而对最终产品需求的比重总体下降。这些东亚区域内产品需求结构上的变化是在区域内产业间分工、产业内分工和产品内分工不同分工形式下形成的。所以，东亚区域生产分工的演进对东亚区域贸易模式的影响，主要是通过影响东亚区域内产品需求结构的变化来实现的。

既然东亚区域生产分工不是形成东亚“外需主导型”贸易模式的根源，那么，东亚区域“外需主导型”贸易模式形成的决定因素是什么呢？本书认为东亚区域“外需主导型”贸易模式是在众多复杂因素影响下形成的，包括资源禀赋因素，如人力资源的优势；国家政策因素，如友好的 FDI 政策；经济发展战略因素，如外在的出口导向型战略；经济发展阶段因素，如实现工业化进程必然有开拓市场的诉求。所以，东亚区域“外需主导型”贸易模式是这些众多复杂因素综合作用决定的结果。

因此，生产分工在形式和模式上的演进只能对东亚区域内产品需求结构在量的方面产生影响，而不能引起东亚区域产品需求结构根本性的改变，也就不能改变东亚区域贸易模式依赖区域外市场的情况。由于东亚区域“外需主导型”贸易模式的决定因素众多而复杂，所以，东亚区域“外需主导型”贸易模式的改变将是一个长期而艰巨的任务。面对如此巨大的困难，东亚区域“外需主导型”贸易模式还有必要进行改变吗？下一节将对这个问题进行分析。

（四）东亚区域与欧盟的贸易模式比较

为了更深入地分析东亚区域产品需求结构和贸易模式，以及这样的需求结构和贸易模式带来的影响，这里对东亚和欧盟两个区域的相关情况进行对比分析。

东亚区域以中间产品需求为主，而欧盟区域中间产品与最终产品的需求结构基本平衡。20 世纪 80 年代以来，在欧盟区域的产品需求结构中，中间产品需求的比重变化不大，基本维持在 50%左右，最高值为 52.43%，最低值为 48.87%。最终产品需求的比重在 20 世纪 80 年代至 90 年代出现了总体上升的趋势，进入 2000 年以后开始下降，最高值为 47.09%，最低值为 40.69%。初级产品需求的比重在 20 世纪 80 年代至 90 年代出现了总体下降的趋势，2000 年后开始上升，最高值为 9.52%，最低值为 3.60%。如表 4-7 所示。可见，在 2000 年前后欧盟区域的产品需求结构有着不同的变化趋势，主要表现在最终产品和初级产品方面，两类不同的产品分别表现着方向相反的变化趋势，而中间产品的需求变化趋势较不明显。

从产品需求结构变化的幅度来看，欧盟区域的变化幅度要远小于东亚区域。欧盟区域最终产品、中间产品和初级产品在产品需求结构中所占比重的最高值与最低值的差额，分别是 6.4 个、3.56 个和 5.92 个百分点。而东亚区域这三类产品在产品需求结构中变化的幅度，分别是 14.06 个、21.94 个和 25.92 个百分点（见表 4-3）。可见，自 20 世纪 80 年代以来，欧盟区域的产品需求结构并没有发生较大的变化，而东亚地区的产品需求结构却发生着重大的变化。

表 4-7　1980~2015 年欧盟区域内的产品需求结构

单位：%

产品类型	1980 年	1985 年	1990 年	1992 年	1993 年	1994 年	1995 年	1996 年	1997 年
最终产品	41.94	41.11	43.78	45.63	45.69	44.84	43.74	45.00	44.90
资本品	39.54	39.48	33.62	31.37	29.71	30.78	32.08	32.34	32.90
消费品	60.46	60.52	66.38	68.63	70.29	69.22	67.92	67.66	67.10

续表

产品类型	1980 年	1985 年	1990 年	1992 年	1993 年	1994 年	1995 年	1996 年	1997 年
中间产品	50.09	49.37	51.09	49.53	49.31	50.50	51.82	50.45	50.78
半成品	77.69	76.24	70.78	68.71	69.95	69.94	69.62	67.61	66.75
零部件	22.31	23.76	29.22	31.29	30.05	30.06	30.38	32.39	33.25
初级产品	7.97	9.52	5.12	4.84	5.00	4.66	4.44	4.55	4.32
总产品	100	100	100	100	100	100	100	100	100

产品类型	1998 年	1999 年	2000 年	2001 年	2002 年	2003 年	2004 年	2005 年	2006 年
最终产品	46.00	47.03	45.20	46.21	47.09	46.82	46.18	45.27	43.92
资本品	34.66	35.06	36.68	35.02	32.29	31.64	32.05	32.65	33.75
消费品	65.34	64.94	63.32	64.98	67.71	68.36	67.95	67.35	66.25
中间产品	50.40	49.32	50.54	49.70	48.87	49.06	49.52	49.78	50.71
半成品	65.07	64.01	64.83	64.21	64.29	64.53	65.17	66.19	67.09
零部件	34.93	35.99	35.17	35.79	35.71	35.47	34.83	33.81	32.91
初级产品	3.60	3.66	4.26	4.09	4.05	4.12	4.31	4.95	5.37
总产品	100	100	100	100	100	100	100	100	100

产品类型	2007 年	2008 年	2009 年	2010 年	2011 年	2012 年	2013 年	2014 年	2015 年
最终产品	43.36	42.58	45.59	42.91	41.18	40.69	41.28	42.62	45.00
资本品	32.76	32.53	28.22	29.94	30.71	30.73	30.63	30.45	30.52
消费品	67.24	67.47	71.78	70.06	69.29	69.27	69.37	69.55	69.48
中间产品	51.50	51.61	49.29	51.18	52.36	52.43	51.97	51.21	49.76
半成品	67.71	68.37	67.70	68.49	69.28	69.87	69.41	68.22	67.31
零部件	32.29	31.63	32.30	31.51	30.72	30.13	30.59	31.78	32.69
初级产品	5.14	5.81	5.12	5.91	6.46	6.88	6.75	6.17	5.24
总产品	100	100	100	100	100	100	100	100	100

资料来源：RIETI-TID 2015（日本产业经济研究所 2015 年数据库）。

在欧盟区域内，从行业类别的角度来观察产品需求结构的变动。其中，最终产品需求明显上升的有化学制品及相关产品类，上升 22.58 个百分点，家电类和精密仪器类分别上升 5.03 个和 9.28 个百分点，相应地，这三类产品的中间需求分别下降 21.65 个、5.03 个和 9.28 个百分点。而中间产品需求明显上升的有电气机械类，上升 26.98 个百分点，交通运输设备类和一般机械类分别上升 6.19 个和 7.26 个百分点，相应地，这三类产品的最终需求分别下降 26.98 个、6.13 个和 7.26 个百分点（见表 4-8）。其他行业类别产品需求结构的变动不是很大。所以，欧盟区域内变化最为明显的是化学制品及相关产品类和电气机械类，其中化学制品及相关产品类最终产品需求大幅上升是因为这类产品已经不适合进行分散化生产，不像电气机械类在区域内分散化生产的发展使对该类中间产品的需求大幅上升。但是，欧盟区域的大部分行业类别的产品并没有巨大的变化，而不像东亚区域那样复杂。这再一次说明了欧盟区域的产品需求结构相对具有稳定性。

表 4-8　1980~2015 年欧盟区域内各行业类别产品需求结构的变化幅度

行业类别	产品需求变化的幅度		产品需求的变化方向	
	最终产品	中间产品	最终产品	中间产品
化学制品及相关产品类	22.58	-21.65	明显上升	明显下降
家电类	5.03	-5.03		
精密仪器类	9.28	-9.28		
电气机械类	-26.98	26.98	明显下降	明显上升
一般机械类	-7.26	7.26		
交通运输设备类	-6.13	6.19		
陶瓷、玻璃类	-1.33	17.07	变化不大	明显上升
食品类	5.66	0.73	变化不大	变化不大
纺织类	10.74	-9.41		
石油、煤炭及其制品类	0.00	-1.58		
玩具、杂货类	-4.88	4.88		
钢铁、有色金属类	-1.35	0.14		
纸浆、纸制品及木材类	2.66	-2.71		

注：各个行业类别下产品需求变化的幅度，用最终产品和中间产品在产品需求结构中所占百分比的变化来表示（单位为个百分点），负数表示下降，正数表示上升。

资料来源：根据 RIETI-TID 2015（日本产业经济研究所 2015 年数据库）的数据计算得出。

区域的产品需求结构对区域的贸易模式产生重要的影响。在最终产品需求比重较低的地区会形成“外需主导型”贸易模式，而在最终产品需求比重较高的地区会形成“内需主导型”贸易模式。在对最终产品需求比重较高的地区，区域内不仅能够实现中间产品需求，生产出来的最终产品也能在区域内进行“消化”。因为区域内存在对最终产品较高的需求，而不需要依赖区域外部，进而形成“内需主导型”的贸易模式。最终产品需求比重较低的地区，中间产品需求比重较高，生产出来的最终产品只能销往区域之外。在区域外部存在对区域内最终产品需求的条件下，就产生了该区域对区域外最终需求依赖的“外需主导型”贸易模式。同时，区域内中间产品需求的实现也是建立在对最终产品生产基础上的，所以，在“外需主导型”贸易模式下，区域外部最终产品需求的下降也会影响到区域内中间产品需求的实现。

由前文分析可知，东亚和欧盟两个区域的产品需求结构有着较大的差别。东亚区域的产品需求结构以中间产品需求为主，而欧盟区域中间产品与最终产品的需求结构基本平衡。1980~2015 年，东亚区域的最终产品需求规模与中间产品需求规模的比值，最高的是 1993 年的 0.749、最低的是 2008 年的 0.434；而欧盟区域该比值最高的是 2002 年的 0.964、最低的是 2012 年的 0.776。所以，在东亚与欧盟具有差别较大的产品需求结构的基础上，这两个区域形成了不同的贸易模式。

在欧盟对区域内最终产品需求拥有较大比重的基础上，欧盟形成了依赖区域内部市场的“内需主导型”贸易模式。2015 年，欧盟 59.11%的最终产品需求是依靠区域内实现的，美国和东亚为欧盟提供的最终产品市场份额分别为 9.71%和 11.53%，且长期以来，欧盟最终产品需求主要是依靠区域内市场来完成的，如表 4-9 所示。

欧盟“内需主导型”的贸易模式，为欧盟带来最大的经济益处是奠定了欧盟区域经济合作的基础。欧盟区域内最终产品需求占有很大比重，使区域内最终产品贸易与中间产品贸易平分秋色，这样就加强了区域内各经济体之间的依赖程度，而这种以最终产品需求为基础的依赖程度是很难被分割的。所以，建立在区域内较强最终产品需求基础上的“内需主导型”的贸易模式是欧盟能够得以成立以及欧元得以诞生的重要基础和条件。

欧盟“内需主导型”的贸易模式，为欧盟带来的另一个益处是降低了欧盟对区域外的经济依赖程度。由于欧盟的最终产品主要是依赖区域内而不是区域外市场，所以不完全依靠外需来拉动经济增长，从而降低了本币兑美元汇率的稳定性以及增加美元储备的要求，相反欧盟区域却掌握了更多最终产品以及货币的定价权，使欧盟区域内使用欧元进行贸易结算成为可能，进而在很大程度上摆脱对“美元体制”的束缚。

相比之下，在以中间产品需求为主的基础上，东亚区域形成了依赖区域外需求的“外需主导型”的贸易模式。1993 年是东亚区域最终产品需求比重最高的年份，其比重为 40.34%，之后持续下降，到 2008 年为 28.82%。这段时期正是东亚产品内分工兴起和发展的时期，使东亚区域内中间产品需求得到迅速扩张。面对东亚区域内最终产品需求的有限，东亚地区不得不依靠区域外市场实现对最终产品的需求。1996 年是东亚对区域外最终产品市场依赖最低的年份，最终产品 59.79%是依靠区域外市场实现；到 2015 年，东亚最终产品已经有 68.17%是出口到区域外部的，也就是说该年东亚最终产品 68.17%是依靠区域外市场实现的（见表 4-9）。所以，东亚区域形成了严重依赖区域外需求的“外需主导型”的贸易模式。

东亚地区在“外需主导型”的贸易模式下，由于其是以中间产品需求为主，最终产品需求所占的比重很小，这样的产品需求结构只能加强区域内各经济体之间对产业或产品需求的关联程度。各经济体之间缺乏对产品的最终需求，导致各经济体之间需求的依赖程度不深。正是因为东亚各经济体之间没有形成像欧盟成员国之间那样深厚的产品需求依赖度，以及在此基础上的经济依赖度，所以，东亚各经济体缺乏凝聚的基础，这正是东亚区域经济领域的合作始终进展缓慢的根本原因。

同时，东亚区域在经济发展过程中更多的是依靠美欧等外部市场的最终需求来拉动经济增长的。它们不得不积累信用较强的美元外汇储备，以及将其投资到美国金融市场，形成了东亚区域整体性的对“美元体制”的支撑和依赖。东亚国家也因此被迫承担美国经济政策的各种后果，乃至无法维护本国的货币主权和经济利益。所以，由于东亚区域严重依赖区域外最终产品市场，在很大程度上降低了东亚区域抵御外部经济冲击的能力，加强了区域外经济对东亚经济发展的制约程度。

表 4-9 1980~2015 年东亚与欧盟区域的最终产品出口的市场方向

单位：%

年份	东亚区域			欧盟区域			年份	东亚区域			欧盟区域		
	东亚	美国	欧盟	欧盟	美国	东亚		东亚	美国	欧盟	欧盟	美国	东亚
1980	21	32.45	29.77	72.12	7.84	4.03	1998	31.56	32.71	22.44	66.97	9.07	6.83
1981	20.84	34.77	25.36	67.95	8.47	4.68	1999	29.81	38.04	20.47	65.64	12.14	6.51
1982	20.45	35.84	24.14	67.41	8.95	4.4	2000	34.27	32.82	20.34	64.91	10.92	7.4
1983	19.69	37.67	23.39	65.57	9.91	4.74	2001	33.37	32.59	20.49	65.3	10.57	7.6
1984	19.11	42.65	20.39	63.3	13.01	4.83	2002	33.42	32.88	20.06	66.07	10.56	7.05
1985	17.37	47.6	20.08	61.33	14	4.51	2003	33.21	30.28	22.08	66.9	9.85	6.88
1986	16.91	46	23.48	66.8	12.65	4.05	2004	32.6	28.59	22.73	67.03	9.07	7.11
1987	19.21	42.08	26.11	69.71	10.94	4.65	2005	31.42	28.61	22.87	66.16	8.89	6.96
1988	25.04	38.98	23.44	66.64	10.95	6.35	2006	30.65	28.5	23.3	67.14	8.67	7.09
1989	28.2	36.9	21.92	68.64	8.65	7.52	2007	29.69	26.52	23.43	66.47	8.01	6.99
1990	29.3	33.96	24.07	69.94	7.44	7.67	2008	29.53	24.1	23.41	65.04	7.4	7.24
1991	31.66	31.29	24.57	71.93	6.7	7.58	2009	31.22	23.95	23.15	64.74	7.13	8.48
1992	32.08	30.98	23.65	71.71	6.82	7.39	2010	32.30	23.08	21.41	62.07	7.44	9.53
1993	35.04	31.56	20.69	66.53	8.21	9.38	2011	32.36	21.68	20.27	59.38	7.04	10.35
1994	37.7	31.46	19.22	66.63	7.94	10.07	2012	33.83	22.72	19.36	58.08	7.98	11.68
1995	39.69	29.73	19.37	66.71	7.46	10.54	2013	32.57	23.08	19.50	58.61	7.90	11.34
1996	40.21	28.86	19.79	66.11	7.49	10.15	2014	37.71	23.24	23.76	62.90	4.30	12.27
1997	37.23	30.42	20.26	65.17	8.35	9.21	2015	31.83	24.80	18.86	59.11	9.71	11.53

资料来源：RIETI-TID 2015（日本产业经济研究所 2015 年数据库）。

第二节 东亚贸易模式的缺陷及转型的必要性

一 东亚区域“外需主导型”贸易模式的缺陷

（一）东亚区域最终产品市场严重依赖欧美地区

东亚区域内产品需求以中间产品为主，最终产品需求能力严重不足，东亚区域绝大部分的最终产品是依赖区域以外市场实现的。2008 年，东亚区域70.47%的最终产品需求是依赖区域外市场提供的，主要是北美和欧盟地区，两地区合计提供的最终产品市场所占的比重达到51.89%，其中美国一个国家就达到24.10%（见表4-10）。

表4-10 1980~2015年东亚地区最终产品贸易的出口方向

单位：%

年份	东亚	美国	欧盟28国	北美	俄罗斯	印度	澳大利亚	南方共同市场
1980	21.00	32.45	29.77	35.02	—	—	3.01	0.73
1981	20.84	34.77	25.36	37.87	—	—	3.56	0.63
1982	20.45	35.84	24.14	38.64	—	—	3.61	0.22
1983	19.69	37.67	23.39	41.03	—	0.54	3.08	0.41
1984	19.11	42.65	20.39	46.10	—	0.35	3.21	0.42
1985	17.37	47.60	20.08	50.67	—	0.38	3.16	0.32
1986	16.91	46.00	23.48	49.31	—	0.45	2.61	0.45
1987	19.21	42.08	26.11	45.12	—	0.29	2.18	0.29
1988	25.04	38.98	23.44	42.30	—	0.19	2.13	0.28
1989	28.20	36.90	21.92	40.29	0.01	0.16	2.55	0.30
1990	29.30	33.96	24.07	37.09	0.01	0.16	2.14	0.37
1991	31.66	31.29	24.57	34.40	0.01	0.08	1.93	0.51
1992	32.08	30.98	23.65	34.08	0.01	0.11	1.96	0.53
1993	35.04	31.56	20.69	34.30	0.01	0.11	2.00	0.66
1994	37.70	31.46	19.22	34.16	0.02	0.22	2.05	0.73
1995	39.69	29.73	19.37	32.08	0.02	0.20	2.03	0.89
1996	40.21	28.86	19.79	31.03	0.40	0.22	2.00	0.89
1997	37.23	30.42	20.26	33.05	0.36	0.25	2.09	1.09
1998	31.56	32.71	22.44	35.57	0.34	0.29	2.18	1.06
1999	29.81	38.04	20.47	40.78	0.12	0.28	2.15	0.65
2000	34.27	32.82	20.34	35.85	0.14	0.27	2.14	0.64
2001	33.37	32.59	20.49	35.99	0.31	0.33	1.89	0.65
2002	33.42	32.88	20.06	36.59	0.41	0.39	2.07	0.35
2003	33.21	30.28	22.08	33.90	0.50	0.62	2.24	0.39

续表

年份	东亚	美国	欧盟 28 国	北美	俄罗斯	印度	澳大利亚	南方共同市场
2004	32.60	28.59	22.73	32.25	0.70	0.65	2.36	1.34
2005	31.42	28.61	22.87	32.46	1.03	0.90	2.37	0.59
2006	30.65	28.50	23.30	32.82	1.49	0.95	2.35	0.79
2007	29.69	26.52	23.43	30.97	2.26	1.19	2.47	0.93
2008	29.53	24.10	23.41	28.48	2.87	1.17	2.62	1.45
2009	31.22	23.95	23.15	28.04	1.77	1.31	2.71	1.01
2010	32.30	23.08	21.41	27.08	2.10	1.06	2.71	1.41
2011	32.36	21.68	20.27	25.60	2.41	1.43	2.70	1.73
2012	33.83	22.72	19.36	26.90	2.50	1.52	2.98	1.84
2013	32.57	23.08	19.50	27.44	2.40	1.46	2.81	1.68
2014	37.71	11.39	23.76	16.46	2.48	1.79	3.20	1.40
2015	31.83	24.80	18.86	29.34	1.41	1.63	2.70	1.23

资料来源：RIETI-TID 2015（日本产业经济研究所 2015 年数据库）。

从变动的趋势来看，东亚区域对外部最终产品市场依赖的状况短期内难以改变。1996 年以后，东亚区域对区域外最终产品市场依赖的程度基本呈上升趋势。这也是因为在东亚网络分工模式和产品内分工模式下，中间产品需求不断增加的结果。

东亚区域对区域外最终产品市场依赖的程度在加深，但是依赖的方向有所变化。虽然美国是东亚区域重要的最终产品市场，但总体来看其为东亚提供最终产品市场的比重呈下降趋势，2015 年与 1999 年相比下降近 14 个百分点；而俄罗斯等为东亚提供最终产品市场的比重总体在上升（见表 4-10）。东亚区域外最终产品市场的分散化，表明了东亚依靠外部最终产品市场的状况在短期内还是不易改变的。但是，美国为东亚提供最终产品市场的能力在下降，也表明了东亚外需主导型贸易模式已经开始面临重大的挑战。

（二）区域内缺乏最终产品市场提供者

由以上分析可知，东亚区域最终产品市场严重依赖区域以外，区域内缺乏一个强大的最终产品市场提供者。由表 4-11 可见，中国香港、日本、东盟是东亚区域内部提供最终产品市场的主要力量。2003 年以后，中国内地为东亚提供最终产品市场的比重有着较大的上升，2015 年时达到 19.95%，超过日本。相比之下，日本和中国香港为东亚提供最终产品市场的比重总体在下滑，而中国内地和东盟却总体在上升，说明中国内地和东盟对东亚区域经济发展的拉动力越来越大，中国内地也将超过日本成为东亚地区提供最终产品市场的最大地区。

表 4-11　1989～2015 年东亚区域内最终产品贸易的出口方向

单位：%

年份	中国台湾	中国香港	韩国	中国内地	日本	东盟	合计
1989	6.51	28.97	6.95	10.13	25.11	22.33	100
1990	6.32	31.70	6.77	8.07	21.91	25.24	100
1991	5.98	33.69	6.79	7.78	21.16	24.59	100
1992	6.61	36.06	5.31	6.98	21.14	23.89	100
1993	5.88	35.85	4.84	8.09	20.80	24.55	100
1994	5.51	33.46	5.82	7.71	21.92	25.57	100
1995	5.68	31.74	6.59	6.62	24.49	24.88	100
1996	5.78	31.64	6.62	6.30	24.87	24.79	100
1997	6.56	33.86	5.82	5.35	23.31	25.09	100
1998	8.27	36.71	3.30	6.09	24.87	20.76	100
1999	9.50	32.73	5.06	6.47	26.62	19.61	100
2000	9.89	29.95	6.34	7.16	25.99	20.67	100
2001	7.40	30.67	6.14	8.32	27.21	20.25	100
2002	7.29	29.53	6.85	11.69	25.02	19.62	100
2003	7.19	26.08	7.32	16.36	23.86	19.19	100
2004	7.59	23.99	7.97	18.21	22.88	19.36	100
2005	6.94	23.97	7.99	17.89	23.07	20.14	100
2006	6.15	23.92	8.48	18.32	22.49	20.65	100

续表

年份	中国台湾	中国香港	韩国	中国内地	日本	东盟	合计
2007	5.97	23.04	8.48	19.73	21.09	21.70	100
2008	5.44	21.64	8.37	19.88	20.80	23.87	100
2009	5.03	21.00	7.76	20.11	22.86	23.24	100
2010	5.73	19.04	8.25	22.72	21.10	23.16	100
2011	5.19	18.77	8.12	22.33	22.20	23.39	100
2012	4.72	19.10	7.31	20.99	22.24	25.64	100
2013	4.92	20.08	7.39	20.16	22.17	25.28	100
2014	4.96	20.37	7.91	20.29	21.42	25.05	100
2015	4.93	20.94	8.31	19.95	19.8	26.07	100

资料来源：RIETI-TID 2015（日本产业经济研究所 2015 年数据库）。

为了深入考察区域内最终产品市场的状况，有必要从最终资本品和最终消费品的分类角度对东亚主要经济体为区域内提供最终产品市场的情况进行分析。由于中国香港非主权国家的特殊地位，所以这里主要深入分析中国内地、日本和东盟的状况。虽然三个经济体在为区域内提供最终产品市场的规模上基本相当，但是在提供最终产品的结构上有着较大的差别。

在提供最终资本品方面（见表 4-12），中国内地自 2003 年超过东盟以后成为东亚地区最大的最终资本品市场提供者。由于最终资本品主要用于生产投资领域，所以近些年来，最终资本品的进口在一定程度上有力地推动着中国内地的投资和经济的持续增长，这也符合中国内地经济发展的事实。

在提供最终消费品方面，日本长期以来都是东亚区域最大的最终消费品市场提供者。2015 年，日本为东亚提供最终消费品市场的规模是中国内地的 2.35 倍，是东盟的 1.23 倍（见表 4-12）。所以，日本对东亚区域最终消费品的需求，对东亚区域的经济发展和区域合作都有着重大的影响。

虽然日本是本区域内部最大的东亚最终消费品市场提供者，但与区域以外的美国相比，仍然相差甚远，仅为美国的 28.34%；虽然中国内地是东亚地区内部最大的最终资本品市场提供者，但 2008 年也只为美国的 50.95%（见表 4-12）。可见，东亚地区严重缺乏来自区域内部的最终产品市场提供者。

表 4-12 中国内地、日本和东盟为东亚提供最终产品市场的比重

单位：%

年份	最终资本品				最终消费品			
	中国内地	日本	东盟	中国内地占美国的比重	中国内地	日本	东盟	中国内地占美国的比重
1988	23.15	3.21	36.79	15.99	7.01	36.73	18.29	4.26
1989	16.42	6.13	30.28	14.54	5.51	39.32	16.55	3.82
1990	12.77	6.26	35.25	13.41	4.47	34.17	17.62	3.39
1991	12.15	6.42	34.84	14.96	4.42	32.78	16.72	3.93
1992	12.57	6.35	36.17	14.44	3.2	31.38	15.62	3.1
1993	14.59	6.61	36.46	17.63	3.5	31.04	16.21	3.67
1994	13.62	7.65	37.76	17.89	3.25	33.01	16.44	3.65
1995	11.07	11.79	36.06	15.89	2.95	35.09	15.68	3.72
1996	10.6	13.36	35.21	15.9	2.61	34.9	15.85	3.42
1997	8.6	13.73	35.5	11.3	2.61	31.94	16.43	3.01
1998	9.89	15.51	29.31	10.03	3.14	32.58	14.19	2.92
1999	10.16	17.11	26.05	8.87	3.27	35.23	14.12	2.35
2000	10.77	17.11	26.5	13.65	3.47	36.29	14.97	3.05
2001	13.44	17.85	26.68	17.52	3.55	37.4	14.58	3
2002	18.55	16.06	24.49	25.6	4.55	35.67	14.92	3.59
2003	25.38	15.25	22.32	39.41	5.48	35.88	15.96	4.37
2004	26.9	14.36	21.8	42.99	6.11	36.32	16.52	4.9
2005	26.23	14.9	22.47	40.09	6.22	36.08	17.46	4.82
2006	26.45	14.81	22.75	40.63	6.74	35.23	18.39	4.97
2007	28.54	13.28	24.17	46.45	6.79	34.93	19.06	5.06
2008	28.61	13.08	26.67	50.95	7.2	34.8	21.09	5.86
2009	10.70	4.83	9.44	51.68	1.92	9.40	5.10	7.09
2010	12.07	4.75	9.32	61.91	2.33	9.00	5.54	8.67

续表

年份	最终资本品				最终消费品			
	中国内地	日本	东盟	中国内地占美国的比重	中国内地	日本	东盟	中国内地占美国的比重
2011	11.52	5.11	9.39	60.41	2.49	9.48	5.57	10.12
2012	11.01	5.44	10.76	56.41	2.64	9.91	6.29	10.00
2013	9.88	5.45	9.99	49.81	2.85	9.21	6.26	10.67
2014	9.46	5.38	9.71	46.92	3.16	8.50	6.11	11.83
2015	9.12	4.84	10.05	43.04	3.36	7.88	6.40	11.71

资料来源：RIETI-TID 2015（日本产业经济研究所 2015 年数据库）。

（三）东亚区域受外部经济影响和制约的程度较为严重

目前，中间产品贸易是东亚区域内贸易的主要形式，但中间产品需求的实现在一定程度上受到最终产品需求实现的限制，特别是对于那些由众多工序或零部件生产出来的最终产品，能够带动一系列中间产品的需求。而现在推动东亚中间产品需求的最终产品需求是依靠区域外市场来实现的。所以，区域外最终产品市场对于东亚区域贸易和经济的发展必然产生极其重要的影响。

东亚区域严重依赖区域外最终产品市场，降低了东亚区域抵御外部经济冲击的能力，加强了区域外经济对东亚经济发展的制约程度。由于东亚区域的经济与全球经济更紧密地联系起来，区域外的经济波动向东亚区域内部传导的速度和程度明显加快和加深。这使得东亚区域的各经济体在经济发展过程中都面临维持内外部均衡和抵御外部冲击的重大压力。同时，对区域外市场的严重依赖，使东亚区域在国际经济中的诸多问题上处于被动和不利的地位。例如，为了保持在美国产品市场上的份额，东亚各经济体都有着本币兑美元汇率稳定的强烈要求；东亚区域之所以成为“美元体制”的重要支撑，其根源也是东亚区域对美国最终产品市场的严重依赖。同时，区域外最终产品市场需求的不足和不稳定，对东亚区域经济进一步增长所产生的制约作用日益明显。

二 东亚贸易转型的概念与内容

（一）东亚贸易转型的内容

以前的学者如 Jonne 等、Guillaume 等、郑京淑，曾指出东亚区域内中间产品贸易在上升，东亚最终产品的出口依赖于美国等区域外市场。[①] 这是不利于东亚贸易的长期发展和积极推动区域内的最终产品贸易的，是东亚区域内贸易面临的重要课题。但是，他们只是指出了现象，未做出深入的分析和研究。

李晓和冯永琦首先从产品需求结构角度定义了“东亚贸易转型”，认为所谓东亚区域贸易模式转型主要是指，东亚区域由目前最终需求依赖区域外的“外需主导型”贸易模式向“内需主导型”贸易模式转变。也就是说，扩大东亚区域内部对最终产品的需求，提升东亚区域内部提供最终产品市场的能力，使东亚区域最终产品贸易主要依赖于区域的内部市场。[②] 在有关东亚贸易的文献中，一些学者曾提到“东亚贸易模式转变”这一相关概念，但并未给出确切定义。

因此，东亚贸易转型的内涵是改变其依赖资源、能源和劳动力投入，生产低附加值产品以及过度依附外部市场的出口导向型发展方式，形成促进技术进步和效率提高的生产贸易机制，并最终形成以东亚内需为主导、产业结构升级为基础的经济贸易发展方式。其组成部分包括，一方面，转变以中国为枢纽的新“三角贸易”模式，优化东亚区域内各国之间以及东亚与其他地区之间的贸易结构；另一方面，改变最终产品出口贸易主要依赖于美国和欧盟等外部市场的现状。

东亚贸易转型的核心在于增强东亚地区内部对最终产品的需求，提升区

---

① Jonne, Cutler, et al., “Intra-Regional Trade and the Role of Mainland China,” *Hong Kong Monetary Authority Quarterly Bulletin*, No. 12, 2004, pp. 10-21. Guillaume, Gaulier, et al., “China's Integration in East Asia: Production Sharing, FDI & High-Tech Trade,” *CEPII Working Paper*, No. 9, 2005. 郑京淑：《东亚的区域内贸易发展及其动力机制研究》，《南开经济研究》2005 年第 4 期，第 107~112 页。

② 李晓、冯永琦：《中日两国在东亚区域内贸易中地位的变动及其影响》，《当代亚太》2009 年第 6 期，第 26~45 页。

域内部提供最终产品市场的能力。也就是说，东亚区域通过扩大本地区内部对最终产品的需求，使区域内部提供最终产品市场的能力得到提升，以改变最终产品出口贸易主要依赖于美国和欧盟等外部市场的现状。可以说，东亚贸易模式转型主要是把东亚贸易模式从“外需主导型”转向“内需主导型”。在“内需主导型”贸易模式下，区域内对最终产品需求的比重较高。即使在产品内分工形式下，在区域内中间产品需求实现之后，生产出来的最终产品也能在本区域内进行“消化”。因为区域内存在较高的对最终产品的需求，而不需要依赖区域外部，进而形成“内需主导型”的贸易模式。

（二）东亚贸易转型的研究意义

长期以来，东亚地区处于对区域外产品市场严重依赖的状况，特别是在最终产品市场方面表现得更为明显。对于东亚经济发展过程中的这个现象，我们应该从两个方面来思考。一方面，这是东亚地区工业化浪潮不断向前推进和东亚地区实现经济增长的重要条件。也就是说，在经济全球化的大趋势下，东亚地区将大部分产品出口到欧美等区域外市场，实现了东亚地区生产能力的持续扩大和经济增长的不断提高。另一方面，东亚地区严重依赖区域外市场，降低了东亚地区抵御外部经济冲击的能力，加强了区域外经济对东亚经济发展的制约作用。由于东亚地区的经济与全球经济更紧密地联系起来，区域外的经济波动向东亚地区内部传导的速度和程度明显加快和加深。这使得东亚地区的各经济体在经济发展过程中都面临维持外部均衡和抵御外部冲击的重大压力。

从 2008 年全球金融危机的传播过程中可以看出，国际贸易仍然是东亚地区传导外部冲击的主要途径。这主要是由于东亚地区对外部最终产品市场的依赖，当然也是东亚地区的世界“生产者”身份导致的，但更深层的原因是东亚地区内部需求的不足，特别是对最终产品的需求严重不足。为此，东亚地区应该积极促进本地区对最终产品需求的扩大，促进东亚地区贸易模式的转型。

在全球金融危机的影响下，美国和欧盟各国对最终产品的需求能力都有所下降，这种下降趋势已经对东亚各经济体的经济增长造成一定消极影响。对东亚贸易格局的发展轨迹、形成的历史条件、现行东亚贸易格局中存在的问题、未来的发展方向、解决问题的方法措施等方面的研究，对于理解东亚在全球经济中的地位、东亚区域经贸合作的前景、东亚主要国家或地区在东亚区域贸易格局和产业分工模式中的作用以及中国对外经济政策的取向等重要问题，都具有重要的现实意义。目前，一些国内外学者已经意识到现行东亚贸易格局的非稳定性，但是对此问题进行全面、深入研究的文献比较少。

三　东亚贸易转型的必要性

现阶段，在东亚地区形成的以中国为枢纽的东亚“三角贸易”模式对东亚经济的发展起着重要的作用。但是，在该模式下对区域外最终产品市场的依赖，必将影响到东亚地区经济进一步增长的潜力。2008 年全球金融危机已经证明外部需求对于东亚地区来说是何等的重要。所以，改变最终产品出口贸易主要依赖美国和欧盟等外部市场的现状，对于东亚地区经济的长期稳定发展是极其重要的。

（一）东亚贸易转型是东亚地区经济进一步持续增长的必然要求

对于东亚地区特别是东亚发展中经济体来说，区域的外部需求是带动经济增长的主要推动力之一。但是，区域外部需求并不始终是旺盛的，特别是在全球经济的衰退或萧条时期，区域外部需求会急剧下降，这必然会给东亚地区带来较大的经济冲击。东亚地区要达到本区域经济的长期稳定和持续增长的目标，必须要依靠本区域内最终产品需求的拉动来实现。

同时，东亚地区内部中间产品需求对经济增长的拉动潜力是有限的，迫切需要加大最终产品需求对经济增长的拉动作用。2015 年，在东亚区域内贸易中，中间产品贸易所占比重达到 64.62%，而最终产品贸易比重只为 31.70%（见表 4-3）。中间产品贸易是东亚区域内贸易的主要形式。东亚地区对中间产品的需求远大于对最终产品的需求。

从东亚区域内贸易的结构中可以看出，中间产品需求上升的空间已经很有限了。中间产品需求对东亚地区经济增长的拉动作用很难继续提升，最终产品需求对东亚地区经济增长具有较大的拉动潜力，它对经济增长的贡献还可以进一步提升。东亚地区经济能够持续长期稳定增长，必然会要求以扩大最终产品需求为核心的东亚贸易转型的出现。

（二）东亚贸易转型是改变东亚“贸易国家”[1]困境，降低对“美元体制”依赖的途径

东亚地区在经济发展过程中，主要依靠出口来拉动经济增长，由于东亚各经济体的本币未成为世界性货币，所以它们不得不依赖出口贸易赚取美元外汇收入。东亚地区通过出口导向型制造业，将赚取的美元外汇不得不投资到美国金融市场，形成了东亚地区整体性地对“美元体制”的支撑和依赖。

东亚地区对美国最终产品市场的长期依赖是东亚“贸易国家”困境的根源。在东亚地区的最终产品出口市场中，美国占有重要的地位，这就使以美元为贸易结算货币的状况难以改变。只有扩大东亚地区内部对最终产品的需求，才能使区域内部提供最终产品市场的能力大大提升，逐步改变东亚贸易结算中美元的主导地位，改善东亚国家的外汇储备结构，降低对“美国体制”的依赖程度。

所以，提升最终产品市场的提供能力有助于东亚各经济体降低本币钉住美元的要求，继而减少美元储备，降低对“美元体制”的支撑和依赖，推进区域货币金融合作的迅速发展。

（三）东亚贸易转型为东亚区域经济合作的进展创造条件

区域内贸易结构中，以中间产品需求为基础的中间产品贸易增强的是区域内各经济体之间的联系程度，而以最终产品需求为基础的最终产品贸易增强的是各经济体之间的依赖程度。中间产品需求模式更容易受到产品生产链或产业升级的影响而发生变化，而最终产品需求模式要比中间产品

---

① 所谓“贸易国家”有两个方面的含义，一方面是指国内金融市场封闭且不发达，无法引领国际金融市场发展潮流并制定其规则的国家；另一方面是指那些主要依靠出口拉动经济增长，而且本币尚未成为世界性货币，不得不依赖出口贸易赚取外汇收入的国家。参见李晓、丁一兵《亚洲的超越——构建东亚区域货币体系与“人民币亚洲化”》，中国当代出版社，2006，第14页。

需求拥有更大的稳定性。

中间产品贸易的产生是因为区域内各个国家的比较优势只出现在生产的某个阶段，而其他生产阶段则是比较劣势。那么在国际分工中这些国家就会沿着生产链的伸展选择自己具有比较优势的生产阶段进行规模生产并相互出口，形成较大规模的中间产品贸易。中间产品贸易更多地体现出垂直型专业化分工和网络分工的特点，并且伴随着中间产品贸易的发展，各经济体之间必然会有国际产业转移的不断发生。

以最终产品需求为主的产品需求结构使区域内各经济体之间的依赖度更加紧密。因为最终产品需求要比中间产品需求拥有更大的稳定性。中间产品需求模式更容易受到产品生产链或产业升级的影响而发生变化，而最终产品需求模式形成后很难改变，使区域内各经济体之间的依赖度更加紧密。最终产品区域内贸易比重较高的地区，区域经济合作往往进行得较为顺利和迅速。如 2015 年，欧盟区域内最终产品贸易所占的比重为 45%，北美自由贸易区区域内的最终产品贸易所占的比重为 38.65%，而东亚地区最终产品贸易所占的比重仅为 31.70%（见表 4-3、表 4-7）。[①]

可见，从区域内贸易结构的角度也可以解释东亚区域经济合作进展较为缓慢的原因。这样，推进东亚区域内最终产品贸易的发展，提升东亚区域内对最终产品的需求能力，促进东亚地区的贸易转型，可以增强东亚区域各经济体之间的依赖程度，可以为东亚区域经济合作的进展创造有利的条件。

总体来说，东亚区域通过贸易模式转型会增加对最终产品的需求，促进东亚地区经济进一步持续增长；东亚贸易转型也是改变东亚“贸易国家”困境和降低东亚经济体对“美元体制”依赖的基本条件，还是推动东亚区域经济合作发展的重要动力。因此，东亚贸易模式转型对于东亚区域经济的长期发展具有重要和长远的意义。虽然东亚贸易模式转型是一个长期的发展过程，但是，东亚贸易模式转型已经成为东亚经济发展过程中面临的重要课题和努力的方向。

四 东亚贸易转型面临的困难

在 2008 年全球金融危机的影响下，美国等外部需求有较大下降，也就

① 根据 RIETI-TID 2015（日本产业经济研究所 2015 年数据库）提供数据计算得到。

是说，后危机时代下东亚地区的外部需求将发生变化。但这是否能表明东亚贸易转型将进入加速时期呢？通过下面对东亚贸易转型面临困难的分析，我们可以得出改变东亚地区对外部市场的依赖是东亚地区发展的趋势，但东亚贸易转型的最终实现将是个长期的发展过程。

（一）东亚地区最终产品的内部需求长期不足

在最终产品方面，东亚地区的内部需求长期不足，这将严重影响本区域经济的长期稳定和持续增长。扩大东亚地区内部需求，特别是最终产品的内部需求，是降低对区域外经济依赖的最根本途径。

东亚地区最终产品市场主要依赖于区域以外。2015 年，东亚地区最终产品贸易的 68.17%依赖于区域外市场，其中，美国市场占 24.80%、欧盟市场占 18.86%（见表 4-7）。1990 年以来，东亚为本地区提供最终产品市场份额不足 30%的有 4 年，只有 1 年超过了 40%，而欧盟为本地区内部提供最终产品市场的份额都在 40%以上（见表 4-9）。

通过区域间的对比可以看出，东亚地区最终产品的内部需求长期不足。如何使东亚区域内部提供最终产品市场的能力得到提升是东亚贸易转型的核心问题和艰巨任务。

（二）东亚区域产业结构升级与分工模式演进具有长期性

贸易模式转变的基础是产业模式的转变。中间产品贸易是东亚区域内贸易的主要形式，这与东亚地区垂直化专业分工以及网络分工模式密切相关。在东亚产业内贸易中，垂直产业内贸易大大超过水平产业内贸易，这为东亚较为发达的中间产品贸易提供了基础。

北美自由贸易区的经济发展水平和生产技术发展水平呈现出不同的层次，欧盟国家经济发展水平和生产技术发展水平相对差异较小。相比之下，欧盟国家水平产业内贸易较为发达，其最终产品贸易在区域内贸易中的比重较高，北美自由贸易区次之。东亚地区水平产业内贸易最为落后，其最终产品贸易在区域内贸易中的比重是最低的。

一般来说，经济发展水平、生产技术发展水平大致相同的国家之间主要进行水平产业内贸易，而经济发展水平处于不同层次、生产技术水平有一定差别的国家之间主要进行垂直产业内贸易，甚至产业间贸易。东亚地区各经济体之间的经济发展水平和生产技术发展水平存在较大差异，东亚各经济体分布在同一产品产业链的不同阶段，这是中间产品贸易能够迅速发展的根本原因。

那么，在垂直专业化和网络分散化为主要特点的东亚产业分工模式中，对中间产品的需求明显要大于对最终产品的需求。这就需要东亚地区国际产业的不断转移以及区域产业结构的不断升级，推动东亚地区整体产业结构的高级化，改变东亚地区出口导向型的经济发展方式。这样才能通过扩大东亚地区内部对最终产品的需求，促使区域内部最终产品市场提供能力的提升，而东亚区域产业结构升级与网络分工模式的深化发展也将是个长期的过程。

（三）东亚区域的最终消费品需求严重不足

产品的最终需求可以分为最终资本品需求和最终消费品需求。东亚地区的最终消费品需求比最终资本品需求还要低。2015 年，东亚区域内贸易中的最终消费品贸易只占 12.43%，最终消费品贸易在最终产品贸易中只占 39.22%；东亚地区最终消费品的 75.06%依赖于区域以外的市场。同年，北美自由贸易区区域内贸易中的最终消费品贸易达到 23.59%，最终消费品贸易在最终产品贸易中占 56.80%；北美自由贸易区最终消费品的 48.19%依赖于区域以外的市场。欧盟区域内贸易中的最终消费品贸易达到 31.27%，最终消费品贸易在最终产品贸易中占 69.48%；欧盟最终消费品只有 31.25%依赖于区域以外的市场。即使是南方共同市场区域内贸易中的最终消费品贸易达到 30.11%，最终消费品贸易在最终产品贸易中占 66.02%，但南方共同市场最终消费品的 79.53%也依赖于区域以外的市场。[①]

通过对比可以看出，在北美自由贸易区、欧盟、东亚地区和南方共同市场这世界四大经济集团内部，只有东亚地区内部的最终消费品需求小于最终资本品需求，这说明了东亚地区整体的最终消费能力很低；同时，在最终消费品市场提供方面，经济发达地区的欧盟和北美为区域内部提供最终消费品市场的能力较强，而经济相对落后地区的东亚和南方共同市场为

① 资料来源于 RIETI-TID 2015（日本产业经济研究所 2015 年数据库）。

区域内部提供最终消费品市场的能力较弱。这些说明了东亚地区最终消费品市场严重依赖于区域以外主要是因为东亚地区对最终消费品的需求能力较低。

综上可知，扩大东亚地区对最终消费品的需求能力、提升区域内部提供最终消费品市场的能力是东亚贸易转型的主要内容。其对最终消费品的需求能力与地区的经济发展水平有着重要关系，这就决定了东亚贸易转型这一过程必然是漫长的。

（四）经济一体化程度的制约

一般来说，某一地区内部各经济体的经济发展程度很接近的情况下，区域内部对最终产品的需求较高；而内部各经济体的经济发展程度有较大差异时，区域内部对中间产品的需求较高。这就使最终产品不得不依赖于区域外市场。

东亚经济一体化的程度要远低于欧盟和北美自由贸易区，东亚区域内部最终产品的需求也远低于欧盟和北美自由贸易区。2009 年，在东亚最终产品的出口贸易中，区域内出口贸易只占 31.22%，即东亚最终产品出口贸易的 68.78%是在区域外市场上实现的（见表 4-9）；同年，欧盟最终产品的区域内贸易比重达到 64.74%，北美自由贸易区最终产品的区域内贸易的比重为 40.9%。[①] 欧盟和北美自由贸易区为区域内部提供最终产品市场的能力都明显高于东亚地区，这与经济一体化的程度有很大的关系。

虽然东亚各经济体的经济发展程度差异较大，但是促进了对中间产品的需求。东亚经济合作和经济一体化程度的不断加深，将使东亚地区扩大内部对最终产品需求的条件更加充分。但是，东亚经济合作的进展和经济一体化程度的加深也是较为漫长的过程。

由此可见，东亚贸易转型将是一个长期的发展过程，它所需要的条件是多方面的，面临的困难是艰巨的。然而，它是东亚地区的长期稳定发展、争取在全球经济活动中的主动权、提升东亚地区整体经济实力的必要选择，也是东亚贸易模式发展的最优方向。

---

① 根据 RIETI-TID 2015（日本产业经济研究所 2015 年数据库）提供数据计算得到。

第三节　中国市场提供者地位提升对东亚贸易转型的作用

一　中国作为东亚最终产品市场提供者地位提升的直接推动作用

（一）东亚区域内最终产品需求的提升是东亚贸易转型的基本途径

虽然东亚贸易转型是一个长期的发展过程，但2008年全球金融危机以后，东亚贸易转型的必要性和紧迫性更加明显，这也就表明东亚地区应该注重扩大区域内部对最终产品的需求。东亚贸易转型问题已经成为东亚经济发展过程中面临的重要课题，成为东亚地区贸易模式发展的方向。

为了摆脱东亚区域对区域外最终产品市场的依赖，最根本的途径就是区域内部较强的最终产品市场提供者的出现。在东亚区域内部形成有效地对最终产品的需求，也能避免对区域外最终产品的依赖。因此，东亚区域内部最终产品市场提供者的培育和地位的提升对于东亚贸易转型具有重要的意义。

（二）中国作为东亚最终产品市场提供者地位的上升将推动东亚“三角贸易”模式的改变

2008年，全球金融危机爆发之前，中国为东亚区域提供的中间产品市场规模远大于为东亚提供的最终产品市场规模，且中国70%以上的最终产品要出口到以美国为主的东亚区域外市场。这是东亚地区以中国为枢纽的“三角贸易”模式。但是，后危机时代下，东亚“三角贸易”模式开始发生变化。20世纪80年代，东亚出口到美国的最终产品一度保持在40%以上，20世纪90年代基本在30%以上，1999年东亚38.04%的最终产品出口到美国市场。但是进入2000年以后，美国为东亚提供最终产品市场的规模总体在下降。2011年下降到最低为21.68%，2015年略上升到24.80%（见表4-9）。美国对东亚最终产品需求的减弱，预示着东亚“三角贸易”

模式正在发生变化。

“三角贸易”模式的改变将是东亚贸易转型的重要部分。作为东亚“三角贸易”模式枢纽的中国，为降低对外部需求的依赖程度而进行的加工贸易转型和对外贸易方式转变，必然会使东亚“三角贸易”模式发生变化，进而推动东亚贸易模式转型。

（三）中国作为东亚最终产品市场提供者地位还会进一步上升

在为东亚区域提供最终产品市场的规模上，2009 年，中国为 937.06 亿美元，日本为 1065.39 亿美元，而在 2010 年，中国为 1366.23 亿美元，已经超过了同期日本的 1269.06 亿美元。中国已经改变了日本曾经长期是本地区内最大的最终产品市场提供者的地位。中国在为东亚区域提供最终产品市场上能力的不断提升，使中国在东亚贸易模式转型中的作用越来越重要。

最终产品包括最终资本品和最终消费品两类。实际上，中国为东亚提供的最终资本品市场规模在 2002 年时已经超过了日本，现在已经达到日本的近 3 倍。但在最终消费品市场提供方面，到 2009 年时，中国为东亚区域内提供的最终消费品市场规模也只为日本的 20.45%，到 2015 年时，该比重达到 42.66%。所以，总体上看，中国已经成为东亚区域内最大的最终产品市场提供者，而在最终消费品市场提供方面与日本相差较多。但是，中国在为东亚提供最终消费品市场规模方面上升很快。这也说明中国在东亚贸易模式转型中，还有发挥更大作用的空间。

（四）中国的扩大内需是东亚贸易转型的关键

东亚贸易模式转型能否顺利进展与中国在其中的作用密切相关。在东亚区域内，东盟、韩国等经济体的规模相对较小，规模较大的经济体只有日本和中国。2009 年之前，日本一直是东亚区域内最大的最终产品需求者，特别是在最终消费品方面为东亚地区提供着重要的市场。但是，由于日本经济的长期低迷，日本为东亚地区提供最终产品市场的潜力很有限。相比之下，中国已经成为东亚区域内最大的最终产品市场提供者，并且，中国经济稳定快速的增长、国内市场潜力巨大等因素使中国必然成为东亚贸易模式转型的最主要推动者。

在中国推动东亚贸易模式转型过程中，最重要的推动因素就是中国内需的扩大。中国是依靠投资需求和出口需求来拉动经济增长的，所以中国扩大内需主要是扩大国内的消费需求。中国在为东亚区域提供最终产品市场方面的弱势正是在提供最终消费品市场方面，所以中国的扩大内需，会进一步提升中国在东亚区域内的最终产品市场提供者的地位，会促进东亚区域内部对最终产品需求的扩大，推动东亚贸易模式的转型。

当然，在中国为东亚区域提供最终产品市场的同时，对中国经济增长的影响，以及对中国扩大内需政策的“挤出效应”如何，这是今后进一步研究的内容。但不可否认的是，中国为东亚区域提供最终产品市场的规模必将不断地扩大，中国在东亚区域贸易模式转型中的作用也会不断地提高。

二　中国为东亚区域提供最终产品市场的潜力

从上面的分析可以看出，中国为东亚区域提供市场主要表现在中间产品方面，而在吸纳东亚最终产品能力方面与美国还有很大差距。中国是东亚贸易转型的关键，如果中国要在东亚贸易转型过程中发挥更大的作用，则需要进一步提升中国作为东亚最终产品市场提供者的地位，由东亚中间产品市场提供者向东亚最终产品市场提供者转变。那么中国作为东亚最终产品市场提供者地位的发展趋势如何？这里将从中国的产业结构、内需潜力、市场规模以及人民币汇率变化的角度分别进行分析。

（一）基于中国产业结构演进趋势的考察

根据发达国家产业结构演进与消费结构变化趋势的经验，当一国工业得到充分发展之后，工业占三次产业的比重开始下降，工业下降导致无法满足国内对工业产品的需求，此时该国消费国外最终产品的数量开始增加。因此，要考察中国成为东亚提供最终产品市场的潜力，首先从中国产业结构演进所处的历史阶段出发。

考察中国的产业结构演进进程，从1978年到1980年，中国的工业占GDP的比重从61.8%上升到85.6%，成为这一时期推动中国经济高速发展的主要力量，1981 年迅速下降到 17.7%，1990 年以前波动幅度较大。1991~2000 年，中国工业在国民经济中的地位始终保持在 60%左右，2000 年以后总体上在下降，但在 2010 年以前仍然保持在 50%左右，之后进一步下降，到 2016 年为 37.2%。中国农业占 GDP 的比重在 1991 年以前波动较大，1991 年到 2016 年总体上保持下降趋势，从 1991 年的 6.8%下降至 2016 年的 4.4%。中国服务业占 GDP 的比重在波动中总体呈现上升趋势，从 1978 年的 28.4%上升到 2016 年的 58.4%。如图 4-1 所示。

1991~2010 年，中国工业在国民经济中保持较高地位的时期，正是中国工业化发展最为迅速的时期。中国通过融入东亚生产网络，承接发达国家制造业的产业转移，促进了中国制造业产品的出口。发达国家拥有大量的对工业制品等最终产品的需求，为中国制造业的发展提供了外部市场动力。同时，在此过程中，吸收了大量的中间产品和部分最终资本品。

2010 年以来，制造业占 GDP 的比重总体在下降，而服务业占 GDP 的比重总体在上升，这也就意味着中国需要进口中间产品的数量将下降，对最终产品的需求会增加，特别是对最终消费品需求的增加。通常来看，服务业发展带来的对最终消费品需求要远高于制造业。所以，从产业结构演进的角度来看，中国为东亚区域提供最终产品市场的空间是非常大的，但也说明了中国提升在东亚区域最终产品市场的能力是具有长期性的，不是短期内能够得到明显效果的。

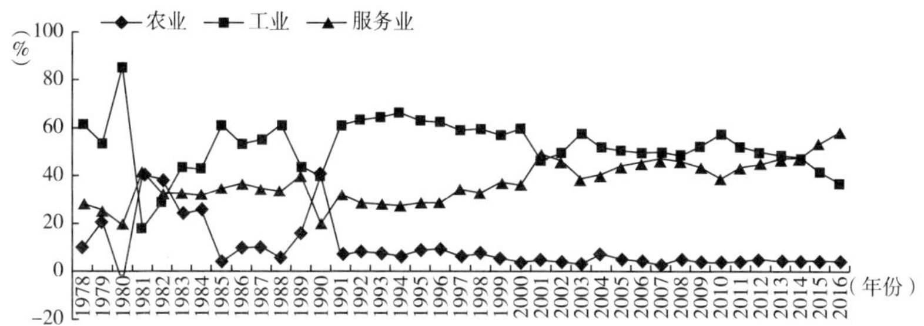

图 4-1　1978~2016 年中国三次产业演进变化

资料来源：Wind 数据库。

（二）基于中国内需潜力的考察

随着中国经济的日益崛起，中国国内消费结构也发生着深刻的调整和转变，这些调整和转变也将深刻地影响中国在东亚区域的最终产品市场的提供能力。

1978 年以来，中国的消费结构发生了明显的变化。首先，2001 年以前，最终消费支出所占的比重总体最高，在波动中呈现上升趋势，从 1978 年的 38.3%上升到 2001 年的 49%；2001 年之后，中国的最终消费支出占 GDP 的比重总体保持平衡状态，大部分年份都低于资本形成对 GDP 的贡献率（见图 4-2）。

最近两年，中国的最终消费支出占 GDP 的比重有上升的趋势。2016 年，最终消费支出在中国 GDP 贡献率中占有的比重仍然最高，达到 64.6%。这说明消费支出拉动经济增长的作用逐渐显现，这对于中国作为东亚地区最终消费品市场提供者地位的提升具有重要作用。中国为东亚地区提供最终产品市场的能力还会进一步提升。

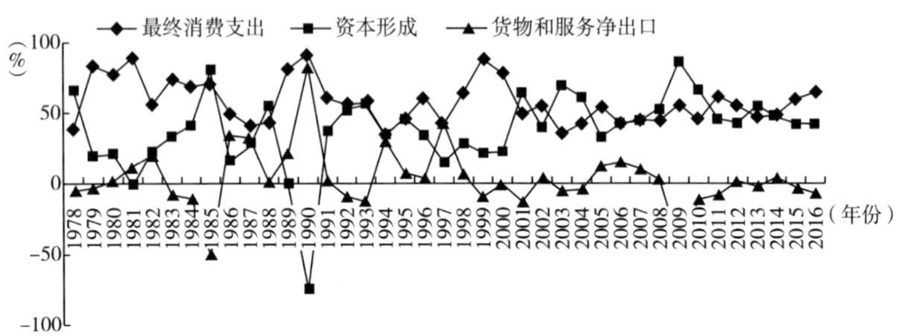

图 4-2　1978~2016 年中国 GDP 贡献率构成的变化趋势

资料来源：Wind 数据库。

1978 年以来，在中国最终消费支出领域中，政府消费支出所占的比重变化不大，始终保持在 20%左右的水平上，居民消费支出保持在 80%左右。不过，自 2000 年以后，居民消费支出占 GDP 的比重出现了下降趋势，政府消费支出所占的比重略有上升。政府消费支出也是中国消费需求的重要部分。同时，在居民消费支出中，城镇居民消费支出占据绝大部分的比重。因此，农村居民消费支出的提升对于拉动中国消费需求也有着重要意义。如图 4-3 所示。

对比中国与发达国家居民消费支出占 GDP 的比重可以发现，中国居民消费支出占 GDP 的比重远远低于欧美发达国家，这限制了中国为东亚区域提供最终产品市场能力的发挥。但从另一个角度，这也说明中国居民消费支出具有巨大的提升空间，中国作为东亚最终消费品市场提供者地位的提升具有很大潜力。

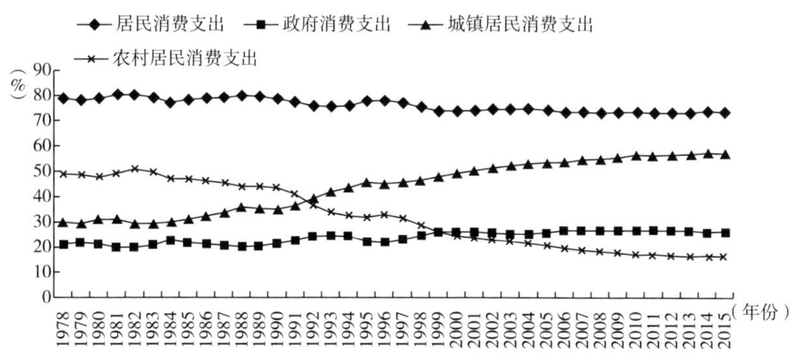

图 4-3　1978~2015 年中国最终消费支出内部结构变化趋势

资料来源：Wind 数据库。

（三）基于中国市场规模的考察

对于一个国家或地区市场规模的衡量，学术界现有的界定并不统一，不同的学者根据其研究的目的，往往选择不同的指标来加以衡量。通常用 GDP 来衡量一国或地区的市场规模，在研究市场规模、规模递增与经济增长的关系时，用人均 GDP 来衡量一国或地区的市场规模；在研究贸易、经济增长和国家规模的关系时同时用总人口和 GDP 来衡量各国国内市场规模的大小。在 GDP、人均 GDP 和人口这三个指标中：GDP 可以用来反映一国总体的收入水平；一国的消费能力取决于消费者的消费行为，消费者的消费行为又取决于人均收入，即人均 GDP；人口规模则反映了一国潜在的消费能力，这是因为人口规模大的国家一般拥有较大的 GDP 水平，如果其人均 GDP 不高，就意义着消费能力有很大的提升空间。下面主要考察中国的 GDP 和人均 GDP 两个指标。

2015 年，美国 GDP 为 18.037 万亿美元，日本为 4.383 万亿美元，中国为 11.008 万亿美元。[①] 从数据看，中国经济规模在 2010 年就已经超过日本，成为世界第二大经济体。但是 GDP 的国际比较一直存在一个难题，即用什么价格衡量的问题。由于各国 GDP 都用本国货币统计，这就产生了不同货币间的比价问题。鉴于 GDP 规模和水平国际比较的重要性，也鉴于越来越多的人意识到购买力平价的可靠性，联合国、世界银行等国际组织于 1968 年开始组织一项名为国际比较项目（International Comparison Program，ICP）的全球性统计活动，目的就是以购买力平价为货币转换系数，进行 GDP 规模和结构的国际比较。ICP 大约每 5 年在全球范围进行一次调查和测算。世界银行发布的世界发展指数 2016 年版本的最新结果显示：2014 年经 PPP 调整后的中国 GDP 为 17.2 万亿美元，美国为 16.6 万亿美元，中国取代美国成为世界第一大经济体。[②] 因此，无论是按市场汇率计算还是按购买力平价计算，中国的市场规模非常巨大。可见，中国市场规模的发展潜力巨大，中国的东亚最终产品的市场提供能力具有很大的提升空间。

（四）基于人民币汇率变化的考察

自 2005 年 7 月 21 日中国人民银行启动汇率形成机制改革以来，人民币已经有较大幅度的升值。截至 2008 年 3 月末，人民币兑美元汇率累计升值 14.89%。2008 年下半年，由于全球金融危机的影响，人民币升值的步伐中断（见图 4-4）。自 2009 年 6 月 19 日，中国央行重新启动人民币汇率改革。从 2009 年 6 月至 2015 年 5 月人民币已经累计升值达到 35%。2015 年 8 月 11 日人民币汇率再次站上了 6.2298 的历史新高位。但之后不断贬值，截至 2017 年 3 月 29 日，美元兑人民币中间价汇率为 6.8915（见图 4-4）。

---

① 数据来源于 Wind 数据库。

② 王岩：《世界银行 ICP2011 的方法、指标与数据问题研究》，《东北财经大学学报》2016 年第 4 期，第 65~71 页。

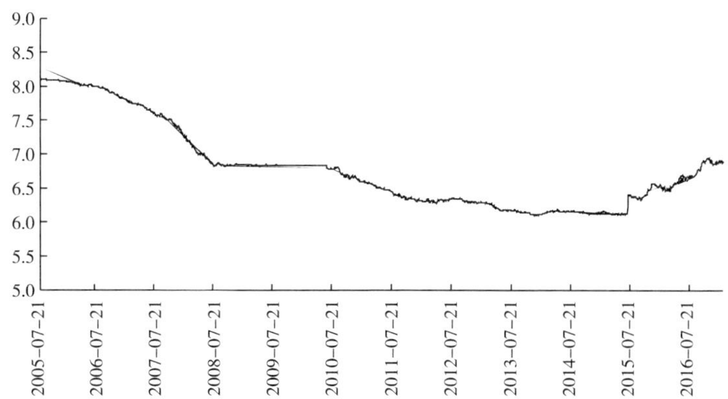

图 4-4　2005 年 7 月~2017 年 3 月美元兑人民币中间价汇率走势

资料来源：Wind 数据库。

同样，人民币实际有效汇率指数在波动中呈上升趋势。从 2005 年 7 月的 85.03 上升到 2016 年 2 月的 130.84，之后开始贬值，但未来仍有上升趋势（见图 4-5）。人民币的升值过程以及所具有的升值空间对进口需求的增加都是有利的。

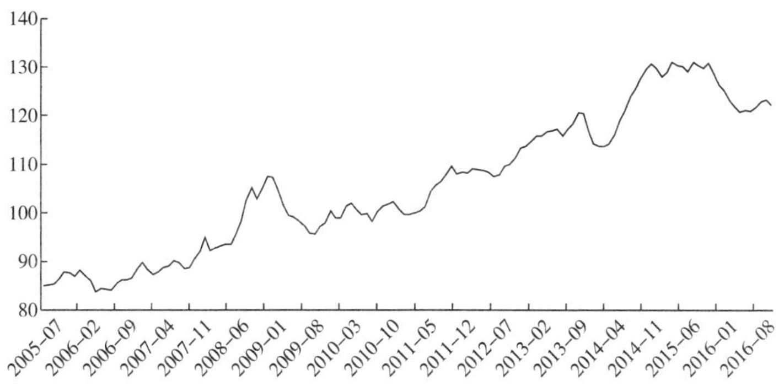

图 4-5　2005 年 7 月~2017 年 1 月人民币实际有效汇率指数

资料来源：Wind 数据库。

人民币长期的升值过程必然会对国内资源配置的方向进行改变。在出口导向型战略下，国内非贸易部门的发展在一定程度上受到了压制。当本币低估时，非贸易品实际上对贸易品部门提供间接性的补贴。虽然贸易部门得到了很大的发展，特别是表现在加工贸易上，但从总体上来看，整体的贸易顺差依然处于较低水平的扩张，其结果是大量产业资源向低附加值制造业流动，导致非贸易品部门中的各类资源要素面临向底部竞争的恶性循环。本币低估会使国内无法有效地扩大消费需求，而货币适当升值会对消费需求的扩大有一定的促进作用。

虽然人民币升值会使出口产品价格上升，降低了产品在国际市场中的竞争力。但是，人民币升值也将降低进口产品的价格，特别是对原材料进口依赖性强的企业会从中获得更大的益处。从长期来看，企业的成本收益受到影响，必然会引起经济发展战略的调整。所以，人民币升值将增加国内的消费需求，中国作为东亚地区最终产品市场提供者的地位也将提高。

因此，基于中国产业结构演进趋势、中国内需增长潜力、中国市场规模发展和人民币汇率变化四个角度的考察，中国正在由东亚中间产品市场提供者向东亚最终产品市场提供者转变。虽然中国作为东亚最终产品市场提供者的地位已经处于上升趋势，但提升的速度有待提高。由于中国作为东亚最终消费品市场提供者地位的起点较低，所以与美国相比依然相差甚远，这也说明中国作为东亚最终产品市场提供者的地位还有很大的提升空间。

本章小结

中国已经是东亚区域内贸易中最大的进出口经济体。中国作为东亚最终产品市场提供者地位的提升必将极大地拉动东亚区域内最终产品需求的提升，对东亚贸易模式转型具有积极意义。

东亚地区“外需主导”的贸易模式，即中间产品贸易主要在区域内市场完成，而最终产品贸易依赖于区域以外市场来完成，其是在东亚区域分工演进和区域产品需求结构变化的基础上形成的。东亚区域生产分工的演进引起了东亚区域内产品需求结构的变化。初级产品需求比重变化的基本趋势是不断下降；中间产品需求比重变化的基本趋势是不断上升；最终产品需求的比重在20世纪90年代中期前总体呈上升趋势，之后则总体呈下降的趋势。但是，东亚区域生产分工的演进始终没有改变东亚最终需求依赖区域外的产品需求结构的状况。

虽然东亚区域生产分工通过产品需求结构的变化，对贸易模式的发展能够产生影响，但它不是形成东亚“外需主导型”贸易模式的根源。东亚区域“外需主导型”贸易模式是资源禀赋因素、国家政策因素、经济发展战略因素、经济发展阶段因素等众多复杂因素综合作用下的结果。所以，要完全改变东亚区域最终产品需求严重依赖区域外市场的情况，即实现贸易模式的转型，需要从这些众多复杂的因素方面进行全面的思考和把握。

东亚贸易模式转型是一个长期的发展过程，但对于东亚区域经济的发展具有重要的必要性，并已经成为东亚地区努力的发展方向。中国作为东亚区域内最大的最终产品市场提供者，将在东亚贸易模式转型这个过程中扮演重要的角色。中国外贸发展方式的转变是东亚贸易转型的直接推动力，中国内需的扩大是推动东亚贸易模式转型进程的最重要和关键的因素。

基于中国产业结构演进趋势、中国内需增长潜力、中国市场规模发展和人民币汇率变化四个角度的考察，中国正在由东亚中间产品市场提供者向东亚最终产品市场提供者转变。这一转变过程的进度主要取决于中国作为东亚最终消费品市场提供者地位的提升程度。通过考察可以看出中国作为东亚最终消费品市场提供者的地位已经处于上升趋势，但提升的速度有待提高。由于中国作为东亚最终消费品市场提供者地位的起点较低，所以，与美国相比依然相差甚远，但也说明中国作为东亚最终产品市场提供者的地位还有很大的提升空间。

第五章 中国对外市场提供者地位对人民币国际化的影响

中国对外市场提供者地位的提升必定会提高中国在国际经济中的地位，有利于中国话语权的提升。在中国对外经济战略中，人民币国际化战略自 2008 年底提出已经推进 9 年多，人民币国际化也已经取得重要进展。作为中国重要的国际金融战略之一的人民币国际化，中国对外市场提供者地位的提升是否对其带来积极的影响，其影响程度又如何呢？在人民币国际化进程中，他国货币兑人民币汇率稳定性的要求是顺利推进人民币国际化的重要基础，本章将对中国对外市场提供者地位与东亚货币兑人民币汇率稳定性要求以及波动性程度的关系进行分析，并与美元和日元的情况进行对比分析。在此基础上，进一步研究中国对外市场提供者地位对人民币货币职能国际化的影响，并对日元货币职能国际化过程中日本对外市场提供者地位的作用进行了分析，其经验以供参考。

第一节　中国市场提供者地位与东亚货币兑人民币汇率稳定性要求

布雷顿森林体系崩溃后，发达国家普遍采取了浮动汇率制度，而发展中国家在汇率制度选择方面则处于被动地位。为了创造良好的外资投资和进出口贸易环境，同时鉴于美元在国际货币体系中的核心地位，多数发展中国家选择钉住或“软性”钉住美元汇率制度，维持本国货币兑美元汇率的稳定性。1997 年东南亚金融危机暴露出了东亚经济体实行钉住美元汇率制度的弊端和缺陷。之后，东亚主要经济体先后采纳了有管理的或独立的浮动汇率制度。2005年，中国也结束了钉住美元的单一汇率制，实行了有管理的浮动汇率制。历史实践表明，汇率的稳定对提高本国人民的生活水平、促进本国出口和国内经济平稳发展以及稳定世界经济的发展有着深远的影响。

许多学者对汇率波动与国际贸易之间的关系问题进行了大量理论和实证研究，但主要集中在汇率波动对国际贸易产生的影响方面。Hooper和Kohlhagen、Chou、曹阳和李剑武等学者认为汇率波动对国际贸易具有负向影响。[①] Sercu和Vanhulle、Dellas和Zilberfarb等学者认为汇率波动对国际贸易具有正向影响。[②] Cote、Barkoulas等、陈云和何秀红认为不能从理论上判定或从总体上明确汇率波动性同贸易量之间的关系。[③] 谷宇和高铁梅认为在长期内人民币汇率波动性对进口表现为正向冲击，对出口表现为负向冲击。张伯伟和田朔认为人民币大幅升值会阻碍中国出口，而人民币贬值和小幅度升值会促进中国出口。苏海峰和陈浪南研究了人民币汇率变动对中国贸易出口、进口以及进出口的时变性影响。[④]

而研究贸易对汇率波动或汇率稳定性影响的研究却很少。通常情况下，许多学者都会认为一国为其他国家提供产品市场的能力越强，他国货

---

① Hooper, P., Kohlhagen, S., "The Effect of Exchange Rate Uncertainly on the Prices and Volume of International Trade," *Journal of International Economics*, Vol. 8, 1978, pp. 483-511. Chou, W. L., "Exchange Rate Variability and China's Exports," *Journal of Comparative Economics*, Vol. 28, No. 1, 2000, pp. 61-79. 曹阳、李剑武：《人民币实际汇率水平与波动对进出口贸易的影响——基于1980~2004年的实证研究》，《世界经济研究》2006年第8期，第56~59页。

② Sercu, P., Vanhulle, C., "Exchange Rate Volatility, Exposure and the Value of Exporting Firms," *Journal of Banking and Finance*, Vol. 16, 1992, pp. 155-182. Dellas, H., Zilberfarb, H., "Real Exchange Rate Volatility and International Trade: A Reexamination of the Theory," *Southern Economic Journal*, Vol. 59, No. 4, 1993, pp. 651-657.

③ Cote, A., "Exchange Rate Volatility and Trade: A Survey," *Bank of Canada Working Paper*, Vol. 94, No. 5, 1994. Barkoulas, J. T., Baum, C. F., Caglayan, M., "Exchange Rate Effects on the Volume and Variability of Trade Flows," *Journal of International Money and Finance*, Vol. 21, No. 4, 2002, pp. 481-496. 陈云、何秀红：《人民币汇率波动对我国HS分类商品出口的影响》，《数量经济技术经济研究》2008年第3期，第43~54页。

④ 谷宇、高铁梅：《人民币汇率波动性对中国进出口影响的分析》，《世界经济》2007年第10期，第49~57页；张伯伟、田朔：《汇率波动对出口贸易的非线性影响——基于国别面板数据的研究》，《国际贸易问题》2014年第6期，第131~139页；苏海峰、陈浪南：《人民币汇率变动对中国贸易收支时变性影响的实证研究》，《国际金融研究》2014年第2期，第43~52页。

币兑该国货币就越有较强的汇率稳定性要求，即一国作为其他国家的市场提供者地位越高，其他国家货币兑本国货币的汇率稳定性要求也越高。[①]那么，东亚主要经济体货币的汇率稳定性是否会受到中日美的东亚市场提供者地位的影响以及是否会随着中日美三国的东亚市场提供者地位的变化而有所改变呢？中国作为东亚市场提供者地位的提升是否能够降低东亚经济体货币兑美元汇率较强稳定性的要求？

为了更充分研究一国对外市场提供者地位与他国对该国货币汇率稳定性的关系，这里也同时对日本和美国作为东亚市场提供者与东亚货币兑日元和美元汇率稳定性问题进行探讨，以便通过对比分析得出更有说服力的结论。

一　中日美作为东亚市场提供者地位的演进

从 1995 年到 2015 年的 20 余年里，中国、日本、美国为东亚地区提供市场的份额即东亚地区分别向中国、日本、美国三国出口的产品占该地区向全世界出口的比重发生了较为明显的变化。从总体上看（见图 5-1a），1998 年以前，美国和日本作为东亚地区市场提供者的地位要远高于中国，两国为东亚地区提供的市场份额最高分别达到 24.73%和 15.59%。2002 年，中国为东亚地区总产品提供市场的比重超过日本，成为东亚地区第二大产品市场提供者，并在 2006 年超过美国，成为东亚地区最大的产品市场提供者。2015 年，中国为东亚提供市场比重已达到 28.32%。虽然中国作为东亚总产品市场提供者地位现已明显超过美国，但在中日美三国为东亚地区提供不同类型产品[②]市场方面还存在显著差异。

① 李晓、付竞卉：《现阶段的国际货币体系改革：东亚的困境与战略选择》，《世界经济与政治论坛》2010 年第 4 期，第 62~75 页。

② 不同类型产品分类是根据联合国广义分类法（BEC）来进行的。东亚主要经济体向美、中、日出口的主要产品分为三大类、17 小类：第一大类初级产品包括用于工业的粮食类初级产品（111）、未列名的工业供应初级产品（21）、燃料和润滑油类的初级产品（31）；第二大类中间产品包括运输设备除外的资本货品的零件和附件（42）、运输设备的零件和附件（53）、用于工业的粮食类加工品（121）、未列名的工业供应加工品（22）、燃料和润滑油类的加工品（32）；第三大类最终产品包括用于家庭消费的初级食品和饮料类产品（112），用于家庭消费的加工过的食品和饮料类产品（122），客用汽车（51），非工业用运输设备（522），未列名的耐用、半耐用、非耐用消费品（61、62、63）等最终消费品，以及运输设备除外的资本货品（41）、工业用运输设备（521）等最终资本品。

在东亚区域初级产品市场的提供方面，由于中国、日本和美国三个国家经济发展结构的差异，日本长期以来是东亚非常重要的初级产品市场提供者，而美国对东亚地区提供的初级产品市场规模始终较低。中国自 2002 年以后为东亚提供的初级产品市场份额总体在上升，2015 年达到 45.84%（见图 5-1b）。

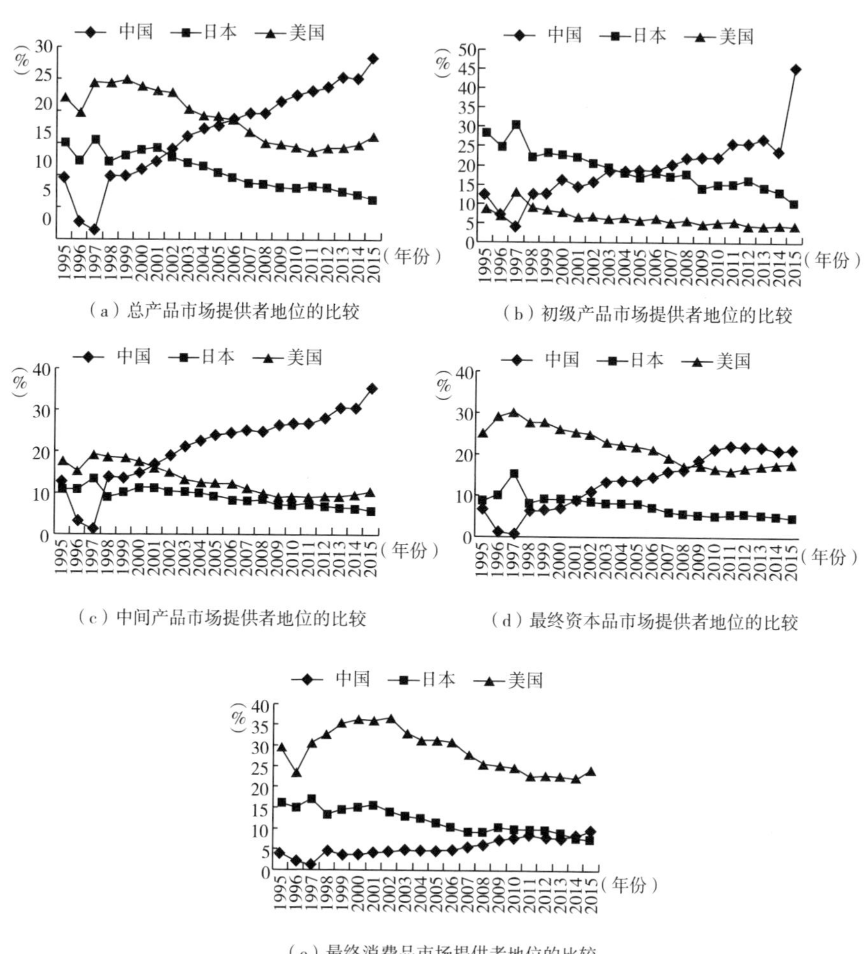

（a）总产品市场提供者地位的比较

（b）初级产品市场提供者地位的比较

（c）中间产品市场提供者地位的比较

（d）最终资本品市场提供者地位的比较

（e）最终消费品市场提供者地位的比较

图 5-1　1995~2015 年中国、日本、美国作为东亚不同类型产品市场提供者地位的比较

资料来源：UN Comtrade Database（联合国商品贸易统计数据库）。

在东亚区域中间产品市场的提供方面，美国在2001年前为东亚地区提供中间产品市场的份额最大，而1997年以后中国提供的中间产品份额保持着较快的稳定增长，分别在1998年和2001年超过了日本和美国，并同日本和美国的差距逐年增大（见图5-1c）。这与进入21世纪以后中国加工贸易的兴起以及作为“世界工厂”角色的出现有着直接的关系。

在东亚区域最终产品市场的提供方面，可以从最终资本品市场和最终消费品市场两个方面分别进行分析。从最终资本品市场来看，2002年中国为东亚地区提供的最终资本品市场份额超过日本，2009年超越美国成为最大的东亚最终资本品市场提供者。2010年以后，中国经济增速放缓并出现下滑趋势，但中国为东亚提供的最终资本品市场份额仍稳定在21%左右的水平（见图5-1d）。从最终消费品市场来看，尽管10多年来，美国为东亚提供的最终消费品市场的比重有所下降，但始终是最大的东亚最终消费品市场提供者，并保持着绝对的优势地位。虽然2014年中国超越日本，成为第二大东亚最终消费品市场提供者，但与美国还相差甚远（见图5-1e）。

通过上述分析可以看出，中国作为东亚各类产品市场提供者地位总体呈上升趋势，而美国和日本都呈现出不同程度的下降趋势。中国已成为东亚地区最大的初级产品、中间产品和最终资本品市场提供者，但在最终消费品市场提供方面与美国相差甚远。

二　东亚经济体货币分别兑中日美三国货币汇率的稳定性

对于东亚经济体货币分别兑中日美三国货币汇率稳定性的考察，这里主要通过人民币、日元和美元分别与东亚经济体货币间的周汇率求得每年汇率波动方差来描述东亚经济体货币分别兑中日美三国货币之间的汇率稳定性。汇率数据来源于OANDA数据库，用直接标价法表示两国间汇率水平。图5-2、图5-3、图5-4分别为美元、人民币、日元与东亚主要经济体货币间的年度汇率波动方差走势情况。

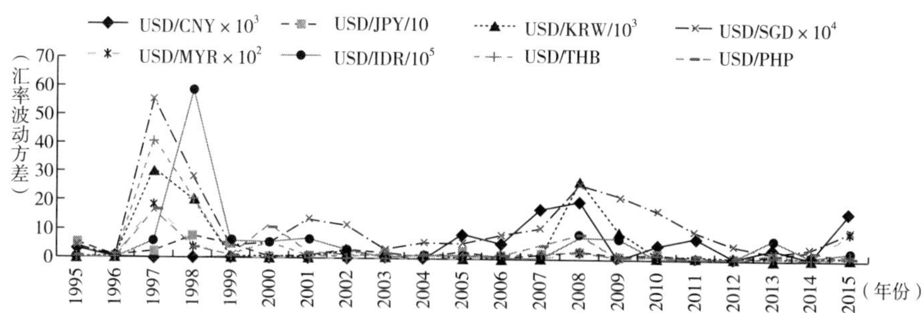

图 5-2　1995~2015 年美元与东亚主要经济体货币的汇率波动方差

注：由于东亚主要经济体货币兑美元汇率级数差异较大，为在统计图中清楚表述出在不同年份双边汇率波动情况，故将东亚主要经济体货币兑美元汇率的波动方差进行了不同等级的放缩。例如：USD/CNY×10^3 表示直接标价法下人民币兑美元汇率波动方差扩大 10^3 倍。图 5-3、图 5-4 中同理。

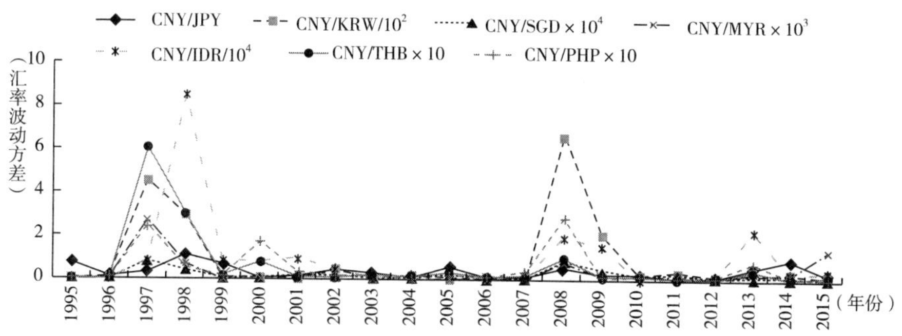

图 5-3　1995~2015 年人民币与东亚主要经济体货币的汇率波动方差

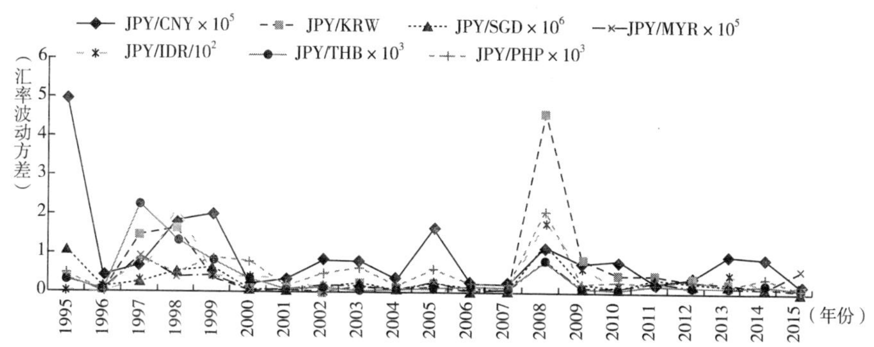

图 5-4　1995~2015 年日元与东亚主要经济体货币的汇率波动方差

三　变量的选取与模型的设定

（一）变量的选取

对于核心解释变量中日美三国分别作为东亚不同类型产品市场提供者地位，用东亚区域内主要经济体分别向中日美三国不同类型产品的出口额占该东亚经济体该类产品向世界总出口额的比重来表示，数据来源于 UN Comtrade 数据库。

东亚经济体货币分别兑中日美三国货币汇率稳定性，主要通过人民币、日元和美元分别与东亚经济体货币间的周汇率求得每年汇率波动方差来表示。同时，控制变量选择中日美三国分别与东亚主要经济体之间经济增长速度、利率、货币供应量之差。东亚主要经济体分别与美国、中国、日本之间经济增速之差用它们之间的 GDP 不变价同比之差来表示，利率之差用东亚主要经济体分别与中国、日本、美国之间实际利率之差来表示，货币供应量之差用它们之间的货币供应量 M2 同比增速之差来表示，以体现不同经济体通货膨胀的差异对汇率稳定性的影响。这些数据均来源于 Wind 数据库。

另外，由图 5-2、图 5-3 和图 5-4 可见，1997 年亚洲金融危机和 2008 年全球金融危机使美、中、日与东亚其他经济体之间汇率出现了较大幅度的波动，尤其是在 1997 年的亚洲金融危机，各国大多出现汇率的巨大变化。这也使东亚部分国家调整汇率政策，大多从钉住美元的汇率制度走上浮动汇率制。因此，有必要引入是否存在有金融危机冲击的虚拟变量。

综上所述，被解释变量为东亚主要经济体货币分别兑人民币、日元和美元的汇率稳定性，核心解释变量为美、中、日三国为东亚经济体提供不同类型产品的市场份额，控制变量包括美、中、日三国分别与东亚主要经济体的 GDP 增速之差、利率之差、货币供应量之差等宏观经济发展因素。

（二）模型设定

本书使用全部变量的总体数据，采用变截距面板数据模型对影响汇率稳定性的因素进行分析。为使数据方差更趋于稳定，对被解释变量汇率波动方差以及核心解释变量提供市场份额采用对数形式。首先利用 Wald 检验以及 B-P 检验，检验统计量的值分别为 119.87、855.02，均在 1%的显著性水平下拒绝采用 Pooled OLS 模型；接下来采用 Hausman 检验确定采用变截距固定效应模型或是随机效应模型，得到统计检验值为 38.44，在 1%的显著性水平下拒绝采用随机效应模型。因此确定使用变截距固定效应面板数据模型。

首先，通过如下变截距固定效应面板数据模型（1）进行估计。

$$\ln\_exrate_{it} = c_i + \beta_1 \ln\_weight_{it} + \beta_2 dg_{it} + \beta_3 dr_{it} + \beta_4 dm_{it} + \varepsilon_{it} \tag{1}$$

其中，t 表示从 1995 年至 2014 年的时间序列；i 表示 8 个东亚主要经济体，包括中国、日本、韩国、新加坡、马来西亚、印度尼西亚、泰国和菲律宾；$\ln_exrate_{it}$表示中日美三国与东亚经济体 i 之间的年汇率波动方差的对数值；$\ln_weight_{it}$表示中日美三国分别为东亚第 i 个经济体在不同类型产品方面提供市场份额的对数值；dg_{it}表示中日美（市场提供者）分别与东亚主要经济体之间 GDP 增速之差；dr_{it}表示市场提供者分别与东亚经济体之间利率之差；dm_{it}表示市场提供者分别与东亚主要经济体货币供应量 M2 同比增速之差。

其次，通过包含危机虚拟变量的变截距固定效应面板数据模型（2）进行估计。

$$\ln\_exrate_{it} = c_i + \beta_1 \ln\_weight_{it} + \beta_2 dg_{it} + \beta_3 dr_{it} + \beta_4 dm_{it} + v0_{it} + \varepsilon_{it} \tag{2}$$

在模型（1）的基础上，根据是否有金融危机发生，引入虚拟变量 $v0_{it}$，该变量中将 1997 年、1998 年、2008 年设为 1，其余为 0，以此消减经济危机冲击的外部因素对于汇率稳定性估计的误差影响。

四　实证结果分析

（一）美国的东亚市场提供者地位对东亚货币汇率稳定性的影响

从表 5-1 的模型（1）估计结果中各项系数的显著性水平可以得出，美国为东亚主要经济体提供各类产品市场的份额、美国与东亚主要经济体的 GDP 增速之差以及利差大多对东亚主要经济体货币分别与美元汇率的稳定性有着显著影响。第一，美国为东亚主要经济体提供市场份额的系数都为负，说明东亚主要经济体对美国市场依赖程度越高，其货币兑美元汇率的波动方差越小，该货币兑美元汇率稳定性要求就越高。第二，美国与东亚主要经济体的 GDP 增速之差以及利差的系数为正，说明东亚主要经济体与美国之间经济增长速率之差或者利差越大，它们的货币兑美元的汇率波动方差也会越大，即兑美元的汇率越不稳定。

而在表 5-1 的模型（2）中，加入存在金融危机的虚拟变量后，在更高的显著性水平下可以认为美国为东亚主要经济体提供市场的份额与其对东亚国家双边汇率波动呈显著负相关，即美国所提供各类产品市场的比重越大，东亚主要经济体货币兑美元的汇率越趋于稳定。但在模型（2）中，美国与东亚主要经济体的 GDP 增速之差以及利差的系数并不显著。这说明东亚主要经济体货币兑美元汇率的稳定性主要取决于美国为东亚经济体提供的产品市场份额以及金融危机冲击的因素，而美国与东亚主要经济体的国内宏观经济变量带来的影响并不显著。

在模型（1）和模型（2）中，美国为东亚主要经济体提供市场份额这个变量都是非常显著的，说明美国为东亚主要经济体提供的各类产品市场份额对东亚主要经济体货币兑美元汇率稳定性具有明确的影响，不会因为外部因素的冲击而发生变化。这也是促使东亚地区成为“美元本位制”持续运行重要支撑力量的主要原因。

表 5-1 美国作为东亚市场提供者对该模型的检验结果

产品类型	模型（1）不含危机虚拟变量的检验结果				模型（2）包含危机虚拟变量的检验结果				
	$\ln\_weight_{it}$	dg_{it}	dr_{it}	dm_{it}	$\ln\_weight_{it}$	dg_{it}	dr_{it}	dm_{it}	$v0_{it}$
最终产品	-2.054**	0.117*	0.097	-0.003	-2.040**	0.011	0.058	0.0004	2.592***
	(-2.22)	(1.76)	(1.65)	(-0.17)	(-2.30)	(0.16)	(1.01)	(0.02)	(3.73)
最终资本品	-1.507**	0.123*	0.092	-0.007	-1.633**	0.017	0.053	-0.003	2.676***
	(-2.08)	(1.82)	(1.57)	(-0.35)	(-2.35)	(-0.24)	(-0.93)	(-0.17)	(3.85)
最终消费品	-2.488**	0.111*	0.978*	0.0002	-2.149**	0.009	0.059	0.004	2.457***
	(-2.38)	(1.68)	(1.67)	(0.01)	(-2.12)	(0.12)	(1.02)	(0.19)	(3.51)
中间产品	-1.895**	0.141**	0.103*	-0.003	-1.957***	0.036	0.064	0.001	2.642***
	(-2.57)	(2.08)	(1.76)	(-0.15)	(-2.78)	(0.51)	(1.12)	(0.05)	(3.83)
初级产品	-2.406***	0.171**	0.094*	-0.015	-2.432***	0.066	0.055	-0.011	2.634***
	(-4.15)	(2.59)	(1.68)	(-0.76)	(-4.40)	(0.95)	(1.02)	(-0.60)	(3.96)

注：***、** 和 * 分别表示回归方程的系数在 1%、5%和 10%的显著性水平下显著异于零。

（二）中国的东亚市场提供者地位对东亚货币汇率稳定性的影响

通过表 5-2 中模型（1）的检验结果可知，中国为东亚主要经济体提供各类产品市场的份额、中国与东亚主要经济体的 GDP 增速之差以及利差大多对东亚主要经济体货币兑人民币汇率的稳定性有着显著影响。但与美国作为东亚主要经济体市场提供者地位的影响有所不同，东亚主要经济体货币兑人民币之间汇率的波动方差与中国为其提供市场份额呈现同方向变动，而不是反方向变动。也就是说，中国为东亚主要经济体提供各类产品市场份额越大，东亚主要经济体货币与人民币的汇率波动也越大。这说明，中国作为东亚市场提供者地位的提升对东亚经济体货币兑人民币汇率稳定性要求的提高还没有产生正向影响。

在表 5-2 模型（2）中，加入存在危机的虚拟变量后，中国为东亚主要经济体提供市场的份额与其对东亚经济体双边汇率波动正相关显著水平进一步提升，这进一步确定了中国为东亚主要经济体提供各类产品市场份额增大，并没有降低东亚主要经济体货币兑人民币汇率波动的稳定性。同时，在加入了危机虚拟变量后，中国与东亚主要经济体的 GDP 增速之差以及利差的系数并不显著。这说明东亚主要经济体货币兑人民币汇率的稳定性主要受到中国为其提供的产品市场份额以及金融危机冲击因素的影响，而中国与东亚主要经济体的国内宏观经济变量带来的影响并不显著。

表 5-2 中国作为东亚市场提供者对该模型的检验结果

产品类型	模型（1）不含危机虚拟变量的检验结果				模型（2）包含危机虚拟变量的检验结果				
	$\ln\_weight_{it}$	dg_{it}	dr_{it}	dm_{it}	$\ln\_weight_{it}$	dg_{it}	dr_{it}	dm_{it}	$v0_{it}$
最终产品	0.445*	0.143**	0.095*	-0.0002	0.733***	0.032	0.070	0.016	3.124***
	(1.80)	(2.40)	(1.92)	(-0.01)	(3.23)	(0.57)	(1.59)	(0.86)	(5.78)
最终资本品	0.285	0.145**	0.095*	-0.001	0.545***	0.035	0.071	0.015	3.130***
	(1.41)	(2.42)	(1.91)	(-0.03)	(2.92)	(0.61)	(1.60)	(0.78)	(5.72)
最终消费品	0.735**	0.145**	0.095*	0.044	0.991***	0.041	0.070	0.023	3.005***
	(2.22)	(2.46)	(1.93)	(0.22)	(3.29)	(0.72)	(1.58)	(1.20)	(5.64)

续表

产品类型	模型（1）不含危机虚拟变量的检验结果				模型（2）包含危机虚拟变量的检验结果				
	$\ln\_weight_{it}$	dg_{it}	dr_{it}	dm_{it}	$\ln\_weight_{it}$	dg_{it}	dr_{it}	dm_{it}	$v0_{it}$
中间产品	0.613*	0.139**	0.098*	0.001	1.261***	0.013	0.076*	0.020	3.385***
	(1.70)	(2.32)	(1.97)	(0.07)	(3.76)	(0.24)	(1.73)	(1.07)	(6.18)
初级产品	−0.001	0.146**	0.09*	0.003	0.549*	0.044	0.064	0.016	3.076***
	(−0.02)	(2.41)	(1.81)	(0.13)	(1.76)	(0.76)	(1.40)	(0.83)	(5.36)

注：***、**和*分别表示回归方程的系数在1%、5%和10%的显著性水平下显著异于零。

（三）日本的东亚市场提供者地位对东亚货币汇率稳定性的影响

从表5-3中模型（1）和模型（2）的检验结果中可以看出，无论是否含有危机冲击的虚拟变量，日本为东亚主要经济体提供各类产品市场份额对东亚主要经济体货币兑日元汇率稳定性大多没有显著的影响。其原因需从日本汇率制度、日元国际地位等外部因素进行相应分析。在完全浮动汇率制度下，市场供求关系对日元汇率波动具有重大影响，而且日元是国际上重要的交易货币之一，但其作为国际储备货币的地位与美元相差甚远。因此，外汇市场上日元的供求关系是经常变化的，这成为日元汇率波动的重要动因。相对而言，日本提供产品市场的经济基本面因素对日元汇率稳定性的影响相对较低。

同时，在加入了危机虚拟变量后，日本与东亚主要经济体的GDP增速之差的系数也变为不显著。这说明金融危机冲击因素对东亚主要经济体货币兑日元汇率稳定性的影响最显著，而日本为东亚经济体提供市场份额以及来自日本与东亚主要经济体的国内宏观经济变量的影响并不显著。

表5-3　日本作为东亚市场提供者对该模型的检验结果

产品类型	模型（1）不含危机虚拟变量的检验结果				模型（2）包含危机虚拟变量的检验结果				
	$\ln\_weight_{it}$	dg_{it}	dr_{it}	dm_{it}	$\ln\_weight_{it}$	dg_{it}	dr_{it}	dm_{it}	$v0_{it}$
最终产品	−0.035	0.101***	0.015	0.013	−0.220	0.032	0.010	0.013	1.702***
	(−0.10)	(2.91)	(0.60)	(1.29)	(−0.70)	(1.01)	(0.45)	(1.55)	(6.85)
最终资本品	0.392	0.099***	0.02	0.015	0.258	0.031	0.016	0.016**	1.673***
	(1.13)	(2.87)	(0.83)	(1.58)	(0.86)	(1.00)	(0.76)	(1.98)	(6.75)
最终消费品	−0.125	0.101***	0.014	0.012	−0.247	0.031	0.010	0.013	1.700***
	(−0.36)	(2.90)	(0.57)	(1.22)	(−0.84)	(0.98)	(0.47)	(1.52)	(6.86)

续表

产品类型	模型（1）不含危机虚拟变量的检验结果				模型（2）包含危机虚拟变量的检验结果				
	$\ln\_weight_{it}$	dg_{it}	dr_{it}	dm_{it}	$\ln\_weight_{it}$	dg_{it}	dr_{it}	dm_{it}	$v0_{it}$
中间产品	-0.841*	0.093***	0.016	0.009	-0.878**	0.023	0.013	0.010	1.695***
	(-1.83)	(2.70)	(0.68)	(0.91)	(-2.24)	(0.75)	(0.67)	(1.28)	(6.96)
初级产品	0.0131	0.101***	0.016	0.014	-0.214	0.030	0.011	0.013	1.725***
	(0.43)	(2.91)	(0.69)	(1.44)	(-0.80)	(0.95)	(0.52)	(1.63)	(6.85)

注：***、** 和 * 分别表示回归方程的系数在1%、5%和10%的显著性水平下显著异于零。

（四）结论与启示

1. 主要结论

第一，美国的东亚市场提供者地位对东亚经济体货币兑美元汇率稳定性有着显著影响。美国为东亚经济体提供各类产品市场份额越高，就越会促使东亚经济体货币兑美元汇率有较高的稳定性要求。

第二，中国的东亚市场提供者地位对东亚经济体货币兑人民币汇率稳定性有着显著的反向影响，即中国为东亚经济体提供产品市场份额越大，东亚经济体货币兑人民币汇率波动方差也越大。而日本为东亚经济体提供产品市场的规模与东亚经济体货币兑日元汇率稳定性没有明显关系。

第三，金融危机等外部冲击能够对东亚经济体货币汇率稳定有着显著影响，而中日美三国与东亚主要经济体内部宏观经济发展的差异不会影响东亚经济体货币兑该三种货币汇率的稳定性。

因此，从经济基本面的角度来看，美国具有的较高的东亚市场提供者地位是东亚经济体货币兑美元汇率具有较强稳定性要求的主要原因；而中国逐渐上升的东亚市场提供者地位却促使东亚经济体货币兑人民币汇率波动方差扩大。

2. 启示

第一，美元仍将在东亚主要经济体货币汇率波动中发挥着“货币锚”作用。尽管存在外部金融危机等冲击因素，但美国作为东亚市场提供者地位依然对东亚经济体货币兑美元汇率稳定性有着显著正向影响。2011 年以来，美国作为东亚市场提供者地位并没有继续出现下降的趋势，而是保持基本平稳态势。因此，东亚主要经济体货币兑美元还会继续保持较高的汇率稳定性要求，美元作为东亚地区隐形“货币锚”的影响程度依然较高，东亚地区的“美元本位”特征依然具有可持续性。

第二，从市场提供者角度来看，人民币在东亚主要经济体货币汇率稳定中的“货币锚”作用还没有得到体现。目前，中国的东亚市场提供者地位较高，中国在2006年就已经成为东亚地区最大的市场提供者。但是，中国的东亚市场提供者地位没有对东亚经济体货币兑人民币汇率稳定性产生正向影响，东亚经济体货币对人民币汇率稳定性要求并不高并且没有充分体现出来。

第三，中日美的东亚最终消费品市场提供者地位可能会对东亚经济体货币汇率稳定性有着更为密切的影响关系。中国分别在2004年、2001年和2009年就已经成为东亚地区最大的初级产品、中间产品和最终资本品市场提供者，但在最终消费品市场提供方面，中国和日本与美国的差距很大。2015年，美国为东亚提供的最终消费品市场的份额为24.54%，而中国和日本分别提供的份额仅为9.69%和7.47%。中国、日本和美国分别作为东亚最终消费品市场提供者与东亚经济体货币分别兑人民币、日元和美元汇率稳定性程度相吻合。由此可以推断最终消费品的市场提供者地位可能对该国在本区域内“货币锚”作用的发挥具有至关重要的影响。因此，为了提高人民币在东亚区域内“货币锚”的作用，东亚经济体货币兑人民币汇率稳定性要求，应该推动中国作为东亚最终消费品市场提供者地位的进一步提升。

第二节 中国市场提供者地位对东亚货币与人民币汇率波动性的影响

为了更充分研究一国对外市场提供者地位与他国对该国货币汇率稳定性的关系，下文将通过对年汇率波动的分析对中国、日本和美国作为东亚市场提供者与东亚货币兑人民币、日元和美元汇率波动性问题进行探讨，以便通过对比分析得出更有说服力的结论。

一 东亚经济体货币分别兑中日美三国货币汇率的波动性

对于东亚经济体货币分别兑中日美三国货币汇率波动性的考察，这里主要通过人民币、日元和美元分别与东亚经济体货币间的周汇率，通过HP滤波法得到关于两国间汇率时间序列的趋势成分和周期波动成分，利用其中的波动部分数值求得年平均汇率波动量，以此描述中日美三国货币与东亚经济体之间的汇率波动情况。汇率数据来源于OANDA数据库，用直接标价法表示两国间汇率水平。图5-5、图5-6和图5-7分别是美元、人民币、日元与东亚主要经济体货币间的年汇率平均波动走势情况。

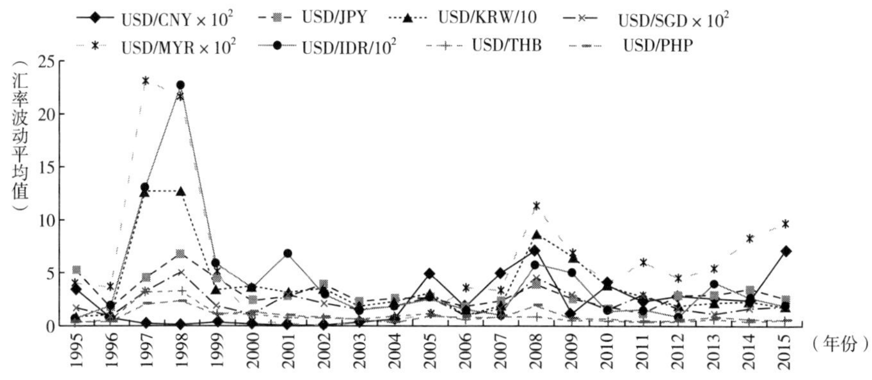

图5-5 1995~2015年美元与东亚主要经济体货币的汇率波动平均值

注：由于东亚主要经济体货币兑美元汇率级数差异较大，为在统计图中清楚表述出在不同年份双边汇率波动情况，故将东亚主要经济体货币兑美元汇率的波动平均值进行了不同等级的放缩。例如：USD/CNY×10^3表示直接标价法下人民币兑美元汇率波动方差扩大10^3倍。图5-6、图5-7中同理。

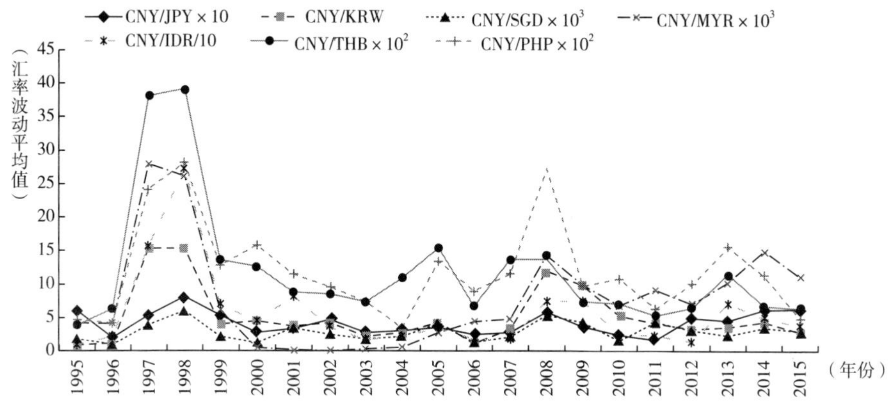

图5-6 1995~2015年人民币与东亚主要经济体货币的汇率波动平均值

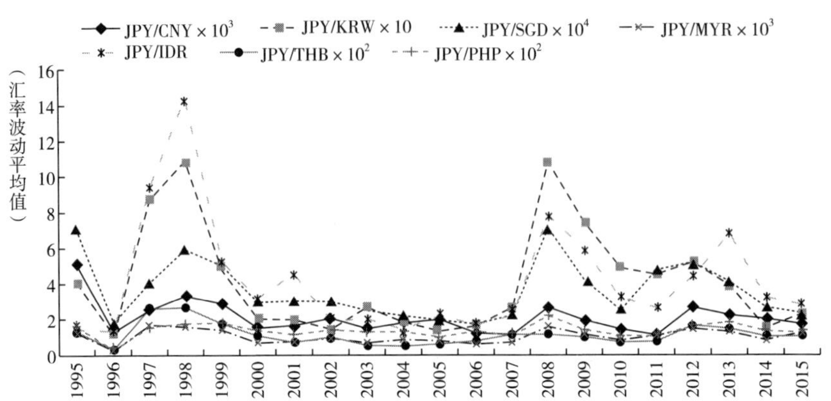

图 5-7　1995~2015 年日元与东亚主要经济体货币的汇率波动平均值

二　变量的选取与模型的设定

（一）变量的选取

与本章第一节的模型（1）相同，核心解释变量为东亚不同类型产品市场提供者地位，用东亚区域内主要经济体分别向中日美三国不同类型产品的出口额占该东亚经济体该类产品向世界出口总额的比重来表示，数据来源于 UN Comtrade 数据库。

其他变量为中日美三国分别与东亚主要经济体之间经济增长速度之差、各国利率之差、货币供应量之差，其也与模型（1）保持不变。

另外，由图 5-5、图 5-6 和图 5-7 可见，1997 年、2008 年前后年汇率波动平均值较大，金融危机对美中日与东亚其他经济体之间汇率的波动性产生了巨大的影响，尤其是 1997 年亚洲金融危机对亚洲各经济体之间汇率水平造成的冲击。在模型建立的过程中，应考虑该因素对实证结果的影响。因此，与模型（1）同样需要引入反映金融危机冲击的虚拟变量。

综上，模型的被解释变量为东亚主要经济体货币分别兑人民币、日元、美元的汇率波动性，以此与本章第一节的模型（1）、模型（2）中被解释变量——汇率稳定性形成对比，再次探究美中日三国为东亚经济体提供不同类型产品的市场份额与汇率之间的联系。

（二）模型设定

本书使用全部变量的总体数据，采用变截距面板数据模型对影响汇率稳定性的因素进行分析。为使年汇率波动平均值更趋于稳定，对被解释变量年汇率波动平均值和解释变量提供市场份额取对数形式。模型（3）仍采用固定效应变截距面板数据模型，并与本章第一节的模型（1）进行对比。

首先，对下述变截距固定效应面板数据模型（3）进行估计。

$$\ln\_rateflu_{it} = c_i + \beta_1 \ln\_weight_{it} + \beta_2 dg_{it} + \beta_3 dr_{it} + \beta_4 dm_{it} + \varepsilon_{it} \tag{3}$$

其中，t 表示从 1995 年至 2014 年的时间序列，i 为 8 个东亚主要经济体，包括中国、日本、韩国、新加坡、马来西亚、印度尼西亚、泰国和菲律宾；$\ln_rateflu_{it}$表示中日美三国与东亚经济体 i 之间的年汇率波动平均值的对数值；其他变量均与模型（1）相同，$\ln_weight_{it}$表示中日美三国分别为东亚第 i 个经济体在不同类型产品方面提供市场份额的对数值；dg_{it}表示中日美（市场提供者）分别与东亚主要经济体之间 GDP 增速之差；dr_{it}表示市场提供者分别与东亚经济体利率之差；dm_{it}表示市场提供者分别与东亚主要经济体货币供应量 M2 同比增速之差。

另外，对引入危机虚拟变量的变截距固定效应面板数据模型进行估计。

$$\ln\_rateflu_{it} = c_i + \beta_1 \ln\_weight_{it} + \beta_2 dg_{it} + \beta_3 dr_{it} + \beta_4 dm_{it} + v0_{it} + \varepsilon_{it} \tag{4}$$

在模型（4）中描述金融危机冲击影响的虚拟变量为 $v0_{it}$，该变量将 1997 年、1998 年、2008 年设为 1，表示存在金融危机对汇率波动水平的影响，其余为 0，以此削减危机冲击的外部因素对于汇率波动情况估计的误差影响。

三　实证结果分析

（一）美国的东亚市场提供者地位对东亚货币汇率波动性的影响

从表 5-4 的模型（3）估计结果中各项系数的显著性水平可以得出，

美元与东亚主要经济体货币汇率的波动性受美国作为东亚市场提供者所提供市场的份额、美国与东亚主要经济体的 GDP 增速之差以及利差的影响。第一，从美国为东亚经济体最终产品提供市场的角度，可以看出美国为东亚提供最终产品市场份额的系数为负，说明美国作为东亚最终市场提供者的地位越高，美元与东亚主要经济体货币间的汇率波动越小，即东亚主要货币兑美元汇率的稳定性要求越高。同时，由数据显著性结果也可以看出，最终产品中的最终消费品市场提供份额的高低对美元与东亚主要货币间汇率波动性的影响更大。美国始终是东亚最终产品的最大市场提供者，并遥遥领先于中国和日本，这使得东亚主要国家货币与美元保持汇率稳定的倾向更为突出。第二，东亚主要经济体与美国之间的经济增长差距越大、两国利差越大，其货币与美元的汇率波动平均值越大，汇率的稳定性越差。

而在表 5-4 的模型（4）中引入金融危机的虚拟变量后，在最终产品市场提供份额变量上有了更高的显著性。同样表现出美国为东亚主要经济体提供市场的份额与其对东亚国家双边汇率波动性上存在反方向变动关系，即美国提供最终产品市场的比重越大，东亚主要货币与美元之间的汇率越趋于稳定，并且金融危机对亚洲经济体的冲击，使得这样的影响更为显著和深远。但同时，美国与东亚主要经济体间 GDP 之差、利率之差、货币供应量 M2 同比增速之差的系数并不显著，也说明在金融危机存在的情况下，其对汇率波动的影响是次要层面，对美国与东亚主要经济体的宏观经济变量带来的影响是有限的。

表 5-4　美国作为东亚市场提供者对该模型的检验结果

产品类型	模型（3）不含危机虚拟变量的检验结果				模型（4）包含危机虚拟变量的检验结果				
	$\ln\_weight_{it}$	dg_{it}	dr_{it}	dm_{it}	$\ln\_weight_{it}$	dg_{it}	dr_{it}	dm_{it}	$v0_{it}$
最终产品	-0.615*	0.069***	0.040**	-0.004	-0.610**	0.030	0.025	-0.003	0.957***
	(-1.95)	(3.04)	(1.99)	(-0.62)	(-2.04)	(1.27)	(1.31)	(-0.43)	(4.10)
最终资本品	-0.291	0.067***	0.037*	-0.005	-0.338	0.028	0.023	-0.003	0.975***
	(-1.18)	(2.92)	(1.85)	(-0.69)	(-1.44)	(1.20)	(1.18)	(-0.53)	(4.14)
最终消费品	-0.691*	0.066***	0.040**	-0.003	-0.564	0.028	0.025	-0.002	0.922***
	(-1.94)	(2.96)	(1.99)	(-0.46)	(-1.65)	(1.19)	(1.29)	(-0.29)	(3.91)

续表

产品类型	模型（3）不含危机虚拟变量的检验结果				模型（4）包含危机虚拟变量的检验结果				
	$\ln\_weight_{it}$	dg_{it}	dr_{it}	dm_{it}	$\ln\_weight_{it}$	dg_{it}	dr_{it}	dm_{it}	$v0_{it}$
中间产品	-0.279	0.068***	0.038*	-0.004	-0.301	0.030	0.024	-0.003	0.966***
	(-1.10)	(2.92)	(1.89)	(-0.58)	(-1.25)	(1.24)	(1.23)	(-0.39)	(4.10)
初级产品	-0.571***	0.080***	0.038*	-0.007	-0.581***	0.041*	0.024	-0.005	0.970***
	(-2.83)	(3.48)	(1.95)	(-1.01)	(-3.04)	(1.73)	(1.26)	(-0.85)	(4.21)

注：***、** 和 * 分别表示回归方程的系数在 1%、5%和 10%的显著性水平下显著异于零。

（二）中国的东亚市场提供者地位对东亚货币汇率波动性的影响

通过表 5-5 中模型（3）的检验结果可知，中国作为东亚主要经济体提供各类市场的份额对东亚主要经济体货币兑人民币汇率波动性的影响并不显著，全球贸易的过程中更多地使用美元作为结算货币，人民币在贸易结算过程中的使用量并不高，使得东亚主要经济体更愿意其货币与美元保持相对的稳定，以保证贸易结算中更低的汇率风险、更低的交易成本和更高的贸易收益，而人民币在交易中的影响力与美元相比有着较大差距的影响力和使用率。与此同时，中国与东亚主要经济体的 GDP 增速之差和利率之差均对东亚主要经济体货币兑人民币汇率的波动程度有着较为显著的影响。

在表 5-5 中模型（4）的估计结果中，在引入金融危机的虚拟变量后，中国作为最终产品、中间产品市场提供者，其提供市场的份额占比对东亚主要经济体货币兑人民币的汇率波动性有着较为显著的影响。但与美国作为东亚市场提供者地位的影响有所不同，中国作为东亚市场提供者的地位对双边汇率稳定性的影响是同向的，即中国为东亚主要经济体提供市场的份额越大，人民币与这些国家货币间的年汇率波动平均值越大，双边汇率越不稳定。这也说明由于中国在最终资本品市场、中间产品市场、初级产品市场提供者地位超越美国，成为这些类型产品的东亚最大市场提供者的时间较短，并没有产生对汇率稳定的正向影响。同时，也可以看出，中国仍需大力发展对最终消费品市场提供的能力和空间。只有中国在各类产品市场提供的份额均处于明显的优势地位，以及自身宏观经济快速发展，中国市场提供者地位提升所带来的对汇率稳定的正向影响才能显现。而这一点需要伴随着人民币国际化的角度通过较长时间的发展与改善，得以实现并产生全球化、持久性的影响和作用。

另外，在加入了危机虚拟变量后，中国与东亚主要经济体的 GDP 增速之差以及货币供应量 M2 同比增速之差的系数大多并不显著。这说明东亚主要经济体对人民币汇率的波动主要受到中国为其提供的产品市场份额以及金融危机冲击因素的影响。

表 5-5 中国作为东亚市场提供者对该模型的检验结果

产品类型	模型（3）不含危机虚拟变量的检验结果				模型（4）包含危机虚拟变量的检验结果				
	$\ln\_weight_{it}$	dg_{it}	dr_{it}	dm_{it}	$\ln\_weight_{it}$	dg_{it}	dr_{it}	dm_{it}	$v0_{it}$
最终产品	0.061	0.059***	0.038**	-0.008	0.171**	0.017	0.029*	-0.002	1.192***
	(0.67)	(2.69)	(2.07)	(-1.02)	(2.05)	(0.83)	(1.75)	(-0.24)	(5.99)
最终资本品	0.017	0.060***	0.004**	-0.008	0.116*	0.018	0.029*	-0.002	1.185***
	(0.23)	(2.71)	(2.05)	(-0.99)	(1.69)	(0.87)	(1.75)	(-0.27)	(5.90)
最终消费品	0.131	0.060***	0.038**	-0.007	0.230**	0.019	0.028*	-0.001	1.164***
	(1.06)	(2.72)	(2.09)	(-0.94)	(2.08)	(0.93)	(1.75)	(-0.03)	(5.94)
中间产品	0.007	0.060***	0.037**	-0.008	0.242*	0.144	0.029*	-0.001	1.226***
	(0.05)	(2.70)	(2.03)	(-0.98)	(1.93)	(0.68)	(1.80)	(-0.12)	(5.99)
初级产品	-0.139	0.058***	0.037**	-0.006	0.067	0.021	0.027	-0.001	1.14***
	(-1.17)	(2.66)	(2.04)	(-0.83)	(0.59)	(0.98)	(1.65)	(-0.20)	(5.48)

注：***、** 和 * 分别表示回归方程的系数在 1%、5% 和 10% 的显著性水平下显著异于零。

（三）日本的东亚市场提供者地位对东亚货币汇率波动性的影响

在表 5-6 的模型（3）和模型（4）的检验结果中可以看出，日本在引入金融危机虚拟变量后的中间产品和初级产品市场提供份额对日元与东亚主要货币汇率波动性有着较为显著的影响，日本为东亚中间产品和初级产品市场提供份额越大，日元与东亚主要货币汇率的波动越小，汇率稳定性越高。但其他的系数估计结果并不具有显著性，这也说明日元国际地位、日元国际化效果以及日本汇率制度等外部因素对于日元与东亚主要货币汇率波动有着较大的影响。在浮动汇率制度下，东亚国家对于日元的依赖程度要远远低于美元，外汇市场上日元的供求波动也对变量间的计量关系产生影响。

另外，从表 5-6 中控制变量的结果可以看出，不考虑金融危机影响的情况下，日本与东亚主要经济体间的 GDP 增速之差对东亚主要货币兑日元汇率波动性上有着显著的影响。但引入金融危机虚拟变量后，日本与东亚主要经济体的 GDP 增速之差的系数大多变为不显著，说明金融危机冲击对日本与东亚主要经济体的国内宏观经济变量没有显著影响。

表 5-6　日本作为东亚市场提供者对该模型的检验结果

产品类型	模型（3）不含危机虚拟变量的检验结果				模型（4）包含危机虚拟变量的检验结果				
	$\ln\_weight_{it}$	dg_{it}	dr_{it}	dm_{it}	$\ln\_weight_{it}$	dg_{it}	dr_{it}	dm_{it}	$v0_{it}$
最终产品	0.047	0.054***	0.001	0.003	-0.034	0.024*	-0.002	0.003	0.740***
	(0.28)	(3.45)	(0.06)	(0.64)	(-0.23)	(1.67)	(-0.17)	(0.78)	(6.49)
最终资本品	0.014	0.054***	0.001	0.003	-0.045	0.024*	-0.002	0.003	0.74***
	(0.09)	(3.45)	(0.01)	(0.59)	(-0.33)	(1.67)	(-0.18)	(0.81)	(6.50)
最终消费品	0.085	0.054***	0.001	0.003	0.033	0.024*	-0.001	0.004	0.736***
	(0.55)	(3.46)	(0.09)	(0.72)	(0.24)	(1.67)	(-0.08)	(0.93)	(6.47)
中间产品	-0.371*	0.050***	0.001	0.001	-0.388**	0.020	-0.001	0.001	0.741***
	(-1.79)	(3.25)	(0.03)	(0.14)	(-0.215)	(1.43)	(-0.09)	(0.36)	(6.64)
初级产品	-0.103	0.054***	-0.001	0.002	-0.260**	0.022	-0.004	0.002	0.784***
	(-0.75)	(3.45)	(-0.09)	(0.41)	(-2.16)	(1.52)	(-0.39)	(0.43)	(6.90)

注：***、** 和 * 分别表示回归方程的系数在 1%、5%和 10%的显著性水平下显著异于零。

（四）结论与启示

1. 主要结论

第一，美国的东亚市场提供者地位，尤其是在最终产品、最终消费品方面，能够对东亚经济体货币兑美元汇率波动性有着显著影响。美国为东亚经济体提供各类产品市场份额越高，东亚经济体货币兑美元汇率的波动性越弱，使东亚主要货币兑美元汇率有着较大程度稳定性上的依赖。

第二，中国的东亚市场提供者地位对东亚经济体货币兑人民币汇率波动性的影响并不显著，在考虑了金融危机的影响下，在最终产品、中间产品市场提供者地位与双边汇率波动程度上存在同向影响，即中国为东亚经济体提供产品市场份额越大，东亚经济体货币兑人民币汇率波动也越大。而日本为东亚经济体提供产品市场的份额与东亚经济体货币兑日元汇率波动性没有明显影响。

第三，金融危机等外部冲击对东亚经济体货币汇率波动也存在较为显著的影响。因此，从经济基本面的角度来看，美国具有的较高的东亚市场提供者地位是东亚经济体货币兑美元汇率具有较小波动的主要原因，而中国逐渐上升的东亚市场提供者地位却促使东亚经济体货币兑人民币汇率波动呈现扩大趋势。

2. 启示

第一，美元在兑东亚主要经济体货币汇率波动中有着较大的影响。尽管在近几年，美国在最终资本品、中间产品以及初级产品的市场提供者份额被中国超越，但其在最终消费品的市场提供份额上遥遥领先于中国和日本，而这也提升了美国为东亚提供市场的份额对双边汇率影响的程度和效果。东亚国家仍需维持与美元的稳定来降低贸易中的风险和成本，东亚主要国家货币兑美元仍会有着较高的低波动要求。美元在东亚地区仍扮演着隐形“货币锚”的角色，“美元本位制”在东亚地区仍然存在延续性。

第二，中国为改善和提高其东亚市场提供者地位对东亚区域内货币汇率稳定性影响的显著性，需要进一步提升关于最终产品，尤其是最终消费品市场提供的份额。通过中日美三国关于模型（3）和模型（4）的检验结果，可以看出，最终产品市场提供者地位对其货币与东亚主要国家货币汇率波动程度有着更深远的影响。中国于 2014 年在最终消费品市场提供份额上超越日本，成为亚洲区域内最大的最终消费品市场提供者，但中国提供市场的比重仍远低于美国，结合最终资本品的市场提供情况，中国在最终产品市场提供的份额上及其对汇率稳定的影响上是极为有限的。

第三，人民币国际化的进程仍需加速。提升人民币在国际贸易中的结算使用量是提高东亚主要经济体货币兑人民币汇率稳定性要求的必然途径，也是进一步提升中国作为最大的东亚市场提供者为区域内货币稳定、经济共同发展所发挥的作用与影响。

第三节 中国市场提供者地位对人民币货币职能国际化的影响

自20世纪80年代末以来，中国对外市场提供者地位在不断提高，在初级产品和中间产品上逐步取代日本和美国成为东亚地区主要的市场提供者。在此基础上，跨境贸易人民币结算也随之不断发展，促进了人民币区域化范围的扩大，为人民币国际化战略目标的实现创造了条件。一般情况下，货币的国际化普遍经历从结算货币到投资货币再到储备货币逐步深入的过程，每个过程之间又是相互渗透的。人民币能否成为国际上普遍认可的结算、投资和储备货币，是对人民币能否国际化的度量标准。下面将分别从结算货币、投资货币和储备货币的角度分析中国对外市场提供者地位的提高对人民币货币职能国际化的作用机制。

一 货币国际化与货币职能的国际化

（一）不同角度下货币国际化的定义

不同的学者从不同的角度出发，对货币国际化的定义有所不同。有学者从广义、狭义角度对货币国际化进行区分：一国的个人和组织接受或者使用另一个国家的货币作为交换媒介、记账单位和价值储备，一国货币在本国之外发挥这三种职能的情形就是广义的货币国际化；狭义的货币国际化则只限于对第三国货币的使用。[①] 有些学者从国际化的形态阶段进行划分：将货币的国际化分为三个阶段和层次。具体来说：一国货币与他国货币的汇价关系为初级形态，中间形态的货币国际化是指经常项目或者资本项目以适当的方式开放，而高级形态的货币国际化是成为世界其他国家储备资产的主要形态。[②] 还有学者对货币替代（外国货币在国内交易中的用途）和货币国际化进行了区分，认为货币国际化可以再进一步划分为包括

① 周林、温小郑：《货币国际化》，上海财经大学出版社，2001。

② Mukund, Raj, Currency Competition Survival of the Fittest, http://econwpa.wustl.edu:8089/eps/mac/papers/0309/0309010.pdf.

发行国在内的货币国际用途和仅仅包括第三国的交易。[1] 也可以从动态的角度去理解货币国际化。徐奇渊、刘力臻以动态视角从狭义和广义两个层面对货币国际化的含义进行了阐释：狭义的货币国际化是指某国货币的部分或全部职能从国内向国外扩展，使其使用范围达到周边国家、某一区域甚至扩展至全球，最后成为区域甚至国际范围通用货币的动态过程；广义上的货币国际化则突破了货币职能扩张这一表面现象，涉及以该货币为载体的资本国际信贷、国际投资，也就是货币作为获取利润的资本从原来的适用区域向周边等更大区域扩展这样一个动态过程。[2] 焦继军则认为货币国际化是国别货币越出国界，在世界范围内发挥媒介作用、支付手段和国际储备工具的一个动态过程和由此过程所形成的一种相对稳定的状态。[3]

可以说，货币国际化是国别货币越出国界，在世界范围内发挥媒介作用、支付手段和国际储备工具的一个动态过程和由此过程所形成的一个相对稳定状态。蒙代尔认为当货币流通范围超出法定的流通区域，或该货币的分数或倍数被其他地区模仿时，该货币就实现国际化了。[4] 有些学者给出了最直接和最一般的定义：货币国际化是指一种货币突破国别限制，在国际贸易和国际资本流动中行使交易媒介、价值尺度、贮藏手段等职能。[5] 因此，货币国际化是指一国货币跨越国界，流通到境外国家和地区，成为国际社会普遍认可接受的计价结算以及储备货币的过程。可以看出，货币国际化的实质就是货币职能的国际化。

---

① 〔日〕关志雄：《亚洲货币一体化研究——日元区发展趋势》，中国财政经济出版社，2003，第188页。

② 徐奇渊、刘力臻：《人民币国际化进程中的汇率变化研究》，中国金融出版社，2009。

③ 焦继军：《人民币国际化研究》，博士学位论文，辽宁大学，2004。目前，对于货币国际化的定义尚无一个统一的权威的说法，学术界对此各执一词。

④ 〔加〕蒙代尔：《汇率与最优货币区》，载《蒙代尔经济学文集》（第五卷），中国金融统计出版社，2003。

⑤ Hartmann, P., *Currency Competition and Foreign Exchange Markets: The Dollar, the Yen and the Euro*, Cambridge University Press, 1998. 陈雨露、王芳、杨明：《作为国家竞争战略的货币国际化：美元的经验证据——兼论人民币的国际化问题》，《经济研究》2005年第2期，第35~44页。

（二）货币职能的国际化

一国货币的国际职能是其国内职能的对外延伸。一国货币的对外职能主要体现在三个方面：作为工具货币、作为储备货币和作为干预货币。[①]所谓工具货币是指用作银行间货币与货币交易的交换媒介，储备货币是指外国中央银行和私人用作价值储备，干预货币是指外国货币当局通过对其的交易来影响价格和汇率。这三个方面职能又可以分为私人部门和官方部门两种情形（见表 5-7）。

表 5-7　国际货币的私人和公共职能一览

功能	私人部门	官方部门
交易媒介	工具货币（用于国际贸易的结算和国际金融债务的偿还）	干预货币（用于外汇市场干预货币和国际结算融资货币）
记账单位	计价货币（用于国际金融工具和外贸交易的计价）	钉住货币（用于表示汇率关系和作为其他货币的“锚”）
价值贮藏	投资货币（用于存款、贷款和债券的计价）	储备货币（用于货币当局的国际储备）

资料来源：Hartmann，Philipp，*Currency Competition and Foreign Exchange Markets：The Dollar，the Yen and the Euro*，Cambridge University Press，1998。

无论是从纵向角度还是从横向角度，都可在某种程度上将国际货币的诸多职能进行分离。金本位制阶段，英镑和黄金分别在私人和官方部门被认可。在 20 世纪 70 年代中叶，欧洲很多国家的货币相互钉住，美元被当成干预和储备货币。而在海湾地区的一些国家，则产生了国际货币计价职能和交易媒介职能相分离的现象，主要表现在这些国家的石油贸易以美元作为计价货币，但用英镑作为支付货币。一般情况下，考虑到交易成本的大小问题，被用作交易媒介职能的国际货币越来越少；反之，出于分散风险角度的考虑，出现了行使价值贮藏职能的国际货币越来越趋向于多元化

① Alberto，Trejos，and Randall Wright，“Toward a Theory of International Currency：A Step Further，” *PIER Working Paper*，1996.

的现象。历史经验告诉我们，单一货币通常较难做到独享国际货币的全部职能，仅有的几种主要国际货币可以发挥其多种职能作用与区域竞争性优势，从而形成一个相对稳定的多元化国际货币格局。因此，拥有一定潜力的人民币可以通过扩大其国际使用范围，而执行国际货币的部分职能。在此过程中要特别注意的一个问题是，分享而并非取代在位国际货币的职能才是人民币国际化的合理政策导向。

考虑到中国的经济、金融、政治现状，人民币国际化从地域上应当走从周边化到区域化再到国际化的道路，从货币职能上应当先走交换媒介，再走记账单位与价值贮藏的道路。从更加直观的数量关系上来看，尽管没有明确界限，人民币国际化将按照经常项目贸易计价结算、资本项目投资交易、主权经济体纳入国际储备的顺序有重点梯次推进，如图 5-8 所示。

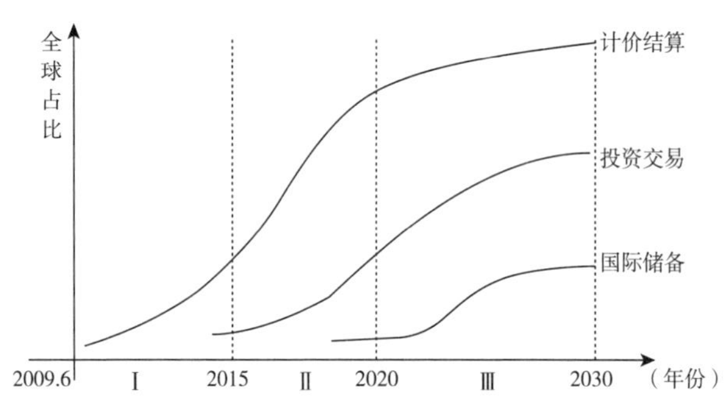

图 5-8　人民币货币职能国际化进程

具体来说，人民币货币职能国际化的一般发展进程是：结算货币—投资货币—储备货币。这是一个渐进提高的过程，同时每个过程之间也会交叉进行。结算货币是在被世界普遍接受的，在国际贸易中被用于计价和结算支付的货币。投资货币是指一国货币进入准国际化阶段，外汇管制逐步放松，资本项目基本可兑换，证券市场逐步开放时期，投资者可以基本不受限制地用本币对外国进行投资，或者境外投资者用货币国际化流出的货币返入境内进行直接投资和风险投资，是对结算职能的进一步深化发展。储备货币是一国政府持有的可直接用于国际支付的国际自由兑换货币。

首先，人民币在国际贸易中充当计价结算货币，在未来 5 年内迅速发展，为人民币的全球使用建立实体经济依靠基础，并提供充足的海外资金池。

其次，伴随人民币国际贸易结算的范围扩大，金融市场的投融资逐渐壮大，人民币计价产品会不断丰富和复杂化，人民币投资交易将开始起步，并在未来10年左右的时间加速增长，而后保持一个和贸易相适应的比例，平稳发展。

最后，当人民币在国际贸易和金融市场的应用日益扩大时，第三方国家和地区会实质性将人民币纳入其国际储备，以应对国际收支中的人民币收支问题，人民币在国际储备中的比例逐渐增长并趋于稳定。

人民币国际化既需要境外需求和市场的发展，也需要境内体制改革的保障和金融市场的深化。这一国际化过程不仅需要人民币使用范围和项目在广度和深度上不断推进，还需要市场深化和市场体制的保驾护航。从具体方面看，随着中国经济的持续增长，人民币国际化正面临千载难逢的历史机遇。未来15~20年，人民币有望成为全球主要的计价结算、支付交易和储备货币之一。

（三）货币国际化的条件

一国货币逐渐演变为国际货币需要具备如下几个重要条件：货币发行国的经济规模和市场提供能力，货币发行国在国际贸易中的重要性，国内金融市场的规模、深度、流动性和开放性，货币的可兑换性，国际货币使用的历史惯性。①

第一，一国的经济规模及提供出口市场的能力。一国经济规模越大，

---

① Patricia, S. Pollard, "The Creation of the Euro and the Role of the Dollar in International Markets," *The Federal Reserve Bank of St. Louis*, 2001. Black, W. Stanley, "The International Use of Currencies," in Yoshio Suzuki, Junichi Miyabe, and Mitsyaki Okabe, eds., *The Evolution of the International Monetary System*, University of Tokyo Press, 1990, pp. 175-194. Bergsten, C. Fred, *The Dilemma of the Dollar: The Economics and Politics of United States International Monetary Policy*, ME Sharpe, 1996. Bergsten, C. Fred, "The Dollar and the Euro," *Foreign Affairs*, Vol. 76, No. 4, 1997, pp. 83-95. Mundell, Robert, "The Euro and the Stability of the International Monetary System," paper prepared for Conference on the Euro as a Built-In Stabilizer in the Economic System, Luxembourg, December3, 1998. Philipp, Hartmann, and Otmar Issing, "The International Role of the Euro," *Journal of Policy Modeling*, Vol. 24, 2002, pp. 315-345.

经济增长的稳定性越高，对外资的吸引力越大，同区域内其他成员之间的产业和贸易关联度越高，成为本地区“市场提供者”的可能性就越大，由此引致的居民和非居民对本币的需求也越多，同区域内有关经济主体开展货币合作的可能性越大。

第二，一国的国际贸易地位。国内货币所涵盖的区域越广，这种货币越有前景。① Rasul 的“世界货币理论”从贸易数量角度出发，认为在世界贸易额中占有最大份额的国家的货币有更好的机会承担国际货币的职能。②

第三，一国的金融市场是否成熟和有效率。以往在探讨货币国际化的问题上，往往强调产品贸易和实体经济的重要性，近来更多研究则集中关注金融市场、国际证券投资和国际融资的作用。发达的金融市场可以为中央银行及各国投资者提供成本低、安全性高、流动性强的金融工具，有助于进出口商对国际贸易活动中的外汇风险进行管理。③ 世界上先后最主要的三种国际货币——荷兰盾、英镑、美元都产生于拥有成熟的金融市场的国家。④

第四，交易成本、规模经济和网络效应。这三种因素又是彼此关联和相互融合的。Swoboda 进行的早期研究强调交易成本在不同货币交换中的作用，指出用于交易媒介的货币应该是那些与低交易成本相关的货币。⑤ 货币国际化产生于规模经济或减少的交易成本。⑥ 货币国际化是一个合作的过程，这一过程促进了交易成本的节省。⑦ 该理论研究还表明，货

---

① Gerald, Selgin, “World Monetary Policy after the Euro,” *Cato Journal*, Vol. 20, No. 1, 2000, pp. 105-108.

② Rasul, Shams, “Is It Time for a World Currency?” *HWWA Discussion Paper*, Vol. 167, 2002.

③ Philipp, Hartmann, and Otmar Issing, “The International Role of the Euro,” *Journal of Policy Modeling*, Vol. 24, 2002, pp. 315-345. 黄梅波：《货币国际化及其决定因素——欧元与美元的比较》，《厦门大学学报》（哲学社会科学版）2001 年第 2 期，第 44~50 页。

④ Cohen, J. Benjamin, *The Future of Sterling as an International Currency*, London, Macmillan; New York, St. Martin's Press, 1971. Cohen, J. Benjamin, *The Geography of Money*, Cornell University Press, 1998.

⑤ Swoboda, Alexander, *The Euro-Dollar Market: An Interpretation*, Essays in International Finance, Princeton University, 1968.

⑥ Cohen, J. Benjamin, *The Geography of Money*, Cornell University Press, 1998.

⑦ Gerald, P., Dwyer Jr. and James R. Lothian, *The Economics of International Monies*, Federal Reserve, 2003.

币国际化会受到跨境交易活动形成的广泛交易网络——网络外部性（Network Externality）的影响。一种货币被接受的范围越广，使用和持有该货币的价值就越高。用经济学术语来说，就是货币创造了一种正的网络外部性。

第五，一国政府货币金融政策的国际公信力及其同本地区其他成员的政策协调能力。一国政府所实行的货币金融政策对区域内其他成员产生的“溢出效应”越大，该国政府所承诺的货币金融政策的一致性和连贯性越强，越能赢得强大的公信力，增强其区域内的多边政策协调能力，促进区域货币金融合作，并在此进程中提高本币的地位与作用。①

二 人民币货币职能国际化的现状

人民币货币职能国际化的一般进程主要是：结算货币→投资货币→储备货币。首先以国际货币最为基本的支付结算功能为切入点，其次逐步放宽至资本项目下的跨境投融资和以国际债券为代表的金融资产计价职能，最后过渡到储备货币的职能。下面将对人民币不同职能的国际化情况进行阐述。

（一）人民币作为国际结算货币职能的发展

1. 跨境贸易的人民币结算

从2009年6月开始，跨境贸易人民币结算从无到有，发展十分迅速。特别是在2012年6月，中国人民银行等六部委联合下发了出口货物贸易人民币结算重点监管企业名单，跨境贸易人民币结算业务全面推开，所有进出口企业都可以选择以人民币进行计价结算和收付，跨境贸易人民币结算得到迅猛发展，如表5-8所示。2010年第一季度，跨境贸易人

① Frenkel, J., Goldstein, M., "The International Role of the Deutsche Mark," in Deutsche Bundesbank, ed., *Fifty Years of the Deutsche Mark: Central Bank and the Currency in Germany since* 1948, Oxford University Press, 1999. Maehara, Y., "The Internationalisation of the Yen and Its Role as a Key Currency," *Journal of Asian Economics*, Vol. 4, No. 1, 1993, pp. 153-170. Tavlas, G., *On the International Use of Currencies: The Case of the Deutsche Mark*, Princeton University, 1991.

民币结算总额仅为183.5亿元，[①] 到2015年第三季度，跨境贸易人民币结算规模突破2万亿元，达到20892亿元，增长了约113倍。[②] 同期，跨境贸易人民币结算规模占跨境贸易结算总规模的比重则由0.44%上升至32.96%。

2015年第四季度至2016年第三季度增速回落，跨境贸易人民币结算规模经历了一个缩减期。2016年第二季度跨境贸易人民币结算规模缩减到区间低谷，为13216.5亿元。但是，在2016年第三季度，跨境贸易人民币结算规模有所反弹，达到13700亿元。如表5-8所示。随着跨境贸易结算规模的缩减，跨境贸易人民币结算占比也有所下降，从最高点接近33%（2015年第三季度）下降到21.23%（2016年第三季度）。

表5-8 2010~2016年跨境贸易人民币结算规模

时间	跨境贸易人民币结算金额（亿元）	进出口总额（亿元）	跨境贸易人民币结算规模占比（%）
2010年第一季度	183.5	42176.3	0.44
2010年第二季度	486.6	50051	0.97
2010年第三季度	1264.8	53193.3	2.38
2010年第四季度	3413.2	54576.3	6.25
2011年第一季度	3603.2	52471.5	6.87
2011年第二季度	5972.5	58461.8	10.22
2011年第三季度	5834.1	61882.1	9.43
2011年第四季度	5390.2	60771.1	8.87
2012年第一季度	5804	54091.3	10.73
2012年第二季度	6715.5	62013.7	10.83
2012年第三季度	7989.6	63576.8	12.57
2012年第四季度	8855.4	64381.8	13.75

① 中国人民银行货币政策司：《中国货币政策执行报告2010年第一季度》，2010，第12~13页。

② 中国人民银行货币政策司：《中国货币政策执行报告2015年第三季度》，2015，第8页。

续表

时间	跨境贸易人民币结算金额（亿元）	进出口总额（亿元）	跨境贸易人民币结算规模占比（%）
2013 年第一季度	10039.2	61101.1	16.43
2013 年第二季度	10498.6	63209.3	16.61
2013 年第三季度	11000	65333.6	16.84
2013 年第四季度	14762.2	67063.5	22.01
2014 年第一季度	16500	59021.9	27.96
2014 年第二季度	16187	64897.4	24.94
2014 年第三季度	15300	70303.5	21.76
2014 年第四季度	17500	70111.8	24.96
2015 年第一季度	16500	55432.6	29.77
2015 年第二季度	17165	59883.1	28.66
2015 年第三季度	20892	63382.3	32.96
2015 年第四季度	17729.2	67151	26.40
2016 年第一季度	13400	52144.3	25.70
2016 年第二季度	13216.5	59190.7	22.33
2016 年第三季度	13700	64525.9	21.23

资料来源：Wind 数据库。

2. 人民币收付比

跨境贸易以人民币结算作为人民币国际化的关键一步，关系到之后人民币作为计价货币、储备货币等职能的发挥。货币国际化的一个重要环节是货币走出国门，这通常有两种形式，一是进口贸易以本币支付，二是以本币形式的对外直接投资。人民币对外直接投资虽然有所增加，但总量非常小，这一方面与资本账户开放进度有关，资本管制限制了人民币通过资本项目走出去。这也表明，在人民币国际化初期，通过经常项目走出去乃稳妥之策。

通过经常项目实现货币国际化的一个前提条件是，进口贸易支付的本币金额要大于出口贸易收到的本币金额。因此，对外贸易实收实付比是衡量货币国际化的一个重要指标。若收付比大于 1，表明实收大于实付，本币处于净回笼状态；若收付比小于 1，表明实收小于实付，本币处于净流出状态。

一国推动货币国际化的最佳状态是收付比小于 1，即实付远大于实收。

从图 5-9 中人民币收付比走势来看，2011 年第一季度人民币收付比为 1/5，实付远大于实收，人民币处于净流出状态。之后，这一比例不断上升，2011 年第二季度为 1/2.9，第三季度为 1/1.67，到 2012 年第四季度上升到 1/1.2，实收实付基本持平。随后，这一比例又小幅度下降，2014 年上半年为 1/1.6，2014 年底实收实付又基本持平。2015 年第一季度，实付首次低于实收，收付比达到 1.2/1，一直持续到 2015 年第四季度，实付又重新大于实收。截至 2016 年第四季度，收付比为 1/1.63。

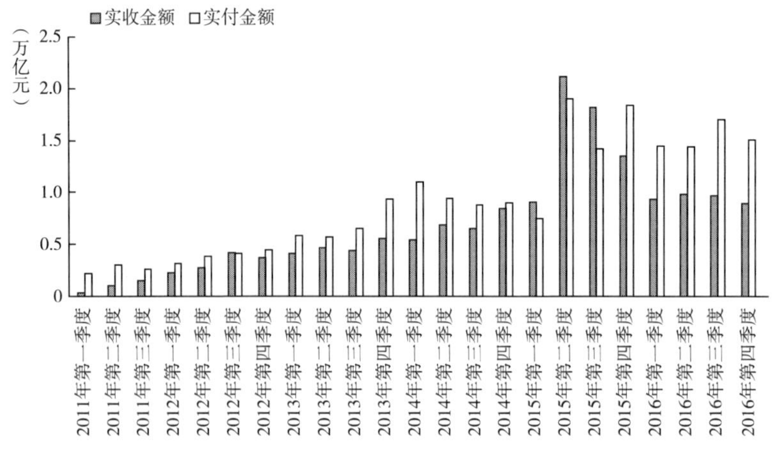

图 5-9 2011~2016 年跨境人民币贸易中人民币实收与实付金额

注：缺失 2011 年第四季度数据。

资料来源：Wind 数据库。

3. 主要国际支付货币的比较

根据环球同业银行金融电讯协会（SWIFT）公布的数据，2016 年 11 月人民币在全球贸易结算货币中占比 2%。[①] 中国人民银行公布的数据显示，从 2010 年 10 月到 2016 年 9 月，跨境贸易人民币结算业务金额已经累计超过 27.9 万亿元。[②] 人民币国际支付的排名也从 2010 年 10 月的第 35 位

---

① 此数据来自 SWIFT 相关报告（http：//www. swift. com/news-events）。

② 中国人民银行货币政策司：《中国货币政策执行报告 2016 年第三季度》，2016，第 8~9 页。

跃升至2016年11月的第5位，支付额占全球支付的1.86%。另外，这一阶段人民币的国际接受程度也明显上升，随着人民币顺利加入SDR货币篮子，2011年6月到2016年9月处理人民币支付业务的国家和地区数从65个增加到101个，机构数从617家增加至1131家。

从表5-9中世界主要货币2011年10月至2016年11月跨境贸易结算使用情况中可以看出，欧元、美元、英镑、日元、瑞士法郎是跨境贸易结算中使用较多的国际货币。其中，欧元、美元是跨境贸易的主要货币，二者占跨境贸易结算的70%左右。人民币的跨境贸易结算使用比重较低，仅为2%左右，与世界主要货币有着巨大的差距，但与其他发展中国家相比，人民币的国际化程度高于其他货币。

表5-9 2011~2016年世界各主要货币在国际支付中所占比重及排名

货币		2011年*	2012年	2013年	2014年	2015年	2016年**
美元	占比（%）	29.32	33.34	39.52	44.64	43.89	41.07
	排名	2	2	1	1	1	1
欧元	占比（%）	32.56	39.76	33.21	28.30	29.39	31.55
	排名	1	1	2	2	2	2
英镑	占比（%）	7.04	8.68	9.13	7.92	8.43	7.38
	排名	3	3	3	3	3	3
日元	占比（%）	2.12	2.45	2.56	2.69	2.78	3.38
	排名	4	4	4	4	4	4
瑞士法郎	占比（%）	1.04	1.91	1.29	1.39	1.56	1.57
	排名	7	7	7	8	7	8
人民币	占比（%）	0.24	0.57	1.12	2.17	2.31	2.00
	排名	17	14	8	5	5	5

注：*表示2011年数据为2011年10月数据，2012~2015年数据为各年12月数据，**表示2016年数据为2016年11月数据。

资料来源：根据SWIFT（http://www.swift.com/news-events）统计数据整理得到。

2011~2016年世界各主要货币在国际支付中所占比重，没有考虑到各国的国际贸易状况，仅是单纯的跨境贸易结算占比。由于跨境贸易结算驱动力来自国际贸易，所以在国际贸易额基础上考虑跨境贸易结算更能揭示一国货币的国际接受度，进而反映该货币的国际化程度。这里在各国国际贸易占比基础上构建一个新的指标：一国货币在跨境贸易结算中额度占比/该国贸易额在世界总贸易额中占比（如表5-10所示）。这个指标能够对货币国际化进行更精确度量。

表5-10 2011~2016年一国货币在跨境贸易结算中额度占比/该国贸易额在世界总贸易额中占比

货币	2011年1月	2012年12月	2013年12月	2014年12月	2015年12月	2016年11月
美元	3.83	4.36	5.17	5.84	5.74	5.37
英镑	2.03	2.50	2.63	2.28	2.42	2.12
欧元	1.38	1.68	1.41	1.20	1.24	1.34
澳大利亚元	1.27	1.52	1.36	1.29	1.08	1.24
瑞士法郎	0.80	1.47	0.99	1.07	1.20	1.21
加拿大元	0.68	0.81	0.78	0.79	0.70	0.75
南非兰特	0.71	0.71	0.70	0.80	0.70	0.75
日元	0.48	0.55	0.58	0.61	0.63	0.76
俄罗斯卢布	0.15	0.30	0.23	0.16	0.10*	—
人民币	0.03	0.06	0.12	0.24	0.26	0.22

注：各国贸易在世界中占比为基年（2011年）数据，*表示俄罗斯卢布在跨境贸易中的比重使用的是2015年6月数据。

资料来源：根据环球同业银行金融电讯协会（http://www.swift.com/news-events）及联合国贸易数据库（http://comtrade.un.org/data/）相关数据计算得到。

从表5-10中数据可以看出，考虑到各国贸易情况之后，货币的国际化程度发生了不小的变化。美元该指数大多超过了4.00排名第一位，反映了美元当之无愧的世界核心地位；英镑也超过了2.00排名第二位，说明英镑在贸易结算中仍实力超群；欧元则跌到了第三位。与世界五大货币及金砖五国货币相比，人民币跨境贸易结算比重仍是比较低的，远远低于南非兰特的结算比重。

（二）人民币作为国际投资货币职能的发展

随着中国对外市场提供者地位的提高，出口国对人民币需求也不断增加，为了规避人民币汇率波动带来的风险，会增加对人民币资产的购买，进而有利于促进人民币作为投资货币职能的国际化。

1. 离岸人民币债券市场的发展

发行人民币债券是推进离岸人民币市场的重要举措。离岸人民币债券是指在中国境内金融市场体系外，在自由化和开放式的制度安排下，以非居民为发行和投资主体，以人民币为计价货币的债券。① 2007 年离岸人民币债券市场首先在中国香港开始建立，国家开发银行发售了首批离岸人民币债券。从发行特征的角度看，离岸人民币债券包括点心债与合成债。点心债是以人民币计价并以人民币结算的债券，是完全性的离岸人民币债券，而合成债是以人民币计价而以美元结算的债券。点心债是离岸人民币债券市场的主体，主要是在 2010 年 8 月以后开始迅速发行。首只合成型人民币债券是 2010 年 12 月由瑞安房地产发行的。从发行主体的角度看，离岸人民币债券包括金融债、政府债、企业债、国际组织债等几种类型。金融债是最先出现的离岸人民币债券，其次为政府债，即中国财政部发行的主权人民币债券，最后出现的是企业债和国际组织债。发债主体已由早期的国内政策性银行、商业银行扩大至海外金融机构、跨国企业、国际组织以及中国内地在中国香港上市的企业。

香港离岸人民币债券业务是香港离岸人民币存款业务外离岸人民币市场发展最为迅速的业务。此外，伦敦、中国台湾、卢森堡、新加坡均有离岸人民币债券市场，但目前中国香港仍是主要的离岸人民币债券市场。伦敦、中国台湾、卢森堡、新加坡等地的离岸人民币债券市场在 2013 年之后才逐渐形成，虽然发展速度加快，但与香港离岸人民币债券市场相比还有一定差距。

图 5-10 清晰地反映了香港离岸人民币债券余额自 2011 年至 2015 年的走势，总体来看香港人民币债券市场增长明显。2015 年，随着在岸市场利率下降，离岸人民币债券发行量放缓，在香港发行的人民币债券金额降至 750 亿元，人民币债券余额为 3680 亿元，虽然较 2014 年的 3805 亿元略有下降，但同 2011 年相比还是增加了 159.4%。

---

① 麦慧珍：《浅析香港离岸人民币债券的发展现状》，《时代金融》2014 年第 8 期，第 65～67 页。

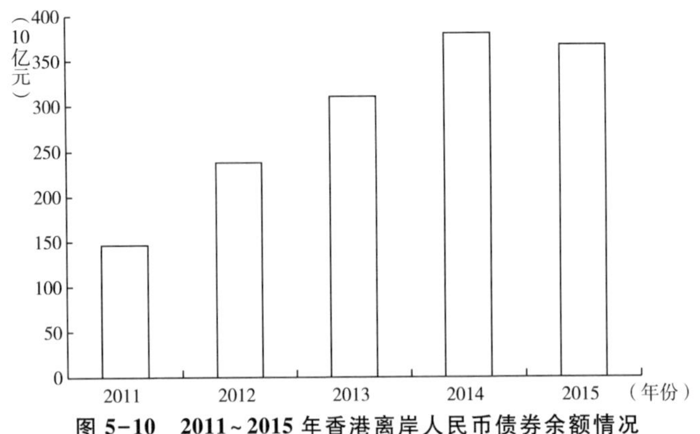

图 5-10　2011~2015 年香港离岸人民币债券余额情况

资料来源：香港金融管理局，http：//www.hkma.gov.hk/eng/index.shtml。

2015 年发行的人民币债券规模香港排名第一位，台湾排名第二位，新加坡和伦敦并列第三位。在离岸人民币债券发行方面，从 2007 年开始至 2015 年底约有 80%都是在香港发行的。截至 2015 年第二季度末，香港的离岸人民币债券余额上升至约 4356 亿元。其他离岸市场上人民币债券的发行是在近年才开始的，2014 年才全面启动。2014 年 10 月 14 日，英国政府成功发行了以人民币计价的主权债券，成为首个发行人民币债券的西方国家。这也是当时非中国政府发行的最大一笔人民币主权债券，证明了人民币的市场地位以及作为储备货币的潜力已经得到了国际社会的认可。按照国际清算银行（BIS）狭义统计口径，截至 2015 年末，以人民币标价的国际债券余额为 5996.5 亿元，其中境外机构在离岸市场上发行的人民币债券余额为 5811.5 亿元，在中国境内发行的人民币债券（熊猫债）余额为 185 亿元。

2. 离岸人民币外汇市场中人民币交易

离岸人民币外汇期货交易量稳步增长，香港交易所居首位，新加坡交易所和芝加哥商业交易所紧随其后。

从外汇期货市场月成交量和月末持仓量可以看出离岸人民币外汇期货产品仍处于一种不稳定的状态。受离岸人民币汇率贬值的影响，香港交易所和台湾交易所的外汇期货的交易量大幅下降，导致总体离岸人民币外汇期货交易量的下跌。其中芝加哥交易所的外汇期货交易量占总体的 60.5%和香港交易所的外汇期货月末持仓量占总体的 50.7%，分别位列第一。离岸人民币外汇期货市场对人民银行的政策预期不够准确，对于极小信息却产生了极度的反应。虽然离岸人民币外汇期货市场可能通过预期传导和跨境套利两方面影响在岸人民币的汇率，但从目前来看，离岸人民币汇率对在岸人民币汇率没有明显的引导作用。2015 年 10 月，境外人民币外汇期货市场成交 518969 手，环比增长 142%；月末持仓 30041 手，环比增加 13%。[①] 香港交易所和新加坡交易所的月交易量随即大幅度下降，但台湾交易所的小型期货合约交易量显著增长，致使 2015 年 10 月的境外离岸人民币外汇期货成交量上升。香港交易所主要的交易量集中在香港企业用来规避风险的季月合约，新加坡交易所的主要交易量汇集在新加坡个人投资者所钟爱的近月合约，而台湾期货交易所则有分布较为均匀的外汇期货交易量。2015 年 10 月 5 日成立的韩交所离岸人民币外汇期货产品因其市场小、产品少和实物交割方式抑制了投资者的消费欲望，导致其交易市场不景气。截至 2016 年 9 月，香港交易所美元兑人民币期货交易量上升，成交 33569 张合约，日均交易额 15985.2 万美元，比 8 月份增加 70%，月末持仓 33340 手，环比增长 18.3%。2017 年伊始期货成交继续保持良好势头，美元兑人民币（香港）期货更在 1 月 5 日创下 20338 张合约的成交量新高，其未平仓合约也于 1 月 4 日达到 46711 张的新纪录。2016 年美元兑人民币期货成交量达 538594 张合约，为 2015 年全年纪录的一倍多。另外，芝加哥商业交易所（CME）人民币期货成交量大幅增至 483 手，是 8 月成交量的 22 倍，日均交易额达 376 万美元，月末持仓量 325 手。新加坡交易所（SGX）人民币期货成交 43252 手，较 8 月份下降 7.6%，日均交易额 20596.2 万美元，环比增长 1%，月末持仓量 12874 手。[②]

人民币在外汇交易经历了从无到有的过程，2016 年在外汇市场交易中占 4%，与世界主要货币差距明显。美元在外汇市场交易的比重占据绝对优势，稳居世界第一位。欧元诞生之后，继承了德国马克和法国法郎的份额，但与美元也相差较多，再次为日元和英镑。如表 5-11 所示。

---

① 安文强、朱钧钧：《离岸人民币外汇期货市场月度报告（2015 年 10 月）》，《金融博览》2015 年第 22 期，第 30~32 页。

② 安文强：《境外人民币外汇衍生品市场月度报告（2016 年 11 月）》，《金融博览》2016 年第 12 期，第 32~34 页。

表 5-11　1998～2016 年主要货币在外汇市场交易占比情况

单位：%

货币	1998 年	2001 年	2004 年	2007 年	2010 年	2013 年	2016 年
美元	86.8	89.9	88.0	85.6	84.9	87.0	88.0
欧元	—	37.9	37.4	37.0	39.1	33.0	31.0
德国马克	30.5	—	—	—	—	—	—
法国法郎	5.0	—	—	—	—	—	—
日元	21.7	23.5	20.8	17.2	19.0	23.0	22.0
英镑	11.0	13.0	16.5	14.9	12.9	12.0	13.0
澳大利亚元	3.0	4.3	6.0	6.6	7.6	9.0	7.0
瑞士法郎	7.1	6.0	6.0	6.8	6.4	5.0	5.0
加拿大元	3.5	4.5	4.2	4.3	5.3	5.0	5.0
港币	1.0	2.2	1.8	2.7	2.4	1.0	2.0
瑞典克朗	0.3	2.5	2.2	2.7	2.2	2.0	2.0
韩元	0.2	0.8	1.1	1.2	1.5	1.0	2.0
新加坡元	1.1	1.1	0.9	1.2	1.4	1.0	2.0
印度卢比	0.1	0.2	0.3	0.7	0.9	13.0	1.0
俄罗斯卢布	0.3	0.3	0.6	0.7	0.9	2.0	1.0
人民币	0.0	0.0	0.1	0.5	0.9	2.0	4.0
南非兰特	0.4	0.9	0.7	0.9	0.7	1.0	1.0
巴西雷亚尔	0.2	0.5	0.3	0.4	0.7	1.0	1.0
丹麦克朗	0.3	1.2	0.9	0.8	0.6	1.0	1.0
新台币	0.1	0.3	0.4	0.4	0.5	0.0	1.0
其他货币	9.1	6.7	6.9	7.9	5.2	13.0	11.0
所有货币	200.0	200.0	200.0	200.0	200.0	200	200

资料来源：国际清算银行（http：//www.bis.org/statistics/d11_ 2.pdf）。

（三）人民币作为国际储备货币职能的发展

根据 IMF 新的安排，SDR 货币篮子权重构成由原来的美元为 41.9%、欧元为 37.4%、英镑为 11.3%以及日元为 9.4%，变为美元权重为 41.73%、欧元为 30.93%、人民币为 10.92%、日元为 8.33%、英镑为 8.09%。人民币的权重超越日元和欧元，占据第三位。虽然人民币的 SDR 权重排到第三位，但并不意味着人民币成为世界第三大货币。

人民币在全球官方外汇储备中的地位与美元、欧元相去甚远，甚至无法在近期内与英镑和日元相比。国际货币基金组织（IMF）在2016年底发布了第三季度的外汇储备数据，在11万亿美元的外汇储备中，其中近7.8万亿美元已经得到分配，剩下的3.2万亿美元尚未分配。在已经分配的外汇储备中，美元占63.3%、欧元占20.3%、日元和英镑各占4.5%、澳大利亚元和加拿大元各占2%、瑞士法郎和其他货币占了剩下的3.4%。但是IMF怀疑，尽管人民币被纳入了SDR，其在国际外汇储备方面的占比也仅有1.5%左右。

目前，IMF的“官方外汇储备货币构成”调查以统计总量的形式列出成员所持有的外汇储备货币构成，美元、欧元、英镑、日元、瑞士法郎、澳大利亚元和加拿大元属于调查中单独列出的货币，所有其他货币则合并列示。IMF将从2016年10月1日起，即从2016年第四季度的报告开始公布人民币的分配情况，在其官方外汇储备数据库中单独列出人民币资产，以反映IMF成员人民币计价储备的持有情况。2016年第四季度的报告将于2017年3月底公布。这一变化反映了中国通过市场化改革推进人民币国际化的努力，同时有可能提高各国在外汇储备配置过程中对人民币的接受程度。

上述分析为我们描绘了人民币国际化的广阔前景。一方面，我们可以看到人民币自跨境贸易结算以来在国际使用通道和数量上的快速发展；另一方面我们也看到当前的人民币国际使用广度和深度仍十分有限，还有待进一步推进。

三 中国市场提供者对人民币货币职能国际化的作用

（一）对外提供市场是一国货币国际化的重要条件

一国货币能否成为国际货币的关键条件历来是货币国际化理论研究的核心问题。在国内外的理论研究中，主要是采取“现象的事实分析”(Factual Approaches to the Phenomenon)①，既透过国际货币的历史现象来进行归纳和总结，通过分析国际货币的使用情况和国际货币格局的变化，来

① Thygesen, N., *International Currency Competition and the Future Role of the Single European Currency*, Kluwer Law International, 1995.

研究国际货币及其发行国所具有的特性。

国际贸易规模对一国货币的国际化有重要影响，因为一国货币的国际化进程就是本国货币对外供应的过程，这一过程与对外贸易密不可分。一般来说，国际贸易规模与货币国际化程度正相关。从历史的角度进行考察，中世纪早期和后期的货币发展表明，国际货币的一个重要特征就是由从事活跃国际贸易的经济强国所发行的。[①] Gerald 等对中世纪之前及 13 世纪的国际货币史进行了历史回顾，并对 17 世纪之后的国际货币、共同货币及货币联盟进行了分析，结论表明一国国际贸易的发展对其货币成为国际货币具有重要的意义。[②]

一国对外提供市场的能力和地位显然对货币国际化具有重要意义。Gerald 认为，国内货币所涵盖的区域越广，这种货币越有前景。[③] Rasul 的“世界货币理论”从贸易数量角度出发，认为在世界贸易额中占有最大份额的国家的货币有更好的机会承担国际货币的职能。[④] 一国货币的国际化过程必然伴随着货币的流出，从这个角度来说贸易逆差更有助于一国货币的国际化。

（二）有利于缓解贸易顺差对人民币国际化推进的压力

经常项目逆差或资本项目逆差是实现国际货币供给的重要途径。布雷顿森林体系解体以后，信用货币和黄金之间的联系被彻底切断了，国际货币体系进入了以信用货币为主导的时代。在信用货币作为国际货币的体系之下，国际货币的发行国必须能够形成某种程度的长期逆差机制，确保向国际金融市场提供足够的流动性。我们上面曾经分析过，在开放经济条件下，国际货币的流动存在两种方式，即实体经济流动背后的货币流动以及资本流动直接产生的货币流动。国际货币的外流可以通过外围国向中心国

---

① Cipolla, *Money, Prices and Civilization in the Mediterranean World, Fifth to Seventeenth Century*, New York: Gordian Press, 1967.

② Gerald, P., Dwyer Jr. and James R. Lothian, *The Economics of International Monies*, Federal Reserve, 2003.

③ Gerald, Selgin, "World Monetary Policy after the Euro," *Cato Journal*, Vol. 20, No. 1, 2000, pp. 105-108.

④ Rasul, Shams, "Is It Time for a World Currency?" *HWWA Discussion Paper*, Vol. 167, 2002.

输入真实资源或通过中心国向外围国投入货币资本来实现。国际货币的供给只有通过中心国家的逆差机制才能够实现，当然途径可以是多样的，经常项目或资本项目并无本质差别。比如，美元的国际供给在不同的时期是分别通过资本项目逆差和经常项目逆差实现的。

中国对外市场提供者地位的提升有利于缓解贸易顺差对人民币国际化推进的压力。自 2010 年，中国已经成为全球第一大出口国和第二大进口国，进出口多年来保持出超的地位。贸易顺差意味着国外对境内的货币净支付，在美元等当前国际货币支付条件下，表现为中国外汇储备的快速增长。在人民币支付条件下，则需要境外有足够的人民币能够支付其对中国的逆差，而境外人民币的累积又需要中国以贸易逆差的形式对外支付，二者形成矛盾。中国对外市场提供者地位的提升有利于境外人民币的累积和人民币国际化战略的推进。

（三）可以积极推进人民币贸易计价货币功能的实现

人民币国际化过程中，人民币计价功能即商品的出售和购买以人民币标价。这就意味着，在进行商品交易的时候，必须以人民币为价值标准来审定。中国目前的实际情况是，企业没有用人民币计价，而只是用来结算。进口商用人民币结算可以规避汇率风险，一旦人民币升值预期逆转，人民币境外交易量等也可能随之逆转，境外的人民币持有动机会大幅度减小，这对推动人民币国际化的目标影响很大。相比之下，计价货币的影响是更长久的。结算货币往往是根据汇率预期方向而增加和减少的，计价货币则会形成“惯例”，具有“外部效应”。日元国际化最大的“短板”就是在计价货币上不被接受和推行。因此，不要仅仅通过人民币结算额的多少来判断人民币国际化的进度，而应同时考虑推进人民币作为计价货币的功能。

针对中国的逆差推进人民币计价，置换美元资产，是推进人民币作为计价货币的重要途径。例如，中国对周边国家大都是有逆差的，这些国家对中国的经济依赖程度较高，是天然的推进人民币计价的盟友和伙伴。

在国际大宗商品交易中以买方势力推进人民币计价也是可行的途径。中国在国际大宗商品交易市场所占份额较高，可以以寡头买方地位向市场上推进人民币计价。同时，中国境内的商品期货交易所中，也可以逐步推进人民币交易品种，推广人民币计价的认可度。这种方式还可以改善中国在大宗商品市场上“买什么涨什么”的窘境，以利于稳定经济运行。

（四）可以促进人民币作为贸易融资货币的使用

2009年7月1日，中国人民银行联合财政部、商务部、海关总署、税务总局、中国银行业监督委员会一起制定《跨境贸易人民币结算试点管理办法》，其中第十四条规定“境内结算银行可以按照有关规定逐步提供人民币贸易融资服务”，这标志着跨境人民币贸易融资业务正式启动。人民币作为贸易融资货币来使用，有利于缓解当前进出口企业融资难问题，有利于境内银行拓展市场份额，有利于跨境人民币业务的持续健康发展。

人民币国际化的下一步，可能是在其作为贸易结算货币之外，更多地具有融资功能，这样的融资功能不仅体现在贸易方面，比如说使用人民币来进行贸易融资，也可以更多地将人民币作为一种投资中需要的融资货币。随着使用人民币在商品贸易中计价，尤其是大宗商品贸易计价比例的提高，人民币贸易融资占比份额将进一步增加，以人民币计价的商品衍生品需求自然也会增加。

人民币已经成为世界第二大贸易融资货币，根据SWIFT提供的数据，在全球贸易中，已经有8.66%的传统贸易金融（信用证及托收款项）使用人民币开票，仅低于美元的84.69%，高于欧元的6.64%（2013年10月SWIFT数据）。目前来看，美元的地位仍在短期内难以撼动，但人民币渐渐成为一种主要的贸易融资货币，一方面反映了中国官方的推动以及中国巨大的贸易规模，另一方面也反映了市场对人民币的青睐。人民币在全球范围内已经成为主要贸易融资货币之一，未来将有更多的中国进出口商及其贸易伙伴愿意采用人民币作为信用证和托收计价货币。

随着“一带一路”倡议的实施，“一带一路”沿线国家的融资需求也开始变得越来越大。整体来看，“一带一路”沿线国家，尤其是资源类和发展中国家对中国存在较大的贸易顺差，因此在未来的进出口中人民币能够被更多使用，人民币将呈现出净流出的状态，这也将有利于人民币海外定价机制的完善。

此前，人民币不在海外流通、不可自由兑换，国际市场的接受度较低。但是，中国香港等离岸人民币金融中心可以作为“一带一路”沿线国家贸易商的人民币周转基地，这意味着人民币在海外有一个立足点，如果未来有更多的城市能够成为新的离岸人民币中心，那么对于“一带一路”沿线国家贸易商来说则更加便利。例如，以中国香港为例，“一带一路”沿线国家向中国内地的出口中收取人民币，并将其存入中国香港，同时，也可以直接以人民币支付从中国内地的进口。

第四节　日本市场提供者地位对日元货币职能国际化影响的经验分析

一　日元货币职能国际化的历程

日元国际化的历程起始于20世纪70年代，尤其是1985年《广场协议》签订之后，伴随经济突飞猛进的发展，日元在世界货币市场的份额逐渐增大且地位逐步提高。随后，20世纪90年代的经济泡沫破裂给日本经济带来了重创，使日元走向国际的步伐也受到阻碍，并在2008年全球金融危机的影响下其地位达到最低，但是近年来伴随美元和欧元国际化程度的减弱，日元的地位开始缓慢上升，但并未有明显起色。总而言之，日元国际化发展程度大致呈现倒“U”形并在后期保持平稳的态势。

根据货币的职能，日元国际化可分为外汇储备中储备货币国际化、对外贸易中结算货币国际化和对外投资中投资货币国际化。所以，本书分别对储备、结算以及投资货币国际化三个方面进行描述并阐述其发展历程。

（一）结算货币国际化历程

固定汇率制下，国际贸易中不管是将美元作为结算货币还是将日元作为结算货币，所带来的汇率风险几乎是无差异的。然而，布雷顿森林体系时期将美元用于国际贸易结算可以大大减少成本，所以，以日元结算的份额还是比较小的。

20世纪70年代以后，随着日本经济的迅速崛起和浮动汇率制度的实施，日本在整个国际体系中的地位不断升高，渐渐在世界分工中起到了举足轻重的作用，参与世界经济交流的重要性也渐渐提升。日元在国际贸易结算中占比快速升高，出口结算中占比从 1970 年的 0.9%增至 1992 年的 40.1%，进口结算中占比从 1970 年的 0.3%增至 1993 年的 20.9%（见图 5-11）。

进入 20 世纪 90 年代以后，世界危机的出现，使结算货币国际化所占比重有所降低，但基本保持平稳趋势，如图 5-11 所示。

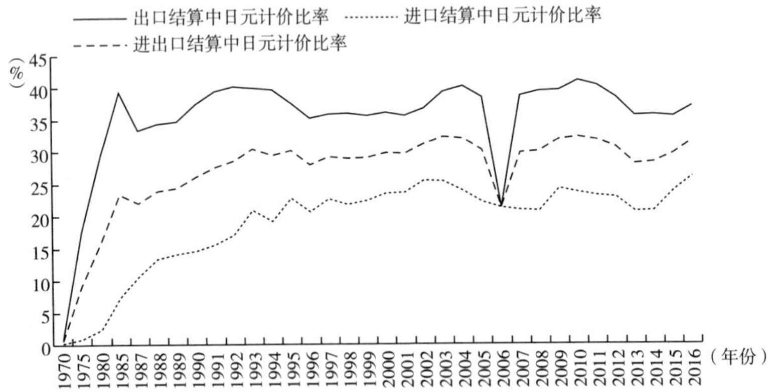

图 5-11　1970~2016 年日元在结算货币中的比重

注：1970~1999 年数据来源于 ICSEAD Working Paper, The International Use of the Japanese Yen: The Case of Japan's Trade with East Asia; 2000~2016 年数据来源于财务省，http://www.customs.go.jp/toukei/shinbun/trade-st/tuuka.htm。

（二）投资货币国际化历程

20 世纪 70 年代，日本经济开始了突飞猛进的发展，为日本吸引外商投资创造了条件，世界各国纷纷把目光投向日本资产，日元开始作为投资货币进入国际金融市场，并在世界市场上出现了以日元计价的国际债券，从而使得日元投资货币从此慢慢踏入国际化道路。

20 世纪末期到 21 世纪之初，东京离岸市场上以日元计价的国际债券规模不断扩大，从 1995 年到 2010 年的 15 年间，以日元计价的国际债券规模自 3500 亿美元扩大至 7620 亿美元，足足翻了一番。但是日元在国际债券中的比重总体在不断下降，自 1996 年的约 16%减少至 2010 年的 2.85%。

随后以日元计价的国际债券规模总体开始缩小，从 2010 年到 2015 年短短 5 年时间就从 7620 亿美元下降到 4325 亿美元。同时，日元在国际债券中占比也在缓慢下降，自 2010 年的 2.85%降至 2015 年的 1.98%。如图 5-12 和图 5-13 所示。

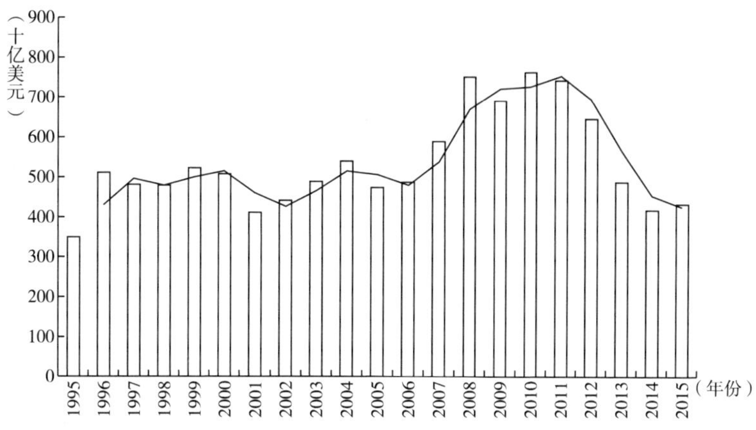

图 5-12 1995~2015 年以日元计价的国际债券规模

注：数据来源于国际清算银行季度回顾（BIS Quarterly Review）的各期数据。

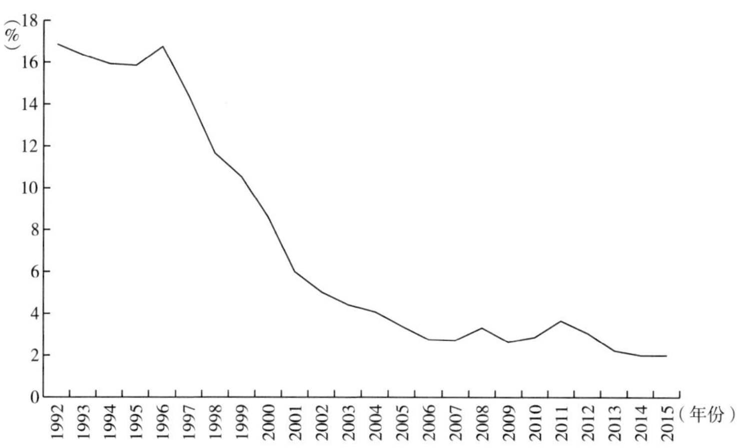

图 5-13 1992~2015 年以日元计价的国际债券占比

注：数据来源于国际清算银行季度回顾（BIS Quarterly Review）的各期数据。

（三）储备货币国际化历程

美元于20世纪60年代末期便出现一系列危机，到70年代布雷顿森林体系的瓦解彻底颠覆了其原本独占鳌头的地位，日元、英镑等开始作为储备货币进入国际货币领域，标志着日元作为储备货币国际化历程的开始。

随着20世纪80年代《广场协议》的签订，日元大幅度升值，强化了日元在世界储备货币中的地位，日元在国际储备货币中的比率也随之升高。具体来说，日元作为国际储备货币的占比从1970年至1991年从接近0快速上升到8.7%（见图5-14）。从而提高了世界金融市场上日元的地位和增加了日元的使用量。

进入20世纪90年代以后，伴随着股市和房地产泡沫的破裂，日元在国际储备货币中的比率开始下降。另外，随着1999年欧元的出现，国际储备货币中的日元部分被欧元所代替。加之1997年东南亚金融危机以及21世纪之初全球金融危机对日本经济的冲击，世界储备货币中日元的比重也自1991年的峰值8.7%降至2008年的3.5%，之后基本保持平稳态势，如图5-14所示。

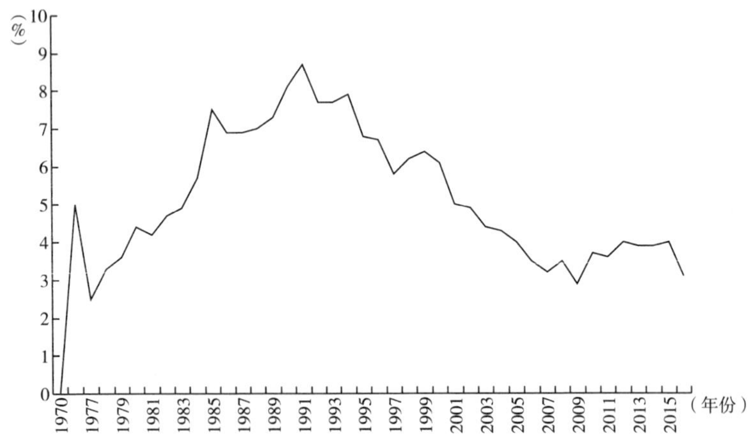

图5-14　1970~2015年日元在国际储备货币中的比重

资料来源：国际货币基金组织数据库。

二 日本市场提供者地位对日元货币职能国际化作用的实证分析

从以上的分析来看，日本市场提供者地位的变化对日元在国际贸易中作为结算货币、储备货币以及在国际债券市场上作为投资货币的发展都有很大程度的推动作用。这里利用计量分析方法分别考察日本市场提供者地位对日元作为结算货币、储备货币和投资货币的影响。

（一）变量的选取及定义说明

这里从日元在世界交易中作为结算货币、储备货币和在国际债券中作为投资货币三个方面分别描述日本市场提供者地位和日元国际化的内在联系。分别选取日元在对外贸易中作为结算货币的比重、在国际债券中作为投资货币的比重以及在外汇储备中作为储备货币的比重为被解释变量，以市场提供指数作为核心解释变量，来描述日本市场提供者地位对日元国际化程度产生的影响。

1. 对东京离岸市场发展程度指标进行描述

根据市场提供指数的定义，这里在衡量日本对外市场提供者地位时，选择日本对外市场提供指数作为度量指标。根据定义，A 国对 B 国 i 产品的“市场提供指数”为 B 国对 A 国的 i 产品出口占 B 国对世界 i 产品总出口的比重，即 A 国对 B 国 i 产品的 MP 指数：

$$MP_{AB}^{i}=\frac{EX_{BA}^{i}}{EX_{BW}^{i}}\times 100$$

其中，EX_{BA}^{i}表示 B 国对 A 国的 i 产品出口，EX_{BW}^{i}表示 B 国对世界的 i 产品出口。A 国对 B 国 i 产品的 MP 指数反映了 B 国对 A 国在 i 产品市场上的依赖程度。MP_{AB}^{i}越高，B 国对 A 国在 i 产品市场上的依赖程度就越高，MP_{AB}^{i}在 0 和 100 之间。当然，MP 指数也可以应用于区域之间。

因此可用以下公式来表示日本对外市场提供者地位。

$$MP=\frac{IM_{J}}{IM_{W}}$$

其中，IM_J表示日本对外进口总额，IM_W表示世界进口总额，*MP* 即为日本出口占世界进口总额的比重。

2. 对其他变量的选取说明

除了日本对外市场提供者这一核心指标之外，本书还需要用到表示日元国际化程度的被解释变量，以及传统变量和控制变量等其他与问题相关的变量，以保证研究问题的精确具体。

日元在国际储备货币中的比重 *RESERVE*：用国际储备货币中日元的金额与总金额之比得到，数据来源于国际货币基金组织数据库[①]。日元在国际贸易结算中的比重 *TRADE*：用进出口贸易中日元占比的平均值得到，1970~1999 数据来源于 ICSEAD Working Paper[②]，2000~2016 年数据来源于财务省[③]。日元在国际债券中作为投资货币的比重 *BOND*：用以日元计值的国际债券数额同国际债券总额的比值计算得到，数据来源于国际清算银行季度回顾（BIS Quarterly Review）的各期数据。

这里选取的传统变量包括经济规模、金融市场发展程度和货币惯性等。经济规模 *GDPSH*：用日本 GDP 与世界 GDP 的比值计算得到，即 *GDPSH*=日本 *GDP*/世界 *GDP*，数据来源于 Wind 数据库。金融市场发展程度 *SMSH*：用日本的股票交易市值与日本 GDP 的比值计算得到，数据来源于 Wind 数据库。广义货币供给占 GDP 的比重 *FIN*：用日本广义货币供给量与日本 GDP 的比值计算得到，数据来源于 Wind 数据库。货币惯性 *RESERVE*（-1）：用被解释变量 *RESERVE* 的一阶滞后项来表示。货币惯性 *TRADE*（-1）：用被解释变量 *TRADE* 的一阶滞后项来表示。货币惯性 *BOND*（-1）：用被解释变量 *BOND* 的一阶滞后项来表示。

控制变量主要包括汇率的波动程度、日元升值情况、通货膨胀率和国际金融危机虚拟变量。汇率的波动程度 *EXVAR* 是将日元兑换美元的汇率值取对数，然后再将对数值做一阶差分得到，即 $EXVAR=\ln RATE_{t+1}-\ln RATE_t$，数据来源于 Wind 数据库。日元升值情况 *FOREX* 是用日元兑换美元的汇率

---

① http：//data. imf. org/？ sk-E6A5F467-C14B-4AA8-9F6D-5A09EC4E62A4.

② ICSEAD Working Paper，The International Use of the Japanese Yen：The Case of Japan's Trade with East Asia.

③ http：//www. customs. go. jp/toukei/shinbun/trade-st/tuuka. htm.

取对数得到，即 $FOREX = \ln RATE$，$RATE$ 为日元兑换美元的汇率，数据来源于 Wind 数据库。通货膨胀率 $INDIF$ 是用本期的消费物价指数 CPI_t 与上期指数 CPI_{t-1} 之差再比上期指数 CPI_{t-1} 计算得到，即 $INDIF =（CPI_t - CPI_{t-1}）/CPI_{t-1}$，数据来源于 Wind 数据库。对国际金融危机虚拟变量 DUM，众所周知，2007 年全球金融危机在世界范围内蔓延开来，对日元的国际化产生了或多或少的影响，这里令 2007 年及之前的 $DUM=0$，2007 年之后的 $DUM=1$。

（二）模型的设置与分析

1. 模型的设置

这里设定三个模型分别考察日本对外市场提供者地位与结算、储备和投资货币国际化之间的相关关系，以及作用程度的大小。具体的估计模型设置如下。

模型一：

$$\text{Logistic}TRADE_t = C+\beta_1 \text{Logistic}TRADE(-1)_t+\beta_2 \ln GDPSH_t+\beta_3 \ln SMSH_t+\beta_4 \ln FIN_t+\beta_5 \ln MP+\beta_6 CONTROL_t+\varepsilon_t$$

其中，Logistic$TRADE$ 是对被解释变量 $TRADE$ 做 Logistic 转换：Logistic$TRADE$ =［$TRADE$/（1−$TRADE$）］。t 为时间。C 为常数项。β_i 为待估参数，i = 1、2、3、4、5、6。$CONTROL$ 为控制变量，包含汇率的波动程度 $EXVAR$、日元升值情况 $FOREX$、通货膨胀率 $INDIF$ 和国际金融危机虚拟变量 DUM。ε_t 为随机误差项。

模型二：

$$\text{Logistic}BOND_t = C+\beta_1 \text{Logistic}BOND(-1)_t+\beta_2 \ln GDPSH_t+\beta_3 \ln SMSH_t+\beta_4 \ln FIN_t+\beta_5 \ln MP+\beta_6 CONTROL_t+\varepsilon_t$$

其中，Logistic$BOND$ 是对被解释变量 $BOND$ 做 Logistic 转换：Logistic$BOND$ =［$BOND$/（1−$BOND$）］。t 为时间。C 为常数项。β_i 为待估参数，i = 1、2、3、4、5、6。$CONTROL$ 为控制变量，包含汇率的波动程度 $EXVAR$、日元升值情况 $FOREX$、通货膨胀率 $INDIF$ 和国际金融危机虚拟

变量 *DUM*。ε_t为随机误差项。

模型三：

$$\text{Logistic}RESERVE_t = C+\beta_1 \text{Logistic}RESERVE(-1)_t+\beta_2 \ln GDPSH_t+\beta_3 \ln SMSH_t+\beta_4 \ln FIN_t+\beta_5 \ln MP+\beta_6 CONTROL_t+\varepsilon_t$$

其中，Logistic*RESERVE* 是对被解释变量 *RESERVE* 做 Logistic 转换，由于 0<*RESERVE*<1，与 *GDPSH* 可能会呈非线性关系，所以本书对 *RESERVE* 做 Logistic 转换：Logistic*RESERVE* = [*RESERVE*/（1-*RESERVE*）]。*t* 为时间。C 为常数项。β_i为待估参数，i=1、2、3、4、5、6。*CONTROL* 为控制变量，包含汇率的波动程度 *EXVAR*、日元升值情况 *FOREX*、通货膨胀率 *INDIF* 和国际金融危机虚拟变量 *DUM*。ε_t为随机误差项。

2. 变量的描述性统计

在对上述所描述的模型进行估计之前，先给出各个变量所用数据的描述性统计，如表 5-12 所示。

表 5-12　日本市场提供者地位与日元货币职能国际化变量的描述性统计

变量	均值	最大值	最小值	标准差
RESERVE	0.052116	0.085776	0.029866	0.017659
TRADE	0.424895	0.477105	0.269036	0.042411
BOND	0.081155	0.202762	0.020299	0.069256
GDPSH	-2.263898	-1.710910	-2.914005	0.379764
SMSH	-0.341640	0.105900	-0.733200	0.263288
FIN	0.772936	0.877800	0.631900	0.073563
MP	-2.892497	-2.302900	-3.245700	0.243014
FOREX	-4.679986	-4.351181	-4.878779	0.01476
INDIF	0.002095	0.023614	-0.017312	0.009514
EXVAR	0.002688	0.225533	-0.199417	0.110175

注：被解释变量 *RESERVE*、*TRADE* 和 *BOND* 做 Logistic 转换，传统变量 *GDPSH*、*SMSH*、*FIN*、*MP* 取对数。

（三）模型的估计检验及实证结果

1. 模型的估计方法及估计结果

在本书所给的三个模型中，核心解释变量和被解释变量间可能会相互影响。东京离岸市场发展会增加人们对于日元的信心，使日元需求增加，从而影响日元在国际贸易中的比重和在储备货币的份额，并促进日元在国际债券中比重的提高。反过来，日元在储备、贸易和国际债券货币中比重的提高会增加日元的流动性，进而推动东京离岸市场发展。因此，日本对外市场提供者很可能是内生变量。

变量的内生性会使 OLS 的结果出现有偏和不一致，因此，需要引入工具变量，选择解释变量和被解释变量以及它们的 1~3 阶滞后项作为工具变量，用 GMM 法估计模型中所出现的待估系数。

为了考察日本对外市场提供者地位与储备、结算以及投资货币国际化之间究竟存在怎样的相关关系，我们首先使用基本回归模型，也就是先不考虑控制变量，仅仅对影响上述解释变量的主要因素（包括日本对外市场提供者指数 *MP*、经济规模指标 *GDPSH*、金融市场发展程度指标 *SMSH* 以及广义货币供给占 GDP 比重指标 *FIN*）进行回归分析。我们使用 Eviews 6.0 分别对模型一、模型二和模型三中的回归方程进行 GMM 估计，得到实证结果如表 5-13、表 5-14 和表 5-15 所示。

表 5-13 给出了核心解释变量和各传统变量与结算货币国际化间相关关系的实证分析结果。从表中可以看出：日本对外市场提供指数 *MP* 的系数估计值为 0.0647>0，说明日本对外市场提供者地位和结算货币国际化间呈现正相关关系，同时该系数显著，说明前者对后者的作用效果较强。

另外，除了日本对外市场提供指数 *MP* 之外，国内经济规模 *GDPSH* 以及金融市场发展程度 *SMSH* 的系数估计值均为正值，说明这些变量与结算货币国际化均呈现正相关的关系，且对后者的影响较显著。其中，指标 *FIN* 在 1%置信水平下通过检验，说明广义货币供给在 GDP 中所占份额与结算货币国际化间呈现显著的负相关关系。表 5-13 中，货币惯性 Logistic *TRADE*（-1）是对结算货币国际化影响较大的变量，其估计系数约为-4.2153，说明在传统变量和控制变量不改变的情况下，上一期人们对于结算货币币种的选择会影响到本期的选择。

表 5-13 日本市场提供者地位与日元结算货币国际化模型的 GMM 估计结果

变量	估计结果	t-statistic	Prob
C	1.3604*** (0.0945)	14.39207	0.0000
Logistic*TRADE*（-1）	-4.2153*** (0.3979)	-10.59514	0.0000
GDPSH	0.12578*** (0.0257)	4.887661	0.0001
SMSH	0.05776** (0.02012)	2.870516	0.0102
FIN	-0.25423*** (0.06165)	-4.124031	0.0006
MP	0.06470*** (0.01108)	5.839492	0.0000

注：***、** 分别表示在临界值置信水平为1%、5%下通过检验，括号内数值是对应变量的标准差。

表 5-14 给出了核心解释变量和各传统变量对投资货币国际化影响的实证研究结果。从表中可以看出：变量指标 *MP* 的系数估计值为负数，说明日本对外市场提供者地位与投资货币国际化之间呈现负相关的关系，且前者对后者的作用效果不显著。

另外，货币惯性与投资货币国际化之间呈正相关关系，金融市场发展程度与投资货币国际化呈负相关关系，且货币惯性 Logistic*BOND*（-1）、金融市场发展程度 *SMSH* 均在1%的置信水平下通过检验，说明它们对投资货币国际化的作用效果均比较显著。同时，货币惯性 Logistic*BOND*（-1）的绝对值最大，约为3.49909，说明货币惯性每提高1%，投资货币国际化程度就升高约3.50%。

表 5-14　日本市场提供者地位与日元投资货币国际化模型的 GMM 估计结果

变量	估计结果	t-statistic	Prob
C	-0.07312 (0.11097)	-0.65897	0.5183
Logistic*BOND* (-1)	3.49909*** (0.49316)	7.095227	0.0000
GDPSH	-0.00221 (0.02045)	-0.108294	0.9150
SMSH	-0.06146*** (0.01248)	-4.925443	0.0001
FIN	-0.07528 (0.05668)	-1.328200	0.2007
MP	-0.00318 (0.00450)	-0.706844	0.4887

注：*** 表示在临界值置信水平为 1%下通过检验，括号内数值是对应变量的标准差。

表 5-15 给出了核心解释变量和各传统变量与储备货币国际化间相关关系的实证分析结果。从表中可以看出：日本对外市场提供指数 *MP* 的系数估计值为-0.00486<0，同时在 10%的置信水平下通过检验，说明日本对外市场提供者地位对日元在国际储备中的份额影响较小且呈负相关的关系，说明前者对后者的作用效果较弱。

另外，除了日本对外市场提供指数以外，货币惯性 Logistic*RESERVE* (-1)、国内经济规模，以及金融市场发展程度对储备货币国际化的影响不显著。只有广义货币供给与国内 GDP 之比对储备货币国际化有着显著的正向影响。

表 5-15　日本市场提供者地位与日元储备货币国际化模型的 GMM 估计结果

变量	估计结果	t-statistic	Prob
C	-0.00247 (0.04969)	-0.049783	0.9608

续表

变量	估计结果	t-statistic	Prob
Logistic*RESERVE* (-1)	0. 51922 (0. 57906)	0. 896669	0. 3817
GDPSH	0. 06764 (0. 04232)	1. 598265	0. 1274
SMSH	0. 02066 (0. 01515)	1. 363556	0. 1895
FIN	0. 22933* (0. 12113)	1. 893362	0. 0745
MP	-0. 00486** (0. 02128)	-1. 864680	0. 0786

注：*表示在临界值置信水平为10%下通过检验，括号内数值是对应变量的标准差。

2. 稳健性检验及其结果

在上述基本模型中加入控制变量 *CONTROL*（包括货币升值指标 *FOREX*、通货膨胀率指标 *INDIF*、汇率波动指标 *EXVAR* 和国际金融危机虚拟变量 *DUM*）就得到新的扩展模型。为了考察上述基本模型中的结果是否稳健，我们利用 GMM 方法对扩展模型中各变量的待估参数进行估计。扩展模型的 GMM 估计结果如表 5-16、表 5-17 和表 5-18 所示。

从表 5-16 中可以看出，加入控制变量 *CONTROL* 以后，原本在 1%或 5%的置信水平下通过检验的货币惯性、经济发展规模 *GDPSH*、金融市场发展程度 *SMSH* 现在未通过检验，说明当加入控制变量以后日本对外市场提供者地位对结算货币国际化的影响效果减弱了。但是日本对外市场提供指数的估计系数仍然为正值，说明前者与后者间依旧呈现正相关关系。因此，日本对外市场提供者地位对结算货币国际化的影响是不稳定的。

从控制变量来看，货币升值指标 *FOREX* 的系数为正值，且在 10%的置信水平下通过检验，说明货币升值与结算货币国际化之间呈显著的正相关关系；国际金融危机虚拟变量 *DUM* 的系数估计值为负值且在 5%的置信水平下通过检验，说明金融危机虚拟变量与结算货币国际化之间呈现显著的负相关关系；汇率波动指标 *EXVAR* 和通货膨胀率 *INDIF* 未通过检验，说明它们对结算货币国际化的作用不明显。

表 5-16 日本市场提供者地位与日元结算货币国际化扩展模型的 GMM 估计结果

变量	估计结果	t-statistic	Prob
C	1.22679*** (0.14009)	8.756927	0.0000
Logistic*TRADE*（-1）	-1.69292 (1.17706)	-1.438263	0.1723
GDPSH	-0.03634 (0.08054)	-0.451249	0.6587
SMSH	0.01249 (0.02789)	0.447797	0.6612
FIN	-0.19358*** (0.05541)	-3.493767	0.0036
MP	0.05233*** (0.01600)	3.271880	0.0056
FOREX	0.09614* (0.04621)	2.08039	0.0563
INDIF	-0.77705 (0.44516)	-1.74555	0.1028
EXVAR	0.01209 (0.04876)	0.247909	0.8078
DUM	-0.05376** (0.02447)	-2.197087	0.0453

注：***、**、*分别表示在临界值置信水平为 1%、5%、10%下通过检验，括号内数值是对应变量的标准差。

从表 5-17 中可以看出，加入控制变量 *CONTROL* 以后，经济规模 *GDPSH* 的系数为正值，且在 10%的置信水平下通过检验，说明当加入控制变量以后经济规模与投资货币国际化之间呈现显著且稳定的正相关关系。

从控制变量来看，货币升值指标 *FOREX* 和汇率波动指标 *EXVAR* 的系数为正值，且在 1%的置信水平下通过检验，说明货币升值、汇率波动与投资货币国际化之间呈正相关关系，且作用效果显著；通货膨胀率 *INDIF* 的估计值为正但未通过检验，说明通货膨胀率和投资货币国际化之间呈正相关关系但作用效果不显著；国际金融危机虚拟变量 *DUM* 的估计值为正且在 10%的置信水平下通过检验，说明它与投资货币国际化呈正相关关系且作用效果显著。

表 5-17 日本市场提供者地位与日元投资货币国际化扩展模型的 GMM 估计结果

变量	估计结果	t-statistic	Prob
C	0. 49533** (0. 16994)	2. 914793	0. 0113
Logistic*BOND* (-1)	2. 82462*** (0. 32015)	8. 822827	0. 0000
GDPSH	0. 05478* (0. 02895)	1. 892233	0. 0793
SMSH	0. 05156** (0. 02018)	2. 555147	0. 0229
FIN	-0. 10087 (0. 07561)	-1. 334014	0. 2035
MP	-0. 00646 (0. 00600)	-1. 077762	0. 2994
FOREX	0. 08321*** (0. 02605)	3. 193746	0. 0065
INDIF	0. 31724 (0. 31199)	1. 016819	0. 3265
EXVAR	0. 08479*** (0. 02426)	3. 495081	0. 0036
DUM	0. 03058* (0. 01635)	1. 870573	0. 0825

注：***、**、*分别表示在临界值置信水平为 1%、5%、10%下通过检验，括号内数值是对应变量的标准差。

从表 5-18 中可以看出，加入控制变量 *CONTROL* 以后，原本未通过检验的经济发展规模 *GDPSH* 和货币惯性 Logistic*RESERVE*（-1）分别在 1%和 10%的置信水平下通过检验，说明在加入控制变量以后日本对外市场提供者地位对储备货币国际化的作用效果变得显著了。但是日本对外市场提供指数 *MP* 的估计系数仍然为负值，说明日本对外市场提供者地位与储备货币国际化之间依旧是负相关的关系。但是，日本对外市场提供指数对储备货币国际化的影响是不显著的。

从控制变量来看，货币升值指标 *FOREX* 的系数为负值，且在 5%的置信水平下通过检验，说明货币升值与储备货币国际化之间呈显著的负相关关系；国际金融危机虚拟变量 *DUM* 与通货膨胀率指标 *INDIF* 的系数估计均为正值且在 1%的置信水平下通过检验，说明国际金融危机虚拟变量和通货膨胀率与储备货币国际化之间均呈现出显著的正相关关系；汇率波动指标 *EXVAR* 的系数估计为正值，但未通过检验，说明汇率波动与储备货币国际化之间呈正相关关系，但是影响作用不显著。

表 5-18 日本市场提供者地位与日元储备货币国际化扩展模型的 GMM 估计结果

变量	估计结果	t-statistic	Prob
C	-0. 02250 (0. 05379)	-0. 418369	0. 6820
Logistic*RESERVE*（-1）	0. 34478* (0. 18244)	1. 889790	0. 0797
GDPSH	0. 04513*** (0. 00946)	4. 769624	0. 0003
SMSH	-0. 00187 (0. 00651)	-0. 287933	0. 7776
FIN	0. 05214*** (0. 01385)	3. 764634	0. 0021
MP	-0. 00222 (0. 00392)	-0. 565100	0. 5809
FOREX	-0. 02300** (0. 00810)	-2. 840640	0. 0131

续表

变量	估计结果	t-statistic	Prob
INDIF	0.70170*** (0.12793)	5.484941	0.0001
EXVAR	0.00980 (0.00685)	1.430439	0.1745
DUM	0.00965*** (0.00322)	2.995360	0.0096

注：***、**、*分别表示在临界值置信水平为1%、5%、10%下通过检验，括号内数值是对应变量的标准差。

总的来说，日本对外市场提供者地位与结算货币国际化之间呈现稳定且显著的正相关关系，与投资货币国际化和储备货币国际化之间都呈现不稳定的负相关关系。

本章小结

中国对外市场提供者地位的提升必定会提高中国在国际经济中的地位，有利于中国话语权的提升。根据许多学者的研究，对外提供大规模的市场是一国货币国际化的重要条件。中国对外市场提供者地位的提升对人民币国际化也会带来一定的影响。

但经过实证研究发现，中国的东亚市场提供者地位对东亚国家货币兑人民币汇率稳定性要求的正向作用还没有发挥出来，而美国的东亚市场提供者地位能够对东亚经济体货币兑美元汇率稳定性有着显著影响。中国、日本和美国分别作为东亚最终消费品市场提供者地位与东亚经济体货币分别兑人民币、日元和美元汇率稳定性程度相吻合。由此可以推断最终消费品的市场提供者地位可能对该国在本区域内“货币锚”作用的发挥具有至关重要的影响。因此，为了提高人民币在东亚区域内“货币锚”的作用，以及东亚经济体货币兑人民币汇率稳定性要求，应该推动中国作为东亚最终消费品市场提供者地位的进一步提升。

同样，中国的东亚市场提供者地位对东亚经济体货币兑人民币汇率波动性的影响并不显著，中国为东亚经济体提供产品市场份额越大，东亚经济体货币兑人民币汇率波动也越大。可见，虽然中国已经成为东亚地区最大的市场提供者，但在最终产品市场提供方面与美国还相差较大，这也是中国的东亚市场提供者地位对东亚经济体货币兑人民币汇率波动性以及汇率稳定性有着反面影响的重要原因。因此，中国作为最终产品市场提供者地位的提升对人民币国际化战略的推进有着更深远的影响。

虽然中国的东亚市场提供者地位对东亚经济体货币兑人民币汇率波动性以及汇率稳定性的正向影响还没有显现出来，但是，中国对外市场提供者地位的提升有利于缓解贸易顺差对人民币国际化推进的压力，有利于境外人民币资金池的累积。中国对外市场提供者地位的提升可以积极推进人民币贸易计价货币功能的实现，可以促进人民币作为贸易融资货币的使用。这些都是中国对外市场提供者地位提升对人民币国际化的积极影响。

同时，根据日元国际化进程中日本对外市场提供者地位的作用来看，日本对外市场提供者地位与结算货币国际化之间呈现稳定且显著的正相关关系，与投资货币国际化和储备货币国际化之间都呈现不稳定的负相关关系。从日元的经验来看，市场提供者地位的提升至少可以有效推动本国货币作为国际结算货币职能的实现。

第六章
中国对外市场提供者的结构变化与进口贸易模式转型

关于中国对外市场提供者地位变化的研究，必然要涉及对不同类型产品的市场提供情况及其变化，这实际上也是中国进口贸易结构或模式调整的问题。进口贸易模式对于一个国家的经济发展能够产生重要影响，进口贸易模式的转型也是在一定动因的条件下实现的。研究中国对外不同类型产品市场提供的变化以及进口贸易结构或模式转变主要影响因素的问题，可以为“新常态”下充分发挥作为供给管理重要手段的进口贸易政策的作用提供理论依据。本章首先分析对外市场提供与进口贸易模式之间的关系，并提出进口贸易模式转型的问题。结合日本进口贸易模式转型经验，分析其进口贸易模式变化及影响其转变的主要因素。在此基础上，探讨中国进口贸易模式转型主要因素带来的影响以及中国进口贸易模式转型的前景。

第一节　进口贸易模式转型问题的提出

一　对外市场提供与进口贸易模式的关系

一个国家的对外市场提供与该国进口贸易实际上是一个问题两个不同的分析角度。对外市场提供的着眼点更侧重于该国对外部带来的影响或能够产生的影响；进口贸易模式更加立足于本国，侧重于关注对本国带来的影响或产生的作用。

虽然对外市场提供与该国进口贸易在表述上和侧重的角度上有所差异，但是二者具有统一性。首先，一国对外市场提供规模的上升就是进口贸易量的增加。一国对外市场提供的规模越大，该国的进口贸易量也就越大。其次，一国对外市场提供者地位的提升就是该国进口贸易带来的对外影响力。最后，一国对外在不同类型产品市场提供的结构上的变化过程，也就是该国进口贸易模式的转变过程。例如，一国对外以提供中间产品市场为主，那么，这个国家很可能是加工贸易模式或中间产品在进口贸易需求中占据较大比重。

可见，对外市场提供者地位的变化一定能够对进口贸易发展产生显著的影响。这种影响有两种表现形式，即结构上的影响和模式上的影响。当一国对不同类型产品或不同部门产品提供市场的规模发生改变时，该国的进口贸易结构也会发生改变。当这种影响达到一定程度，并足以使该国进口贸易表现出某些明显特征时，对外市场提供者地位的变化对进口贸易产生的影响就属于模式上的影响。因此，本书研究中国对外市场提供者地位的变化也必然会对中国进口贸易结构或模式问题进行分析。

二　进口贸易模式转型的定义

“进口贸易模式转型”实际上是一国对外市场提供在不同产品结构上的变化而形成的一种特殊状态。冯永琦、裴祥宇曾把在某些因素影响下导致的对最终产品需求提升而对中间产品需求下降，从而使最终产品进口占总进口的比重不断增大，而中间产品进口比重不断降低的现象，称为“进口贸易转型效应”。①

在已有研究的基础上，这里将“进口贸易模式转型”定义为在进口贸易结构中，对最终产品需求提升而对中间产品或初级产品需求下降，最终产品进口占总进口的比重不断增大，而中间产品或初级产品进口比重不断降低的结构模式变化过程。

---

① 冯永琦、裴祥宇：《人民币实际有效汇率变动的进口贸易转型效应》，《世界经济研究》2014年第3期，第21~26页。

长期以来，中国通过出口导向战略实现了经济的高速发展，同时也形成了对以美国等发达国家为主的外部市场严重依赖的局面，特别是在最终产品市场方面更为严重。外部市场需求的波动会对中国经济的发展及稳定产生直接冲击，这在2008年全球金融危机的影响中已经表现得十分明显，并且，随着中国劳动力成本的上升，传统的出口导向型发展战略已经开始受到挑战。中国加工贸易的转型、产业结构升级以及扩大内需等问题都是系统性问题中的某一方面。这些问题的解决和实现，也必然会对中国对外提供市场的结构产生一定的影响。

当前，中国加工贸易模式正在转变，中国对外提供中间产品市场的比重已出现下降趋势，但提供最终产品市场所占比重还未出现明显上升趋势，即中国目前还没有实现“进口贸易转型”。但是，将来在中国进口贸易结构中，最终产品进口比重是否会出现大幅上升？中国进口贸易转型需要哪些条件？对这些问题的回答需要了解进口贸易模式转型的影响因素及其作用程度。

第二节　日本进口贸易模式转型的经验分析

在对中国进口贸易模式问题研究之前，可以先对已经实现进口贸易模式转型的日本进行研究，此项研究可以为分析中国进口贸易模式问题提供参考。同时，由于中国贸易模式正在转变过程中，直接对中国进口贸易模式转型的前景问题进行研究会受到数据可获得性以及数据变量样本区间等问题的限制，而日本在20世纪80年代面临的经济发展与对外贸易情况和中国目前形势较为类似，且日本数据变量样本区间也较为充分。因此，对日本进口贸易模式转型及其影响因素的研究会得到更有科学性和解释力的结论，并对中国未来进口贸易模式的变化走向带来重要的启示。

一　日本进口贸易模式转型的进程

20世纪80年代开始至21世纪初，日本的进口贸易模式发生了重要转变。这主要体现在初级产品、中间产品和最终产品在总进口中比重的结构变化上。如表 6-1 所示。

首先，日本进口的初级产品在总进口中的比重总体在下降。1980 年，日本进口贸易中初级产品占有绝对比重，其进口规模占总进口的 1/2 以上。之后其比重总体在下降，特别是在 1985 年日元升值后，初级产品进口比重下降的更为迅速。1995 年已经降到 20.97%。之后，在较长时期内保持在 20%左右的水平，2005 年以后基本保持在 26%左右的水平。

其次，日本进口的中间产品在总进口中的比重有所上升后保持平稳态势。1980 年，日本进口的中间产品在总进口中的比重为 27.3%，1986 年上升到近 40%。20 世纪 80 年代后期至 2015 年，日本进口的中间产品在总进口中的比重较为稳定，基本维持在 36%~44%的水平上。

再次，日本进口的最终产品在总进口中比重上升的幅度较大，且波动幅度也较大。1980 年，日本进口的最终产品在总进口中的比重仅为 14.97%，1985 年为 20.00%，1985 年以后该比重上升得更快，1999 年达到 43.06%。但自 2003 年开始出现下滑趋势，2008 年该比重仅为 26.78%，2009 年该比重出现上升回转到 34.50%后又继续下降到 2014 年的 32.16%，2015 年上升到 39%。

最后，日本进口的最终产品在总进口中所占比重迅速上升的过程中，最终消费品和最终资本品的进口贸易上升幅度存在明显差异。1980 年，日本进口的最终消费品占总进口的比重仅为 8.25%，但该值在 1985 年后开始迅速增长，并于 1994 年达到 30.96%的峰值，但 2003 年出现明显的下降趋势，2008 年降至 17.75%，之后有所回升，2015 年为 25.73%。与之不同的是，日本进口的最终资本品占总进口的比重自 1980 年的 6.72%上升到 1995 年的 10.43%，之后长期稳定在 9%~14%。因此，日本最终产品的进口变动情况主要是通过最终消费品的进口变动反映出来的。

所以，20 世纪 80 年代以来，日本进口的初级产品在总进口中的比重总体在下降，最终产品所占比重迅速上升，并保持了较高的比重。该情况在 21 世纪初表现得更为明显。因此，可以说截至 21 世纪初，日本已经完成了进口贸易模式的转型。

表 6-1　1980~2015 年日本进口不同类型产品的贸易结构变化

单位：%

年份	初级产品	中间产品	最终产品		年份	初级产品	中间产品	最终产品	
			消费品	资本品				消费品	资本品
1980	57.73	27.3	8.25	6.72	1998	19.46	38.22	29.03	13.29
1981	56.27	27.67	9.15	6.91	1999	18.65	38.28	29.41	13.65
1982	54.5	28.91	9.88	6.71	2000	20.27	39.82	26.61	13.3
1983	51.32	30.7	10.12	7.87	2001	19.98	38.81	28.08	13.13
1984	48.85	33.05	10.36	7.74	2002	19.79	38.83	28.3	13.08
1985	46.02	33.98	11.5	8.5	2003	20.65	39.71	26.82	12.82
1986	34.68	39.27	15.85	10.2	2004	21.78	40.34	25.29	12.58
1987	32.15	38.87	18.62	10.36	2005	25.24	39.03	23.59	12.15
1988	29.77	42.14	21.61	6.48	2006	27.44	39.85	21.11	11.6
1989	27.93	41.35	23.94	6.79	2007	28.64	40.56	20.11	10.69
1990	28.73	40.01	23.6	7.66	2008	33.51	39.72	17.75	9.03
1991	27.83	39.23	24.95	7.99	2009	27.43	38.07	23.98	10.52
1992	27.54	37.01	27.45	8	2010	28.67	39.6	21.56	10.16
1993	26.05	36.79	28.85	8.3	2011	29.99	39.41	20.79	9.81
1994	23.49	36.35	30.96	9.2	2012	29.49	38.91	21.22	10.38
1995	20.97	37.88	30.72	10.43	2013	29.07	39.07	20.97	10.89
1996	21.17	37.12	29.97	11.74	2014	26.85	40.99	20.77	11.39
1997	21.7	38.66	27.57	12.07	2015	17.61	43.39	25.73	13.27

资料来源：日本产业经济研究所（RIETI-TID 2015）数据库。

二　日本进口贸易结构转型的影响因素

（一）日元实际有效汇率

1980 年以后日元实际有效汇率的大幅度上升共经历了四次，分别发生在 20 世纪 80 年代上半期、90 年代上半期、90 年代末以及 2007 年美国次贷危机时期。日元实际有效汇率的四次变动及其总的变动趋势与日本最终产品进口占总进口的比重变动趋势有着非常高的吻合度，如图 6-1 所示。

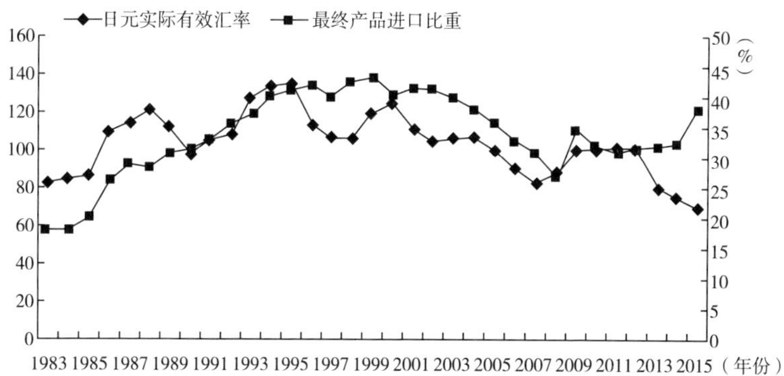

图 6-1　1983~2015 年日元实际有效汇率与最终产品进口比重比较

注：此图中的日元实际有效汇率为日元年度平均的实际有效汇率，2010 年为 100。

资料来源：日元实际有效汇率数据来源于 Wind 数据库，日本最终产品进口比重来源于 RIETI-TID 2015 数据库。

虽然在价格机制的作用下，日元升值能够相对降低进口产品的价格，会增加对进口产品的需求，但是，日元升值促进了日本对最终产品的进口，而并没有促进对初级产品或者中间产品的进口，这主要是由于日元升值对不同进口类型产品的影响存在明显差异。

首先，对于最终消费品来说，在日元升值的影响下，最终消费品相对更为廉价，日本国内最终消费品产业的竞争力会下降更多，国内最终消费品的生产和销售会受到极大冲击。所以，日本对国外最终消费品的进口将大幅增加。

其次，对于最终资本品来说，日元升值能够降低最终资本品的进口价格，最终资本品的进口规模将扩大。但是，由于部分进口的最终资本品是出口导向部门进行生产所必需的，而出口部门由于日元升值其出口规模将下降，这必将降低该部门对相应最终资本品的需求，这样会对最终资本品进口规模的上升存在一定的“抵消”作用。所以，日元升值导致的最终资本品进口规模的上升幅度会明显低于最终消费品进口规模的上升幅度。

再次，对于中间产品来说，日元升值对其进口的影响也主要取决于中间产品的进口是用于贸易部门还是用于非贸易部门。由于二战后日本在相当长的时期里实行“加工贸易”战略，很大部分的中间产品进口主要是为了推动出口贸易的实现而进行的。在日元升值对日本出口部门严重的冲击下，外需导向型的“加工贸易”模式在逐渐衰退，最终形成了内需主导型的经济模式。[①] 因此，在日元升值的影响下，即使中间产品相对价格降低会带动日本国内对中间产品需求的增加，但是随着日本内需主导型经济模式的形成，日本对中间产品需求的空间是有限的。

最后，对于初级产品来说，日元升值并没有导致日本对初级产品进口的增加，反而加速了初级产品进口在总进口贸易中比重的下降。在日本资源贫乏、人口众多，只能选择“贸易立国”发展道路的背景下，日本初级产品的进口需求主要取决于生产领域而非消费领域，特别是出口部门的生产领域。所以，日本初级产品的进口需求实际上是工业生产的出口部门来决定的。在日元升值的背景下，虽然日本从国外进口的原料、燃料价格相对下降，日本国内企业的生产成本也会相应降低，但在日本国内产业结构逐渐向创造性知识密集型产业转化的趋势下，高能耗产业逐渐衰落或转移到日本海外。这样，对原材料和燃料的需求就会下降，在对原料和燃料消耗有限的情况下，原料和燃料进口价格的下降也不会促使以原材料和燃料为主要内容的进口贸易规模的增加。

（二）产业海外转移

20 世纪 70 年代以后，日本发生了大规模的产业海外转移现象，日本不断地将“重、厚、长、大”型的钢铁、化工、汽车等产业向海外转移，致力于发展以微电子、新能源、新技术等为核心的“轻、薄、短、小”型产业，这使产业结构日益趋于高度化或“软化”。

虽然日本大规模产业海外转移是两次石油危机爆发的直接结果，同时也伴随着日元的升值，但是对于日本企业来说，要完全靠创新来降低成本

① 中曾根首相的私人咨询机构“为实现国际经济协调的经济结构调整研究会”于 1986 年 4 月和 1987 年 4 月先后发表了《前川报告》和《新前川报告》，提出改变日本的经济结构，从外需主导型转向内需主导型。1987 年至 1991 年的“平成景气”期间，日本出口数量指数增长明显低于进口指数的增长，外需对经济增长的贡献度为负数或零，经济增长完全依靠内需扩大来实现。

从而保持日本出口商品的竞争力是很难的。相比之下，日本产业海外转移成为众多日本企业规避日元升值行之有效的策略。[①] 所以，日本于 1989 年超过美国成为世界第一大对外直接投资国家，其对外直接投资额达 441 亿美元，而同年美国为 368 亿美元。

日本的产业海外转移最早是发生在技术含量较低的纺织和化工产业。1985 年大幅度的日元升值以后，日本的机电、运输机械等技术含量较高的产业也发生了大规模的向海外转移。日本向海外的产业转移先后经历了从劳动密集型产业到资本密集型产业，以及从低技术密集型产业到高技术密集型产业的路径。日本产业海外转移进程的加速使日本产业空心化现象更为突出。重化工业的海外转移必然使得日本初级产品进口在总进口中的比重下降，资本密集型产业的海外转移使日本对中间产品的进口需求能力有限。因此，产业海外转移使得日本出口贸易对其进口需求结构的影响大大降低，这也为日本最终产品进口贸易比重的提升创造了重要条件。

（三）国内的投资与消费

20 世纪 70 年代，石油危机对长期以来外向型经济的日本产生了严重影响。为了应对石油危机的冲击，日本政府实施刺激经济，扩大公共投资的政策，内需得到恢复并逐渐扩大。1978 年，在日本出口受阻的情况下，内需持续增加，成为总需求扩大的主要拉动力。日本国内投资与消费增长的变化趋势与日本最终产品进口比重的变动趋势也有着很高的吻合度，如图 6-2所示。

1979 年以后，以个人消费和企业设备投资为中心的民间需求扩大，这又接替支撑了总需求的持续扩大。1985 年，美国和日本签订了《广场协议》，但日元升值并没有从根本上解决日本贸易收支的失衡问题。为应对贸易摩擦，日本政府发表了以改变经济结构为目标的《前川报告》，其所提出的解决贸易收支失衡问题的根本出路在于改变日本的经济结构，

---

① 羊绍武：《日元升值与日本产业的海外转移》，《当代经济》2005 年第 11 期，第 47～48 页。

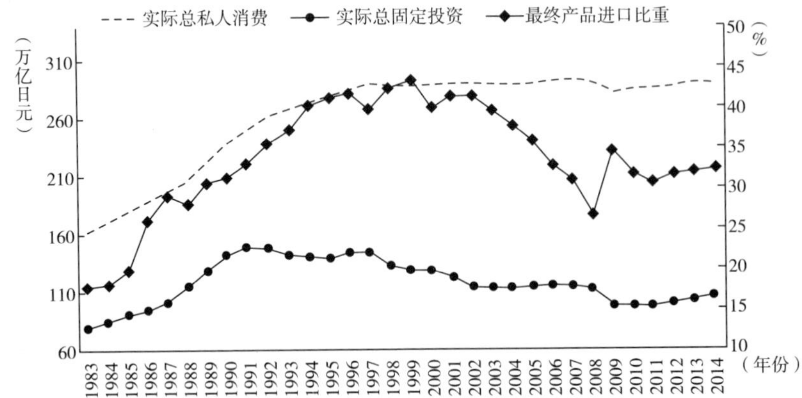

图 6-2　1983~2014 年日本实际总私人消费和实际总固定投资与最终产品进口比重的比较

资料来源：根据 EIU 数据库和 RIETI-TID 数据库整理得出。

从外需主导型转向内需主导型。开放市场和扩大进口成为《前川报告》的四大支柱之一。[①]

由于日本积极采取了适应日元升值的对策，如扩大公共投资等，1987 年后的日本经济明显好转，景气扩大一直持续到 1991 年 2 月，总共持续 51 个月，成为二战后第二个持续时间最长的大型景气，即“平成景气”。平成景气期间，出口数量指数增长明显低于进口指数的增长，外需对经济增长的贡献度为负数或零，经济增长完全依靠内需扩大来实现。增加投资和提升消费等内需主导型经济增长模式的形成，成为日本进口贸易模式转型的重要条件和基础。

鉴于此，我们做出如下假设。

假设 1：日元升值对日本进口贸易模式转型具有重要的推动作用。

---

① 中曾根首相的私人咨询机构“为实现国际经济协调的经济结构调整研究会”（由时任日本银行总裁的前川春雄为会长）于 1986 年 4 月和 1987 年 4 月先后发表了《前川报告》和《新前川报告》。《新前川报告》并没有什么新的内容，只是在《前川报告》的基础上，进一步把抽象的原则具体化，提出了一些具体的改革方案，将之称为“第二次前川报告”更为合适。《前川报告》被称为走向“第三次开国”意识转变的钥匙。《前川报告》的四大支柱包括扩大内需、调整产业结构、开放市场和扩大进口、促进对外直接投资。

假设 2：产业海外转移是日本进口贸易模式转型的重要基础。

假设 3：国内投资规模的增加有利于日本进口贸易模式的转型。

假设 4：国内消费规模的提升是日本进口贸易模式转型的重要条件。

三 日本进口贸易结构转型影响因素的实证分析

（一）数据选择与模型构建

以上从理论角度提出了日元升值、产业海外转移、国内投资和消费规模会对日本进口贸易结构转型产生影响。以下将根据日本产业经济研究所（RIETI）对贸易产品划分的 13 个行业[①]，对初级产品、中间产品、最终消费品和最终资本品下不同行业产品的进口受到关于日元升值、产业海外转移、国内消费以及国内投资等因素的影响进行实证研究。i 行业的初级产品、中间产品、最终消费品和最终资本品进口额占总进口额的比重，分别用 $IM1_i$、$IM2_i$、$IM3_i$、$IM4_i$ 来表示，数据来源于 RIETI-TID 数据库；日本产业海外转移的规模用日本对外直接投资的规模来衡量，用 IV 表示，数据来源于日本贸易振兴机构网站；日元升值幅度用日元实际有效汇率水平来衡量，用 R 来表示，数据来源于 Wind 数据库；日本国内投资用固定总投资水平来衡量，用 I 来表示，日本国内消费用总私人消费水平来衡量，用 CP 来表示，二者的数据来源于 EIU 数据库。实证研究的样本起止时间为 1983 年至 2015 年。

模型构建如下：

$$IM_{it}=C_i+\alpha_{it}R_t+\beta_{it}IV_t+\gamma_{it}CP_t+\sigma_{it}I_t+\varepsilon_{it}$$

对所有变量取对数以消除异方差的影响，采用面板数据模型分别研究在不同行业以及在初级产品、中间产品、最终消费品和最终资本品分类下，四个解释变量对不同行业下不同类别产品进口的影响。

---

① 日本产业经济研究所（RIETI）将所有进口产品分为 13 个行业类别：食品类，纺织类，纸浆、纸制品及木材类，化学制品及相关产品类，石油、煤炭及其制品类，陶瓷、玻璃类，钢铁、有色金属类，一般机械类，电气机械类，家电类，交通运输设备类，精密仪器类，玩具、杂货类。

（二）变系数面板数据模型

本书样本包含了全部变量的总体，并非抽样所得，因而不采用随机模型。利用协方差分析解释变量的参数是否对所有个体截面都一样，检验如下所示的两个假设。

$$\mathrm{H}_1: \beta_1 = \beta_2 = \cdots = \beta_N$$

$$\mathrm{H}_2: \alpha_1 = \alpha_2 = \cdots = \alpha_N$$

$$\beta_1 = \beta_2 = \cdots = \beta_N$$

在假设 H_2 下检验统计量 F_2 为：

$$F_2 = \frac{(S_3 - S_1)/[(N-1)(k+1)]}{S_1/[NT - N(k+1)]} \sim F[(N-1)(k+1), N(T-k-1)]$$

在假设 H_1 下检验统计量 F_1 为：

$$F_1 = \frac{(S_2 - S_1)/[(N-1)k]}{S_1/[NT - N(k+1)]} \sim F[(N-1)k, N(T-k-1)]$$

如果接受假设 H_2 则认为样本数据为不变系数模型，拒绝 H_2 则需检验 H_1。如果接受假设 H_1 则认为样本数据为变截距模型，拒绝 H_1 则认为样本数据为变系数模型。分别对 $IM1_i$、$IM2_i$、$IM3_i$、$IM4_i$ 建立变系数模型，所得结果如表 6-2 所示。

表 6-2　变系数面板数据模型的协方差分析结果

变量	*IM*1	*IM*2	*IM*3	*IM*4
S_1	44.04	4.78	4.23	61.70
S_2	144.82	44.24	25.16	324.35
S_3	3038.97	527.65	883.34	3320.36
F_1	23.53	58.17	25.73	31.6
F_2	559.57	616.5	864.43	293.5
F_1（临界值）	1.51	1.39	1.63	1.46
F_2（临界值）	1.46	1.35	1.57	1.42

如表 6-2 所示，在 5%的显著性水平下，各面板回归方程的 F_1 和 F_2 统计量均大于各自对应的临界值，所有方程均不能接受假设 H_2 和假设 H_1，因而本书采用固定效应变系数模型，回归结果如表 6-3 至表 6-6 所示。变系数面板回归方程结果显示，所有方程的可调整 R^2 均达到 90%，F 统计量均显著不为 0，所有方程的整体拟合度较高。

表 6-3　日元实际有效汇率个体变系数模型估计结果

变量		*IM*1	*IM*2	*IM*3	*IM*4
IV		-0.0419***	0.0047	0.0386***	-0.0189***
I		0.7739*	0.2688**	-0.0716	0.6898
CP		-2.3990***	0.3651**	0.7630***	-1.1427
R	食品类	-0.2235***	-0.0319	0.2564***	-0.0151
	纺织类	-0.2147***	0.0185	0.1975**	
	纸浆、纸制品及木材类	-0.1406*	0.1656*	-0.0238	
	化学制品及相关产品类	-0.0657	0.0845	-0.0176	
	石油、煤炭及其制品类	-0.1160	0.0858		
	陶瓷、玻璃类	-0.2374***	0.1724*	0.0662	
	钢铁、有色金属类	-0.4268***	0.3623***	0.0549	-0.0045
	一般机械类		-0.0769	0.0167	0.0800
	电气机械类		0.3317***		-0.3432***
	家电类		-0.1593*	0.2399***	-0.0607
	交通运输设备类	-0.0396	-0.2903***	0.6355***	-0.3187***
	精密仪器类		-0.1833**	1.2657*	0.0652
	玩具、杂货类		-0.0154	0.1380	-0.1374
	C	1.5453***	0.1627	0.1372	-0.1020
可调整 R^2		0.9356	0.9087	0.9547	0.9084
F 值		357.93***	523.69***	456.22***	292.93***
横截面		8	13	11	8

注：*、**、*** 分别代表在 10%、5%、1%的水平下显著。

表 6-4　日本对外直接投资个体变系数模型估计结果

变量		IM1	IM2	IM3	IM4
R		-0.1832***	0.0356*	0.1546***	-0.0874***
I		0.7816**	0.2688**	-0.0716	0.7011
CP		-2.4151***	0.3651**	0.7630***	-1.1662**
IV	食品类	-0.0443***	0.0015	0.0431***	-0.0019
	纺织类	-0.1110***	-0.0460***	0.1571***	
	纸浆、纸制品及木材类	-0.0964***	0.0315**	0.0650***	
	化学制品及相关产品类	-0.0154	-0.0450***	0.0652***	
	石油、煤炭及其制品类	-0.0283***	0.0250**		
	陶瓷、玻璃类	-0.0635***	0.0487***	0.0148	
	钢铁、有色金属类	0.0294***	-0.0344***	0.0048	-0.0015
	一般机械类		0.0018	0.0114	-0.0110
	电气机械类		0.1102***		-0.1112***
	家电类		-0.0809***	0.0148	0.0684***
	交通运输设备类	-0.0053	0.0705***	0.0500***	-0.1165***
	精密仪器类		0.0017	-0.0063	0.0068
	玩具、杂货类		0.6532***	0.0049	0.0157
	C	1.5445***	0.1627	-0.7662***	0.8723***
可调整 R^2		0.9561	0.9344	0.9642	0.9439
F 值		413.69***	221.46***	496.13***	353.70***
横截面		8	13	11	8

注：*、**、*** 分别代表在 10%、5%、1%的水平下显著。

表 6-5　日本国内固定总投资个体变系数模型估计结果

变量		IM1	IM2	IM3	IM4
IV		-0.0979	-0.0332	0.0497*	0.0065
R		0.7712*	0.1414	-0.1145	0.4077
CP		-2.3990***	0.3651**	0.7630***	-1.1428*
I	食品类	1.9415**	0.0464	-0.6359**	3.8616***
	纺织类	2.8256***	0.7102**	0.0413	

续表

变量		IM1	IM2	IM3	IM4
I	纸浆、纸制品及木材类	2.4169**	0.8448**	-0.1515	
	化学制品及相关产品类	-0.1959	-0.3680	-1.1592***	
	石油、煤炭及其制品类	0.5274	-1.5983***		
	陶瓷、玻璃类	2.5293***	1.1830***	0.7861***	
	钢铁、有色金属类	0.8732	-0.2626	-0.5990**	1.5799
	一般机械类		0.6614*	-0.1510	-0.8617
	电气机械类		0.9738***		3.6770***
	家电类		0.4657	-0.0700	-6.4419***
	交通运输设备类	-4.7277***	0.2685	1.1211***	1.3544
	精密仪器类		-0.4284	-0.0176	1.2369
	玩具、杂货类		0.9982***	0.0474	1.1126
	C	7.2966***	-2.1632***	-2.6387***	0.9221
可调整 R^2		0.9632	0.9241	0.9725	0.9170
F 值		358.31***	175.80***	503.37***	152.05***
横截面		8	13	11	8

注：*、**、*** 分别代表在10%、5%、1%的水平下显著。

表6-6　日本国内总私人消费个体变系数模型估计结果

变量		IM1	IM2	IM3	IM4
IV		-0.0955	-0.0332	0.0497*	0.0100
R		0.7792**	0.1414	-0.1145	0.4200
I		0.7892**	0.2688***	-0.0716	0.7126*
CP	食品类	-0.6093	-0.7302***	-1.1566***	-6.7022***
	纺织类	-4.6970***	-1.1554***	0.8933***	
	纸浆、纸制品及木材类	-1.0352	-0.3510	0.2763	
	化学制品及相关产品类	-4.0525***	-0.1938	1.2291***	
	石油、煤炭及其制品类	0.0025	-0.8461***		
	陶瓷、玻璃类	-0.4790	-0.3338	0.2695	
	钢铁、有色金属类	0.3804	-1.0189***	0.0949	0.7562

续表

变量		IM1	IM2	IM3	IM4
CP	一般机械类		1.6959***	2.5208***	-1.5653*
	电气机械类		2.8445***		6.2867***
	家电类		1.3165***	1.7844***	-11.0738***
	交通运输设备类	-8.9562***	1.8952***	0.7871***	1.2188
	精密仪器类		1.8839***	1.2553***	0.0392
	玩具、杂货类		-0.2600	0.4391*	1.5202*
	C	7.2943***	-2.1632***	-2.6387***	0.8942
可调整 R^2		0.9747	0.9550	0.9797	0.9598
F 值		526.90***	505.79***	686.25***	327.64***
横截面		8	13	11	8

注：*、**、***分别代表在10%、5%、1%的水平下显著。

从表6-3中日元升值对不同类别产品进口所占比重的影响来看得出以下几点。第一，日元升值对大部分初级产品进口所占比重产生负向影响。在1%的显著性水平下，可以认为日元升值会降低食品类，纺织类，陶瓷、玻璃类以及钢铁、有色金属类等行业初级产品在相应行业中的进口比重，其中钢铁、有色金属类产品受到的影响最大。第二，在中间产品的进口贸易中，13个行业里有4个行业的中间产品进口比重对日元实际有效汇率影响的系数显著为正，有3个行业的中间产品进口比重对日元实际有效汇率影响的系数显著为负。其中，受汇率变动影响比较大的行业是钢铁、有色金属类，电气机械类以及交通运输设备类，精密仪器类产品的进口，但日元升值会增加钢铁、有色金属类，电气机械类中间产品的进口比重，同时会降低交通运输设备类和精密仪器类产品的进口比重。第三，在最终消费品进口贸易中，有5个行业最终消费品的进口比重受日元升值影响显著，且均为正向影响。其中，影响较大的是交通运输设备类的进口比重，系数达到了0.6355，即日元升值1个单位，将促进交通运输设备类最终消费品进口比重上升0.6355个单位。这表明日元升值对部分行业最终消费品进口比重的增加存在显著影响。第四，在最终资本品进口贸易中，仅有电气机械类和交通运输设备类的进口比重的汇率变动系数显著，且均为负值。这表明日元升值对大部分最终资本品进口比重的增加没有显著的影响。

从表 6-4 中日本对外直接投资对不同类别产品进口所占比重的影响来看得出以下几点。第一，在初级产品的进口贸易中，8 个行业里除化学制品及相关产品类和交通运输设备类以外，其他行业的初级产品进口比重受到的影响都显著，且受日本对外直接投资的影响基本为负。这表明随着日本对外直接投资规模的上升，日本对这些初级产品的进口贸易规模在下降。第二，在 5%和 1%显著性水平下中间产品的进口贸易中，13 个行业里有 10 个行业的中间产品进口都受到日本对外直接投资的影响。其中，纺织类，化学制品及相关产品类，钢铁、有色金属类以及家电类 4 个行业的进口贸易比重受日本对外直接投资影响的系数为负，其余 6 个行业中间产品进口贸易比重受对外直接投资影响的系数为正。这说明日本对外直接投资规模的不断上升对日本中间产品进口贸易升降的总体影响不明显，因为部分中间产品的进口贸易规模会下降，而另一部分中间产品的进口贸易规模会上升。第三，在最终消费品的进口贸易中，虽然受日本对外直接投资影响显著的最终消费品仅有 5 个行业，但它们所有的系数均为正。这表明日本对外直接投资的增加会提升日本对部分最终消费品的进口需求，这也许是随着大量最终消费品产业的向外转移，日本国内对部分最终消费品的生产能力下降，从而提升了对这些最终消费品的进口需求。第四，在最终资本品的进口贸易中，对外直接投资对大部分最终资本品的进口影响不显著，影响显著的行业仅有 3 个，且电气机械类和交通运输设备类这 2 个行业进口比重的系数均为负。这表明日本产业海外转移对大部分最终资本品进口贸易的影响并不明显。

从表 6-5 中日本国内固定总投资对不同类别产品进口所占比重的影响来看得出以下几点。第一，日本国内固定总投资对大部分初级产品进口所占比重产生正向影响，且影响系数较高。在 1%或 5%的显著性水平下，可以认为日本国内固定总投资会明显提高食品类，纺织类，陶瓷、玻璃类以及纸浆、纸制品及木材类等行业初级产品在相应行业中的进口比重。第二，在中间产品的进口贸易中，13 个行业里有 7 个行业的中间产品进口比重受到日本国内固定总投资的显著影响，且基本为正向影响，正向影响比较明显的行业是纺织类，纸浆、纸制品及木材类，陶瓷、玻璃类，电气机械类以及玩具、杂货类。第三，在最终消费品进口贸易中，有 5 个行业最终消费品的进口比重受日本国内固定总投资的影响显著，其中 2 个行业为正向影响，3 个行业为负向影响。这表明日本国内固定总投资对大部分最终消费品进口比重增加的影响并不显著。第四，在最终资本品进口贸易中，仅有电气机械类和食品类的进口比重受到国内固定总投资显著的正向影响，同时，家电类的进口比重受到了显著的负影响。这也表明日本国内固定总投资对大部分最终资本品进口比重提升的影响不明显。

从表 6-6 中日本国内总私人消费对不同类别产品进口所占比重的影响来看得出以下几点。第一，在初级产品的进口贸易中，8 个行业里只有 3 个行业（纺织类、化学制品及相关产品类和交通运输设备类）受到来自日本国内总私人消费的显著影响，且均为负向影响。这表明随着日本国内总私人消费的提升，日本对这些初级产品的进口贸易规模在下降。第二，在 1%的显著性水平下中间产品的进口贸易中，13 个行业里有 9 个行业的中间产品进口比重受到日本国总内私人消费的显著影响。但是，有 4 个行业为负向影响，5 个行业为正向影响。这表明日本国内总私人消费的提升对中间产品进口贸易比重的提高有一定作用，但是提升作用有限。第三，在最终消费品的进口贸易中，11 个行业里有 8 个行业的最终消费品进口比重受到日本国内总私人消费的显著影响，且基本为正向影响。其中，受到较大影响的行业主要有一般机械类、家电类、精密仪器类以及化学制品及相关产品类。这表明日本国内总私人消费规模的增长对最终消费品进口贸易比重的提升具有重要作用。第四，在最终资本品的进口贸易中，日本国内总私人消费对 5 个行业最终资本品进口的比重影响显著，但影响方向并不统一。这表明日本国内总私人消费对大部分最终资本品进口贸易比重的影响并不明显。

（三）实证研究结论与启示

进口贸易模式对于一个国家经济发展能够产生重要影响，进口贸易结构也不是固定不变的。其中，以最终产品进口比重不断提升并保持在较高水平为主要现象的进口贸易模式转型是本书主要的研究对象。进口贸易模式转型的发生也是需要诸多条件的。本书以日本为例，考察了 1980~2015 年日本进口贸易转型实现的诸多影响因素及这些影响因素的具体作用。这些研究也为中国在改善进口贸易结构方面提供重要参考价值，得出如下主要结论和启示。

1. 结论

第一，产业海外转移、日元升值以及国内总私人消费的增长是日本初级产品进口在总进口中比重下降的重要动因，而国内固定总投资的增加是会促进日本大部分初级产品进口比重的上升的。

第二，国内固定总投资的增加是会促进日本大部分中间产品进口比重的上升的，而产业海外转移、日元升值以及国内总私人消费的增长对日本大部分中间产品进口比重的影响并不明显。

第三，产业海外转移、日元升值以及国内总私人消费的增长是日本最终消费品进口比重上升的重要动因，而国内固定总投资的增长对日本大部分最终消费品进口比重的影响并不明显。

第四，产业海外转移、日元升值、国内总私人消费的增长以及国内固定总投资的增长对日本大部分最终资本品进口比重的影响并不明显。

可见，产业海外转移、日元升值以及国内总私人消费的增长对于日本初级产品和最终消费品进口贸易的影响是相反的。产业海外转移、日元升值以及国内总私人消费的增长是实现日本进口贸易结构转型的主要因素。因此，在本书的研究假设中，假设 1、假设 2 和假设 4 是成立的，即日元升值、产业海外转移、国内消费规模的提升对日本进口贸易模式转型的实现具有重要作用。而假设 3 是不成立的，即使国内投资规模的增加可以推动内需的提升，但是它对日本进口贸易模式转型并不具有推动作用。

2. 启示

从实证结果来看，产业海外转移、日元升值以及国内总私人消费的增长都是日本初级产品进口比重下降以及最终消费品进口比重上升的重要原因，但有所不同。首先，产业海外转移和日元升值不仅对初级产品比重的降低起重要作用，还对最终消费品比重的上升具有重要推动作用，而国内总私人消费的增长更主要体现在对最终消费品比重的提升方面。其次，产业海外转移和日元升值对不同行业的初级产品进口影响基本一致，但是对不同行业最终消费品进口的影响方面不尽相同。虽然它们对食品类、纺织类、交通运输设备类行业最终消费品的进口均具有显著的提升作用，但产业海外转移还对纸浆、纸制品及木材类和化学制品及相关产品类行业最终消费品进口比重具有显著影响，而日元升值还对家电类和精密仪器类行业最终消费品进口比重具有显著影响。

从内部逻辑关系来看，产业海外转移是日本进口贸易模式转型实现的基础，日元升值和国内总私人消费的增长是日本进口贸易模式转型实现的重要条件。一方面，日元升值和国内总私人消费的增长对日本进口贸易模式转型的推动作用是以日本出现大规模产业海外转移为基础的。例如，在价格机制的作用下，虽然日元升值能够相对降低进口产品的价格，但如果没有大规模的产业海外转移，日元升值不仅会促进日本对最终产品的进口，还会促进对初级产品或者中间产品的进口。日元升值能够推动进口贸易模式转型的实现，主要是日本大量产业海外转移降低了日本对初级产品需求的增加，而一部分最终消费品产业的海外转移又降低了日本国内对部分最终消费品的供给，使日元升值增加对最终消费品需求的价格机制作用更加充分地发挥出来。所以，如果日本没有发生大规模的产业海外转移，日元升值和国内总私人消费的增长对初级产品、中间产品和最终产品进口的影响不会存在明显差异，也不会导致进口贸易模式转型。另一方面，在日本产业海外转移的背景下，日元升值和国内总私人消费能力的增长成为日本进口贸易模式转型实现的重要推动力。即使日本出现大规模的产业海外转移，如果没有日元升值和国内总私人消费能力的增长，日本进口贸易模式转型的实现也会面临很大的困难。

第三节　中国进口贸易模式转型的汇率变动因素

从日本的经验来看，产业海外转移、货币升值以及国内总私人消费能力的增长对于推动进口贸易模式转型具有重要作用。中国产业海外转移也只有近两年出现较快增长的趋势，国内总私人消费能力的增长一直比较平缓，而随着人民币汇率形成机制改革的深化，人民币汇率变动具有较大的幅度。所以，本节重点分析人民币汇率变动对中国进口贸易模式转型的影响。

自 2005 年 7 月开始中国实施人民币汇率制度改革，截至 2015 年 5 月，人民币兑美元实际汇率升值已超过35%，截至2015年12月，人民币实际有效汇率升值也已达34.6%。那么，自汇改以来人民币实际有效汇率的变动及汇率波动对进口贸易结构产生哪些影响？人民币实际有效汇率变动的进口贸易转型效应如何？由于进口贸易转型对于中国成为贸易强国、提升国际经济地位、增强在国际经济事务中的话语权均具有重要意义。因此，研究人民币实际有效汇率变动的进口贸易转型效应也具有重要意义。

从以往相关文献的研究来看，学者们分析汇率变动对进出口贸易的影响主要是从汇率水平变动和汇率波动两个角度来进行的。虽然近年来出现不少相关研究成果，然而这些文献在研究问题的方法和结论上不尽相同，具体体现在以下几个方面。

第一，数据选取角度。大量的文献从贸易总量的水平角度研究汇率与贸易的关系，但对总量水平上的研究忽视了汇率对不同种类产品的异质性影响，有学者指出由于汇率波动对不同产业或产品的贸易影响程度不一，影响方向不同，这样在采用总体贸易数据进行实证研究时，可能产生不同效应相互抵消的现象，从而得出的总体效应不能如实反映汇率波动对贸易的真正影响。[①] 因此，有不少学者从初级产品和工业制成品角度进行考察，或是按生产要素进行分类，考察汇率水平变化或汇率波动对不同产业贸易结构影响的不对称性，但大多仅细分到SITC一位数水平下，如毕玉江等，[②] 很少有人采用SITC二位数水平下的贸易数据来分析汇率波动与贸易结构间的关系。

第二，计量方法角度。在相关的计量研究方法上，大致可以分为边限检验、Johansen协整检验、面板数据的协整检验以及自回归模型等。协整检验要求进入模型的所有变量同阶单整，在分析中还涉及大量内生变量、外生变量的选择，滞后阶数的确定，趋势项、截距项的确定，使结论具有很大不确定性，模型的稳健性不高，[③] 并且Johansen协整检验在大样本数

---

① 陈云、何秀红：《人民币汇率波动对我国HS分类商品出口的影响》，《数量经济技术经济研究》2008年第3期，第43~54页。

② 毕玉江：《汇率、国民收入与商品进出口——基于标准国际贸易分类的实证检验》，《财贸研究》2005年第4期，第43~48页。

③ Hashem, M. Pesaran, Ron, P. Smith, "Structural Analysis of Cointegrating VARs," *Economic Surveys*, Vol. 12, 1998, pp. 471-505.

据时模型效果较好，但在小样本条件下结论具有很大的不可靠性。而边限检验虽然能克服以上协整检验的不足，但边限检验只适用于变量为同阶单整，变量为零阶和一阶单整交互型，且边限检验方法更适合于系统中包含 4 个及 4 个以内的变量情况，如果包含 5 个及 5 个以上变量，在选择合适的滞后结构时，会出现相当数量的组合搭配，从而使选择变得相当复杂。[①] 为避免以上方法的不足，本书采用变系数面板方程，详细地研究了有效汇率水平变动及汇率波动与 63 类产品进口之间的关系，同时利用动态面板结构方程进一步考察汇率水平及汇率波动对进口贸易结构的动态影响。

第三，研究结论角度。鉴于以往研究在变量选取和计量方法上不尽相同，因此学者们得到的结论有所差异。虽然大多数学者得出汇率波动对中国进出口影响显著，但在影响方向、对具体行业影响的不平衡性以及汇率在长短期对贸易影响效果上并没有得出一致的结论。如谷宇、高铁梅认为人民币汇率波动在长期内对出口表现为负向冲击，对进口表现为正向冲击，但在短期内都表现为负向冲击。[②] 汪琳则认为汇率的变动对中国进口商品结构从短期来看作用不明显，甚至以为汇率升值引起的进口价格下降致使进口额短暂下降。[③] 杨碧云使用加工贸易进口数据通过 Johansen 协整检验得到：短期内汇率升值导致加工贸易进口增加，而长期内升值导致加工贸易进口减少，且人民币汇率波动对加工贸易进口波动的影响弹性在长期和短期来看都大于 1。[④] 季莹、王怡利用回归分析探索影响人民币汇率波动的原因得出结论：第一，人民币升值不是引起中国出口变化的原因；第二，人民币升值对中国进口的影响方向不明显。[⑤]

可见，在已有关于汇率变动与贸易关系的文献里，直接研究汇率变动对

---

① 靳军会：《边限检验理论及几点讨论》，《统计与信息论坛》2008 年第 7 期，第 14~28 页。

② 谷宇、高铁梅：《人民币汇率波动性对中国进出口影响的分析》，《世界经济》2007 年第 10 期，第 49~57 页。

③ 汪琳：《人民币汇率波动对我国进口商品结构的影响》，《武汉金融》2011 年第 10 期，第 13~16 页。

④ 杨碧云：《人民币汇率变动对我国加工贸易进口影响的实证研究：1995—2008》，《当代财经》2009 年第 9 期，第 99~104 页。

⑤ 季莹、王怡：《人民币汇率波动对中国对外贸易影响的动态分析》，Proceeding of International Conference on Engineering and Business Management，2010。

贸易结构影响的成果并不多，即使将贸易结构作为研究对象，也没有对贸易结构进行细分。因此，本书在研究人民币有效汇率水平及其波动与进口贸易结构的关系时，变量选取上选择了 SITC 二位数水平下的月度数据，相比一位数水平及年度、季度数据，其所得结果更加可靠。同时，建立了动态变系数面板模型，详细地分析了 63 类进口产品与汇率水平及汇率波动间的关系，全面考察人民币有效汇率水平变化及波动对不同产品进口贸易的影响。

一 模型的构建与变量解释

（一）模型的构建

在研究汇率波动与进口贸易结构时，存在两种理论模型，即完全替代模型和不完全替代模型。[①] 由于中国绝大多数进口商品的国内替代能力水平较低，故而本书采用不完全替代模型，具体形式主要为：

$$M=M(Y,P_m,P_d,NE)$$

其中，M 代表进口需求，Y 代表本国国民需求，P_m 代表进口产品价格，P_d 代表国内产品价格，NE 代表汇率。通常为简化算式，假定 $P_d=P$（P 表示本国一般物价水平），$P_m=P^*$（P^* 表示贸易伙伴国的一般物价水平）。我们采用国际清算银行给出的实际有效汇率指数，因此采用间接标价法，将实际汇率表示为 $RE=NE\times\frac{P}{P^*}$，故而方程可写为：

$$M=M(Y,RE)$$

根据 Goldstein 和 Kahn 及 Hooper 和 Kohlhagen 的研究，[②] 将汇率波动 V 引入模型中，并将方程转化为对数线性形式，最终方程为：

---

① 完全替代模型假定贸易商品能够完全替代本国或国外商品；不完全替代模型假定贸易商品能完全替代本国或外国商品。

② Goldstein, M., M. S. Kahn, "Income and Price Effects in Foreign Trade," in R. W. Jones and P. B. Kenen, eds., *Handbook of International Economics*, Amsterdam: Elsevier, 1985. Hooper, P., S. Kohlhagen, "The Effect of Exchange Rate Uncertainly on the Prices and Volume of International Trade," *Journal of International Economics*, Vol. 11, 1978, pp. 483-511.

$$\ln M_{it} = \alpha_1 + \beta_1 \ln Y_{it} + \beta_2 \ln RE_{it} + \beta_3 \ln V_{it}$$

通常认为系数 β_1、β_2大于 0，而 β_3的符号不确定。

（二）变量选取与数据说明

鉴于汇率波动程度的不可直接观察性，我们采用 GARCH 模型来测量其波动程度。对于变量样本区间的决定，这里考虑到人民币自 2005 年 7 月汇改开始出现连续升值趋势，直到 2013 年 11 月是人民币升值最为显著的时期。因此，这里将研究 2005 年 7 月～2013 年 11 月这段时期里人民币汇率变动的进口贸易转型效应，进而分析人民币升值对进口贸易转型的影响。其中，人民币实际有效汇率来源于国际清算银行（BIS）。经 ADF 检验后实际有效汇率 *RE* 非平稳，考虑尽量保留更多的原序列信息，这里我们不采用差分的形式，而是对 *RE* 进行 X-12 季节调整后的 *RE_SA* 项进行 H-P 滤波，将非平稳序列中的趋势项 *T* 分解并去除，用 *HE* 表示脱离趋势成分后的序列，则有：

$$HE = RE\_SA - T$$

经 ADF 检验，t 统计量为-2.8551，在 1%的显著性水平下认为 *HE* 序列平稳。为了描述序列的波动性，我们采用 GARCH 模型，通过 *HE* 序列自相关和偏自相关图，最终确定 *HE* 为 AR（1）过程，条件异方差采用 GARCH（2，1）的形式，经 Eviews 6.0 计算，其方程为（括号中为对应系数的 t 统计量）：

$$HE_t = 0.8556HE_{t-1}$$
$$(13.9662)$$
$$\sigma_t^2 = 0.0505 + 0.3755\mu_{t-1} - 0.3411\mu_{t-2} + 0.9330\sigma_{t-1}^2$$
$$(1.0089)\,(2.3896)\,(-2.2594)\,(12.9797)$$

通过 LM 检验，残差序列存在 ARCH 效应，可用 σ_t^2 度量汇率的波动性，记为 *V*。从条件方差方程中可以看出，三个解释变量分别以 5%、5%和 1%的显著性水平拒绝了零假设，表明模型对汇率的拟合程度较好。图 6-3 给出了汇率波动 *V* 的走势。

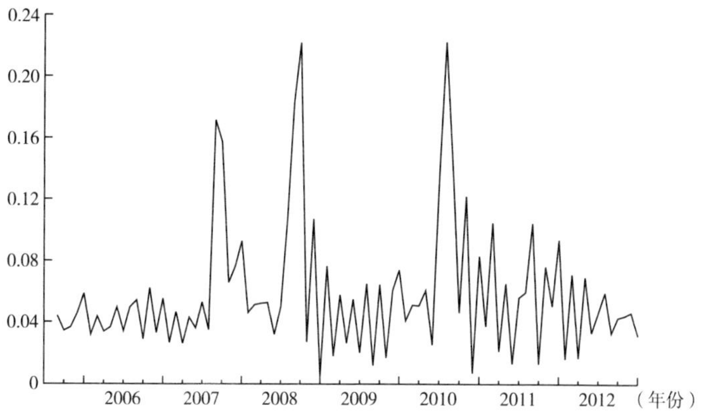

图 6-3 人民币实际有效汇率波动的走势

对于中国的进口贸易量 M，这里选取 SITC 二位数水平分类下的 63 类进口产品规模的月度数据进行分析，具体表示方法见表 6-7，Y 表示社会消费品零售总额（用以代替月度 GDP 数据），HE 表示脱离趋势成分后的人民币实际有效汇率，V 表示条件方程衡量的汇率波动。相关数据来源于 CEIC 数据库、中国人民银行以及国际清算银行。

利用月度 CPI 指数，剔除进口贸易数据和社会消费品零售总额中的通货膨胀因素，并用 X-12 季节调整法剔除进口数据中的季节性因素，所有变量均取对数进行计算。

表 6-7 中国对外各类进口产品所对应的变量

变量	产品类别	变量	产品类别
M_{00}	活动物	M_{07}	咖啡、茶、可可调味品及制品
M_{01}	肉及肉制品	M_{08}	饲料
M_{02}	乳品及蛋品	M_{09}	杂项食品
M_{03}	鱼、甲壳及软体类动物及其制品	M_{11}	饮料
M_{04}	谷物及其制品	M_{12}	烟草及其制品
M_{05}	蔬菜及水果	M_{21}	生皮及生毛皮
M_{06}	糖、糖制品及蜂蜜	M_{22}	油籽及含油果实

续表

变量	产品类别	变量	产品类别
M_{23}	生橡胶	M_{63}	软木及木制品
M_{24}	软木及木材	M_{64}	纸及纸板；纸浆、纸及纸板制品
M_{25}	纸浆及废纸	M_{65}	纺纱、织物、制成品及有关产品
M_{26}	纺织纤维及其废料	M_{66}	非金属矿物制品
M_{27}	天然肥料及矿物	M_{67}	钢铁
M_{28}	金属矿砂及金属废料	M_{68}	有色金属
M_{29}	其他动植物原料	M_{69}	金属制品
M_{32}	煤、焦炭及煤砖	M_{71}	动力机械及设备
M_{33}	石油、石油产品及有关原料	M_{72}	特种工业专用机械
M_{34}	天然气及人造气	M_{73}	金工机械
M_{35}	电流	M_{74}	通用工业机械设备及零件
M_{41}	动物油、脂	M_{75}	办公用机械及自动数据处理设备
M_{42}	植物油、脂	M_{76}	电信及声音的录制及重放装置设备
M_{43}	已加工的动植物油、脂及动植物蜡	M_{77}	电力、机械器具及电气零件
M_{51}	有机化学品	M_{78}	陆路车辆
M_{52}	无机化学品	M_{79}	其他运输设备
M_{53}	染料、鞣料及着色料	M_{81}	活动房屋；卫生、水道、供热、照明装置
M_{54}	医药品	M_{82}	家具及零件；褥垫及类似填充制品
M_{55}	精油、香料及盥洗、光洁制品	M_{83}	旅行用品、手提包及类似品
M_{56}	制成肥料	M_{84}	服装及衣着附件
M_{57}	初级形状的塑料	M_{85}	鞋靴
M_{58}	非初级形状的塑料	M_{87}	专业科学控制用仪器装置
M_{59}	其他化学原料及产品	M_{88}	摄影器材、光学物品及钟表
M_{61}	皮革、皮革制品及已鞣毛皮	M_{89}	杂项制品
M_{62}	橡胶制品		

二　实证检验

（一）变系数面板数据模型

经典线性计量经济学模型在分析时只利用了面板数据中的某些二维数据信息，而面板数据含有指标、时间和横截面三维信息，可以构造和检验比以往单独使用横截面数据或时间序列数据更为真实的行为方程，本书采用面板数据模型对进口和汇率波动及实际有效汇率之间的关系进行研究。

本书样本包含了全部变量的总体，并非抽样所得，因而不采用随机模型。为确定变量适用于固定效应模型还是混合模型，我们对固定效应模型进行冗余性检验，对应统计量的 P 值为 0.0000，在 1%的显著性水平下不接受“固定效应模型是冗余的”零假设，故而摒弃混合模型，采用固定效应模型。

进一步利用协方差分析解释变量的参数是否对所有个体截面都一样。检验如下的两个假设。

$$\mathrm{H}_1: \beta_1 = \beta_2 = \cdots = \beta_N$$

$$\mathrm{H}_2: \alpha_1 = \alpha_2 = \cdots = \alpha_N$$

$$\beta_1 = \beta_2 = \cdots = \beta_N$$

在假设 H_2 下检验统计量 F_2 为：

$$F_2 = \frac{(S_3 - S_1)/[(N-1)(k+1)]}{S_1/[NT - N(k+1)]} \sim F[(N-1)(k+1), N(T-k-1)]$$

在假设 H_1 下检验统计量 F_1 为：

$$F_1 = \frac{(S_2 - S_1)/[(N-1)k]}{S_1/[NT - N(k+1)]} \sim F[(N-1)k, N(T-k-1)]$$

如果接受假设 H_2 则认为样本数据为不变系数模型，拒绝 H_2 则需检验 H_1。如果接受假设 H_1 则认为样本数据为变截距模型，拒绝 H_1 则认为样本数据为变系数模型。分别建立变系数模型、变截距模型及混合模型，得到 S_1 = 566.0086、S_2 = 775.5854、S_3 = 16741.95，从而得到 F_2 = 624.358、F_1 =

10.7856。由于在5%显著性水平下 F_2（248.5418）= 1.1563，F_1（186.5418）= 1.1802，在5%显著性水平下不能接受假设 H_2 和假设 H_1，因而本书采用固定效应变系数模型来考察实际有效汇率及其波动与进口价格的关系。为简化分析，这里我们将 Y 的系数固定不变，变化 HE 及 V 的系数。

在SITC二位数分类水平下，通过变系数面板数据模型得到了汇率波动对不同种类产品进口贸易影响的实证结果（见表6-8）。方程整体拟合度较高，可调整 R^2 达到0.9677，Y 的系数为0.9386，对应P值为0.0000，系数显著不为0。这说明社会消费品零售总额的增加对中国进口额有促进作用，符合经济学基本原理。

表6-8 人民币实际有效汇率变动对不同种类产品进口贸易影响的实证结果

变量	系数（HE）	P值	系数（V）	P值	变量	系数（HE）	P值	系数（V）	P值
M_{00}	4.570	0	-0.234	0.002	M_{26}	-1.235	0.010	-0.339	0
M_{01}	1.519	0.002	-0.093	0.209	M_{32}	8.185	0	-0.224	0.002
M_{02}	2.675	0	-0.097	0.189	M_{34}	3.497	0	-0.548	0
M_{03}	-2.371	0	-0.048	0.514	M_{35}	-3.448	0	-0.041	0.575
M_{04}	2.940	0	-0.462	0	M_{41}	-2.636	0	0.003	0.968
M_{05}	1.325	0.006	-0.181	0.014	M_{43}	-5.269	0	-0.086	0.243
M_{06}	2.163	0	-0.522	0	M_{51}	-1.919	0	-0.130	0.078
M_{07}	0.952	0.047	-0.217	0.003	M_{53}	-4.503	0	0.041	0.578
M_{09}	0.965	0.044	-0.049	0.504	M_{54}	1.663	0	-0.04	0.588
M_{11}	2.012	0	-0.137	0.064	M_{55}	-1.036	0.031	-0.037	0.609
M_{12}	-1.813	0	0.804	0	M_{56}	-3.176	0	-0.075	0.308
M_{21}	-1.623	0.001	-0.100	0.175	M_{57}	-2.603	0	-0.044	0.548
M_{22}	1.070	0.026	0.033	0.656	M_{58}	-1.590	0.001	-0.090	0.223
M_{23}	-1.087	0.023	-0.155	0.036	M_{59}	-1.700	0	-0.070	0.34
M_{24}	-1.154	0.016	-0.117	0.114	M_{61}	-5.268	0	0.02	0.787
M_{25}	-1.336	0.005	-0.033	0.652	M_{63}	-4.817	0	-0.083	0.259

续表

变量	系数（HE）	P值	系数（V）	P值	变量	系数（HE）	P值	系数（V）	P值
M_{64}	-4.667	0	0.007	0.928	M_{75}	-3.368	0	-0.016	0.82
M_{65}	-4.468	0	0.047	0.522	M_{76}	-2.85	0	-0.064	0.383
M_{66}	-1.091	0.023	-0.147	0.046	M_{77}	-2.802	0	-0.031	0.667
M_{67}	-5.036	0	0.127	0.086	M_{78}	1.022	0.033	-0.156	0.034
M_{68}	-1.422	0.003	-0.022	0.761	M_{79}	-2.749	0	-0.004	0.959
M_{69}	-2.704	0	0.008	0.911	M_{83}	2.983	0	-0.139	0.061
M_{71}	-2.422	0	0.059	0.426	M_{87}	-2.837	0	-0.059	0.421
M_{72}	-3.124	0	-0.044	0.551	M_{88}	-1.992	0	-0.067	0.364
M_{73}	-2.682	0	-0.086	0.241	M_{89}	-2.561	0	0.014	0.848
M_{74}	-2.624	0	0.056	0.444	M_{89}	-2.561	0	0.014	0.848

注：此表仅列出在1%和5%显著性水平下实际有效汇率项显著的方程系数值。

下面将具体分析实际有效汇率水平及其变动与各种产品进口贸易之间的关系。

1. 实际有效汇率水平与各类产品进口贸易的关系

从实际有效汇率角度来看，我们剔除了11类实际有效汇率不显著的产品，在余下的52类产品中，有15类产品的进口额与有效汇率呈正向变化，即人民币汇率升值有利于这些产品进口的增加。结合BEC贸易分类标准来看，在这些与实际有效汇率同向变动的15类进口产品中，最终消费品的比重达到60%，而中间产品比重只为13.3%。这说明人民币升值会更多地促进最终消费品进口的增加，而对中间产品进口的积极作用很有限。

另外，人民币实际有效汇率相对另外37类产品呈负相关关系，即人民币升值将使得这些产品的进口减少，这并不符合经济学基本理论。其原因可能是，在所有与实际有效汇率反向变动的产品类别中，中间产品的种类占据绝大部分比重，达到近2/3。人民币升值使得中国对外出口受到冲击，而需要进口大量中间产品的加工贸易也受到严重影响，这使得中间产品的进口大大减少。也就是说，在人民币升值影响下，与出口部门有密切联系的产品进口不一定会增加，反而可能会降低。因此，人民币实际有效汇率上升将导致大部分中间产品进口规模的降低。

从实际有效汇率变动与最终消费品关系来看，在人民币实际有效汇率与产品进口呈负相关关系（实际有效汇率系数为负）的 37 类产品中，最终消费品仅有 5 类，明显低于实际有效汇率系数为正的产品中的最终消费品种类数（9 类）。因此，当人民币升值时，大部分最终消费品进口会随着实际有效汇率的上升而增加。

从实际有效汇率变动与最终资本品关系来看，在实际有效汇率系数为负的 37 类产品中，最终资本品为 8 类，而最终资本品种类数总计为 9 类。也就是说，当人民币升值时，绝大部分最终资本品进口会随着实际有效汇率的上升而减少。可见，人民币实际有效汇率变动对最终消费品和最终资本品进口贸易的影响并不相同。

从 2005 年 7 月到 2013 年 1 月，实际有效汇率系数为正的产品进口贸易额占总进口贸易额的比重总体呈上升趋势（见图 6-4）。这些产品进口比重的大幅提升，与它们的实际有效汇率系数为正有着重要关系。同时，在系数为正的这些产品中最终消费品占绝大比重。2005 年，最终消费品进口在总进口贸易中的比重仅为 4.01%，而到 2012 年，该比重上升到 7.12%。同期，中间产品进口所占比重从 59.5%下降到 48.7%。该实际情况也进一步说明了人民币实际有效汇率的上升能够促进进口贸易转型。

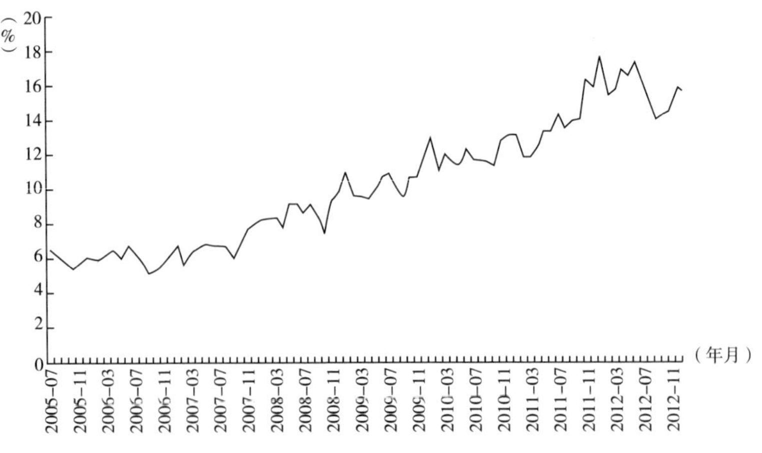

图 6-4 实际有效汇率系数为正的贸易额所占比重

2. 实际有效汇率波动与各类产品进口贸易的关系

在63类不同产品中，仅有20类产品在10%的显著性水平下汇率波动的系数显著，其余43类产品的汇率波动系数均不显著，即汇率波动对大部分产品的进口影响不大。但值得注意的是，在受汇率波动变化影响的20类产品中，仅有有机化学品和钢铁这两类产品的进口与汇率波动呈正相关关系，即汇率的波动有利于这两种产品进口，其中钢铁及有机化学品的进口额很大，仅2013年1月份，钢铁产品的进口额就有184630万美元，而有机化学品的进口更是达到593180万美元之多，并居于当月各种产品进口额排序的第三位。之所以出现这种情况，可能与中国国内市场对有机化学品和钢铁产品的需求弹性较低有关。而其余18类产品进口与人民币实际有效汇率波动呈负相关关系，即汇率波动不利于这些种类产品的进口。在这18类产品里，中间产品有8类、初级产品有4类、最终消费品有6类。因此，总体上来看中间产品的进口贸易更容易受到汇率波动不利因素的影响。

（二）动态面板数据模型

建立进口价格关于消费价格指数、有效汇率和汇率波动的动态面板数据模型，具体结果如下（括号中为对应系数的P值）。

$$\ln IM_t = 0.3460\ln Y + 0.5589\ln IM_{t-1} - 3.0168\ln HE_t + 3.3433\ln HE_{t-1} -$$

(0.0000)　(0.0000)　(0.0000)　(0.0000)

$$0.3170\ln HE_{t-2} - 0.0061\ln V - 0.0182\ln V_{t-1} - 0.0777\ln V_{t-2}$$

(0.0150)　(0.0000)　(0.0144)　(0.0000)

模型的所有系数均显著，对模型进行Sargan检验，其P值为0.9998，故而接受“过度约束正确的零假设”，即动态面板数据模型较理想。动态面板数据模型中滞后一期的进口价格对当前进口有正向作用，上期进口增加1个单位，本期进口增加0.5589个单位，消费价格指数每增加1个单位，进口增加0.3460个单位，对进口影响显著。

进口受当期实际有效汇率的影响较大，当期实际有效汇率增加1个单位，进口减少3.0168个单位，与此相反滞后一期的有效汇率增加1个单位，进口增加 3.3433 个单位，即滞后一期的人民币升值能够增加中国进口额，这可能是因为汇率升值对进口结构的改善有滞后性。

汇率当前波动及滞后一期、滞后二期的波动都对进口有负向的冲击。值得注意的是，当期汇率波动增加 1 个单位，仅影响进口减少 0.0061 个单位，说明目前中国进口受当期汇率波动影响较小，但汇率波动对进口的影响具有时滞性。滞后一期的汇率波动变化 1 个单位，会引起当前进口反向变动 0.0182 个单位，滞后二期汇率波动变化 1 个单位，进口反向变动 0.0777 个单位，因此应注重汇率波动对进口的滞后影响。

综合实际有效汇率及其波动各期对进口的影响，只有滞后一期的实际有效汇率的变动能带动进口的增加，而当期及滞后一期、滞后二期的有效汇率波动对进口的增加具有反向作用。总的来看，有效汇率波动对降低进口需求的作用更为明显，这不利于最终产品的进口，进而不利于进口贸易转型进程。

三 检验结果及启示

基于实际有效汇率及其波动对进口贸易结构影响方向不确定的模型假设，本书应用 GARCH 模型的条件方程度量了人民币汇率波动性，并在 SITC 二位数分类水平下建立中国进口变系数面板数据模型及动态面板数据模型，考察了人民币实际有效汇率水平变动及汇率波动对进口结构及进口贸易转型的影响，最终分析表明以下几点。

第一，人民币实际有效汇率变动对不同产品进口的影响不同。人民币实际有效汇率升值能够推动进口贸易转型，即增加对最终消费品的进口，而降低对中间产品的进口。人民币升值带来进口增加的产品主要集中在最终消费品，而引起进口减少的产品主要集中在中间产品。究其原因：大部分中间产品是加工贸易所需的产品，其进口是为了加工再出口，而人民币升值通常对于商品出口不利，进而也就不能引起这些中间产品进口的增加，反而使之下降。

第二，人民币实际有效汇率波动对中国进口贸易的影响是显著的，但也因产品的不同而不同。总体来看，实际有效汇率波动对大部分产品进口会产生负向冲击，因此货币当局应当在关注实际有效汇率的同时，注重和增强对汇率波动对进口贸易结构影响的考察与研究。

第三，从动态面板数据模型分析来看，人民币实际有效汇率的变化及汇率波动对不同种类产品进口贸易量的时滞性影响较强。滞后一期有效汇率的变动能带动进口的增加，而当期及滞后一期、滞后二期的有效汇率波动对进口的增加具有反向作用。因此，在实际中应注重汇率水平变化及汇率波动的不同时滞效应对进口贸易结构的影响。

第四，虽然人民币实际有效汇率升值能够带来进口贸易转型效应，但是进口贸易转型的实现将是一个漫长的过程。首先，由于目前最终消费品进口在总进口结构中的比重较低，将最终产品在总进口贸易中的比重提升到一定程度需要较长时日；其次，人民币升值对最终产品中的最终资本品和最终消费品的影响方向并不一致，这不利于最终产品进口在总进口贸易结构中比重的提升；最后，虽然长期来看，人民币升值趋势不会得到改变，但是人民币升值趋势将放缓，从而实际有效汇率带来的进口贸易转型效应也将下降。

第四节　中国进口贸易模式转型的前景分析

一　中国进口贸易模式转型的其他因素

从日本的经验来看，产业海外转移、货币升值以及国内总私人消费能力的增长对于推动进口贸易模式转型具有重要作用。人民币实际有效汇率升值能够带来进口贸易转型效应，但是需要一定的条件，而且进口贸易转型的实现将是一个漫长的过程。那么，产业海外转移和国内总私人消费能力的增长能否较快地推动中国进口贸易模式转型呢？下面将分析这两个因素对中国进口贸易模式转型的推动作用。

（一）产业海外转移的因素

通过上面的分析，可以认为货币升值引起的进口贸易转型是需要一定基础的，即在本国货币升值过程中出现大规模产业海外转移。当出现大规模产业海外转移时，即使货币升值能够降低对初级产品或者中间产品的进口，但在产业向海外转移的作用下，国内对初级产品甚至中间产品的进口需求会有大幅降低，这样也有可能通过货币升值来推动进口贸易模式转型的实现。也许这就是为什么在人民币经历较大幅度升值的情况下，中国初级产品进口增加幅度较大，而最终产品进口没有大幅增加的重要原因。因此，这里更有必要对中国产业海外转移的状况和发展趋势进行分析。

1. 中国对外直接投资增长迅速

对中国产业海外转移状况的考察，可以从中国对外直接投资发展角度进行分析。总体来看，近年来，中国对外直接投资的流量和存量都在不断增加，在全球排名也逐渐上升。2014 年中国已经成为直接投资净流出国。截至 2015 年，中国对外直接投资净额为 1456.7 亿美元。中国超过日本成为世界第二大对外直接投资流量的国家，对外直接投资累计净额（存量）也于 2015 年底首次超过万亿美元大关，达 10978.6 亿美元。如表 6-9 所示。中国 2.02 万家境内投资者在国（境）外设立对外直接投资企业 3.08 万家，分布在全球 188 个国家（地区），年末境外企业资产总额达 4.37 万亿美元。

表 6-9 2002~2015 年中国对外直接投资流量和存量的规模

单位：亿美元，%

年份	流量			存量	
	金额	全球位次	同比	金额	全球位次
2002	27.0	26	—	299.0	25
2003	28.5	21	5.6	332.0	25
2004	55.0	20	93.0	448.0	27
2005	122.6	17	122.9	572.0	24
2006	211.6	13	43.8	906.3	23
2007	265.1	17	25.3	1179.1	22
2008	559.1	12	110.9	1839.7	18
2009	563.3	5	1.1	2457.5	16
2010	688.1	5	21.7	3172.1	17
2011	746.5	6	8.5	4247.8	13

续表

年份	流量			存量	
	金额	全球位次	同比	金额	全球位次
2012	878.0	3	17.6	5319.4	13
2013	1078.4	3	22.8	6604.8	11
2014	1231.2	3	14.2	8826.4	8
2015	1456.7	2	18.3	10978.6	8

注：2002~2005 年数据为中国对外非金融类直接投资数据，2006~2015 年数据为全行业对外直接投资数据；2006 年同比为对外非金融类直接投资比值。

资料来源：《2015 年度中国对外直接投资统计公报》，http：//fec.mofcom.gov.cn/article/tjsj/tjgb/。

2. 中国对外直接投资以第三产业为主

中国对外直接投资以第三产业为主。如 2015 年末中国对外直接投资存量的 75.2%分布在第三产业（服务业），金额为 8261.9 亿美元，主要分布在租赁和商务服务业，金融业，批发和零售业，交通运输、仓储和邮政业，房地产业等领域。第二产业为 2630.5 亿美元，占中国对外直接投资存量的 24%。其中，采矿业（不含开采辅助活动）为 1418.4 亿美元，占第二产业的 53.9%；制造业（不含金属制品、机械和设备修理业）为 784.3 亿美元，占 29.8%；建筑业为 271.2 亿美元，占 10.3%；电力、热力、燃气及水的生产和供应业为 156.6 亿美元，占 6%。第一产业（农、林、牧、渔业，但不含农、林、牧、渔服务业）为 86.2 亿美元，占中国对外直接投资存量的 0.8%。如图 6-5 所示。

产业的海外转移更重要的是侧重于制造业的海外转移。虽然中国近年来对外直接投资发展迅猛，但从中国对外直接投资存量角度来看，制造业所占比重仅为 7.14%。所以，中国制造业的海外投资规模并不庞大，中国制造业的海外转移必然很缓慢。

3. 中国制造业对外直接投资的增长速度较快

中国制造业对外直接投资的增长速度依然很快，这也表明中国有可能开始出现大规模产业海外转移的迹象或始点。从中国对外直接投资流量行业的分布情况来看，2015 年，中国对外直接投资涵盖了国民经济的 16 个行业大类。其中，制造业达到 199.9 亿美元，同比增长率较高，达

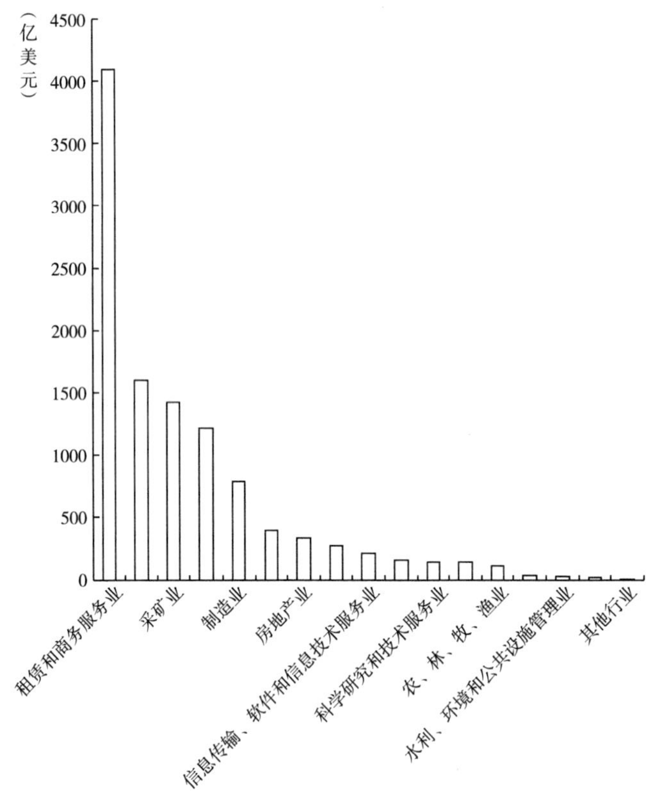

图 6-5 2015 年末中国对外直接投资存量行业分布

资料来源：《2015 年度中国对外直接投资统计公报》，http：//fec. mofcom. gov. cn/article/tjsj/tjgb/。

108.5%，占当年流量总额的 13.7%；租赁和商务服务业同比下降 1.6%，占当年流量总额的 24.9%。如表 6-10 所示。租赁和商务服务业虽然仍占有最高的比重，但较上一年有所下降，而制造业在中国对外直接投资中的比重实现了较快增长。

表 6-10 2015 年中国对外直接投资流量行业分布情况

单位：亿美元，%

行业	流量	同比	比重
租赁和商务服务业	362.6	-1.6	24.9
金融业	242.5	52.3	16.6

续表

行业	流量	同比	比重
制造业	199.9	108.5	13.7
批发和零售业	192.2	5.1	13.2
采矿业	112.5	-32.0	7.7
房地产业	77.9	17.9	5.3
信息传输、软件和信息技术服务业	68.2	115.2	4.7
建筑业	37.4	10.0	2.6
科学研究和技术服务业	33.5	100.5	2.3
交通运输、仓储和邮政业	27.3	-34.7	1.9
农、林、牧、渔业	25.7	26.4	1.8
电力、热力、燃气及水的生产和供应业	21.3	21.0	1.5
文化、体育和娱乐业	17.5	236.6	1.2
居民服务、修理和其他服务业	16.0	-3.2	1.1
水利、环境和公共设施管理业	13.7	148.1	0.9
住宿和餐饮业	7.2	195.5	0.5
其他行业	1.3	—	0.1
合计	1456.7	18.3	100.0

资料来源：《2015年度中国对外直接投资统计公报》，http://fec.mofcom.gov.cn/article/tjsj/tjgb/。

4. 中国产业海外转移对进口贸易模式转型作用不大

通过上面的分析可以看出，中国没有发生大规模的产业海外转移，中国对外直接投资仍主要集中在第三产业上。但是，第二产业对外直接投资所占比重在不断增加，而且，在“一带一路”倡议下，中国制造业的对外直接投资规模会进一步迅速增长，未来中国制造业海外转移的步伐会加速。

由于中国产业海外转移还没有大规模发生，所以它对中国进口贸易模式转型的推动作用并不明显。同时，大规模产业海外转移的发生也是需要一定条件的。比如，在本币升值的条件下，产业海外转移是规避货币升值的有效途径，但是面对货币升值压力，不一定会产生大规模的产业海外转移。只有在国内经济结构调整面临严峻压力，产业结构进行明显升级时，向海外的产业转移才有可能发生。因此，目前中国产业海外转移对进口贸易模式转型作用不大。

（二）中国国内总私人消费能力增长的因素

1. 居民人均可支配收入增长率呈现下降趋势

根据《2015 年国民经济和社会发展统计公报》数据，2015 年全国居民人均可支配收入为 21966 元，比上年名义增长 8.9%，实际增长 7.4%；而 2011 年和 2012 年全国居民人均可支配收入实际增长率分别为 10.3%和 10.6%，都超过 10%（见图 6-6）。中国居民人均可支配收入增长率的下降趋势不利于国内总私人消费能力的增长。

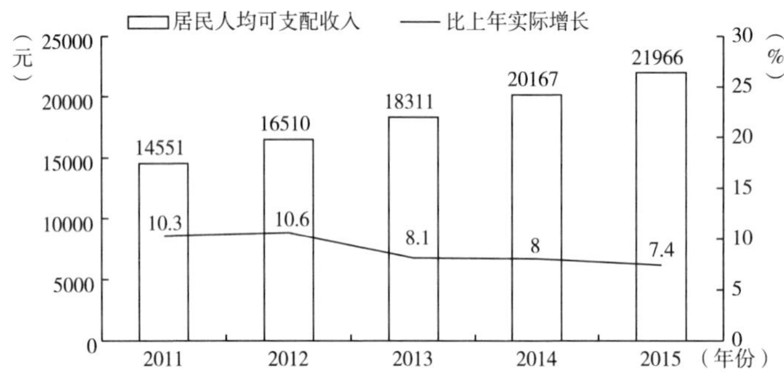

图 6-6　2011~2015 年全国居民人均可支配收入及其增长速度

资料来源：中国国家统计局《2015 年国民经济和社会发展统计公报》。

2. 居民消费支出相对政府消费支出有所下降

在中国最终消费支出领域中，政府消费支出也是中国消费需求的重要部分。政府消费支出所占的比重变化不大，始终保持在 20%左右的水平上，居民消费支出保持在 80%左右的水平上。但是，自 2000 年以后，居民消费支出占 GDP 的比重出现了持续的下降，政府消费支出所占的比重略有上升。如图 6-7 所示。从长远来看，居民消费支出的增加对拉动需求的意义更为重要。因此，为了增强消费对需求的拉动作用，考虑居民消费支出的增长应该高于政府消费支出的增长程度。

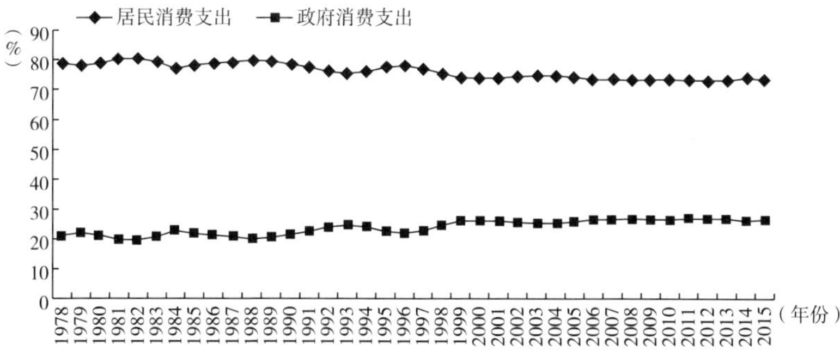

图 6-7　1978~2015 年中国最终消费支出内部结构变化趋势

资料来源：中国国家统计局《2015 年国民经济和社会发展统计公报》。

3. 农村居民消费支出下降趋势明显

在中国最终消费支出里，城镇居民消费支出所占比重要远高于农村居民消费支出比重。2015 年，城镇居民消费支出占总最终消费支出的比重达 57.2%，而农村居民消费支出所占的比重仅为 16.3%（见图 6-8）。虽然城镇居民消费支出的增长对国内总私人消费的增长具有重要作用，但农村居民消费支出与城镇居民消费支出差距过大，从长远角度来看不利于中国总私人消费潜力的增长。因此，对于农村居民消费支出的作用和意义也要给予重视，也要充分提升农村居民消费能力。

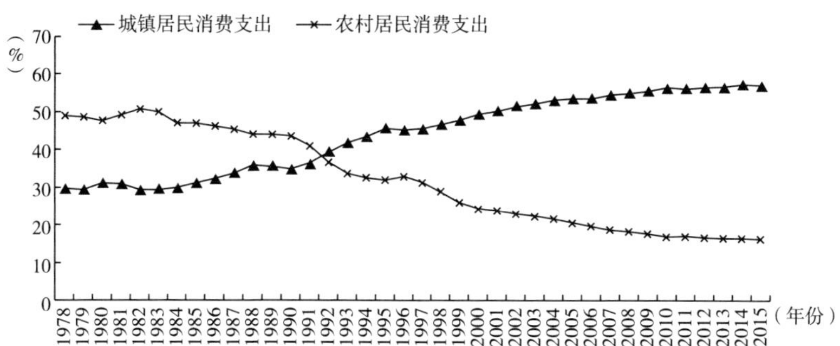

图 6-8　1978~2015 年城镇居民和农村居民消费支出占总最终消费支出的比重

资料来源：Wind 数据库。

4. 国内总私人消费对进口贸易模式转型的作用没有充分发挥

近年来，中国的最终消费支出占 GDP 的比重有上升的趋势。2016 年，最终消费支出在中国 GDP 贡献率中占有的比重达到 64.6%，这说明消费支出拉动经济增长的作用有所提高。

但是，国内总私人消费对进口贸易模式转型的作用依然没有充分发挥。首先，政府消费在中国最终消费支出中占有不小的比重。对比中国与发达国家居民消费支出占 GDP 的比重也可以发现，中国居民消费支出占 GDP 的比重远远低于欧美发达国家，这限制了中国对外提供最终产品市场能力的发挥。其次，中国居民人均可支配收入增长率呈下降趋势，这不利于中国作为最终消费品市场地位的提升。但是，从另一个角度也可以说明，中国居民消费支出还具有巨大的提升空间，在未来的一定时期里，国内私人消费对中国进口贸易模式转型的作用将大幅度提升。

二　中国进口贸易模式转型的前景

（一）短期内中国进口贸易模式转型难以出现

首先，中国虽然经历了人民币的大幅度升值，人民币汇率变动的进口贸易转型效应只在较小部分的进口产品部门中显现。人民币的升值对中国进口贸易模式转型的整体推动作用也并不明显。

其次，近期内，中国国内产业结构调整与升级缓慢，向海外进行产业转移的内在动力不足，外向型生产企业不通过向海外产业转移完全可以承受人民币升值压力。短期内没有大规模产业海外转移发生的背景下，中国进口贸易模式转型缺乏重要的推动力。

最后，中国国内总私人消费能力的增长较慢，投资依然是中国国内拉动经济增长的主要方式。最终产品中的最终消费品进口比重提升的动力依然不足。因此，中国进口贸易模式转型在短期内还是难以出现的。

（二）长期来看中国进口贸易模式转型还会发生

虽然短期内中国进口贸易模式转型难以出现，但是长期来看，中国进口贸易模式转型还会发生。

首先，长期来看，中国对外直接投资以及对外产业转移存在较大的发展空间。特别是在“一带一路”倡议实施的过程中，中国制造业的对外直接投资有着较大的发展机会。

其次，中国对外贸易战略的转变也会推动进口贸易模式转型。在中国加工贸易转型升级或出口导向战略转变的过程中，必然会伴随着进口贸易转型效应。因为在进口贸易结构中，加工贸易的重要特征之一是中间产品进口在总进口中维持较高的比重。进口贸易转型或加工贸易转型升级的基本条件都是对中间产品需求的下降。

最后，中国国内经济结构调整以及中国正在坚持的扩大内需、转变经济增长方式等政策将是中国实现进口贸易转型的重要基础。中国进行结构调整，特别是内需的扩大，主要是增加消费对经济增长的拉动作用，而消费需求的增加是进口贸易模式转型的重要推动力。

（三）中国进口贸易结构的调整是改善经济供给面的重要内容

贸易模式的转变以及贸易结构的调整主要是国内诸多经济发展因素综合作用下的结果。但是，这些在贸易结构上的调整对国内经济发展也会带来一定的影响。例如，最终消费品市场提供比重的上升，可能会对国内相关最终消费品行业产生冲击，但在竞争机制的作用下，也会刺激国内最终消费品相关行业的发展。再如，对中间产品市场提供影响最为显著的因素主要是国内总投资，而随着国内总投资增速的下滑，中间产品市场提供的比重必然会出现下降，中间产品市场提供的减少在一定程度上也会降低总产出水平。

国内总投资、对外直接投资、国内总私人消费的增长以及货币升值对不同行业不同类型产品市场提供的影响也是不同的。根据这些不同的影响，可以判断不同行业各类型产品市场提供的变动方向和趋势，从而为促进经济供给面的改善以及实现经济预期增长提供一定的依据。因此，虽然短期内中国进口贸易模式转型难以出现，但是中国进口贸易结构的调整也具有重要意义，并能够成为改善经济供给面的重要举措。

本章小结

中国对外提供不同类型产品市场的结构变化问题，实际上也是中国进口贸易结构调整的问题。一国对外提供最终产品市场规模的大幅上升，将有力推动该国的“进口贸易模式转型”，即在进口贸易结构中最终产品进口占总进口的比重不断增大，而中间产品或初级产品进口比重不断降低的结构模式变化过程。

根据日本进口贸易模式转型的经验可以看出，产业海外转移、日元升值以及国内总私人消费的增长是实现日本进口贸易模式转型的主要因素，而国内投资规模增加的推动作用不明显。其中，产业海外转移是日本进口贸易模式转型实现的基础条件。

对于中国进口贸易转型来说，人民币实际有效汇率升值能够推动进口贸易转型，即增加对最终消费品的进口，而降低对中间产品的进口。人民币升值带来进口增加的产品主要集中在最终消费品，而引起进口减少的产品主要集中在中间产品。虽然人民币实际有效汇率升值能够带来进口贸易转型效应，但是进口贸易转型的实现将是一个漫长的过程。因为目前中国产业海外转移和国内总私人消费对中国进口贸易模式转型作用不大。

目前，中国没有发生大规模的产业海外转移，中国对外直接投资仍主要集中在第三产业上。大规模产业海外转移的发生也是需要一定条件的。比如，在本币升值的条件下，产业海外转移是规避货币升值的有效途径，但是面对货币升值压力，不一定会产生大规模的产业海外转移。只有在国内经济结构调整面临严峻压力，产业结构进行明显升级时，向海外的产业转移才可能发生。虽然中国产业海外转移对进口贸易模式转型作用不大，但是，在“一带一路”倡议下，中国制造业的对外直接投资规模会进一步迅速增长，未来中国制造业海外转移的步伐会加速。

国内总私人消费对进口贸易模式转型的作用依然没有充分发挥。中国居民消费支出占 GDP 的比重远远低于欧美发达国家，这限制了中国对外提供最终产品市场能力的发挥。中国居民人均可支配收入增长率呈下降趋势，这不利于中国作为最终消费品市场地位的提升。但是，从另一个角度也可以说明，中国居民消费支出还具有巨大的提升空间，在未来的一定时期里，国内总私人消费对中国进口贸易模式转型的作用将大幅度提升。

总之，短期内中国进口贸易模式转型难以出现，但是，长期来看，中国进口贸易模式转型还会发生。虽然短期内中国进口贸易模式转型难以出现，但是目前中国进口贸易结构的调整依然具有重要意义，并成为改善经济供给面的重要举措。

第七章

中国对外市场提供者的结构变化与经济发展

近三十年来，中国对外市场提供者地位有着很大的提升。但是，中国分别作为初级产品、中间产品和最终产品市场提供者地位的提升程度有所差异，特别是对不同部门产品的市场提供能力也有所不同。本章将从不同类型产品和不同产业部门两个视角①来探讨其结构性变化对经济增长的影响，并分析中国在不同类型产品和不同产业部门的市场提供方面的结构性变化特征及发展趋势，以及从最终需求角度分析在中国经济发展过程中对外提供产品市场的动力来源。这些研究将对中国进口贸易的政策性管理以及供给侧结构性改革都能够提供一定的理论参考。

第一节　不同类型产品市场提供的结构变化对经济增长的影响

2008年全球金融危机对中国经济发展产生了严重冲击，这是长期以来中国对外部产品市场严重依赖所产生负面经济后果的重要体现。目前，经济结构调整以及减少对出口导向型经济发展战略的依赖，已成为中国经济长期稳定发展的重要任务。

① 不同类型产品即从初级产品、中间产品和最终产品市场的角度进行划分；不同产业部门根据《全部经济活动国际标准行业分类》中划分的56个产业部门作为依据，56个产业名称详见附表1。

关于对外市场提供或进口贸易与经济增长关系的研究较多，大多数研究表明机械和设备进口有利于技术进步和提高劳动生产率，[①] 高科技产品进口对技术模仿和创新具有很大溢出效应。[②] 佟家栋也认为不同时间的进口增长与经济增长总体上存在正相关的关系。[③] 进口和出口一样可以成为促进经济增长的因素，进口贸易比货币政策更能实现“低通胀、低失业、高增长”的目标。[④] 进口贸易对经济增长具有一定的促进作用，该观点基本得到大多数学者的认同。

但是，从对外市场提供或进口贸易结构变化的角度来分析其对经济增长作用的研究相对较少，以中国为对象的研究就更少了。徐光耀分析了中国与主要国家不同的进口贸易结构对中国经济增长的作用，并认为扩大进口先进技术、关键设备和国内短缺的能源与原材料，促进资源进口的多元化将更加有利于中国经济增长。[⑤] 李兵和朱春兰都从初级产品和工业制成品的进口角度，分析了初级产品和工业制成品进口分别对经济增长以及技术进步的不同作用。[⑥]

综观以往学者的众多研究，很少有人探究中国进口贸易结构中不同产品类型的结构变化，以及不同行业产品进口与经济增长的关系。本节从中国对外提供初级产品、中间产品与最终产品市场的角度，分析不同类型产品市场提供的变化对经济增长的影响。

---

① Coe, D., Helpman, E., Hoffmaister, A., “North-South R&D Spillovers,” *Economic Journal*, Vol. 107, 1997, pp. 134 - 149. Lee, J. W., “Capital Goods Imports and Long-Run Growth,” *Journal of Development Economics*, Vol. 48, No. 1, 1995, pp. 91 - 110. Romer, Paul, “Idea Gaps and Object Gaps in Economic Development,” *Journal of Monetary Economics*, Vol. 32, 1993, pp. 547-573.

② Connolly, M., “The Dual Nature of Trade: Measuring Its Impact on Imitation and Growth,” *Journal of Development Economics*, Vol. 72, 2003, pp. 31-55.

③ 佟家栋：《关于我国进口与经济增长惯性的探讨》，《南开学报》1995 年第 3 期，第 9~12 页。

④ 季铸：《进口贸易与经济增长的动态分析》，《财贸经济》2002 年第 11 期，第 31~36 页。

⑤ 徐光耀：《我国进口贸易结构与经济增长的相关性分析》，《国际贸易问题》2007 年第 2 期，第 3~7 页。

⑥ 李兵：《进口贸易结构与我国经济增长的实证研究》，《国际贸易问题》2008 年第 6 期，第 27~32 页；朱春兰：《进口贸易结构对我国经济增长的影响》，《经济技术与管理研究》2012 年第 4 期，第 71~74 页。

一　中国对外不同类型产品市场提供的结构变化

（一）基于初级产品、中间产品与最终产品角度的分析

在中国对外市场提供的结构中，提供初级产品市场所占比重一直处于较低水平，但自2000年以后，提供初级产品市场占提供所有产品市场的比重总体呈快速上升趋势，2011年超过总进口的30%，2013年占总进口的比重最高，达到33.64%，2015年下降为26.25%，而在1999年该比重不到10%，如图7-1所示。中国提供的初级产品市场规模迅速上升，主要是近年来中国对能源、矿产原料等产品的需求大幅提升所致，同时受到人民币升值因素的推动。

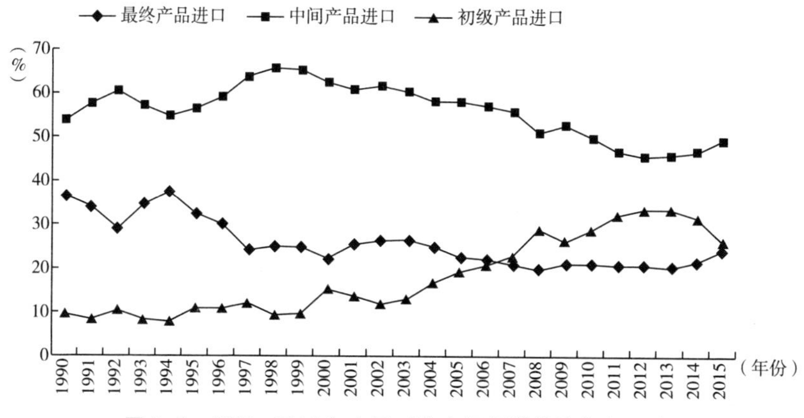

图7-1　1990~2015年中国对外市场提供的结构变化情况

资料来源：根据RIETI-TID 2015（日本产业经济研究所2015年数据库）的数据计算得出。

对于中间产品和最终产品而言，提供中间产品市场所占比重一直处于较高水平，明显高于提供最终产品市场的比重，但在2000年以后总体呈下降趋势。1994~1999年中间产品市场提供的比重是上升趋势，相对而言，最终产品市场提供的比重是下降趋势。这主要是与中国当时积极引进外商直接投资并大力发展加工贸易有着直接关系。2000年以后，中国提供中间产品市场的比重总体呈现下降趋势，提供最终产品市场的比重在2003~2008年也出现下降态势。但是，2008年以后，中国提供最终产品市场的比

重又略有上升趋势，其增长率一直高于中间产品。2015 年，中国提供的最终产品市场只占提供所有产品市场的 24.3%，而提供的中间产品市场占提供所有产品市场的 49.5%。可见，中国最终产品市场提供所占比重还具有较大增长潜力。如图 7-1 所示。

因此，可以初步判断，中国提供的中间产品和初级产品市场的比重还会进一步下降，提供最终产品市场的比重会出现进一步上升趋势。

（二）基于对不同行业提供中间产品市场角度的分析

通过上述分析可知，中国对外提供中间产品市场所占比重在下降，提供最终产品市场的增长速度大于提供中间产品市场，故应注重对经济增长作用比较强的行业的中间产品市场提供，即需要分析不同行业中间产品市场的提供对经济增长的作用。日本产业经济研究所（RIETI）将所有产品分为 13 个行业类别：食品类，纺织类，纸浆、纸制品及木材类，化学制品及相关产品类，石油、煤炭及其制品类，陶瓷、玻璃类，钢铁、有色金属类，一般机械类，电气机械类，家电类，交通运输设备类，精密仪器类，玩具、杂货类。

1990 年以来，中国提供的中间产品市场比重在不同行业之间有着较大的变化（见表 7-1）。2015 年，所占比重较大的行业有化学制品及相关产品类，钢铁、有色金属类及电气机械类等。其中，提供化学制品及相关产品类占中间产品市场的比重达 22.64%，钢铁、有色金属类占 11.43%，电气机械类最多，达到提供所有中间产品市场规模的 32.45%。2015 年提供中间产品市场比重较少的行业有食品类，家电类，玩具、杂货类。其中，最少的为家电类，只占提供所有中间产品市场规模的 0.28%。

从表 7-1 中特定行业长期变化趋势来看，中国提供纺织类产品市场的比重从 1991 年的 17.92%减少到 2015 年的 2.66%，在 13 类行业中间产品市场提供中下降幅度最大，下降幅度较大的行业还有玩具、杂货类及交通运输设备类等。这些行业（如纺织类，玩具、杂货类）属于劳动密集型产业，为它们提供中间产品市场所占比重的减小与中国劳动力成本的上升不无关系。另外，比重增长幅度较大的行业为电气机械类，从 1991 年的 8.25%上涨到 2015 年的 32.45%，而食品类，化学制品及相关产品类，陶瓷、玻璃类及一般机械类等行业中间产品市场提供的比重变化不大。

表 7-1 1990~2015 年中国对外提供中间产品市场中不同行业所占的比重

单位：%

年份	食品类	纺织类	纸浆、纸制品及木材类	化学制品及相关产品类	石油、煤炭及其制品类	陶瓷、玻璃类	钢铁、有色金属类	一般机械类	电气机械类	家电类	交通运输设备类	精密仪器类	玩具、杂货类
1990	0.81	17.84	8.07	19.68	2.16	1.04	13.89	10.5	8.06	0.75	12.73	0.35	4.12
1991	1.24	17.92	7.42	22.02	2.59	0.94	11.2	10.42	8.25	0.69	13	0.34	3.96
1992	1.71	16.94	8.82	23.04	3.39	1.12	15.82	8.16	12.1	1.45	3.66	0.83	2.94
1993	0.86	11.99	7.93	15.38	6.21	1.19	29.18	7.96	11.65	1.41	2.93	0.71	2.59
1994	1.43	14.16	11.11	17.84	4.17	1.42	21.2	8.04	13.47	1.93	1.86	0.76	2.63
1995	1.99	13.68	11.6	22.23	4.09	1.24	14.86	8.6	14.56	1.9	2	0.84	2.42
1996	2.55	13.61	10.61	21.56	4.63	1.2	14.78	9.1	14.75	1.68	2.41	0.85	2.27
1997	2.7	12.54	10.53	20.77	6.01	1.16	12.62	9.69	16.82	1.71	2.08	1	2.38
1998	2.08	10.5	10.52	21.35	4.25	1.23	12.95	11.69	18.91	1.45	2.03	1.26	1.77
1999	0.98	9.01	10.32	22.05	4.4	1.21	12.65	9.88	23.04	1.41	2.42	1.12	1.5
2000	1	8.48	8.85	21.63	4.52	1.33	13.3	8.75	25.98	1.3	2.34	1.25	1.27
2001	0.92	7.84	7.91	21.78	4.26	1.35	12.93	9.27	26.81	1.23	2.82	1.68	1.2
2002	0.85	6.49	7.54	22.34	3.79	1.28	13.63	9.53	28.3	1.16	2.82	1.29	0.97
2003	0.54	5.34	6.76	20.79	3.96	1.16	16.01	9.42	29.15	0.8	3.44	1.78	0.86
2004	0.58	4.56	6.3	21.46	4.4	1.1	14.91	9.24	30.81	0.67	2.92	2.26	0.78
2005	0.68	4.01	5.23	22.07	4.3	1	15.21	8.83	32.48	0.72	2.45	2.36	0.64
2006	0.63	3.5	5.12	21.2	5.21	0.99	13.82	8.89	33.97	0.67	2.89	2.53	0.57
2007	0.55	3.07	5.65	22.2	4.8	0.99	15.64	8.21	31.5	0.51	2.87	3.44	0.56
2008	0.65	2.72	6.16	22.01	7.07	1.02	14.81	8.54	29.2	0.5	2.77	4.02	0.53
2009	0.7	2.8	6.03	22.63	5.09	1.04	17.5	8.74	28.11	0.5	3.28	3.04	0.54
2010	0.77	2.61	5.86	23	5.61	1.29	15.82	8.96	28.59	0.52	3.49	2.93	0.55
2011	0.89	2.52	6.4	23.78	7.05	1.66	15.2	8.56	26.73	0.36	3.56	2.75	0.54
2012	0.95	2.61	6.53	23.18	7.69	1.63	14.55	7.9	27.58	0.3	3.58	2.84	0.68
2013	0.98	2.73	6.3	23.57	7.6	2.12	12.96	7.37	29.15	0.26	3.78	2.49	0.69
2014	0.87	2.49	6.05	22.47	7.02	5.31	12.74	7.72	27.89	0.26	4.16	2.42	0.59
2015	0.87	2.66	6.23	22.64	6.23	2.71	11.43	7.44	32.45	0.28	4.1	2.36	0.59

资料来源：根据 RIETI-TID 2015（日本产业经济研究所 2015 年数据库）的数据计算得出。

（三）基于对不同行业提供最终产品市场角度的分析

近年来，中国提供的最终产品市场规模在不断上升，但对不同行业提供最终产品市场所占比重呈现出不同的变化。在 12 个行业中，中国对一般机械类提供最终产品市场所占比重最大，曾在 1996 年达到 55.35%，此后总体在下降，2015 年时降为 23.42%。提供的电气机械类最终产品市场所占比重总体也呈下降趋势，从 1990 年的 34.56%下降到 2015 年的 12.26%。同时，提供的家电类最终产品市场比重总体呈下降趋势，从 1990 年的 5.62%下降到 2015 年的 2.71%。如表 7-2 所示。

表 7-2　1990~2015 年中国对外提供最终产品市场中不同行业所占的比重

单位：%

年份	食品类	纺织类	纸浆、纸制品及木材类	化学制品及相关产品类	陶瓷、玻璃类	钢铁、有色金属类	一般机械类	电气机械类	家电类	交通运输设备类	精密仪器类	玩具、杂货类
1990	4.03	2.14	3.72	2.73	0.03	0.52	30.58	34.56	5.62	10.35	1.74	3.98
1991	3.99	2.46	4.08	3.02	0.04	0.53	29.44	35.16	4.90	10.72	1.84	3.83
1992	3.76	2.16	1.25	3.62	0.07	0.65	44.61	15.26	2.75	19.34	3.12	3.43
1993	2.91	1.69	0.71	2.12	0.06	0.60	48.61	14.68	2.99	20.71	2.76	2.16
1994	3.04	1.62	1.08	1.83	0.04	0.65	45.99	16.17	3.31	21.83	2.66	1.80
1995	5.09	2.42	1.44	2.10	0.04	0.61	50.56	18.99	3.04	10.08	3.49	2.13
1996	5.30	2.72	1.20	2.10	0.05	0.61	55.35	14.94	2.25	9.51	3.59	2.37
1997	5.29	3.46	1.62	2.69	0.07	0.69	48.17	16.87	2.30	12.61	4.19	2.04
1998	5.20	3.31	1.47	2.95	0.07	0.50	42.53	23.12	2.51	12.44	3.93	1.97
1999	6.52	2.96	1.73	3.61	0.08	0.49	42.89	23.09	2.72	9.69	4.49	1.72
2000	7.25	2.65	1.26	3.53	0.08	0.46	43.19	23.78	3.15	7.39	5.45	1.81
2001	6.34	2.33	1.12	3.13	0.07	0.43	42.30	22.83	2.68	11.29	5.77	1.71
2002	5.64	2.03	1.05	2.86	0.07	0.39	43.36	22.19	2.64	10.10	7.99	1.68
2003	4.86	1.49	1.02	2.65	0.05	0.38	42.34	19.41	2.86	9.69	13.75	1.49
2004	4.76	1.24	1.05	2.52	0.04	0.35	42.59	17.04	2.75	8.54	17.65	1.47
2005	5.00	1.23	1.11	2.93	0.04	0.36	40.04	16.60	3.16	8.84	18.89	1.79

续表

年份	食品类	纺织类	纸浆、纸制品及木材类	化学制品及相关产品类	陶瓷、玻璃类	钢铁、有色金属类	一般机械类	电气机械类	家电类	交通运输设备类	精密仪器类	玩具、杂货类
2006	5.08	1.10	1.14	2.90	0.04	0.32	37.72	16.65	3.49	12.04	17.68	1.83
2007	5.67	1.10	1.20	3.26	0.05	0.35	37.46	16.55	1.99	12.59	17.61	2.17
2008	5.93	1.10	1.27	3.68	0.05	0.36	37.35	16.04	1.93	12.97	16.99	2.33
2009	6.70	0.92	1.23	4.24	0.05	0.35	34.01	15.54	1.90	14.65	17.81	2.59
2010	6.51	0.86	1.22	3.69	0.06	0.31	34.18	13.84	1.88	16.85	18.12	2.47
2011	7.38	1.08	1.28	4.04	0.07	0.31	34.33	12.79	2.09	17.89	15.95	2.78
2012	8.51	1.18	1.39	4.69	0.07	0.29	29.99	12.66	2.68	19.97	15.62	2.95
2013	9.97	1.40	1.56	5.01	0.07	0.28	25.47	13.01	2.49	21.91	15.59	3.25
2014	10.25	1.48	1.66	5.36	0.07	0.28	24.53	12.29	2.15	24.60	14.03	3.31
2015	11.35	1.72	2.04	6.40	0.08	0.30	23.42	12.26	2.71	21.96	14.12	3.62

注：由于石油、煤炭及其制品类行业的进口属于初级产品或者中间产品，所以此表中没有该类行业的数据。

资料来源：根据 RIETI-TID 2015（日本产业经济研究所 2015 年数据库）的数据计算得出。

与此相反，中国提供的精密仪器类最终产品市场的比重从 1991 年的 1.74%迅速增长到 2015 年的 14.12%，成为目前第三大最终产品市场提供的行业。中国为食品类最终产品提供市场所占比重近年来也有较大幅度上升，从 1990 年的 4.03%迅速增长到 2015 年的 11.35%。为交通运输设备类最终产品提供市场所占比重近年来也有较大幅度上升，从 1990 年的 10.35%迅速增长到 2015 年的 21.96%。同时，占提供最终产品市场比重较小的行业有陶瓷、玻璃类，钢铁、有色金属类，两类行业所占比重都不足 1%。如表 7-2 所示。

总体来看，中国提供的一般机械类、交通运输设备类、精密仪器类和电气机械类最终产品市场所占比重较大，提供纺织类，纸浆、纸制品及木材类，陶瓷、玻璃类，钢铁、有色金属类以及玩具、杂货类的最终产品市场所占比重较小。但值得注意的是，1990 年，一般机械类、电气机械类和交通运输设备类最终产品市场提供比重合计达到全部最终产品市场提供的近 80%，而到 2015 年，该比重下降到 57.64%。这说明中国对外提供最终产品市场正向着多元化的方向发展，这有益于中国对外市场提供结构的合理发展。

二　中国对外市场提供的结构与经济增长关系的实证分析

（一）计量方法和数据说明

关于时间序列变量之间协整理论与误差修正模型，作为经典单方程计量经济学模型是20世纪80年代以来计量经济学模型建模理论的重大发展。这一方法构成了本书研究中国进口贸易结构与经济增长是否存在长期稳定关系以及短期动态调整关系的理论基础。

在处理时间序列数据时，首先得考虑序列的平稳性。如果一个时间序列的均值或自协方差函数随时间而改变，那么该序列就是非平稳的。对于非平稳的数据，采用传统的最小二乘回归估计方法，可能会导致错误的推断，即伪回归。Engle 和 Granger 提出了非平稳时间序列变量之间的协整关系研究方法。① 如果两个或两个以上的变量的值呈现非平稳性，但它们的某种线性组合呈现平稳性，表明变量之间存在某种长期稳定关系，即协整关系。这里利用协整分析来考察中国对外市场提供的结构以及各行业市场的提供与经济增长之间是否存在长期稳定关系。当然先要检验每个变量的平稳性，即进行单位根检验。

1. 单位根检验

本书检验变量的平稳性将采用ADF（Augment Dickey-Fuller）法，这是目前普遍应用的单整检验方法。在 ADF 检验中，对时间序列 X_t 的回归方程有4种模型：$\Delta x_t=(\rho-1)x_{t-1}+\varepsilon_t$，该方程称为模型1；在方程右边加了一些滞后项，则为模型2$\Delta x_t=(\rho-1)x_{t-1}+\sum_{i=1}^{p}\theta_i\Delta x_{t-i}+\varepsilon_t$，该方程称为模型2；如果包含常数项，则为模型3$\Delta x_t=\alpha+(\rho-1)x_{t-1}+\sum_{i=1}^{p}\theta_i\Delta x_{t-i}+\varepsilon_t$；如果再加入时间趋势项，则为模型4$\Delta x_t=\alpha+\beta_t+(\rho-1)x_{t-1}+\sum_{i=1}^{p}\theta_i\Delta x_{t-i}+$

① Engle, R. F., Granger, C. J., "Co-integration and Error Correction Representation," *Estimation and Testing Econometrica*, Vol. 55, No. 3, 1987, pp. 251-276.

ε_t。其中，α 为常数项，β_t 为趋势项，方程中加入 p 个滞后项是为了使残差项 ε_t 成为白噪音。实际检验时从模型 4 开始，然后依次为模型 3、模型 2、模型 1，何时检验拒绝零假设，即原序列不存在单位根，成为平稳序列，何时检验停止。这里的零假设为 H_0：$\rho=1$，否则就要继续检验。如果变量的 n 阶差分是平稳的，则称此差分是 n 阶单整，记为 I（n）。所以变量同阶单整是变量之间存在协整关系的必要条件。

2. 协整检验

如果所有变量都是同阶单整的，且这些变量的某种线性组合是平稳的，则称这些变量之间存在协整关系。为了检验两变量 Y_t、X_t 是否为协整，Engle 和 Granger 于 1987 年提出两步检验法，也称之为 EG 检验。[①]

第一步，用 OLS 方法估计方程 $Y_t=\beta X_t+\varepsilon_t$（或 $Y_t=\alpha+\beta X_t+\varepsilon_t$），得到 $\hat{Y}_t=\beta\hat{X}_t$（或 $\hat{Y}_t=\alpha+\beta\hat{X}_t$），$\hat{e}_t=Y_t-\hat{Y}_t$ 称为协整回归。第二步，检验 $\hat{e}_t$ 的单整性，如果 $\hat{e}_t$ 为平稳序列，则认为变量 Y_t、X_t 为（1，1）阶协整。

3. 误差修正模型

协整关系反映的是变量间的长期均衡关系，如果由于某种原因短期出现了偏离均衡的现象（计量上表现为一定的误差），则必然要对误差修正使变量重返均衡状态，误差修正模型将短期波动和长期均衡结合在一个模型中。如果被解释变量和解释变量之间存在协整关系，则一定存在描述受解释变量影响的被解释变量由短期偏离向长期均衡调整的误差修正模型。当然，被解释变量的短期波动除了受误差修正项的影响外，还受到解释变量短期波动以及各变量滞后变化的影响，所以建立如下误差修正模型：

$$\Delta Y_t = C + \theta_1 ECM_{t-1} + \sum_{i=0}^{n1}\theta_{2i}\Delta X_{t-i} + \sum_{i=1}^{n2}\theta_{3i}\Delta Y_{t-i} + \varepsilon_t。$$

实际上该误差修正模型是一个短期模型，反映了 Y_t 的短期波动 ΔY_t 是如何被决定的。被解释变量的短期波动被分为两部分：一部分为短期波动，另一部分为长期均衡。其中，ECM_{t-1} 是误差修正项，是对协整模型中被解释变量偏离均衡值幅度的测度；θ_1 反映了被解释变量对偏离的修正速

① Engle, R. F., Granger, C. J., "Co-integration and Error Correction Representation," *Estimation and Testing Econometrica*, Vol. 55, No. 3, 1987, pp. 251-276.

度，也称为修正速度系数，θ_1 越大，修正速度越快；$n1$、$n2$ 是使残差项 ε_t 为白噪声的最优滞后阶数。如果误差修正模型中的 θ_1 显著不为零，则说明存在短期偏差调整机制，被解释变量和解释变量的长期均衡关系对解释变量的短期变化有显著的影响。一般情况下 $\theta_1<0$，若 $(t-1)$ 时刻 Y 大于其长期均衡，ECM_{t-1} 为正，$\theta_1 ECM_{t-1}$ 为负，使得 ΔY_t 减小；若 $(t-1)$ 时刻 Y 小于其长期均衡，ECM_{t-1} 为负，$\theta_1 ECM_{t-1}$ 为正，使得 ΔY_t 增大。这体现了长期均衡误差对 Y_t 的控制。

4. 数据说明

经济增长的变量 GDP 是对中国国内生产总值的规模取对数后得到，中国国内生产总值的年度数据来源于世界银行数据库。中国对外市场提供的结构是用五种不同类型产品进口额分别占进口总额的比重来进行表示的。初级产品进口、半成品进口、零部件进口、最终消费品进口以及最终资本品进口占总进口的比重分别用 *PRI*、*PRO*、*PAR*、*COM* 和 *CAP* 来表示。进口贸易的数据来源于 RIETI-TID 2015（日本产业经济研究所 2015 年数据库）。所有样本数据的区间均为 1990~2015 年。

（二）不同类型产品的市场提供对经济增长的影响

1. 协整检验

为消除时间序列所具有的波动性，对所有变量均取对数，并进行单位根检验，详细结果如表 7-3 所示。

表 7-3　不同类型产品市场提供与经济增长相关变量的 ADF 检验结果

变量	检验类型（*C*，*T*，*K*）	ADF 值	结论
GDP	（*C*，*T*，0）	-1.6377 (0.7482)	非平稳
Δ*GDP*	（*C*，0，0）	-2.8287* (0.0692)	平稳
PRI	（*C*，*T*，0）	-2.0496 (0.5472)	非平稳

续表

变量	检验类型（C，T，K）	ADF 值	结论
ΔPRI	（C，0，0）	-4.2220*** （0.0033）	平稳
PRO	（C，0，0）	-0.2342 （0.9216）	非平稳
ΔPRO	（C，0，0）	-4.0465*** （0.0049）	平稳
PAR	（C，T，0）	-1.0607 （0.9160）	非平稳
ΔPAR	（0，0，0）	-2.7389*** （0.0084）	平稳
COM	（0，0，0）	0.2108 （0.9677）	非平稳
ΔCOM	（0，0，0）	-2.0307** （0.0427）	平稳
CAP	（0，0，0）	-1.5484 （0.1120）	非平稳
ΔCAP	（0，0，0）	-2.6234** （0.0117）	平稳

注：Δ 表示一阶差分；检验形式（C，T，K）中各项依次表示单位根检验方程的截距项、时间趋势项和滞后阶数；括号内的数据为对应变量经检验的 P 值；* 表示显著性水平为 10%的临界值，** 表示 5%的临界值，*** 表示 1%的临界值。

单位根检验的结果显示，所有变量皆为 I（1），即一阶单整（见表 7-3）。然后，采用 EG 两步法，考虑变量间是否存在协整关系，即变量间是否具有长期稳定关系。第一步，构造两变量协整回归，结果如表 7-4 所示。

表 7-4　不同类型产品市场提供与经济增长之间的回归方程

变量	方程	拟合优度 R^2	F 统计量
$GDP-PRI$	$GDP=0.1162PRI+6.8654$ （0.0000）　（0.0292）	0.9034	224.6108

续表

变量	方程	拟合优度 R^2	F 统计量
GDP-PAR	*GDP*=0.1032*PAR*-7.6972 (0.0470)　(0.0000)	0.8921	198.5290
GDP-PRO	*GDP*=0.1522*PRO*-15.2021 (0.0000)　(0.0000)	0.8077	100.4090
GDP-COM	*GDP*=0.0591*COM*+9.4981 (0.0380)　(0.0000)	0.9838	1521.6000
GDP-CAP	*GDP*=0.1989*CAP*-13.8031 (0.0000)　(0.0000)	0.8794	174.9629

注：括号内的数据为经检验的 P 值。

第二步，设表 7-4 中的五个方程的残差分别为 *E*1、*E*2、*E*3、*E*4 和 *E*5，对残差项进行单位根检验，结果如表 7-5 所示。由表 7-5 可知所有方程的残差序列均是平稳的，故初级产品进口、半成品进口、零部件进口、最终消费品进口和最终资本品进口分别与 GDP 之间存在长期协整关系，回归方程成立。

表 7-5　不同类型产品市场提供与经济增长回归方程残差的 ADF 检验结果

变量	检验类型（*C*, *T*, *K*）	ADF 值	结论
*E*1	(0, 0, 0)	-2.0096** (0.0355)	平稳
*E*2	(0, 0, 0)	-2.1578** (0.0323)	平稳
*E*3	(0, 0, 0)	-3.0120*** (0.0031)	平稳
*E*4	(0, 0, 0)	-2.3856** (0.0263)	平稳
*E*5	(0, 0, 0)	-2.4155** (0.0180)	平稳

注：检验形式（*C*, *T*, *K*）中各项依次表示单位根检验方程的截距项、时间趋势项和滞后阶数；括号内的数据为经检验的 P 值；** 表示 5%的临界值，*** 表示 1%的临界值。

从表7-4中的进一步分析协整回归表明：初级产品的市场提供、半成品的市场提供、零部件的市场提供、最终消费品的市场提供和最终资本品的市场提供分别与GDP之间的协整回归方程的拟合优度均达到80%。这说明初级产品的市场提供、零部件的市场提供、半成品的市场提供、最终消费品的市场提供及最终资本品的市场提供对GDP的解释程度很高，五个方程的F统计量均很大，说明所有方程整体显著。各变量及截距项的系数在1%或5%的水平下显著不为零，其中GDP增长对初级产品的市场提供、零部件的市场提供、半成品的市场提供、最终消费品的市场提供及最终资本品的市场提供的长期弹性分别为0.1162、0.1032、0.1522、0.0591和0.1989。其中，最终资本品市场提供每增加1美元，GDP会增加0.1989美元，在这五个变量中其对经济的影响最大。

2. Granger因果检验

协整检验结果表明，初级产品的市场提供、零部件的市场提供、半成品的市场提供、最终消费品的市场提供及最终资本品的市场提供与经济增长之间存在正相关关系。为了进一步研究其间存在的因果关系，将五个变量分别与GDP进行Granger因果检验，结果如表7-6所示。

由表7-6中Granger因果检验可知，在10%的显著性水平下可以认为：初级产品的市场提供和最终消费品的市场提供并不是GDP的Granger原因，GDP不是初级产品的市场提供和零部件的市场提供的Granger原因。这说明，零部件的市场提供、半成品的市场提供及最终资本品的市场提供对GDP变动有显著影响。同时，GDP对半成品的市场提供、最终消费品的市场提供和最终资本品的市场提供有着显著影响。

表7-6 不同类型产品市场提供与经济增长的Granger因果检验

原假设	F统计量	P值
初级产品不是GDP的Granger原因	2.3164	0.1258
GDP不是初级产品的Granger原因	1.0083	0.3835
零部件不是GDP的Granger原因	3.8654	0.0315
GDP不是零部件的Granger原因	0.41297	0.6675
半成品不是GDP的Granger原因	3.6649	0.0451

续表

原假设	F 统计量	P 值
GDP 不是半成品的 Granger 原因	3.2824	0.0596
最终消费品不是 GDP 的 Granger 原因	0.5042	0.6118
GDP 不是最终消费品的 Granger 原因	10.0779	0.0010
最终资本品不是 GDP 的 Granger 原因	5.3341	0.0145
GDP 不是最终资本品的 Granger 原因	5.7159	0.0114

这表明作为中间产品的半成品和零部件的市场提供以及作为最终产品的资本品的市场提供都可以促进中国经济增长，反过来经济的增长同样可以带动中国最终产品市场提供规模的增加，因为经济增长必然会使国内最终需求扩大。这样的实证分析结果也符合中国实际的经济发展情况。

3. 误差修正模型

通过建立误差修正模型，可以考察变量短期波动的决定因素。GDP 短期波动可以分为两部分：一部分是短期市场提供波动带来的影响，另一部分是市场提供偏离长期均衡带来的影响。反映不同产品市场提供结构的各变量与 GDP 短期波动之间的误差修正方程如下：

$$\Delta GDP = 0.1379\Delta PRI - 0.1684ECM(-1) + 0.1106\Delta GDP(-1)$$
$$(0.0219) \qquad (0.0536) \qquad (0.0000)$$

$$\Delta GDP = 0.2375\Delta PAR - 0.1376ECM(-1) + 0.7173\Delta GDP(-1)$$
$$(0.0170) \qquad (0.0922) \qquad (0.0000)$$

$$\Delta GDP = 0.3257\Delta PRO - 0.1899ECM(-1) + 0.6572\Delta GDP(-1)$$
$$(0.0040) \qquad (0.0458) \qquad (0.0000)$$

$$\Delta GDP = 0.2363\Delta COM - 0.1334ECM(-1) + 0.7648\Delta GDP(-1)$$
$$(0.0199) \qquad (0.0392) \qquad (0.0000)$$

$$\Delta GDP = 0.2062\Delta CAP - 0.1232ECM(-1) + 0.7847\Delta GDP(-1)$$
$$(0.0131) \qquad (0.0405) \qquad (0.0000)$$

误差修正项 ECM（-1）系数的大小反映了对偏离长期均衡的调整力度。五个误差修正模型的误差修正项系数均小于 0，在 10%或 5%的水平下统计显著，符合反向修正机制，且短期内经济增长自身的滞后效应相当明显，统计量显著。GDP 对初级产品的市场提供、零部件的市场提供、半成品的市场提供、最终消费品的市场提供和最终资本品的市场提供的短期弹性分别为 0.1379、0.2375、0.3257、0.2363 和 0.2062。可见在短期各个变量对 GDP 的影响差别不大，其中，GDP 对半成品的市场提供的短期弹性相对较高，即短期内半成品的市场提供每增加 1 美元，GDP 将增加 0.3257 美元。

（三）不同行业的中间产品市场提供对经济增长的影响

从不同行业中间产品市场提供的结构变化分析对经济增长的影响。考察变量包括 GDP 以及不同行业的中间产品市场提供的变量——食品类（*A*1），纺织类（*B*1），纸浆、纸制品及木材类（*C*1），化学制品及相关产品类（*D*1），石油、煤炭及其制品类（*E*1），陶瓷、玻璃类（*F*1），钢铁、有色金属类（*G*1），一般机械类（*H*1），电气机械类（*I*1），家电类（*J*1），交通运输设备类（*K*1），精密仪器类（*L*1），玩具、杂货类（*M*1）。

首先采用 ADF 法对所有变量进行单位根检验。经检验，化学制品及相关产品类（*D*1）、家电类（*J*1）以及交通运输设备类（*K*1）与 GDP 建立回归方程后的残差项，经 ADF 检验序列并不平稳，故这三个行业中间产品市场提供与 GDP 之间不存在长期稳定的协整关系，其建立的协整回归模型不能通过相关检验。故而以下只对其他 10 类产品分别与 GDP 建立协整方程和误差修正模型，结果如表 7-7 所示。

由表 7-7 可知，各行业中间产品市场提供与 GDP 均存在长期稳定关系。其中，食品类（*A*1），纺织类（*B*1），纸浆、纸制品及木材类（*C*1），玩具、杂货类（*M*1）的中间产品市场提供与 GDP 长期均衡关系较强。这些行业中间产品市场提供规模每增加 1 个单位，GDP 将分别增加 1.0625 个、2.6348 个、1.0958 个以及 2.8599 个单位。相对而言，电气机械类（*I*1）和精密仪器类（*L*1）中间产品市场提供与 GDP 的长期均衡关系较弱，对它们的市场提供规模每增加 1 个单位，分别引起 GDP 增加单位的个数不超过 0.6 个。

同时，表 7-7 中的误差修正方程反映了短期内各行业中间产品市场提供对 GDP 短期波动的影响。存在误差修正项 *ECM* 的方程其误差修正项均为负，这符合反向修正机制。短期内，对 GDP 变动影响较明显的中间产品市场提供的行业有纺织类，纸浆、纸制品及木材类，陶瓷、玻璃类等。这些行业中间产品市场提供规模每增加 1 个单位，GDP 就增加 0.3616 个、0.3067 个、0.3068 个单位。食品类（$A1$），钢铁、有色金属类（$G1$）的中间产品市场提供对 GDP 短期变动的影响相对较弱，为它们提供的市场规模每增加 1 个单位，分别引起 GDP 增加单位的个数不超过 0.2 个。

表 7-7 不同行业产品市场提供与经济增长间的回归方程

变量	协整方程	误差修正方程
$GDP-A1$	$GDP=1.0625A1+5.5924$	$\Delta GDP=0.1376\Delta A1+0.0493A1\ (-1)-0.9106$
$GDP-B1$	$GDP=2.6348B1-32.8312$	$\Delta GDP=0.3616\Delta B1+0.1299B1\ (-1)-2.8692$
$GDP-C1$	$GDP=1.0958C1+2.6232$	$\Delta GDP=0.3067\Delta C1-0.2024ECM\ (-1)+0.0970$
$GDP-E1$	$GDP=0.7290E1+11.4848$	$\Delta GDP=0.2958\Delta E1-0.3797ECM\ (-1)$
$GDP-F1$	$GDP=0.9010F1+8.8082$	$\Delta GDP=0.3068\Delta F1-0.2173ECM\ (-1)+0.6705\Delta GDP\ (-1)$
$GDP-G1$	$GDP=0.9423G1+5.7761$	$\Delta GDP=0.1554\Delta G1-0.1349ECM\ (-1)+0.1206$
$GDP-H1$	$GDP=0.89817H1+7.0197$	$\Delta GDP=0.2866\Delta H1+0.6914\Delta GDP\ (-1)-0.1936ECM\ (-1)$
$GDP-I1$	$GDP=0.5979I1+13.5132$	$\Delta GDP=0.2545\Delta I1-0.2201\times\Delta\ I1\ (-1)-0.2292ECM\ (-1)+0.8981\Delta GDP\ (-1)$
$GDP-L1$	$GDP=0.51065L1+17.0022$	$\Delta GDP=0.2731\Delta L1-0.3056ECM\ (-1)$
$GDP-M1$	$GDP=2.8599M1-33.0550$	$\Delta GDP=0.2102\Delta M1-0.1135ECM\ (-1)\ -2.2862$

注：在 10%的显著性水平下，所有方程中变量的系数均显著，协整回归后的残差序列经 ADF 检验平稳。

（四）不同行业的最终产品市场提供对经济增长的影响

不同行业的最终产品市场提供对经济增长的影响又如何呢？接下来对此进行分析。考察变量同样包括 GDP 以及不同行业的最终产品市场提供的变量——食品类（$A2$），纺织类（$B2$），纸浆、纸制品及木材类（$C2$），化学制品及相关产品类（*D*2），石油、煤炭及其制品类（*E*2），陶瓷、玻璃类（*F*2），钢铁、有色金属类（*G*2），一般机械类（*H*2），电气机械类（*I*2），家电类（*J*2），交通运输设备类（*K*2），精密仪器类（*L*2），玩具、杂货类（M2）。其中，石油、煤炭及其制品类（*E*2）最终产品市场提供无数据。同样使用EG两步法进行实证分析。

首先采用ADF法，对所有变量进行单位根检验。经检验，精密仪器类与GDP不是同阶单整。交通运输设备类与GDP建立回归方程后的残差项序列并不平稳，故而与GDP之间不存在长期稳定的协整关系。因此，对其他10类最终产品市场提供的变量分别与GDP建立协整方程和误差修正模型。结果如表7-8所示。

表7-8 不同行业最终产品市场提供与经济增长间的回归方程

变量	回归方程	误差修正方程
GDP-*A*2	*GDP*=0.8743*A*2+8.7916	Δ*GDP*=0.2388Δ*A*2-0.2369*ECM*（-1）+0.1036
GDP-*B*2	*GDP*=1.6186*B*2-5.8107	Δ*GDP*=0.2657Δ*B*2+0.1647Δ*GDP*（-1）-0.2152Δ*B*2（-1）
GDP-*C*2	*GDP*=0.9965*C*2+7.4309	Δ*GDP*=0.2664Δ*C*2-0.2361Δ*GDP*（-1）+0.2529Δ*C*2（-1）+1.5008
GDP-*D*2	*GDP*=0.8881*D*2+8.9724	Δ*GDP*=0.3148Δ*D*2-0.1587*ECM*（-1）+0.6893Δ*GDP*（-1）
GDP-*F*2	*GDP*=0.9959*F*2+10.6601	Δ*GDP*=0.1711Δ*F*2-0.2052*ECM*（-1）+0.7999Δ*GDP*（-1）
GDP-*G*2	*GDP*=1.4338*G*2	Δ*GDP*=0.1357Δ*G*2-0.1681*ECM*（-1）+0.0552Δ*G*2（-1）-0.9333
GDP-*H*2	*GDP*=1.0052*H*2+3.8182	Δ*GDP*=0.1733Δ*H*2-0.0942*ECM*（-1）+0.7901Δ*GDP*（-1）
GDP~*I*2	*GDP*=1.2029*I*2	Δ*GDP*=0.1262Δ*I*2-0.1399*ECM*（-1）+0.4423Δ*GDP*（-1）+0.0766
GDP-*J*2	*GDP*=1.0566*J*2+5.4199	Δ*GDP*=0.1085Δ*J*2-0.1032*ECM*（-1）+0.9043Δ*GDP*（-1）
GDP-*M*2	*GDP*=1.0108*M*2+6.6566	Δ*GDP*=0.2732Δ*M*2-0.1096*ECM*（-1）+0.0043Δ*GDP*（-1）

注：在10%的显著性水平下，所有方程中变量的系数均显著，协整回归后的残差序列经ADF检验平稳。

表7-8中回归方程显示，各行业最终产品市场提供与GDP均存在长期稳定关系。其中，为纺织类提供最终产品市场的规模每变化1个单位，GDP变化1.6186个单位，对GDP的影响最大；其次是钢铁、有色金属类，为其提供最终产品市场的规模每变化1个单位，GDP变化1.4338个单位；再次是电气机械类，为其提供最终产品市场的规模每变化1个单位，GDP变化1.2029个单位。与GDP的长期均衡关系相对较弱的是食品类（*A*2）和化学制品及相关产品类（*D*2）。

从表7-8中误差修正模型可以看出，存在误差修正项*ECM*的方程其误差修正项均为负，符合反向修正机制。对GDP短期波动影响较强的最终产品市场提供的行业为化学制品及相关产品类，玩具、杂货类，纸浆、纸制品及木材类，纺织类和食品类，GDP短期波动对其短期弹性分别为0.3148、0.2732、0.2664、0.2657和0.2388，而对其他行业最终产品市场提供的短期弹性均低于0.2。

（五）实证分析的结论及启示

一般来说，中间产品市场提供能够促进技术进步以及形成引致需求，从而促进经济增长。由于中间产品市场提供的规模呈现下降趋势，这势必对经济增长产生一定影响，所以对不同产品市场提供的结构变化与经济增长关系的研究就更为必要，而对经济增长具有显著影响产品的市场提供应该更加关注。此外，由于中国长期依赖海外最终产品市场，所以对于中国呈上升趋势的最终产品市场提供的意义更是不应忽视。通过对中国不同产品市场提供的结构变化以及不同行业产品市场提供与经济增长之间关系的分析，可以得出以下几点结论和启示。

第一，中国对外提供各类产品市场正在发生结构性变化。

近年来，中国对外提供初级产品市场规模所占比重经历了迅速上升以及目前有所回落的过程，而提供中间产品市场所占比重呈下降趋势。随着中国产业结构调整的深化和扩大内需政策的持续贯彻，可以预见，中国提供的中间产品市场所占比重仍将进一步下降，提供的最终产品市场所占的比重将逐渐上升，而提供的初级产品市场所占的比重可能会进一步下降。

第二，初级产品市场提供规模的迅速扩大对经济增长作用并不明显。

虽然中国初级产品市场提供与经济增长之间具有长期均衡关系，但是在 Granger 因果检验下，初级产品市场提供并不是经济增长的原因。这样来看，尽管初级产品市场提供规模大幅上升，但是其在推动经济增长方面的作用并不明显。

鉴于虽然初级产品市场提供规模的上升对经济增长的作用并不明显，但增加了国内经济对国际初级产品市场的依赖程度。这需要中国转变其经济增长方式，使经济增长的实现建立在集约型发展方式基础上。这样才能从根本上有效降低对外提供初级产品市场，特别是对有关国民经济发展具有重要战略意义的能源或矿产资源的依赖程度。

第三，最终产品市场提供与经济增长的长期均衡关系更为明显。

虽然中间产品市场提供和最终产品市场提供都是引起经济增长的原因，但从两者与经济增长的长期均衡关系来看，经济增长对中间产品中零部件和半成品市场提供的长期弹性分别为 0.1032 和 0.1522，对最终产品中消费品和资本品市场提供的长期弹性分别为 0.0591 和 0.1989。可见，从长期均衡关系的角度来看，最终产品市场提供与经济增长的长期均衡关系更为明显。

虽然目前中国提供最终产品市场规模占提供所有产品市场规模的比重刚刚超过 20%，不足提供中间产品市场规模的 1/2。但是，随着中国扩大内需政策的推进以及对外出口导向型战略的调整，最终产品市场提供的规模和增长速度将进一步提高。由于最终产品市场提供能够提高本国市场产品的多样性，提升国内需求潜力。具体来说，最终资本品市场提供可以弥补本国所缺乏的先进机器设备等，推动本国生产技术的提高，节约本国生产要素投入数量。从最终消费品的角度来看，进口国内没有的产品，或与国内具有较大差异化的进口产品也可以创造新的需求，促进新产业的发展和成长，从而推动进口国内产业结构优化与层次升级。因此，最终产品市场提供对经济发展带来的作用应该不容忽视。

第四，不同行业产品的市场提供与经济增长的关系有较大差异。

玩具、杂货类和纺织类等的中间产品市场提供与经济增长的长期均衡关系较强；而电气机械类和精密仪器类中间产品市场提供与经济增长的长期均衡关系较弱。纺织类，钢铁、有色金属类，电气机械类的最终产品市场提供与经济增长的长期均衡关系较强；食品类和化学制品及相关产品类的最终产品市场提供与经济增长的长期均衡关系较弱。

由于不同行业对于经济增长的促进作用存在一定差异，所以合理规划和调整不同行业产品市场提供的结构是必要的。首先，对所占比重较大行业的市场提供给予必要的关注，如中间产品中的化学制品及相关产品类，钢铁、有色金属类，电气机械类；最终产品中的一般机械类、电气机械类、精密仪器类和交通运输设备类。其次，与经济增长具有较强长期弹性或短期弹性的行业，也要给予必要的关注。例如，虽然纺织类中间产品市场提供在所有中间产品市场提供中的比重较小，但经济增长对纺织类行业长期弹性及短期弹性均较大，纺织类中间产品市场提供规模的逐年下降势必会对经济增长产生一定的影响。与此类似的还有玩具、杂货类中间产品的市场提供，纺织类最终产品的市场提供。因此，从稳定经济增长的角度来看，对于和经济增长具有较强长期关系的纺织类，钢铁、有色金属类等行业的市场提供要给予更多关注。

第二节　中国对不同产业部门提供市场的结构变化

中国对外市场提供的结构变化的根源在于中国国内对不同产品市场需求的变化。本节将通过投入产出分析方法分析中国国内对不同进口产业部门市场需求的结构变化，以此为依据来判断中国对不同进口产业部门提供市场的结构变化和发展趋势。

一　投入产出分析方法与感应度系数

决定一国对外提供市场规模的因素依然是该国的内部需求，决定该国对外提供市场结构性变化的因素也是来自国内对不同产品的需求差异。为了充分考察中国内部经济发展对不同产品的需求程度及变化，这里引入投入产出分析方法，通过分析各个进口部门产品投入中国经济体内部的不同流向，来反映中国经济对进口部门不同类型产品的需求情况，即中国对外提供不同类型产品市场的结构性变化。

投入产出分析方法的基本观点认为，任何一个产业部门的经济活动都不是孤立的，不同产业部门之间存在直接或间接的相互关联，这就使得一个产业的经济活动会通过这种直接或间接的关联作用于其他的产业部门，进而影响其他产业部门的产出。这样可以通过投入产出分析方法来分析不同产业部门之间的相互关联，以及一个产业部门的活动对其他产业部门的推动作用或者一个产业部门的产出在多大程度上受其他产业部门的影响。

一个产业部门影响其他产业部门及受其他产业部门影响的程度即可用投入产出分析方法中的完全需求矩阵求得，也就是投入产出计算中的基础矩阵，我们将其称为里昂惕夫逆矩阵。通常我们把一个产业部门通过吸收其他产业部门的中间产品进而对其他产业部门的影响程度称为该产业部门的影响力，把该产业部门受其他所有产业部门的影响程度称为感应度。

投入产出分析方法的应用十分广泛，不仅可以研究一国国内的各个产业部门之间的相互关联，而且可以用于分析国际的产业关联。这里为了研究中国对外提供不同类型产品市场的结构变化，就要分析中国经济各部门的发展与进口各产业部门之间的关系。

但是，国内外学者利用投入产出分析方法研究这个问题的文献比较少，原因在于长期以来投入产出表的编制周期比较长（一般为每 5 年一次），而且国内发布的是竞争型投入产出表。在竞争型投入产出表中，各进口部门的中间产品投入与国内各产业部门的中间产品投入无法区分，因此无法准确计算只与进口部门相关的系数。

而在非竞争型投入产出表中，各进口部门的中间产品投入与国内各产业部门的中间产品投入是可以区分的。[①] 笔者在实证过程中采用的数据是 WIOD（Word Input-Output Database）数据库[②]在 2016 年最新发布的各国 2000~2014 年 15 年的非竞争型投入产出表来进行计算的。这里在研究过程中是通过计算进口产业部门的感应度系数来解读中国的经济发展与各个进

① 陈昌才：《产业关联测度方法的改进及应用——基于 OECD 非竞争型投入产出表的分析》，《统计与信息论坛》2013 年第 3 期，第 16~21 页；齐舒畅、王飞、张亚雄：《我国非竞争型投入产出表编制及其应用分析》，《统计研究》2008 年第 5 期，第 79~83 页。

② WIOD（Word Input-Output Database）数据库网址：http：//www. wiod. org/。

口产业部门之间的关系，因此下面先对感应度系数进行简单的介绍。

（一）感应度系数

依据方程 $X=(I-A)^{-1}Y$，我们可以根据里昂惕夫逆矩阵 $(I-A)^{-1}$ 来计算一个产业的感应度系数（Reaction Coefficient）。设里昂惕夫逆矩阵为 C，即 $C=(I-A)^{-1}$。那么 C 矩阵中每一横行上的数值反映的就是该产业部门受到的其他产业部门的影响程度即感应度系数系列，也就是其他产业部门最终需求的变化而使该产业部门生产发生变化的程度，而每一横行系数的平均值即为该产业部门受其他产业部门影响的平均程度。里昂惕夫逆矩阵 C 中某一产业部门的横行系数的平均值与全部产业部门横行系数的平均值相比，就可以计算出该产业部门的感应度系数。

公式文字表述如下：

某产业部门的感应度系数=C 矩阵中该产业部门横行系数平均值/C 矩阵中全部产业部门横行系数的平均值

如果用 e_i 表示第 i 产业部门的感应度系数，n 表示产业部门个数，C_{ij} 表示里昂惕夫逆矩阵 C 中的元素（$i=1, 2, 3, \cdots, n$；$j=1, 2, 3, \cdots, n$），那么，上述等式也可用数学式子表示如下：

$$e_i=\left(\frac{1}{n}\right)\sum_{j=1}^{n}C_{ij}\Big/\left(\frac{1}{n}\right)\sum_{i=1}^{n}\left\{\left(\frac{1}{n}\right)\sum_{j=1}^{n}C_{ij}\right\}$$

$$=\sum_{j=1}^{n}C_{ij}\Big/\left(\frac{1}{n}\right)\sum_{i=1}^{n}\sum_{j=1}^{n}C_{ij}$$

根据计算结果可以看出一个产业部门对其他产业部门的敏感影响程度。如果 $e_i<1$，说明该产业部门的感应度在全部产业中处于平均水平之下；如果 $e_i=1$，说明该产业部门的感应度处于全部产业部门的平均水平；如果 $e_i>1$，说明该产业部门的感应度处于全部产业部门的平均水平之上。一般来说，产品主要用于中间投入的那些产业部门，感应度系数都较大，而产品主要用于最终消费、资本形成以及出口的产业部门，感应度系数都较小。

有关感应度系数的经济意义以及计算方法在学术界也存在争议。我们重新回归到感应度系数的原始定义：该产业部门受到的其他产业部门的影响程度即感应度系数，准确地说是指各产业部门每增加一个单位最终使用时，某一产业部门由此而受到的需求感应程度。也就是说，感应度系数的经济意义是指各产业部门均增加一个单位的最终使用，对某一产业部门的中间产品的需求量的影响程度。

感应度系数虽然表示的是一个产业部门受到其他产业部门产出的影响程度，若一个产业的敏感度系数高，恰说明了不同产业部门的最终产出对其中间产品的需求量大。因此，该系数表明的是某一产业部门中间产品的需求对于其他产业部门的敏感程度，而且是在其他每一产业部门均增加一单位最终产出的情况下。这种假设显然与实际经济活动不符，也没有考虑到经济生产中某一产业部门对不同产业部门的中间投入份额不同。因此，需要对感应度系数进行改进。

（二）感应度系数的改进

从两个角度来考虑对感应度系数改进。第一，原始感应度系数的计算只从中间产品的角度来看，忽略了国内对各个产业部门最终产品需求对各产业部门的带动作用，因此还需要考虑国内最终需求对不同产业部门的带动作用。第二，不同产业部门的投入份额问题也是改进的一大突破。

为了解决这两大问题，王巧英提出了将某一产业的中间产品与最终产品分别配给不同的综合分配系数，以此来计算出更为贴近现实经济活动的感应度系数，进而研究不同产业的类型及整体经济的发展对各产业部门的带动作用。[①] 该方法首先要算出某一产业的直接中间分配系数和最终分配系数，进而计算出中间产品综合分配系数和最终产品综合分配系数，并在此基础上计算出最终的感应度系数。

1. 直接中间分配系数与最终分配系数

$$h_{ij} = x_{ij}/x_i, h_{iky} = y_{ik}/x_i$$

其中，h_{ij}和h_{iky}分别代表中间产品系数和最终产品系数（$i=1, 2, \cdots,$

① 王巧英：《影响力系数和感应度系数计算方法新探》，《理论探索》2010年第10期，第22~25页。

n；$j=1$，2，…，n；$k=1$，2，…，m）。其中，h_{ij}表示第i产业对第j产业的中间投入占第i产业总产出的比重；h_{iky}表示第i产业中用于第k种（包括最终消费、资本形成以及出口）最终产品的生产占第i产业总产出的比重。通过每个产业该系数的大小比较可以得出该产业部门是属于最终消费型、资本形成型还是出口型部门。同时上述两个等式之间存在如下的关系：

$$\sum_{j=1}^{n} h_{ij} + \sum_{k=1}^{m} h_{iky} = 1$$

2. 中间产品综合分配系数和最终产品综合分配系数

$$h_i = \sum_{j=1}^{n} h_{ij} / \sum_{i=1}^{n} \left(\sum_{j=1}^{n} h_{ij} \frac{\sum_{j=1}^{n} x_{ij}}{\sum_{i=1}^{n} \sum_{j=1}^{n} x_{ij}} \right) \quad (i=1,2,\cdots,n)$$

$$h_{iy} = \sum_{k=1}^{m} h_{iky} / \sum_{i=1}^{n} \left(\sum_{k=1}^{m} h_{iky} \frac{\sum_{k=1}^{m} y_{ik}}{\sum_{i=1}^{n} \sum_{k=1}^{m} y_{ik}} \right) \quad (i=1,2,\cdots,n)$$

其中，h_i和h_{iy}分别是第i产业的中间产品综合分配系数和最终产品综合分配系数，以h_i的计算为例简要进行说明。该式的分子是某一产业的中间产品分配系数之和，反映了某一产业中间投入的产品占该产业总产出的比重，分母则代表了全社会的平均推动度，分母中用每个产业的中间产品和占各产业中间产品总和的比重作为权数，避免同等对待各个产业在生产活动中所起的作用，旨在更为准确地反映每一产业在实际生产中的真实情况。[①] 该系数的值在 1 上下波动，并且可以根据该系数来判定一个产业所属类型。若$h_i>1$表明i产业部门对中间产品需求[②]的感应度大于所有产业部门对中间产品需求的感应度，即i部门生产的产品多用于中间产品的投入，属于中间产品型产业部门；若$h_i<1$则表明i产业部门对中间产品需求

① 王巧英：《影响力系数和感应度系数计算方法新探》，《理论探索》2010 年第 10 期，第 22～25 页。

② 此处的中间产品需求是指i部门的产出作为其他产业的中间产品投入。

的感应度小于所有产业部门对中间产品需求的感应度，即 i 部门生产的产品多用于最终消费、资本形成或出口，属于最终产品型产业部门。通过上述方法计算出的最终产品综合分配系数与中间产品综合分配系数类似，若 $h_{iy}>1$，说明该产业部门（不论是最终消费型、资本形成型还是出口型）对最终产品需求的感应度大于所有产业部门对最终产品需求的感应度；若 $h_{iy}<1$，说明该产业部门对最终产品需求的感应度小于所有产业部门对最终产品需求的感应度。

3. 感应度系数

把每一个产业的中间产品综合分配系数与最终产品综合分配系数加权平均就能够得出最终的感应度系数，计算公式如下：

$$h = h_i \frac{\sum_{j=1}^{n} x_{ij}}{x_i} + h_{iy} \frac{\sum_{k=1}^{m} y_{ik}}{x_i}$$

通过上式计算出的感应度系数即为某一产业部门的总体感应度系数，这里的感应度系数即按此方法计算得出。

（三）进口部门感应度系数的定义

上述改进方法计算出来的感应度系数是针对竞争型投入产出表而言的，一般来说其计算出来的感应度系数主要表示的是国内各个产业部门的感应度系数，而这里研究的重点在于分析不同进口产业部门与中国国内经济发展之间的关系。因此在计算感应度系数时要加以修改，即x_{ij}代表 i 进口产业部门对中国 j 产业部门的中间投入，x_i代表 i 部门总进口的产品量，我们将其表达改为m_i；y_{ik}表示进口 i 产业部门用于最终产品的量。进口部门的感应度系数的意义：国内各产业部门生产对于各进口部门中间产品的投入需求以及国内对进口各部门最终产品需求对进口部门的整体带动作用。如果某一进口产业部门的感应度系数大，说明该产业部门对中国经济的感应程度大，即中国经济发展对该进口产业部门的推动作用大；如果感应度系数小，说明该进口产业部门对中国经济的感应程度小，即中国经济发展对该进口产业部门的推动作用小。进口部门感应度系数的计算公式简述如下。

1. 进口直接中间分配系数与进口最终分配系数

$$h_{ij}=x_{ij}/m_i, h_{iky}=y_{ik}/m_i$$

其中，h_{ij}表示第 i 进口产业部门对中国第 j 产业部门的中间产品投入占第 i 产业总进口的比重，h_{iky}表示第 i 进口产业部门中用于第 k 种（包括最终消费、资本形成）最终产品的生产占第 i 产业总进口的比重（$i=1$，2，…，n；$j=1$，2，…，n；$k=1$，2，…，m）。[①] 通过每个产业部门该系数的大小比较可以得出该产业部门是属于最终消费型还是资本形成型部门。同时，上述两个等式之间存在如下的关系：

$$\sum_{j=1}^{n} h_{ij} + \sum_{k=1}^{m} h_{iky} = 1$$

2. 进口中间产品综合分配系数和进口最终产品综合分配系数

$$h_i = \sum_{j=1}^{n} h_{ij} / \sum_{i=1}^{n} \left(\sum_{j=1}^{n} h_{ij} \frac{\sum_{j=1}^{n} x_{ij}}{\sum_{i=1}^{n} \sum_{j=1}^{n} x_{ij}} \right) \quad (i=1,2,\cdots,n)$$

$$h_{iy} = \sum_{k=1}^{m} h_{iky} / \sum_{i=1}^{n} \left(\sum_{k=1}^{m} h_{iky} \frac{\sum_{k=1}^{m} y_{ik}}{\sum_{i=1}^{n} \sum_{k=1}^{m} y_{ik}} \right) \quad (i=1,2,\cdots,n)$$

进口部门感应度系数计算方法的原理与竞争型投入产出表中感应度系数的计算原理类似，在此不再赘述。

3. 进口感应度系数

同理，把每一个进口产业部门的进口中间产品综合分配系数与进口最终产品综合分配系数加权平均就能够得出进口产业部门最终的感应度系数，计算公式如下：

---

① 这里的最终产品去向只包括最终消费以及资本形成，WIOT 的数据中没有包含转口贸易，因此我们不考虑进口后直接用于出口的情况，WIOT 的最终产品数据中还有一项存货价值的变化，这里我们也不予考虑，因为该项数据对我们研究的问题的结果影响并不是很大。

$$h = h_i \frac{\sum_{j=1}^{n} x_{ij}}{m_i} + h_{iy} \frac{\sum_{k=1}^{m} y_{ik}}{m_i}$$

上述三步即为笔者在前人的基础上略微修改得出的感应度系数的计算方法。竞争型投入产出中的感应度系数与这里的非竞争型投入产出中进口感应度系数的主要区别就在于，直接中间分配系数与最终分配系数的计算方法。在竞争型投入产出中，直接中间分配系数与最终分配系数的计算公式的分母是该产业部门的国内总产出，而非竞争型投入产出中，进口直接中间分配系数与进口最终分配系数的计算公式的分母是该产业部门的总进口。

在进行实证分析之前，这里先简要介绍一下数据来源。这里的研究重点在于不同的进口产业部门与中国国内经济发展之间的关系，因此，在用投入产出分析方法进行分析时，需要的是非竞争型的投入产出表，而不是中国编制的竞争型投入产出表①。根据 WIOT 数据库中最新发布的 2000~2014 年共计 15 年的中国非竞争型投入产出表②，这里按上述方法将计算投入产出表中列举的 56 个进口产业部门的进口中间产品综合分配系数、进口最终产品综合分配系数以及感应度系数。

通过投入产出分析方法和进口感应度系数，可以分析中国经济发展对不同部门产品市场的需求。根据上述计算方法，这里的计算过程分为三步。首先，计算不同产业部门的进口中间产品综合分配系数；其次，计算不同产业部门的进口最终产品综合分配系数和直接分配系数；最后，计算每一个不同进口部门的进口感应度系数。这里分别计算了 2000 年、2005 年、2010 年和 2014 年 4 年的相关结果，便于进行对比分析。

---

① 通俗地说竞争型投入产出表与非竞争型投入产出表的区别在于是否将中间产品的投入分为国内产品的中间投入以及进口产品的中间投入。其中，非竞争型投入产出表对产品投入的来源进行了区分，即把中间产品的投入区分为国内产品投入以及进口产品投入，并且进口的产品也细致地进行划分，每一产业部门的进口产品分为对于不同产业部门的中间产品投入以及用于最终消费、资本形成等最终产品。

② 该数据的投入产出表中产业部门的划分依据是《全部经济活动国际标准行业分类》(*International Standard Industrial Classification of All Economic Activities*)，简称《国际标准行业分类》，并将其整理为 56 个产业部门，这些部门的划分见附表 1。

二 不同产业部门进口的中间产品分配

（一）不同产业部门进口的中间产品综合分配系数

根据前文的进口中间产品综合分配系数计算公式，可以计算出中国不同产业部门进口的中间产品综合分配系数，如表 7-9 和表 7-10 所示。由于篇幅所限，这里只列出排在前 20 名的进口产业部门，56 个所有进口产业部门的中间产品综合分配系数见附表 2。

通过对比表 7-9 和表 7-10 中 2000 年、2005 年、2010 年和 2014 年这 4 个年份不同产业部门进口的中间产品综合分配系数，发现有 15 个产业部门排名始终位于前 20 名。它们分别是：林业与伐木业；基本金属制造；木材、木材制品及软木制品的制造（家具除外）、草编制品及编织材料物品制造；纸和纸制品制造；采矿和采石；化学品及化学制品制造；其他非金属矿物制品制造；记录媒介物的印刷及复制；污水处理，废物的收集、处理和处置，材料回收、补救和其他废物管理服务；建筑业；电、煤气、蒸气和空调供应；集水、水处理与水供应；橡胶和塑料制品制造；焦炭和精炼石油产品制造；作物和牲畜生产、狩猎和相关服务。

这 15 个产业部门进口的中间产品综合分配系数大多在 1 以上。[①] 而进口的中间产品综合分配系数大于 1，说明该产业部门属于中间产品部门。因此，以上 15 个进口产业部门大多属于中间产品部门，即从这 15 个产业部门进口的产品在中国的使用中多用于中间产品的投入，而作为最终消费以及资本形成则占有较小的比重。

其中，林业与伐木业，基本金属制造，木材、木材制品及软木制品的制造（家具除外）、草编制品及编织材料物品制造，纸和纸制品制造，采矿和采石，化学品及化学制品制造这 6 个产业部门的排名始终比较靠前。说明这 6 个产业部门在进口中间产品投入方面发挥着非常重要的作用。这

① 集水、水处理与水供应这一产业部门的中间产品综合分配系数在 2005 年以及 2010 年的数值均小于 1，分别为 0.9314 和 0.9221；焦炭和精炼石油产品制造的中间产品综合分配系数在 2010 年的数值小于 1，为 0.9909。除此之外其余 13 个产业部门的中间产品综合分配系数均大于 1。

6个部门基本上都属于基础资源型部门，这也在一定意义上说明了随着中国的经济发展，中国的自然资源已经不能提供生产所需的全部生产要素，需要大量进口国内所稀缺的资源，以此来突破资源供给约束，进而更好地促进中国的经济发展。同时，这也说明了中国为其他国家提供了十分广阔的中间产品市场。

表7-9　2000年和2005年进口中间产品综合分配系数排名前20位的产业部门

2000年		2005年	
产业部门	进口中间产品综合分配系数	产业部门	进口中间产品综合分配系数
林业与伐木业	1.2592	林业与伐木业	1.2525
基本金属制造	1.2488	基本金属制造	1.2453
木材、木材制品及软木制品的制造（家具除外）、草编制品及编织材料物品制造	1.2407	采矿和采石	1.2345
纸和纸制品制造	1.2365	纸和纸制品制造	1.2282
采矿和采石	1.2249	焦炭和精炼石油产品制造	1.2274
化学品及化学制品制造	1.2153	化学品及化学制品制造	1.2144
其他非金属矿物制品制造	1.1970	其他非金属矿物制品制造	1.2054
记录媒介物的印刷及复制	1.1809	木材、木材制品及软木制品的制造（家具除外）、草编制品及编织材料物品制造	1.2046
家庭作为雇主的；家庭自用、未加区分的物品生产和服务	1.1697	记录媒介物的印刷及复制	1.1461
污水处理，废物的收集、处理和处置，材料回收、补救和其他废物管理服务	1.1564	作物和牲畜生产、狩猎和相关服务	1.1170
建筑业	1.1545	航空运输	1.1127
纺织品制造、服装制造、皮革和相关产品制造	1.1066	污水处理，废物的收集、处理和处置，材料回收、补救和其他废物管理服务	1.1109

续表

2000 年		2005 年	
产业部门	进口中间产品综合分配系数	产业部门	进口中间产品综合分配系数
电、煤气、蒸气和空调供应	1.0761	电、煤气、蒸气和空调供应	1.0607
集水、水处理与水供应	1.0554	橡胶和塑料制品制造	1.0582
橡胶和塑料制品制造	1.0509	纺织品制造、服装制造、皮革和相关产品制造	1.0537
房地产	1.0276	建筑业	1.0123
艺术、娱乐和文娱、其他服务	1.0235	陆路运输与管道运输	1.0048
焦炭和精炼石油产品制造	1.0212	集水、水处理与水供应	0.9314
作物和牲畜生产、狩猎和相关服务	1.0093	汽车和摩托车外的批发贸易	0.9275
电影、录像和电视节目制作、录音及音乐作品出版、电台和电视广播	0.9890	机械设备除外的金属制品制造	0.8678

注：表 7-9 和表 7-10 中分别列出了 2000 年、2005 年、2010 年以及 2014 年的进口中间产品综合分配系数计算结果，以此来进行分析，进口最终产品综合分配系数及感应度系数亦如此，全部数据结果见附表 2、附表 3、附表 4。

资料来源：笔者根据 WIOD 数据库数据计算得出。

表 7-10　2010 年和 2014 年进口中间产品综合分配系数排名前 20 位的产业部门

2010 年		2014 年	
产业部门	进口中间产品综合分配系数	产业部门	进口中间产品综合分配系数
林业与伐木业	1.2272	林业与伐木业	1.2140
采矿和采石	1.2234	采矿和采石	1.2135
基本金属制造	1.2216	基本金属制造	1.2095
纸和纸制品制造	1.1959	化学品及化学制品制造	1.1864

续表

2010年		2014年	
产业部门	进口中间产品综合分配系数	产业部门	进口中间产品综合分配系数
木材、木材制品及软木制品的制造（家具除外）、草编制品及编织材料物品制造	1.1857	污水处理，废物的收集、处理和处置，材料回收、补救和其他废物管理服务	1.1846
其他非金属矿物制品制造	1.1808	木材、木材制品及软木制品的制造（家具除外）、草编制品及编织材料物品制造	1.1738
化学品及化学制品制造	1.1786	其他非金属矿物制品制造	1.1733
记录媒介物的印刷及复制	1.1485	纸和纸制品制造	1.1532
航空运输	1.1303	建筑业	1.1504
橡胶和塑料制品制造	1.0891	航空运输	1.1293
作物和牲畜生产、狩猎和相关服务	1.0826	记录媒介物的印刷及复制	1.0831
电、煤气、蒸气和空调供应	1.0515	集水、水处理与水供应	1.0780
建筑业	1.0254	电、煤气、蒸气和空调供应	1.0497
陆路运输与管道运输	1.0023	作物和牲畜生产、狩猎和相关服务	1.0461
焦炭和精炼石油产品制造	0.9909	橡胶和塑料制品制造	1.0411
污水处理，废物的收集、处理和处置，材料回收、补救和其他废物管理服务	0.9631	行政和辅助	1.0336
储存和运输辅助	0.9511	焦炭和精炼石油产品制造	1.0049
集水、水处理与水供应	0.9221	陆路运输与管道运输	0.9870
机械设备除外的金属制品制造	0.9138	储存和运输辅助	0.9560
家具制造、其他制造业	0.9085	机械设备除外的金属制品制造	0.9384

资料来源：笔者根据WIOD数据库数据计算得出。

（二）不同产业部门进口中间产品综合分配系数的变化

这里一共选取了12个中间产业部门，对其进口中间产品综合分配系数的变化情况进行分析。这12个产业部门的选取原则是根据最终计算出的感应度系数在2000年、2005年、2010年以及2014年中至少三年排名在前20的所有的中间产业部门。

第一，基础资源型进口部门的中间产品综合分配系数总体呈现缓慢下降的趋势。这里的基础资源型进口部门包括林业与伐木业，基本金属制造，木材、木材制品及软木制品的制造（家具除外）、草编制品及编织材料物品制造，纸和纸制品制造，如图7-2a所示。在2007年到2008年的较大幅度下降是由于全球金融危机的影响。全球经济疲软使得中国对外贸易量下降，导致对进口中间产品的需求下降。但是从2003年以后整体走势仍旧是缓慢下降，这从一定意义上说明了中国进口的产业结构在逐渐升级过程中，中国对外提供的中间产品市场地位有所下降。

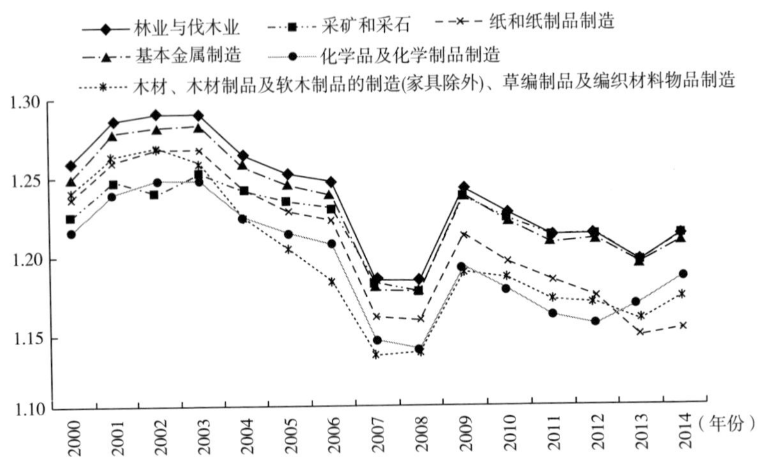

图7-2a　2000~2014年中间产品部门进口中间产品综合分配系数走势

注：图7-2到图7-4选择的产业部门是根据2000年、2005年、2010年以及2014年的感应度系数排名选出的，中间产业部门以及最终产业部门一共选择最具代表性的19个产业部门，这19个产业部门的感应度系数在以上四个年度中至少有三个年度的排名在该年份的前20名。中间产业部门以及最终产业部门的划分依据是计算方法中第二步得出的中间产品综合分配系数以及最终产品综合分配系数。

资料来源：笔者根据WIOD数据库数据计算得出。

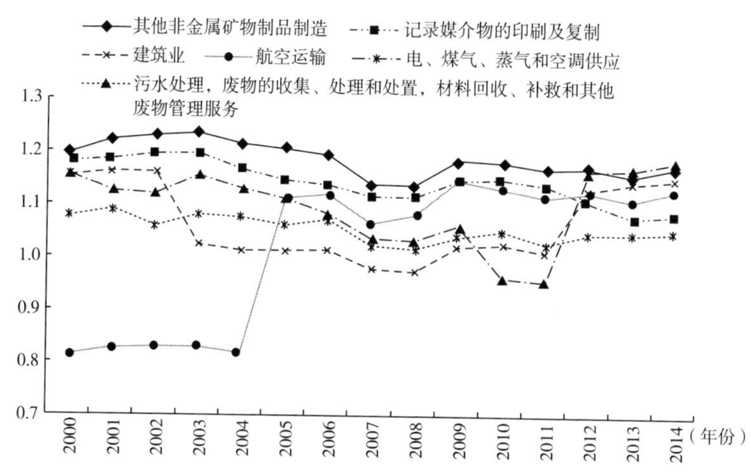

图 7-2b 2000~2014 年中间产品部门中间产品综合分配系数走势

注：航空运输产业部门在 2000 年到 2004 年的中间产品综合分配系数与最终产品综合分配系数相差很小，并不能算为严格意义上的中间产品部门，但是从 2005 年开始，其中间产品综合分配系数有了显著的提高，并且超过 1，同时最终产品综合分配系数显著下降，因此将其划为中间产品部门，其中 2000 年至 2004 年的计算结果来自原始计算结果，见附表 2。

资料来源：笔者根据 WIOD 数据库数据计算得出。

第二，其他产业部门的进口中间产品综合分配系数走势比较稳定。这些产业部门包括其他非金属矿物制品制造；记录媒介物的印刷及复制；污水处理，废物的收集、处理和处置，材料回收、补救和其他废物管理服务；建筑业；电、煤气、蒸气和空调供应；航空运输。这些部门的中间产品综合分配系数没有太大的波动，如图 7-2b 所示。但是，航空运输这一产业部门比较特殊。这一产业部门的中间产品综合分配系数与最终产品综合分配系数在 2000 年到 2004 年相差无几，即该产业部门在这几年中进口的产品用于中间投入以及最终使用的比例相差不多。所以，从严格意义上讲，该部门直到 2005 年以后才能算是真正意义上的中间产品部门，并且也是从 2005 年起该部门的感应度系数排名才开始逐渐上升。

三 不同产业部门进口的最终产品分配

（一）不同产业部门进口的最终产品综合分配系数

与进口中间产品综合分配系数的分析结果类似，这里也分别选取了 2000 年、2005 年、2010 年以及 2014 年的进口最终产品综合分配系数结果进行分析。每一年度最终产品综合分配系数排在前 20 名的产业部门如表 7-11和表 7-12 所示。这里也只列出排在前 20 名的进口产业部门，56 个所有进口产业部门的最终产品综合分配系数见附表 3。

通过对比表 7-11 和表 7-12 中这 4 个年份的最终产品综合分配系数，发现有 7 个产业部门始终位于前 20 名。它们分别是：渔业与水产业，未另分类的机械和设备制造，食品制造、饮料制造、烟草制品制造，基本医药产品和医药制剂制造，机械和设备的修理和安装，汽车、挂车和半挂车制造，建筑和工程、技术测试和分析。

这 7 个产业部门的最终产品综合分配系数大多在 1 以上。[①] 由于中间产品直接分配系数矩阵的行和与最终产品直接分配系数矩阵的行和相加是 1，而一个产业部门提供的中间产品比重越大，那么该产业部门提供的最终产品的比重相对而言一定越小，故通过最终产品综合分配系数与中间产品综合分配系数的大小比较也可以得出一个产业部门在进口方面属于什么类型。上述 7 个部门全部属于最终产品型部门，即从以上各产业部门进口的产品多数用来最终消费以及资本形成，即大部分产品用于个人消费、政府购买以及资本形成（这里没有考虑转口贸易），而用于中间产品的投入相对而言较小。

这些产业部门对中国经济各部门的感应度并不是很强，因为其用于中间投入方面的产品相对较少，但是这些部门对中国私人消费以及资本投资方面的感应度很大，虽然进口这些产品在一定程度上可能会对本国的最终产品产生一定的挤出效应，但是同时也能够提升本国产业的技术水平与竞争实力。

表 7-11 2000 年和 2005 年进口最终产品综合分配系数排名前 20 位的产业部门

2000 年		2005 年	
产业部门	进口最终产品综合分配系数	产业部门	进口最终产品综合分配系数
渔业与水产业	1.7609	未另分类的机械和设备制造	1.5353

① 建筑和工程、技术测试和分析，这一产业部门的最终产品综合分配系数在 2000 年与 2010 年的数值小于 1，分别是 0.8735 和 0.8959，但是其最终产品综合分配系数始终高于中间产品综合分配系数，并且差距逐渐拉大，除此之外其余 6 个产业部门的最终产品综合分配系数均大于 1。

续表

2000 年		2005 年	
产业部门	进口最终产品综合分配系数	产业部门	进口最终产品综合分配系数
未另分类的机械和设备制造	1.5982	渔业与水产业	1.5156
食品制造、饮料制造、烟草制品制造	1.5044	基本医药产品和医药制剂制造	1.4332
基本医药产品和医药制剂制造	1.4864	艺术、娱乐和文娱、其他服务	1.4169
管理与国防；强制性社会保障	1.4681	其他运输设备制造	1.3702
家具制造、其他制造业	1.2715	家具制造、其他制造业	1.3300
食宿服务	1.1437	机械和设备的修理和安装	1.3173
机械和设备的修理和安装	1.1405	食品制造、饮料制造、烟草制品制造	1.2357
汽车、挂车和半挂车制造	1.1100	科学研究与发展	1.0884
其他运输设备制造	1.0776	食宿服务	1.0729
电力设备制造	0.9174	汽车、挂车和半挂车制造	1.0553
科学研究与发展	0.9136	建筑和工程、技术测试和分析	1.0515
建筑和工程、技术测试和分析	0.8735	家庭作为雇主的；家庭自用、未加区分的物品生产和服务	1.0064
人体健康和社会工作	0.8422	其他专业、科学和技术、兽医	0.9747
教育	0.8276	教育	0.9465
电信	0.7892	金融保险服务及其附属	0.9410
水上运输	0.7870	人体健康和社会工作	0.9250
航空运输	0.7857	保险和养恤金之外的金融服务	0.9079
邮政和邮递	0.7848	广告业和市场调研	0.9059
法律和会计，管理咨询	0.7839	法律和会计，管理咨询	0.9053

资料来源：笔者根据 WIOD 数据库数据计算得出。

表 7-12　2010 年和 2014 年进口最终产品综合分配系数排名前 20 位的产业部门

2010 年		2014 年	
产业部门	进口最终产品综合分配系数	产业部门	进口最终产品综合分配系数
基本医药产品和医药制剂制造	1.6735	计算机程序设计、咨询及相关、信息服务	1.6781
渔业与水产业	1.5925	基本医药产品和医药制剂制造	1.6588
未另分类的机械和设备制造	1.4820	渔业与水产业	1.5047
艺术、娱乐和文娱、其他服务	1.3753	汽车、挂车和半挂车制造	1.4223
汽车、挂车和半挂车制造	1.3662	食品制造、饮料制造、烟草制品制造	1.4161
食品制造、饮料制造、烟草制品制造	1.3176	艺术、娱乐和文娱、其他服务	1.3964
其他运输设备制造	1.2725	其他运输设备制造	1.3954
机械和设备的修理和安装	1.0331	未另分类的机械和设备制造	1.3836
批发和零售业、汽车和摩托车修理	1.0058	出版	1.1137
电影、录像和电视节目制作、录音及音乐作品出版、电台和电视广播	0.9580	金融保险服务及其附属	1.1118
电力设备制造	0.9055	建筑和工程、技术测试和分析	1.0656
金融保险服务及其附属	0.8967	批发和零售业、汽车和摩托车修理	1.0403
建筑和工程、技术测试和分析	0.8959	机械和设备的修理和安装	1.0403
汽车和摩托车外的零售贸易	0.8717	其他专业、科学和技术、兽医	0.9954

续表

2010 年		2014 年	
产业部门	进口最终产品综合分配系数	产业部门	进口最终产品综合分配系数
其他专业、科学和技术、兽医	0.8197	电影、录像和电视节目制作、录音及音乐作品出版、电台和电视广播	0.9689
强制性社会保障除外的保险、再保险和养恤金	0.8166	电力设备制造	0.9115
教育	0.8142	广告业和市场调研	0.9007
科学研究与发展	0.8111	家庭作为雇主的；家庭自用、未加区分的物品生产和服务	0.8848
食宿服务	0.7994	纺织品制造、服装制造、皮革和相关产品制造	0.8390
广告业和市场调研	0.7991	汽车和摩托车外的零售贸易	0.8034

资料来源：笔者根据 WIOD 数据库数据计算得出。

（二）不同产业部门进口的最终产品直接分配系数

上面的分析可以确定出在所有进口部门中主要用于最终产品的具体部门。接下来进一步分析这些最终产品进口部门是用于最终消费还是最终资本形成。这可以通过计算的最终产品直接分配系数①来判断。这里整理出了上述 7 个最终产品部门的最终产品去向，如表 7-13 所示。

从表 7-13 中我们可以看出渔业与水产业，食品制造、饮料制造、烟草制品制造，基本医药产品和医药制剂制造这 3 个产业部门的最终产品多用于最终消费，而未另分类的机械和设备制造，机械和设备的修理和安装，汽车、挂车和半挂车制造，建筑和工程、技术测试和分析这 4 个产业部门的最终产品多用于资本形成。其中，在 2010 年时建筑和工程、技术测

① 最终产品直接分配系数的计算见计算方法中的第一步，由计算方法可知 h_{iky} 表示进口的 i 产业部门的产品提供给国内作为第 k 种最终使用的数量占该产业部门总进口的比重，而这里面的 k 只有两种，即最终消费和资本形成，故比较两者的相对大小就能知道这一产业部门最终产品的去向。

试和分析这一产业部门多用于最终消费，但是在2014年其去向仍旧是资本形成多于最终消费，这从一定意义上反映了中国进口的最终产品仍旧是以最终资本品为主，而最终消费品的进口还有一定的上升空间。

表 7-13 2000~2014 年主要进口部门的最终产品直接分配系数

产业部门	2000年		2005年		2010年		2014年	
	资本形成	最终消费	资本形成	最终消费	资本形成	最终消费	资本形成	最终消费
渔业与水产业	0.0001	0.7945	0.0001	0.6945	0.0006	0.6929	0.0004	0.6834
未另分类的机械和设备制造	0.7142	0.0070	0.6981	0.0055	0.6405	0.0049	0.6198	0.0089
食品制造、饮料制造、烟草制品制造	0.0018	0.6770	0.0025	0.5638	0.0027	0.5711	0.0026	0.6409
基本医药产品和医药制剂制造	0.0118	0.6589	0.0169	0.6399	0.0157	0.7131	0.0165	0.7373
机械和设备的修理和安装	0.4699	0.0447	0.5683	0.0354	0.4057	0.0442	0.4120	0.0607
汽车、挂车和半挂车制造	0.3428	0.1581	0.3025	0.1812	0.3361	0.2588	0.3452	0.3011
建筑和工程、技术测试和分析	0.3021	0.0921	0.2922	0.1897	0.1492	0.2409	0.2947	0.1896

资料来源：笔者根据 WIOD 数据库数据计算得出。

通过对比2000年、2005年、2010年与2014年的最终产品综合分配系数，发现虽然以上7个部门一直名列前茅，但是在2010年以后有很多之前排名靠后的产业部门也跻身于前20名，整理发现这些部门有：艺术、娱乐和文娱、其他服务，其他运输设备制造，批发和零售业、汽车和摩托车修理，电影、录像和电视节目制作、录音及音乐作品出版、电台和电视广播，电力设备制造，金融保险服务及其附属，汽车和摩托车外的零售贸易，其他专业、科学和技术、兽医，广告业和市场调研9个产业部门，笔者仍旧按照上述方法整理了这9个产业部门中6个的最终产品直接分配系数[①]，以此来分辨不同最终产品部门的最终产品去向，如表 7-14 所示[②]。

从表 7-14 中我们可以看出，最终产品部门中用于最终消费的产品部门在逐渐增多，即中国进口的最终产品中用于最终消费的产品部门有所增加，这也从一定意义上表明了中国消费能力的提升。如果从对外提供市场的角度来看，中国对外提供最终产品市场的能力有所提升，尤其是对最终消费品的吸纳能力在逐步提高，但是进口的最终产品中用于资本形成占有的比重依旧很大。

表 7-14　2000 年和 2014 年部分主要进口部门的最终产品直接分配系数

产业部门	2000 年		2014 年	
	资本形成	最终消费	资本形成	最终消费
艺术、娱乐和文娱、其他服务	0.0017	0.5972	0.0026	0.6320
其他运输设备制造	0.5272	0.0269	0.6033	0.0308
批发和零售业、汽车和摩托车修理	0.2643	0.1737	0.2467	0.2261
电影、录像和电视节目制作、录音及音乐作品出版、电台和电视广播	0.1314	0.2858	0.1333	0.3070
金融保险服务及其附属	0.1085	0.2820	0.3326	0.1727
其他专业、科学和技术、兽医	0.0648	0.2922	0.1585	0.2938

资料来源：笔者根据 WIOD 数据库数据计算得出。

（三）不同产业部门进口最终产品综合分配系数的变化

从 2000 年到 2014 年这 15 年间主要最终产品部门的进口最终产品综合分配系数走势如图 7-3 所示。该图表明进口最终产品综合分配系数的走势

① 之所以整理了 6 个产业部门是除去了电力设备制造、汽车和摩托车外的零售贸易以及广告业和市场调研这 3 个产业部门，虽然这 3 个产业部门的最终综合产品分配系数排名越来越靠前，但是按照原始的数据来看，这 3 个部门的最终产品综合分配系数与中间产品综合分配系数相差并不是很大，而且也一直在小于 1 的水平，因此这 3 个产业部门不能算为严格意义上的最终产品部门，故笔者在整理最终产品去向时除去了这 3 个部门。

② 这里在表 7-14 中只列出了 2000 年以及 2014 年的最终产品直接分配系数，因为这些产业部门基本上都是在 2010 年前后才成为比较严格意义上的最终产业部门。

总体比较平稳，并没有特别大的波动。但是，艺术、娱乐和文娱、其他服务这一产业部门比较特殊，该部门在2000年开始的最初几年中进口的产品中多用于中间产品的投入，从2005年起该部门才开始成为最终产品部门，并且直到2014年其进口的产品一直多用于最终消费，可见在物质水平提高的同时，人们也开始普遍重视精神文化的提升，从而对该部门最终产品的进口需求有了较大幅度的提升。

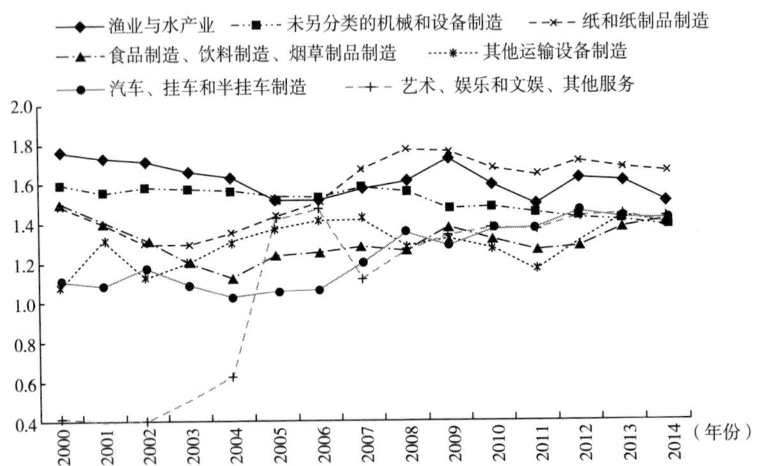

图 7-3　2000～2014 年最终产品部门的进口最终产品综合分配系数走势

注：艺术、娱乐和文娱、其他服务这一产业部门在2000年到2004年的最终产品综合分配系数很小，但是其中间产品综合分配系数相对而言较大，因此在2000年到2004年该产业部门并不能算为严格意义上的最终产品部门，并且数据结果表明，该时期该产业部门应该归为中间产品部门，但是从2005年开始，其最终产品综合分配系数有了显著的提高，并且超过1，同时中间产品综合分配系数显著下降，因此在此将其划为最终产品部门，其中2000年至2004年的计算结果来自原始计算结果，详见附表3。

资料来源：笔者根据WIOD数据库数据计算得出。

四　中国对不同产业部门提供市场的变化趋势

（一）不同产业部门的进口感应度系数

不同进口部门的感应度系数如表7-15和表7-16所示。这里只列出排在前20位的进口产业部门，56个所有进口产业部门的感应度系数见附表4。通过整理发现，感应度系数在15年间排名在前20位的产业部门变化并不是很大，于是这里整理了4个年份中3个及以上年份感应度系数均排在前20位的产业部门，其中包括如下：林业与伐木业；渔业与水产业；未另分类的机械和设备制造；基本金属制造；木材、木材制品及软木制品的制造（家具除外）、草编制品及编织材料物品制造；纸和纸制品制造；采矿和采石；化学品及化学制品制造；其他非金属矿物制品制造；基本医药产品和医药制剂制造；记录媒介物的印刷及复制；污水处理，废物的收集、处理和处置，材料回收、补救和其他废物管理服务；食品制造、饮料制造、烟草制品制造；建筑业；电、煤气、蒸气和空调供应；艺术、娱乐和文娱、其他服务；其他运输设备制造；汽车、挂车和半挂车制造；航空运输。一共19个产业部门。

表7-15　2000年和2005年不同进口产业部门感应度系数排名前20位的部门

2000年		2005年	
产业部门	感应度系数	产业部门	感应度系数
渔业与水产业	1.4523	林业与伐木业	1.2502
林业与伐木业	1.2572	基本金属制造	1.2360
未另分类的机械和设备制造	1.2507	采矿和采石	1.2152
基本金属制造	1.2367	纸和纸制品制造	1.2033
木材、木材制品及软木制品的制造（家具除外）、草编制品及编织材料物品制造	1.2211	焦炭和精炼石油产品制造	1.2018
纸和纸制品制造	1.2131	未另分类的机械和设备制造	1.1905
采矿和采石	1.1914	化学品及化学制品制造	1.1777
化学品及化学制品制造	1.1740	渔业与水产业	1.1698
食品制造、饮料制造、烟草制品制造	1.1514	其他非金属矿物制品制造	1.1613
其他非金属矿物制品制造	1.1417	木材、木材制品及软木制品的制造（家具除外）、草编制品及编织材料物品制造	1.1600

续表

2000 年		2005 年	
产业部门	感应度系数	产业部门	感应度系数
基本医药产品和医药制剂制造	1.1337	基本医药产品和医药制剂制造	1.0892
管理与国防；强制性社会保障	1.1162	艺术、娱乐和文娱、其他服务	1.0744
记录媒介物的印刷及复制	1.1147	记录媒介物的印刷及复制	1.0632
家庭作为雇主的；家庭自用、未加区分的物品生产和服务	1.0965	其他运输设备制造	1.0341
污水处理，废物的收集、处理和处置，材料回收、补救和其他废物管理服务	1.0755	作物和牲畜生产、狩猎和相关服务	1.0207
建筑业	1.0726	航空运输	1.0147
纺织品制造、服装制造、皮革和相关产品制造	1.0042	污水处理，废物的收集、处理和处置，材料回收、补救和其他废物管理服务	1.0123
电、煤气、蒸气和空调供应	0.9659	家具制造、其他制造业	1.0020
家具制造、其他制造业	0.9587	机械和设备的修理和安装	0.9923
集水、水处理与水供应	0.9422	电、煤气、蒸气和空调供应	0.9488

资料来源：笔者根据 WIOD 数据库数据计算得出。

表 7-16 2010 年和 2014 年不同进口产业部门感应度系数排名前 20 位的部门

2010 年		2014 年	
产业部门	感应度系数	产业部门	感应度系数
基本医药产品和医药制剂制造	1.3101	计算机程序设计、咨询及相关、信息服务	1.3483
林业与伐木业	1.2238	基本医药产品和医药制剂制造	1.3241
渔业与水产业	1.2200	林业与伐木业	1.2114
采矿和采石	1.2163	采矿和采石	1.2104
基本金属制造	1.2129	基本金属制造	1.2025
纸和纸制品制造	1.1640	化学品及化学制品制造	1.1583

续表

2010年		2014年	
产业部门	感应度系数	产业部门	感应度系数
木材、木材制品及软木制品的制造（家具除外）、草编制品及编织材料物品制造	1.1455	污水处理，废物的收集、处理和处置，材料回收、补救和其他废物管理服务	1.1551
其他非金属矿物制品制造	1.1368	渔业与水产业	1.1505
化学品及化学制品制造	1.1328	木材、木材制品及软木制品的制造（家具除外）、草编制品及编织材料物品制造	1.1353
未另分类的机械和设备制造	1.1112	其他非金属矿物制品制造	1.1344
记录媒介物的印刷及复制	1.0821	纸和纸制品制造	1.0990
航空运输	1.0535	建筑业	1.0944
艺术、娱乐和文娱、其他服务	1.0216	汽车、挂车和半挂车制造	1.0715
汽车、挂车和半挂车制造	1.0147	食品制造、饮料制造、烟草制品制造	1.0659
橡胶和塑料制品制造	0.9943	航空运输	1.0595
作物和牲畜生产、狩猎和相关服务	0.9856	艺术、娱乐和文娱、其他服务	1.0486
食品制造、饮料制造、烟草制品制造	0.9795	其他运输设备制造	1.0477
其他运输设备制造	0.9497	未另分类的机械和设备制造	1.0376
电、煤气、蒸气和空调供应	0.9471	记录媒介物的印刷及复制	0.9908
建筑业	0.9183	集水、水处理与水供应	0.9837

资料来源：笔者根据 WIOD 数据库数据计算得出。

综观这 19 个进口部门，根据进口中间产品和最终产品综合分配系数的计算结果，可将其分为 12 个中间产品部门和 7 个最终产品部门。其中，12 个中间产品部门分别是林业与伐木业；基本金属制造；木材、木材制品及软木制品的制造（家具除外）、草编制品及编织材料物品制造；纸和纸制品制造；采矿和采石；化学品及化学制品制造；其他非金属矿物制品制造；记录媒介物的印刷及复制；污水处理，废物的收集、处理和处置，材料回收、补救和其他废物管理服务；建筑业；电、煤气、蒸气和空调供应；航空运输。7个最终产品部门分别是渔业与水产业，未另分类的机械和设备制造，基本医药产品和医药制剂制造，食品制造、饮料制造、烟草制品制造，艺术、娱乐和文娱、其他服务，其他运输设备制造，汽车、挂车和半挂车制造。

由此可见，在中国进口的产业部门中还是以中间产品型产业部门居多，即中国进口的产品还是用于中间投入的比重较大。因此，在对进口产业部门市场需求的拉动作用上，中国对基础资源型产业部门以及初级能源提供型产业部门的拉动作用更强一些，即中国对外提供的市场仍旧是初级产品市场和中间产品市场所占比重比较大。

但是，有一个产业部门的感应度系数的变化不容小觑，即计算机程序设计、咨询及相关、信息服务部门，该产业部门在2000年、2005年以及2010年都没有很高的感应度系数，但是在2014年该部门一跃成为感应度系数最大的产业部门。根据计算结果，发现该产业部门是从2001年开始感应度系数逐渐升高，并且该部门是最终产品部门，但是其最终产品去向多为资本形成。

虽然感应度系数高的部门目前仍多为中间产品部门，但是从发展趋势上来看最终产品部门的感应度在逐渐提升，并且部门也在增多。随着中国对外提供市场结构上的变化，以后中国经济整体发展应该会带动更多最终产品部门的进口，中国对外提供的最终产品市场也将更广阔。

（二）为中间产品部门提供市场的变化趋势

主要基础资源型中间产品部门的进口感应度系数走势如图7-4a和图7-4b所示。

这6个基础资源型进口产业部门包括林业与伐木业，基本金属制造，木材、木材制品及软木制品的制造（家具除外）、草编制品及编织材料物品制造，纸和纸制品制造，采矿和采石，化学品及化学制品制造。该6个中间产品部门的感应度系数走势与中间产品综合分配系数的走势相似，总体呈现缓慢下降的趋势，其中在2007年和2008年感应度系数下降幅度较大。如图7-4a所示。这是由于全球金融危机的影响，全球经济疲软，进出口量相比其他年份较低，对外贸易不景气。因此，这两年中国经济的发展对进口的拉动作用相对较小。但是，从整体上看，自 2003 年以后，这些基础资源型进口产业部门的感应度系数总体呈现缓慢下降的趋势。

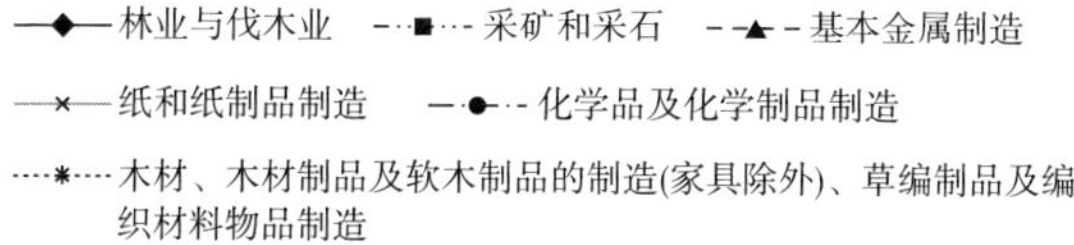

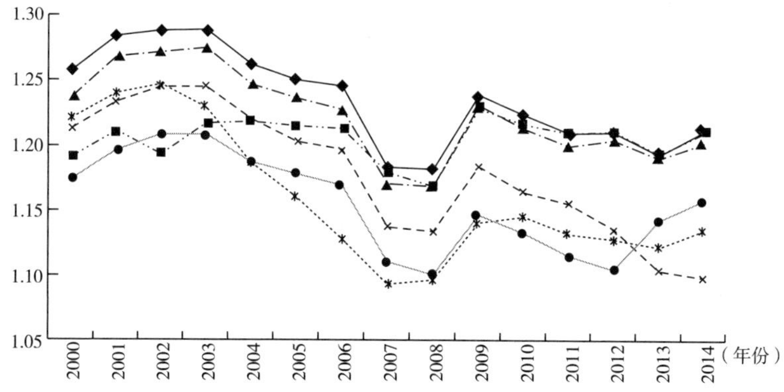

图 7-4a　2000~2014 年部分中间产品部门进口感应度系数走势

资料来源：笔者根据 WIOD 数据库数据计算得出。

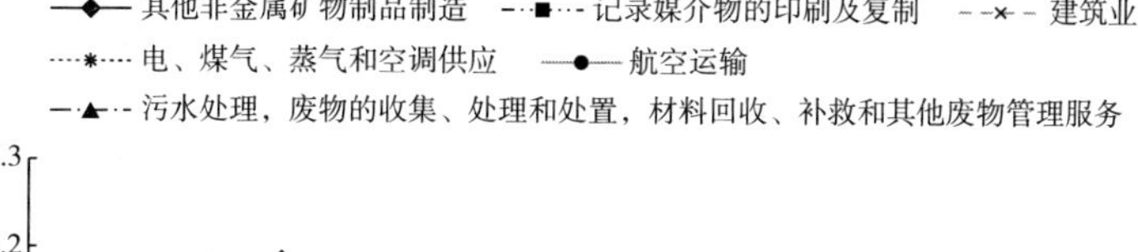

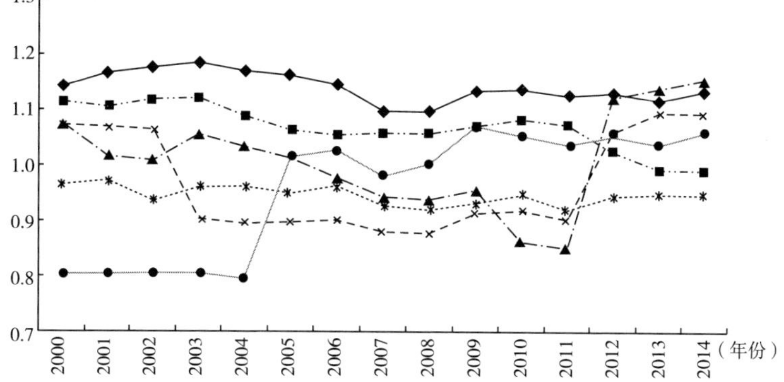

图 7-4b　2000~2014 年部分中间产品部门进口感应度系数走势

资料来源：笔者根据 WIOD 数据库数据计算得出。

其他 3 个进口中间产业部门的感应度系数走势比较平稳，包括其他非金属矿物制品制造，记录媒介物的印刷及复制，电、煤气、蒸气和空调供应。而污水处理，废物的收集、处理和处置，材料回收、补救和其他废物管理服务以及建筑业这 2 个进口中间产业部门感应度系数先经历了一定时期的下降，近几年又快速上升的趋势。另外，航空运输产业部门的感应度系数也出现了大幅上升趋势。如图 7-4b 所示。可见，中国经济发展对这 6 个中间产品型部门进口需求的拉动作用始终比较稳定。中国对这 6 个中间产品部门的进口拉动作用始终保持在较高的水平。从对外提供市场的角度看，中国对外提供的中间产品市场仍旧很大，因为中国进口的产业部门类型与中国产业结构升级息息相关，而中国产业结构升级仍有较长的路要走。

因此，总体来看，中国对外的基础资源型进口产业部门的中间产品市场需求将出现下降趋势，中国进口产业部门的变化不会太大，而对于部分服务性较强的产业部门的中间产品市场需求有进一步上升趋势。

（三）为最终产品部门提供市场的变化趋势

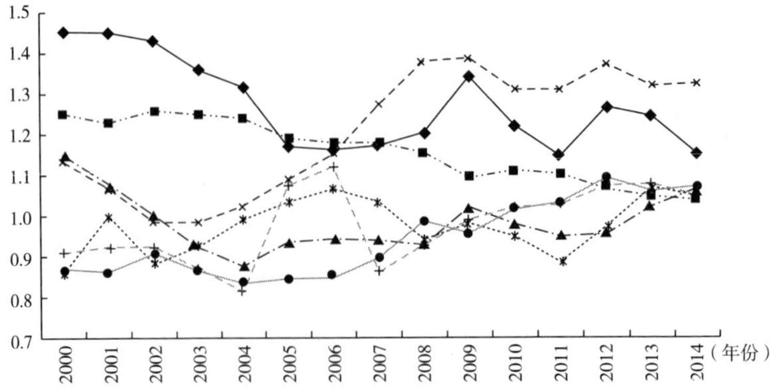

图 7-5　2000~2014 年部分最终产品部门进口感应度系数走势

资料来源：笔者根据 WIOD 数据库数据计算得出。

部分最终产品部门进口感应度系数的总体走势如图 7-5 所示，其趋势总体是平稳中略有上升。其中，基本医药产品和医药制剂制造的感应度系数自 2003 年以后总体在上升，且其上升幅度较大；汽车、挂车和半挂车制造，艺术、娱乐和文娱、其他服务这两个进口最终产品部门的感应度系数也呈现十分明显的上升态势。其余的进口最终产品部门的感应度系数走势则比较平稳。这意味着今后随着中国经济的不断发展，产业结构的不断升级，中国对外提供市场的产业类型也会从中间产品产业类型向最终产品产业类型逐渐转换，即中国对外提供最终产品市场的能力会伴随着中国产业结构的升级而不断提高。虽然前景比较乐观，但是这一转变的实现仍旧有很长的路要走。

第三节　中国对外提供市场结构变化的动力来源

最终需求是诱发一个国家产生进口的动力根源，也是一国对外所提供市场出现结构变化的根本因素。本节将从最终需求的角度来考察中国对外市场提供结构的变化。首先，这里将依据投入产出模型提出用来衡量最终需求因素对不同行业进口产生诱发作用的分析方法，选取韩国作为对象国，研究在中国作为韩国市场提供者地位不断上升过程中，不同类型最终需求因素影响下的进口诱发作用，以及在最终需求诱发作用下中国对韩国提供市场的结构变化。

一　中国对外非竞争（进口）型投入产出表的构建

根据对进口商品的处理方法的不同，投入产出模型①可以分为两种：竞争（进口）型投入产出模型和非竞争（进口）型投入产出模型（简称“竞争型投入产出模型”和“非竞争型投入产出模型”）。竞争型投入产出模型和非竞争型投入产出模型的区别在于，模型中国内生产的中间投入和进口产品中间投入两大部分是否具有完全替代性。非竞争型投入产出模

① 投入产出模型已被广泛用来分析诸多国际经济问题，如生产的国际分工、产业间贸易和产业内贸易、全要素生产率的国际比较、产业投入产出的国际关联、能源及污染排放问题等。

型中，二者具有不完全替代性，更加符合实际情况。由于竞争型投入产出表存在的不足，许多学者选择使用非竞争型投入产出表作为分析工具。Hummels 等利用非竞争型投入产出表计算了经合组织（OECD）成员国的垂直专门化率。[①] 平新乔等对中国 1992 年到 2003 年的 12 年的垂直专门化率做了深入研究。[②] Chen 等根据非竞争型投入产出表计算了出口对中国国内增加值和就业的拉动作用。[③] 沈利生、吴振宇运用非竞争型投入产出表，探讨了出口对中国国内经济的拉动作用，认为外贸对 GDP 增长的贡献逐年上升。[④]

使用投入产出模型从最终需求角度进行研究的文献，主要研究出口与经济增长的关系以及最终需求的生产诱发问题。沈利生基于非竞争型投入产出模型分析了出口对中国经济增长的拉动作用，发现该作用在不断上升。[⑤] Liu 和 An 从最终需求的角度研究了中国经济增长的动力，发现生产诱发效果主要集中在工业部门，并从 1987 年到 2007 年迅速由轻工业转移到重工业。[⑥]

虽然利用投入产出模型来分析贸易问题的相关研究已取得较为丰硕的成果，但遗憾的是，现有文献主要以出口贸易为研究对象，没有涉及进口贸易方面。最终需求通过投入产出关系，对进口贸易也会产生进口诱发效应。中国最终需求的进口诱发效应是研究中国对外市场提供结构变化及其动力来源的重要角度。因此，可以从最终需求的角度来解释中国对外市场

---

① Hummels, D., et al., "The Nature and Growth of Vertical Specialization in World Trade," *Journal of International Economics*, Vol. 54, No. 1, 2001, pp. 75–96.

② 平新乔等：《中国出口贸易中的垂直专门化与中美贸易》，《世界经济》2006 年第 5 期，第 3~11 页。

③ Chen, Xikang, et al., "The Estimation of Domestic Value-Added and Employment Induced by Exports: An Application to Chinese Exports to the United States," *A Working Paper*, *Department of Economics*, Stanford University, 2001.

④ 沈利生、吴振宇：《外贸对经济增长贡献的定量分析》，《吉林大学社会科学学报》2004 年第 4 期，第 67~78 页。

⑤ 沈利生：《"三驾马车"的拉动作用评估》，《数量经济技术经济研究》2009 年第 4 期，第 139~151、161 页。

⑥ Liu, Ruixiang, and An, Tongliang, "The Driving Force of China Economic Growth and Transformation Prospect: An Analysis from Final Demand Perspective," *Economic Research Journal*, No. 7, 2011, pp. 30–40.

提供者地位不断提升的驱动来源以及结构变化过程。

在全球区域间投入产出模型（MRIO）① 下，区域内产业关联是指以区域间投入产出表中的完全消耗系数来测算区域内产业的各种关联效应，其衡量的指标包括影响力系数、感应度系数、最终需求对总产出的诱发系数、最终需求对增加值的诱发系数。最终需求对进口的诱发系数是从最终需求角度出发来测量最终需求对进口的诱发程度。

利用世界投入产出数据库（WIOT）② 的数据可以计算中国最终需求的进口诱发系数。世界投入产出表包含了很多国家投入产出表，并且描述了双边国际贸易的流动情况。③ 因此，可以通过 WIOT 来研究中国最终需求与中国对外提供市场规模和结构变化之间的联系。这里的最终需求包括四个部分：最终消费支出、固定资本形成、出口、存货增加和贵重物品净值。这样的分法是据联合国 1993 年版的国民经济核算体系 SNA④ 以及 WIOT 中所提供的数据进行的。

为了更清晰地分析中国对外提供产品市场的结构情况，增强中国对外非竞争型进口投入产出表的应用性，所以，编制的中国对外非竞争型进口投入产出表（见表 7-17）可以考察中国各项最终需求对某一个具体国家（K 国）的进口诱发能力，以此来分析中国对 K 国提供产品市场的变化情况。

---

① 全球区域间投入产出模型（MRIO）不仅反映了一国来自不同国别中间产品的使用情况以及最终产品的去向，刻画出详细的投入产出关联，并可以较为便利地对经济效应分解。参见 Koopman, Robert, Wang, Zhi, and Wei, Shang-Jin, "Tracing Value-Added and Double Counting in Gross Exports," *Social Science Electronic Publishing*, Vol. 104, No. 2, 2014, pp. 459-494。

② WIOT 数据库广泛用来分析一系列国家之间贸易模式的影响、环境问题和社会发展等。WIOT 数据库包含了 1995~2014 年 56 个产业部门，42 个国家和地区（28 个欧盟国家和 14 个其他主要国家和地区）以及世界其他地区（ROW）。

③ Timmer, P. Marcel, et al., "An Illustrated User Guide to the World Input-Output Database: The Case of Global Automotive Production," *Review of International Economics*, Vol. 23, No. 3, 2015, pp, 575-605.

④ 联合国 1993 年版的国民经济核算体系 SNA 中，以支出法核算的 GDP 计算公式如下：GDP＝以采购者价格核算的住户最终消费支出+以采购者价格核算的非营利机构最终消费支出+以采购者价格核算的政府最终消费支出+以采购者价格核算的固定资本形成总额+以采购者价格核算的贵重物品净值+存货增加+以离岸采购者价格核算的货物和服务出口值-以离岸采购者价格核算的货物和服务进口值。

表 7-17 中国对 K 国的非竞争（进口）型投入产出表的基本结构

项目	赋值	中间使用	最终使用					进口	总产出
		1，2，…，n	最终消费支出	固定资本形成	出口	存货增加和贵重物品净值	合计		
国内产品中间投入	1 2 ⋮ n	x_{ij}^{d}	c_i^{d}	i_i^{d}	ex_i^{d}	in_i^{d}	F_i^{d}		X_i
从 K 国进口产品中间投入	1 2 ⋮ n	$x_{ij}^{m_K}$	$c_i^{m_K}$	$i_i^{m_K}$	$ex_i^{m_K}$	$in_i^{m_K}$	F^{m_K}	M_i^{K}	
从除 K 国的世界进口产品的中间投入	1 2 ⋮ n	$x_{ij}^{m_E}$	$c_i^{m_E}$	$i_i^{m_E}$	$ex_i^{m_E}$	$in_i^{m_E}$	F^{m_E}	M_i^{E}	
增加值		V_j							
总投入		X_j							

表 7-17 中，右上标 d 代表国内产品，m 代表进口品，m_K 表示从 K 国进口，m_E 表示从除 K 国外的世界进口。c_i 表示产品用于中国国内消费的最终需求，in_i 表示中国国内资本形成的最终需求，ex_i 表示中国出口的最终需求。$c_i^{m_K}$ 和 $c_i^{m_E}$ 分别表示从 K 国进口产品和从除 K 国外的世界进口产品用于国内消费，其余类推。x_{ij}^{d}、$x_{ij}^{m_K}$ 和 $x_{ij}^{m_E}$ 分别表示第 j 部门生产过程中对第 i 部门国内产品、从 K 国进口产品和从除 K 国外的世界进口产品的中间消耗量。V_j 表示各部门的增加值，但此处增加值未做国别区分。X_i 和 X_j 表示各部门的总产出列向量和总投入列向量（这里潜在的等式关系是 $X_i = X_j$）。F^d 表示中国国内产品用于最终需求的列向量，F^{m_K} 表示中国从 K 国进口的用于最终需求的产品列向量，F^{m_E} 表示中国从除 K 国外的全世界进口的用于最终需求的产品列向量。M^K 表示中国从 K 国进口的总产品列向量，M^E

表示中国从除 K 国外的全世界进口的总产品列向量。

从非竞争型投入产出表的横向来看，有如下等式关系：

$$\begin{cases} X = A^d X + F^d = (I - A^d)^{-1} F^d = BF^d \\ M = M_K + M_E = A^{m_K} X + A^{m_E} X + F^{m_K} + F^{m_E} \end{cases} \quad (1)$$

其中，A^d 表示中国国内产品或国内直接消耗系数矩阵，A^{m_K}表示从 K 国进口直接消耗系数矩阵，A^{m_E}表示中国从全世界进口（除 K 国）直接消耗系数矩阵，三者满足 $A = A^d + A^{m_K} + A^{m_E}$（$A$ 为中国全部的直接消耗系数矩阵）。$B = (I - A^d)^{-1}$为由非竞争型投入产出表计算的里昂惕夫逆矩阵。M 表示中国从全世界进口的商品总量列向量。

那么，存在如下等式关系：

$$\begin{cases} A = A^d + A^{m_K} + A^{m_E} \\ F = F^d + F^{m_K} + F^{m_E} \\ F^d = F_C^d + F_I^d + F_{IN}^d + F_E^d \\ F^{m_K} = F_C^{m_K} + F_I^{m_K} + F_{IN}^{m_K} \\ F^{m_E} = F_C^{m_E} + F_I^{m_E} + F_{IN}^{m_E} \end{cases} \quad (2)$$

其中，A 为中国直接消耗系数矩阵，包括 A^d、A^{m_K}、A^{m_E}三个部分。F 为中国全部的最终需求列向量，包括中国用于最终需求的国内产品列向量 F^d、中国从 K 国进口的用于最终需求的产品列向量 F^{m_K}，中国从除 K 国外的全世界进口的用于最终需求的产品列向量 F^{m_E}。F^d 表示中国用于最终需求的国内产品列向量，包括四个部分，即中国国内产品用于最终消费支出 F_C、中国国内产品用于固定资本形成的 F_I、中国国内产品用于总出口的 F_E①、中国国内产品用于存货增加和贵重物品净值的 F_{IN}。中国从 K 国进口的用于最终需求的产品列向量 F^{m_K}包含三个部分，即 $F_C^{m_K}$、$F_I^{m_K}$ 和 $F_{IN}^{m_K}$，分别为从 K 国进口用于最终消费支出、用于固定资本形成和用于存货增加和贵重物品净值。中国从除 K 国外的全世界进口的用于最终需求的产品列向量 F^{m_E}也包含三个部分，即 $F_C^{m_E}$、$F_I^{m_E}$ 和 $F_{IN}^{m_E}$，分别为从除 K 国外的全世界

① 这里的出口不包括转口贸易，即进口货物或服务不用来进行出口贸易。

进口用于最终消费支出、用于固定资本形成和用于存货增加和贵重物品净值。

令 T_C、T_I、T_{IN}分别代表中国最终需求中最终消费支出、固定资本形成、存货增加和贵重物品净值的国内产品自给率的对角矩阵，则（1）式中的中国总产出 X 可表示如下：

$$X = BT_C F_C + BT_I F_I + BT_{IN} F_{IN} + BF_E \tag{3}$$

将（3）式代入（1）式中的中国总进口等式中，有：

$$M = M_K + M_E = (A^{m_K} + A^{m_E})(BT_C F_C + BT_I F_I + BT_{IN} F_{IN} + BF_E) + (F^{m_K} + F^{m_E}) \tag{4}$$

令 $\widetilde{M}_C^K$、$\widetilde{M}_C^E$、$\widetilde{M}_I^K$、$\widetilde{M}_I^E$、$\widetilde{M}_{IN}^K$、$\widetilde{M}_{IN}^E$分别代表中国最终需求中最终消费支出的 K 国进口比率的对角矩阵、中国最终消费支出的除 K 国的世界进口比率的对角矩阵、中国固定资本形成的 K 国进口比率的对角矩阵、中国固定资本形成的除 K 国的世界进口比率的对角矩阵、中国存货增加和贵重物品净值的 K 国进口比率的对角矩阵以及中国存货增加和贵重物品净值的除 K 国的世界进口比率的对角矩阵，（4）式可以写为：

$$\begin{aligned} M &= M_K + M_E \\ &= (A^{m_K} BT_C + \widetilde{M}_C^K) F_C + (A^{m_K} BT_I + \widetilde{M}_I^K) F_I + (A^{m_K} BT_{IN} + \widetilde{M}_{IN}^K) F_{IN} + A^{m_K} BF_E + \\ &\quad (A^{m_E} BT_C + \widetilde{M}_C^E) F_C + (A^{m_E} BT_I + \widetilde{M}_I^E) F_I + (A^{m_E} BT_{IN} + \widetilde{M}_{IN}^E) F_{IN} + A^{m_E} BF_E \end{aligned} \tag{5}$$

中国各项最终需求的国内产品自给率对角矩阵与进口比率对角矩阵之和应为单位矩阵，于是有：

$$\begin{cases} I = T_C + \widetilde{M}_C^K + \widetilde{M}_C^E \\ I = T_I + \widetilde{M}_I^K + \widetilde{M}_I^E \\ I = T_{IN} + \widetilde{M}_{IN}^K + \widetilde{M}_{IN}^E \end{cases} \tag{6}$$

在总进口等式中，$(A^{m_K} BT_C + \widetilde{M}_C^K) F_C$ 代表由中国最终消费支出诱发的中

国从 K 国进口的绝对额，包括直接诱发和间接诱发两部分。其中，$\widetilde{M}_C^K F_C$ 表示直接最终消费支出诱发从 K 国进口的绝对额，$A^{m_K} BT_C F_C$ 表示间接最终消费支出诱发从 K 国进口的绝对额。$(A^{m_K} BT_I + \widetilde{M}_I^K) F_I$ 表示由中国固定资本形成诱发的中国从 K 国进口的绝对额，也包括直接诱发和间接诱发，含义与最终消费支出类似，在此不做赘述。$(A^{m_K} BT_{IN} + \widetilde{M}_{IN}^K) F_{IN}$ 表示由中国存货增加和贵重物品净值诱发的中国从 K 国进口的绝对额，同样包括直接诱发与间接诱发。$A^{m_K} BF_E$ 表示由中国出口诱发的中国从 K 国进口的绝对额，由于不考虑转口贸易，所以此处只存在间接诱发的情况。

因此，我们可以得到中国各项最终需求对中国从 K 国进口的诱发系数，计算公式如下。

中国最终消费支出对从 K 国进口的诱发系数：

$$(A^{m_K} BT_C + \widetilde{M}_C^K) F_C / (iF_C) \tag{7}$$

中国最终资本形成对从 K 国进口的诱发系数：

$$(A^{m_K} BT_I + \widetilde{M}_I^K) F_I / (iF_I) \tag{8}$$

中国存货增加和贵重物品净值变化对从 K 国进口的诱发系数：

$$(A^{m_K} BT_{IN} + \widetilde{M}_{IN}^K) F_{IN} / (iF_{IN}) \tag{9}$$

中国总出口对从 K 国进口的诱发系数：

$$A^{m_K} BF_E / (iF_E) \tag{10}$$

根据中国对外非竞争型进口投入产出表的基本结构，可以计算中国各项最终需求对 K 国的进口诱发系数以及中国各项最终需求对 K 国的综合进口诱发系数。中国各项最终需求对 K 国进口的诱发系数表示为了满足增加一个单位最终需求需要中国从 K 国进口的各种货物和服务的价值量。而当各部门均增加一个单位最终需求时由此诱发产生的从 K 国进口的商品额，称之为中国从 K 国进口最终需求的综合进口诱发系数。最终需求的进口诱发系数与最终需求的综合进口诱发系数的区别在于：最终需求的进口诱发系数是增加一个单位最终需求需要的进口量，这一个单位的最终需求的增加分布在56个行业中，不是每个行业都是均匀增加的。最终需求的综合进口诱发系数是指56个行业均都增加一个单位最终需求而产生的进口量，这里56个行业最终需求都均匀地增加了相同的数量。所以，最终需求的进口诱发系数需要的条件更容易满足，最终需求的进口诱发系数的应用性更强些。而最终需求的综合进口诱发系数也是分析进口诱发的重要角度。

最终消费支出对从 K 国进口的综合诱发系数：

$$i(A^{m_K}BT_C+\widehat{M}_C^K) \tag{11}$$

最终资本形成对从 K 国进口的综合诱发系数：

$$i(A^{m_K}BT_I+\widehat{M}_I^K) \tag{12}$$

存货增加和贵重物品净值变化对从 K 国进口的综合诱发系数：

$$i(A^{m_K}BT_{IN}+\widehat{M}_{IN}^K) \tag{13}$$

总出口对从 K 国的诱发系数：

$$iA^{m_K}B \tag{14}$$

二 最终需求对中国为韩国提供市场的诱发作用

（一）进口诱发系数角度的分析

一般来说，一种最终需求对某一行业的进口诱发系数越大，就说明该最终需求能够对这个行业的进口产生更为重要的拉动作用。所以，我们可以比较中国的不同最终需求对56个行业的对韩国进口诱发系数，从而可以得知中国从韩国进口的动力来源属于哪种类型的最终需求。

根据公式（7）至公式（10），我们可以得知56个行业的中国最终消费支出、固定资本形成、出口、存货增加和贵重物品净值对中国从韩国进口的诱发系数。通过比较，可以得到这样的结果：在影响中国为韩国提供市场的四种最终需求的动力来源中，影响最为广泛的动力来源是最终消费支出和固定资本形成，而影响最大的则是存货增加和贵重物品净值。做出此判断的依据如下。

第一，在56个行业的中国最终消费支出、固定资本形成、出口、存货增加和贵重物品净值分别对中国从韩国进口的诱发系数中，中国最终消费支出诱发系数大于其他三类诱发系数的有22个行业。中国固定资本形成诱发系数大于其他三类诱发系数的有18个行业。中国存货增加和贵重物品净值诱发系数大于其他三类诱发系数的有7个行业。中国出口诱发系数大于其他三类诱发系数的有5个行业。

同时，在各项最终需求对韩国56个行业的进口诱发系数大于0.0001的行业中，最终消费支出和固定资本形成的进口诱发系数都有5个行业明显高于其他三个最终需求的进口诱发系数。而存货增加和贵重物品净值仅有1个行业明显高于其他三个最终需求的进口诱发系数，如表7-18所示。这也说明了存货增加和贵重物品净值对中国为韩国提供市场的影响比较集中，而最终消费支出和固定资本形成的影响更为广泛。可见，中国最终消费支出和固定资本形成对中国从韩国进口，即对中国为韩国提供市场的影响最为广泛。

表7-18 各最终需求对韩国进口诱发系数具有明显优势的行业

行业	最终消费支出	固定资本形成	出口	存货增加和贵重物品净值
A03	**0.0000003775**	0.0000000474	0.0000000706	0.0000001775
C10_C12	**0.0001948558**	0.0000233105	0.0000244861	0.0000208680
C23	0.0000145242	**0.0001335889**	0.0000276669	0.0000105718
C26	0.0026641590	0.0077209196	0.0096922496	**0.0154313089**
C28	0.0001751814	**0.0020137744**	0.0004473414	0.0002070592
C29	0.0003705186	**0.0006702581**	0.0002560522	0.0001755602
C30	0.0001197056	**0.0004937619**	0.0001975844	0.0001786725
J62_J63	0.0000007023	**0.0000076449**	0.0000012861	0.0000008705
M69_M70	**0.0001770317**	0.0000773619	0.0001001735	0.0000659193

续表

行业	最终消费支出	固定资本形成	出口	存货增加和贵重物品净值
O84	**0.0000026556**	0.0000003163	0.0000002918	0.0000001619
R_S	**0.0000490848**	0.0000065928	0.0000061835	0.0000041815
All (56 industries except C26)	0.0051760909	0.0100409530	0.0082935864	0.0065944905
All (56 industries)	0.0078402499	0.0177618726	0.0179858360	0.0220257994

注：根据 WIOT 数据库数据计算得出，由于篇幅所限，这里仅列出了各项最终需求对韩国 56 个行业的进口诱发系数大于 0.0001，且某一最终需求进口诱发系数具有明显优势的行业。粗体表明相应的最终需求的进口诱发系数明显高于其他三种最终需求的进口诱发系数。

第二，对 56 个行业的中国最终消费支出、固定资本形成、出口、存货增加和贵重物品净值分别对中国从韩国进口的诱发系数进行加总，可以看出四种最终需求对中国从韩国进口的总体影响。由于篇幅所限，表 7-18 仅列出了各项最终需求分别对韩国 56 个行业的进口诱发系数大于 0.0001 的行业。从表 7-18 可知，对于 56 个行业总的进口诱发系数，中国存货增加和贵重物品净值的进口诱发系数最大，为 0.022026，明显高于中国最终消费支出、固定资本形成、出口对于 56 个行业总的进口诱发系数 0.007840、0.017762、0.017986。可见，在最终需求中，存货增加和贵重物品净值对中国为韩国提供市场的影响是最大的。

第三，从表 7-19 可以看出存货增加和贵重物品净值进口诱发对 56 个行业的影响最为集中。存货增加和贵重物品净值进口诱发主要集中在计算机、电子产品和光学产品制造（C26）、汽车和摩托车外的批发贸易（G46）、汽车和摩托车外的零售贸易（G47）这 3 个行业，这 3 个行业存货增加和贵重物品净值进口诱发系数之和占 56 个行业存货增加和贵重物品净值进口诱发系数总和的 77.92%。出口进口诱发主要集中在 C13_C15、C19、C26、C27 和 G46 这 5 个行业上，这 5 个行业的出口进口诱发系数之和占 56 个行业出口进口诱发系数总和的 67.20%。固定资本形成进口诱发主要集中在 C19、C26、C27 和 G47 这 4 个行业上，这 4 个行业固定资本形成进口诱发系数之和占 56 个行业固定资本形成进口诱发系数总和的

56.53%。最终消费支出进口诱发主要集中在 C13_C15、C19 和 C26 这 3 个行业上，这 3 个行业最终消费支出的进口诱发系数之和占 56 个行业最终消费支出的进口诱发系数总和的 49.06%。相对而言，存货增加和贵重物品净值进口诱发对 56 个行业的影响最为集中。

表 7-19　各最终需求对韩国进口诱发作用最为集中的行业

行业	最终消费支出	固定资本形成	出口	存货增加和贵重物品净值
C13_C15	0.000525		0.000572	
C19	0.000657	0.000632	0.000672	
C26	0.002664	0.007721	0.009692	0.015431
C27		0.001145	0.000641	
G46			0.000510	0.000757
G47		0.000542		0.000974
Total	0.003846	0.010040	0.012087	0.017162
All	0.007840	0.017762	0.017986	0.022026
集中度（%）	49.06	56.53	67.20	77.92

注：根据 WIOT 数据库数据计算得出，这里将最终需求进口诱发系数大于 0.0005 的行业视为最终需求进口诱发系数较高的行业，并将进口诱发系数大于 0.0005 行业的进口诱发系数之和与 56 个行业进口诱发系数总和的比值来衡量最终需求进口诱发对 56 个行业影响的集中度。

第四，对于不同行业来说，中国四类最终需求对不同行业的进口诱发系数也是明显不同的（见表 7-19）。进口诱发系数比较高的行业主要集中在制造业。其中，四类最终需求对计算机、电子产品和光学产品制造行业（C26）的生产诱发系数是最高的，其次是电力设备制造（C27）、焦炭和精炼石油产品制造（C19）等行业。再例如，中国存货增加和贵重物品净值、中国固定资本形成、中国最终消费支出分别对 C26 行业的进口诱发系数达到 0.015431、0.007721、0.002664，而这三种最终需求相应地对 56 个行业总的进口诱发系数之和也仅为 0.022026、0.017762、0.007840，所占比重分别为 70.06%、76.89%和 51.47%。C26 这一个行业的进口诱发系数占 56 个行业全部进口诱发系数之和的 1/2 以上。可见，最终需求对不同行业的进口诱发系数是存在明显差异的，也就是说，中国最终需求对为韩国不同行业提供市场的影响存在明显差异。

（二）综合进口诱发系数角度的分析

依据公式（11）至公式(14)，我们可以得知56个行业的中国最终消费支出、固定资本形成、出口、存货增加和贵重物品净值对中国从韩国进口的综合进口诱发系数。从综合进口诱发系数的角度来看，我们依然可以判断：在影响中国为韩国提供市场的四种最终需求的动力来源中，影响最大的还是存货增加和贵重物品净值。中国最终消费支出和固定资本形成的综合进口诱发的影响广泛性明显低于存货增加和贵重物品净值。做出此判断的依据如下。

第一，在56个行业的中国最终消费支出、固定资本形成、出口、存货增加和贵重物品净值分别对中国从韩国的综合进口诱发系数中，中国最终消费支出综合进口诱发系数大于其他三类综合进口诱发系数的有10个行业，中国固定资本形成综合进口诱发系数大于其他三类诱发系数的有16个行业，中国存货增加和贵重物品净值综合进口诱发系数大于其他三类诱发系数的有18个行业。中国出口综合进口诱发系数大于其他三类诱发系数的有8个行业。可见，中国最终消费支出和中国固定资本形成的综合进口诱发影响的广泛性明显低于存货增加和贵重物品净值。

在各项最终需求对韩国56个行业的综合进口诱发系数大于0.01的行业中，最终消费支出和固定资本形成的综合进口诱发系数分别有4个和6个行业明显高于其他三个最终需求的综合进口诱发系数，而存货增加和贵重物品净值的综合进口诱发系数有9个行业要高于其他三个最终需求的综合进口诱发系数，如表7-20所示。这也说明了存货增加和贵重物品净值对中国为韩国提供市场的影响比较集中，而最终消费支出和固定资本形成的影响更为广泛。这也说明了中国最终消费支出和固定资本形成的综合进口诱发的影响广泛性明显低于存货增加和贵重物品净值。

表7-20　各最终需求对韩国综合进口诱发系数具有明显优势的行业

行业	最终消费支出	固定资本形成	出口	存货增加和贵重物品净值
A02	0.006952	**0.05143**	0.006727	0.006718
A03	0.002167	**0.00554**	0.002182	0.002182

续表

行业	最终消费支出	固定资本形成	出口	存货增加和贵重物品净值
C10_C12	0.004814	**0.01368**	0.00363	0.003665
C13_C15	0.016068	**0.04331**	0.009674	0.010073
C17	**0.04132**	0.017012	0.010746	0.007187
C21	0.00836	**0.02936**	0.00625	0.007394
C22	**0.04054**	0.014427	0.017458	0.017134
C31_C32	**0.01655**	0.005494	0.008095	0.004816
E37_E39	0.00877	**0.02167**	0.00844	0.009817
I	0.002843	0.081845	0.002871	**0.16069**
J58	0.008478	0.005947	0	**0.09467**
J59_J60	0.03614	0.130513	0	**0.57039**
L68	0.001094	0.001074	0.001065	**0.29341**
M69_M70	**0.02334**	0.000159	0.010202	0.000151
M71	0.007727	0.02844	0	**0.10503**
M73	9.01E-05	0.000104	0	**0.00223**
M74_M75	0.012996	0.01299	0.013006	**0.02959**
N	0.006764	0.015817	0.006721	**0.0773**
P85	0.005032	0.030206	0.005037	**0.15064**
Total	0.794658	1.413435	0.410383	2.543949

注：根据 WIOT 数据库数据计算得出，由于篇幅所限，这里仅列出了各项最终需求对韩国 56 个行业的综合进口诱发系数大于 0.01，且某一最终需求综合进口诱发系数具有明显优势的行业。粗体表明相应的最终需求的综合进口诱发系数明显高于其他三种最终需求的综合进口诱发系数。

第二，对 56 个行业的中国最终消费支出、固定资本形成、出口、存货增加和贵重物品净值分别对中国从韩国的综合进口诱发系数进行加总，可以看出四种最终需求对中国从韩国进口的总体影响。由于篇幅所限，表 7-20 仅列出了各项最终需求分别对韩国 56 个行业的综合进口诱发系数大于 0.01 的行业。从表 7-20 可知，对于 56 个行业总的综合进口诱发系数，中国存货增加和贵重物品净值的综合进口诱发系数最大，为 2.5439，明显高于中国最终消费支出、固定资本形成、出口对于 56 个行业总的综合进口诱发系数 0.7947、1.4134、0.4104。可见，在最终需求中，存货增加和贵重物品净值对中国为韩国提供市场的影响依然是最大的。

第三，从表 7-21 中综合进口诱发系数的角度来看，最终需求的综合进口诱发对 56 个行业影响的集中度大幅度下降，但固定资本形成的综合进口诱发、存货增加和贵重物品净值的综合进口诱发的影响相对比较集中。存货增加和贵重物品净值的综合进口诱发主要集中在 J59_J60、G45、C26、I、M71、G47 这 6 个行业，这 6 个行业存货增加和贵重物品净值综合进口诱发系数之和占 56 个行业存货增加和贵重物品净值进口诱发系数总和的 56.63%。固定资本形成综合进口诱发主要集中在 G45、C26、J59_J60、I、G47、A02 和 C13_C15 这 7 个行业上，这 7 个行业固定资本形成综合进口诱发系数之和占 56 个行业固定资本形成综合进口诱发系数总和的 59.46%。最终消费支出综合进口诱发主要集中在 C26、G45、C19、C17 和 C22 这 5 个行业上，这 5 个行业最终消费支出的综合进口诱发系数之和占 56 个行业最终消费支出的综合进口诱发系数总和的 38.19%。出口综合进口诱发主要集中在 C26 这个行业上，其占 56 个行业出口综合进口诱发系数总和的 10.25%。相对而言，存货增加和贵重物品净值、固定资本形成的综合进口诱发对 56 个行业的影响比较集中，而最终消费支出和出口的综合进口诱发对 56 个行业影响的集中度较小。

表 7-21 各最终需求对韩国综合进口诱发作用最为集中的行业

行业	最终消费支出	固定资本形成	出口	存货增加和贵重物品净值
A02		0.051435		
C13_C15		0.043309		
C17	0.041316			
C19	0.043828			
C22	0.040537			
C26	0.103506	0.202072	0.042078	0.214872
G45	0.074301	0.252666		0.332081
G47		0.078558		0.057627
I		0.081845		0.160688
J59_J60		0.130513		0.570392

续表

行业	最终消费支出	固定资本形成	出口	存货增加和贵重物品净值
M71				0.105032
Total	0.303488	0.840397	0.042078	1.440691
All	0.794658	1.413435	0.410383	2.543949
集中度（%）	38.19	59.46	10.25	56.63

注：根据 WIOT 数据库数据计算得出，这里将最终需求综合进口诱发系数大于 0.04 的行业视为最终需求进口诱发系数较高的行业，并将综合进口诱发系数大于 0.04 的行业的综合进口诱发系数之和与 56 个行业综合进口诱发系数总和的比值来衡量最终需求综合进口诱发对 56 个行业影响的集中度。

第四，对于不同行业来说，中国四类最终需求对不同行业的综合进口诱发系数也是明显不同的（见表 7-21）。综合进口诱发系数比较高的行业主要集中在电影、录像和电视节目制作、录音及音乐作品出版、电台和电视广播（J59_J60），批发和零售业、汽车和摩托车修理（G45），计算机、电子产品和光学产品制造（C26），汽车和摩托车外的零售贸易（G47），食宿服务（I）等行业。再例如，中国存货增加和贵重物品净值、中国固定资本形成、中国最终消费支出分别对 J59_J60、G45、C26 行业的综合进口诱发系数达到 0.570392、0.252666、0.103506，而三种最终需求相应地对 56 个行业总的综合进口诱发系数之和为 2.543949、1.413435、0.794658，所占比重分别为 22.42%、17.88%和 13.03%。可见，最终需求对不同行业的综合进口诱发系数也是存在明显差异的，但与进口诱发系数相比，综合进口诱发系数对不同行业影响的差异性较低，但这也表明了中国最终需求对为韩国不同行业提供市场的影响存在明显差异。

（三）进口诱发系数和综合进口诱发系数的历史比较

上述我们分析的是中国最终需求对 56 个行业进口诱发和综合进口诱发的情况，以 2014 年的数据为计算依据。那么，自 2000 年以来，中国最终需求对 56 个行业进口诱发和综合进口诱发曾经发生了怎样的变化呢？

第一，自 2000 年以来，存货增加和贵重物品净值的进口诱发和综合进口诱发能力出现过显著提高。2000 年，存货增加和贵重物品净值的进口诱发系数为 0. 01686，甚至低于当年出口的进口诱发系数。2005 年，存货增加和贵重物品净值的进口诱发系数已经略高于固定资本形成和出口，到 2010 年时已经明显高于其他最终需求的进口诱发系数，到 2014 年时更加明显。如表 7-22 所示。同样，从综合进口诱发系数的角度来看，2000 年时，存货增加和贵重物品净值的综合进口诱发系数低于固定资本形成，而到 2005 年时已经高于其他最终需求的综合进口诱发系数，2010 年时最高，达到 4. 37915，是固定资本形成综合进口诱发系数近 2 倍，是出口综合进口诱发系数的近 10 倍。2014 年时，存货增加和贵重物品净值的综合进口诱发系数有些下降，但也明显高于其他最终需求的综合进口诱发系数。这也说明了存货增加和贵重物品净值是影响力最大的动力来源。

表 7-22　各最终需求对韩国进口诱发系数和综合进口诱发系数的变化

		最终消费支出	固定资本形成	出口	存货增加和贵重物品净值
进口诱发系数	2000 年	0. 010576	0. 015927	0. 017385	0. 016859
	2005 年	0. 010803	0. 026534	0. 026278	0. 026797
	2010 年	0. 008824	0. 023285	0. 018298	0. 026038
	2014 年	0. 007840	0. 017762	0. 017986	0. 022026
综合进口诱发系数	2000 年	1. 344043	1. 516992	0. 510318	1. 402748
	2005 年	1. 319046	1. 601163	0. 720813	1. 904924
	2010 年	0. 793537	2. 34054	0. 46867	4. 37915
	2014 年	0. 794658	1. 413435	0. 410383	2. 543949

注：根据 WIOT 数据库数据计算得出。

第二，最终消费支出的进口诱发能力始终是最低的，其综合进口诱发能力仅高于出口，且都有下降趋势。2000 年，最终消费支出的进口诱发系数为 0. 01058，低于其他最终需求的进口诱发系数。2005 年、2010 年和 2014 年，在四种最终需求进口诱发系数中，最终消费支出的进口诱发系数均是最低的。如表 7-22 所示。在 2014 年时，最终消费支出的进口诱发系数已经下降到 0. 00784，与其他三种最终需求进口诱发系数的差距更大了。在综合进口诱发系数中，最终消费支出的综合进口诱发系数仅高于出口，并与存货增加和贵重物品净值、固定资本形成的综合进口诱发系数相差很多。总体上看，最终消费支出的综合进口诱发能力也呈现下降趋势。

第三，出口的进口诱发能力较强，但是其综合进口诱发能力始终是最低的。在进口诱发系数中，出口的进口诱发系数明显高于最终消费支出，甚至在 2000 年和 2014 年时也会高于固定资本形成。但是，出口的综合进口诱发系数明显低于其他最终需求，且相差很多。例如，2014 年出口的综合进口诱发系数仅为 0.41038，而最终消费支出的综合进口诱发系数为 0.79466，存货增加和贵重物品净值的综合进口诱发系数就更高了，为 2.54395。如表 7-22 所示。

第四，固定资本形成的进口诱发能力和综合进口诱发能力低于存货增加和贵重物品净值，但是总体高于最终消费支出和出口，并经历了先上升后又有所下降的历程（见表 7-22）。2005 年，固定资本形成的进口诱发系数上升到最高为 0.02653，之后逐渐下降到 2014 年的 0.01776。2010 年，固定资本形成的综合进口诱发系数上升到最高为 2.3405，2014 年下降到 1.41344。虽然固定资本形成的进口诱发系数和综合进口诱发系数都有所下降，但仍然处于较高的水平，大部分年份里，仅次于存货增加和贵重物品净值。

总体来看，2000 年以来，四类最终需求的进口诱发能力和综合进口诱发能力都出现了先上升，而后又下降的趋势。最终需求的进口诱发能力都在 2005 年达到最大值，而最终需求的综合进口诱发能力主要是在 2005 年和 2010 年达到最大值。2000 年以来，中国最终需求进口诱发和综合进口诱发能力的变化必然会对中国为韩国提供市场的结构变化产生重要影响。

三　最终需求诱发影响下中国为韩国提供市场的结构变化

对中国为韩国提供市场的结构变化的分析，主要是从中国最终需求对 56 个产业的进口诱发和综合进口诱发能力的变化以及由此引发的每个产业进口比重变化的角度来进行的。为了方便分析，将每个产业四种最终需求对其进口诱发系数和综合进口诱发系数求和，观察每个产业最终需求进口诱发系数之和在 2000~2014 年的变化情况，从中可以判断每个产业的最终需求进口诱发能力的变化情况，即考察在中国不同的最终需求影响下，中国为韩国市场提供的结构变化情况。

（一）从最终需求进口诱发系数角度的分析

从最终需求进口诱发系数的角度来看，对于最终需求进口诱发能力较强的行业来说，其最终需求进口诱发系数经历了一直下降或者先上升后又下降的趋势，而大部分下降后 2014 年的水平要高于 2000 年。对于最终需求进口诱发能力很低的行业来说，其最终需求进口诱发系数经历了一直上升或者先上升后又下降的趋势，下降后 2014 年的水平也要高于 2000 年的水平。

第一，2000~2014 年，最终需求进口诱发系数之和出现过大于 0.001 的有 14 个产业，全部属于制造业以及汽车和摩托车外的批发、零售贸易。这 14 个产业的最终需求进口诱发能力较强，占所有 56 个行业总的最终需求进口诱发能力的 91.88%。

在这 14 个产业中，最终需求进口诱发能力一直下降的行业有 C13_C15、C17、C19、C24、C25。它们分别从 2000 年的 0.00712、0.00113、0.00484、0.00597、0.00152 下降到 2014 年的 0.00151、0.00011、0.00145、0.00053、0.00147。其余的 9 个行业最终需求进口诱发能力呈现出先上升后又下降的趋势，但到 2014 年下降后大部分行业的最终需求进口诱发能力依然要高于 2000 年的水平，只有 C22 和 C28 这 2 个行业略低于 2000 年的水平。如图 7-6a 所示。

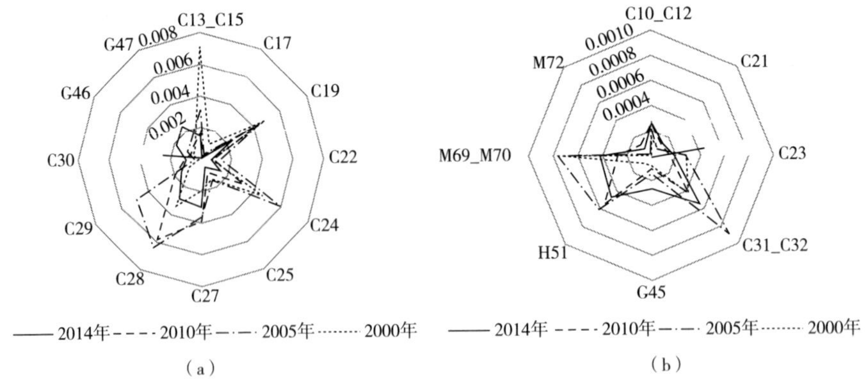

图 7-6 主要行业最终需求进口诱发能力的变化情况

另外，由于 C20 和 C26 这 2 个行业的最终需求进口诱发能力较大，所以没有显示在图 7-6 中。C26 的最终需求进口诱发系数之和从 2000 年的 0.01812 上升到 2010 年的 0.03693，2014 年略有下降到 0.03551。C20 的最终需求进口诱发系数之和从 2000 年的 0.01302 上升到 2005 年的 0.01622，后又下降到 2014 年的 0.00824。但 C20 和 C26 依然是最终需求进口诱发能力最强的 2 个行业。

第二，2000~2014 年，对于全部最终需求进口诱发系数之和出现过大于 0.0001 且小于 0.001 的有 8 个产业，大部分属于制造行业，还有批发和零售业、汽车和摩托车修理；航空运输；科学研究与发展；法律和会计，管理咨询行业。

在这 8 个产业中，C10_C12、C21 和 G45 这 3 个行业都出现了上升趋势，分别从 2000 年的 0.00142、0.000074、0.000082 上升到 2014 年的 0.000264、0.000132 和 0.000264；而 C31_C32、C23、H51、M69_M70 和 M72 也都出现了先上升后下降的趋势，但到 2014 年下降后 C31_C32、H51、M72 这 3 个行业的最终需求进口诱发能力依然要高于 2000 年的水平，只有 C23 和 M69_M70 这 2 个行业略低于 2000 年的水平。如图 7-6b 所示。

上述 22 个行业的最终需求进口诱发系数之和都曾大于 0.0001。这 22 个行业的最终需求进口诱发能力占所有 56 个行业总的最终需求进口诱发能力的 99.61%。而其余 34 个行业的最终需求进口诱发能力仅占 0.39%。由于它们的最终需求进口诱发能力所占的比重很低，且篇幅所限，这里对其发展变化情况不进行详细讨论。最终需求进口诱发系数之和小于 0.0001 的行业，主要集中在林业、渔业和矿业等第一产业以及建筑业、邮政和运输业、食宿行业、金融业、文化业、房地产业、广告和娱乐业等。它们的总体特征是，大部分行业最终需求进口诱发系数出现上升或者先上升后下降的趋势，但下降后的水平依然高于 2000 年的水平。

（二）从最终需求综合进口诱发系数角度的分析

从最终需求综合进口诱发系数的角度来看，对于最终需求综合进口诱发能力较强的行业来说，其最终需求综合进口诱发系数经历先上升后又下降的趋势，而大部分行业下降后到 2014 年的水平要高于 2000 年。对于最终需求综合进口诱发能力较低的行业来说，绝大部分行业最终需求综合进口诱发系数出现先上升后下降的趋势，而且下降后到 2014 年的水平低于 2000 年。

第一，2000~2014 年，最终需求综合进口诱发系数之和出现过大于 0.2 的有 12 个行业。这 12 个行业的最终需求综合进口诱发能力较强，占所有 56 个行业总的最终需求综合进口诱发能力的 60%以上。其中，2000 年 J59_J60 和 A03 这 2 个行业的最终需求综合进口诱发系数之和均超过 0.5；2005 年 J59_J60 和 G45 这 2 个行业的最终需求综合进口诱发系数之和均超过 0.5；2010 年 C19、C26、I、L68 和 M73 这 5 个行业的最终需求综合进口诱发系数之和均超过 0.5；但是到了 2014 年超过 0.5 的行业又仅有 J59_J60、G45 和 C26 这 3 个行业。如图 7-7a 所示。

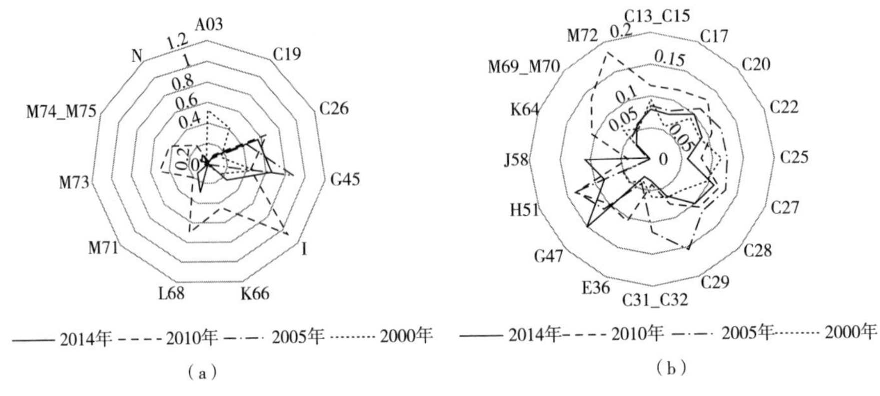

图 7-7　主要行业最终需求综合进口诱发能力的变化情况

在这 12 个行业中，大部分行业最终需求综合进口诱发系数出现不同程度的下降趋势。虽然这 12 个行业的最终需求综合进口诱发系数较高，但是在 2014 年最终需求综合进口诱发系数之和依然大于 0.2 的行业只有 5 个。在这 12 个行业中，最终需求综合进口诱发能力一直下降的行业有 A03 和 C19。它们分别从 2000 年的 0.52408 和 0.41216 下降到 2014 年的 0.01207 和 0.08906。其余的 10 个行业最终需求进口诱发能力呈现先上升后又下降的趋势，但到 2014 年下降后有 6 个行业的最终需求进口诱发能力依然要高于 2000 年的水平，有 4 个行业 J59_J60、K66、M73 和 M74_M75 要低于

2000 年的水平。如图 7-7a 所示。

另外，由于 J59_J60 这个行业的最终需求综合进口诱发能力较大，所以没有显示在图 7-7a 中。J59_J60 的最终需求进口诱发系数之和从 2000 年的 1.04666 上升到 2005 年的 1.65445，而 2014 年下降到 0.73704。但这个行业依然是最终需求综合进口诱发能力最强的行业。

第二，2000~2014 年，对于全部最终需求综合进口诱发系数之和出现过大于 0.1 且小于 0.2 的有 18 个行业，大部分属于制造行业，还有汽车和摩托车外的零售贸易；航空运输；出版；保险和养恤金之外的金融服务；科学研究与发展；法律和会计，管理咨询行业；教育；艺术、娱乐和文娱、其他服务等行业。

在这 18 个行业中，G47、J58 和 P85 这 3 个行业都出现了上升趋势，分别从 2000 年的 0.051988、0.000927、0.013411 上升到 2014 年的 0.151206、0.109093 和 0.190915。而其他 15 个行业出现了先上升后下降的趋势。但到下降后的 2014 年，C17、C20、C22、C27、C28、H51、M72、R_S 这 8 个行业的最终需求综合进口诱发能力依然要高于 2000 年的水平，C13_C15、C25、C29、C31_C32、E36、K64、M69_M70 这 7 个行业的最终需求综合进口诱发能力要低于 2000 年的水平。如图 7-7b 所示。

上述 30 个行业的最终需求综合进口诱发系数之和都曾大于 0.1。这 30 个行业的最终需求综合进口诱发能力占所有 56 个行业总的最终需求进口诱发能力的 85.64%。而其余 26 个行业的最终需求综合进口诱发能力占 14.36%。由于它们的最终需求综合进口诱发能力所占的比重不高，且篇幅所限，这里对其发展变化情况不进行详细讨论。它们的总体特征是，绝大部分行业最终需求进口诱发系数出现先上升后下降的趋势，而且下降后到 2014 年的水平低于 2000 年，只有 6 个行业下降后的水平高于 2000 年。

（三）从最终需求进口诱发导致的不同行业进口比重结构变化角度的分析

最终需求进口诱发系数和最终需求综合进口诱发系数的变化，都会引起该最终需求进口诱发能力的变动，进而引起相应行业进口规模的变动。所以，这里将考察分别在四种最终需求进口诱发能力的变动下，不同行业在总进口中所占比重的变化情况。

第一，在最终消费支出诱发因素影响下不同行业进口占比的变化。

在最终消费支出诱发因素影响下，2014 年在总进口中所占比重超过5%的行业有 4 个，为 C26、C20、C19 和 C13_C15，它们在总进口中所占比重分别为 33.98%、18.07%、8.38% 和 6.69%，如表 7-23 所示。同 2000 年相比，C26 所占比重上升超过一倍，而 C20、C19 和 C13_C15 都有很大程度的下降，特别是 C13_C15 纺织品制造、服装制造、皮革和相关产品制造行业在总进口中所占比重下降最大，超过了 13 个百分点。C20、C19 和 C13_C15 这 3 个行业在总进口中所占比重从 2000 年的 58.77%下降到 2014 年的 33.14%。说明了最终消费支出对纺织品制造、服装制造、皮革和相关产品制造，焦炭和精炼石油产品制造，化学品及化学制品制造这 3 个行业进口诱发能力大幅下降。

表 7-23　在最终需求诱发影响下不同行业进口比重的变化

单位：%

最终消费支出诱发					固定资本形成诱发				
行业	2014 年	2010 年	2005 年	2000 年	行业	2014 年	2010 年	2005 年	2000 年
C26	33.98	25.68	35.78	16.86	C26	43.47	43.14	34.07	24.56
C20	18.07	23.41	19.51	24.56	C20	12.01	11.97	12.70	16.51
C19	8.38	13.35	7.10	14.47	C28	11.34	14.70	15.12	12.74
C13_C15	6.69	6.50	5.48	19.74	C27	6.45	6.53	6.44	7.41
C29	4.73	5.52	4.58	0.68	C24	3.84	6.10	9.95	12.49
C27	3.64	3.55	3.06	1.76	C29	3.77	3.45	6.54	1.67
G47	2.69	0.92	1.25	1.07	C19	3.56	4.40	4.84	8.00
C10_C12	2.49	2.33	1.86	1.20	G47	3.05	1.12	1.29	1.10
H51	2.34	2.44	2.01	0.37	C30	2.78	2.13	0.68	0.50
M69_M70	2.26	1.39	3.05	2.82	G46	2.37	0.87	1.00	0.85
C28	2.23	4.04	3.25	0.99	C25	1.40	1.60	2.24	4.79
G46	2.09	0.71	0.97	0.83	C13_C15	1.08	0.75	1.02	4.06
C22	1.62	1.75	1.98	1.47	C22	1.07	0.94	1.05	0.90
C31_C32	1.61	0.58	3.80	2.22	C31_C32	0.94	0.37	0.58	0.42

续表

最终消费支出诱发					固定资本形成诱发				
行业	2014 年	2010 年	2005 年	2000 年	行业	2014 年	2010 年	2005 年	2000 年
C24	1.53	2.77	2.17	4.75	C23	0.75	0.46	0.76	1.21
C30	1.53	0.93	0.86	0.10	H51	0.54	0.47	0.48	0.09
Total	95.88	95.87	96.71	93.89	Total	98.42	99.00	98.76	97.30
出口诱发					存货增加和贵重物品净值诱发				
行业	2014 年	2010 年	2005 年	2000 年	行业	2014 年	2010 年	2005 年	2000 年
C26	53.89	45.29	43.65	28.23	C26	70.06	62.73	44.97	44.61
C20	15.88	20.91	22.17	23.39	C20	8.34	11.66	18.34	22.11
C19	3.74	5.96	5.11	7.12	G47	4.42	1.51	1.56	1.44
G47	3.64	1.23	1.60	1.27	C27	4.26	4.95	3.59	1.37
C27	3.56	4.17	2.42	2.04	G46	3.44	1.17	1.21	1.12
C13_C15	3.18	3.64	6.76	21.16	C19	2.07	3.20	3.85	4.71
G46	2.83	0.95	1.23	0.99	C13_C15	0.98	1.24	1.86	4.18
C24	2.64	5.16	6.98	7.55	C28	0.94	4.31	6.12	6.18
C28	2.49	5.03	1.45	0.95	C30	0.81	1.20	0.41	0.30
C29	1.42	1.33	2.68	0.24	C29	0.80	1.83	7.38	2.96
C22	1.34	1.57	1.80	1.21	C24	0.78	2.17	4.71	4.92
C30	1.10	1.01	0.16	0.09	C22	0.54	0.69	1.26	1.11
C31_C32	0.90	0.36	0.50	0.38	G45	0.49	0.17	0.17	0.16
H51	0.73	0.83	0.59	0.12	C25	0.47	1.12	2.11	1.42
C25	0.68	0.95	1.06	1.46	C31_C32	0.44	0.85	0.74	0.34
M69_M70	0.56	0.34	0.66	0.96	M69_M70	0.30	0.16	0.46	0.75
Total	98.58	98.73	98.82	97.16	Total	99.14	98.96	98.74	97.68

同 2000 年相比，2014 年在总进口中所占比重上升较快的行业还有 C27、C28、C29、C30、G46、G47、C10_C12 和 H51，上升的幅度均在一倍以上，如表 7-23 所示。这说明了最终消费支出对这些行业进口诱发能力有较大提高。在总进口中所占比重下降较大的行业还有 C24，最终消费支出对该行业进口诱发的能力下降较大。

第二，在固定资本形成诱发因素影响下不同行业进口占比的变化。

在固定资本形成诱发因素影响下，2014 年在总进口中所占比重超过5%的行业有 4 个，为 C26、C20、C28 和 C27，它们在总进口中所占比重分别为 43.47%、12.01%、11.34%和 6.45%。如表 7-23 所示。同 2000 年相比，C26 所占比重上升近一倍，而 C20、C28 和 C27 都有很大程度的下降，这 3 个行业在总进口中所占比重从 2000 年的 36.66%下降到 2014 年的29.80%。说明了固定资本形成对化学品及化学制品制造、电力设备制造和未另分类的机械和设备制造这 3 个行业进口诱发能力有很大的下降。

同 2000 年相比，2014 年在总进口中所占比重上升较快的行业还有C29、C30、G46、G47、C31_C32 和 H51，上升的幅度均在一倍以上。如表7-23 所示。这说明了固定资本形成对这些行业进口诱发能力有较大提高。在总进口中所占比重下降较大的行业还有 C24、C19、C25、C13_C15，分别从 2000 年的 12.49%、8.00%、4.79% 和 4.06% 下降到 2014 年的3.84%、3.56%、1.40%和 1.08%。这说明固定资本形成对这些行业进口诱发的能力下降较大。

第三，在出口诱发因素影响下不同行业进口占比的变化。

在出口诱发因素影响下，2014 年在总进口中所占比重超过 5%的行业有 2 个，为 C26 和 C20，它们在总进口中所占比重分别为 53.89% 和15.88%。如表 7-23 所示。同 2000 年相比，C26 所占比重上升近一倍，而C20 有很大程度的下降，下降了近 8 个百分点。说明了出口对化学品及化学制品制造这个行业进口诱发能力有很大的下降，对计算机、电子产品和光学产品制造行业进口诱发能力有很大的提升。

同 2000 年相比，2014 年在总进口中所占比重上升较快的行业还有C27、C28、C29、G46、G47、C31_C32 和 H51，上升的幅度约在一倍以上。如表 7-23 所示。这说明了出口对这些行业进口诱发能力有较大提高。在总进口中所占比重下降较大的行业还有 C19、C13_C15、C24、C25，分别从 2000 年的 7.12%、21.16%、7.55% 和 1.46% 下降到 2014 年的3.74%、3.18%、2.64%和 0.68%。这说明出口对这些行业进口诱发的能力下降较大。

第四，在存货增加和贵重物品净值诱发因素影响下不同行业进口占比的变化。

在存货增加和贵重物品净值诱发因素影响下，2014 年在总进口中所占比重超过 5%的行业有 2 个，为 C26 和 C20，它们在总进口中所占比重分别为 70.06%和 8.34%。如表 7-23 所示。同 2000 年相比，C26 所占比重上升了约 25 个百分点，而 C20 有很大程度的下降，下降了近 14 个百分点。说明了存货增加和贵重物品净值对化学品及化学制品制造这个行业进口诱发能力有很大的下降，对计算机、电子产品和光学产品制造行业进口诱发能力有很大的提升。

同 2000 年相比，2014 年在总进口中所占比重上升较快的行业还有 C27、C30、G45、G46、G47，上升的幅度都在一倍以上。如表 7-23 所示。这说明了存货增加和贵重物品净值对这些行业进口诱发能力有较大提高。在总进口中所占比重下降较大的行业还有 C19、C13_C15、C28、C29、C24、C22、C25，分别从 2000 年的 4.71%、4.18%、6.18%、2.96%、4.92%、1.11% 和 1.42% 下降到 2014 年的 2.07%、0.98%、0.94%、0.80%、0.78%、0.54%和 0.47%。这说明存货增加和贵重物品净值对这些行业进口诱发的能力下降较大。

通过构建中国对外非竞争（进口）型投入产出表，基于 WIOT 数据库，以中国作为韩国市场提供者为例，分析了中国的最终消费支出、固定资本形成、出口以及存货增加和贵重物品净值这四种最终需求对从韩国进口的诱发能力，对中国作为韩国市场提供者的动力来源和结构变化问题有了更深的认识。

第一，在影响中国为韩国提供市场的四种最终需求的动力来源中，动力最大的是存货增加和贵重物品净值。而最终消费支出和固定资本形成的动力效果明显低于存货增加和贵重物品净值，但是它们的影响范围较为广泛。

最终消费支出的进口诱发能力始终是最低的，其综合进口诱发能力仅高于出口需求，且都有下降趋势。出口的进口诱发能力较强，但是其综合进口诱发能力始终是最低的。固定资本形成的进口诱发能力和综合进口诱发能力低于存货增加和贵重物品净值，但是高于最终消费支出和出口。

第二，存货增加和贵重物品净值进口诱发能力较强的行业构成了中国为韩国所提供产品市场的重要主体。这些行业主要集中在计算机、电子产品和光学产品制造（C26），电影、录像和电视节目制作、录音及音乐作品出版、电台和电视广播（J59_J60），批发和零售业、汽车和摩托车修理（G45）等行业。

第三，从最终需求对不同行业诱发能力的变化历程来看，四类最终需求的进口诱发能力和综合进口诱发能力都出现了先上升，而后又下降的趋势，大部分行业下降后 2014 年的水平也要高于 2000 年。最终需求的进口诱发能力和综合进口诱发能力主要是在 2005 年和 2010 年达到最大值。其中，最终需求进口诱发能力较高的行业集中在 G45、J59_J60 等相关行业。

第四，从最终需求对不同行业进口诱发能力而带来进口结构上的变化角度来看，最终消费支出对纺织品制造、服装制造、皮革和相关产品制造，焦炭和精炼石油产品制造，化学品及化学制品制造这 3 个行业进口诱发能力大幅下降。固定资本形成对化学品及化学制品制造、电力设备制造和未另分类的机械和设备制造这 3 个行业进口诱发能力有很大的下降。出口对化学品及化学制品制造这个行业进口诱发能力有很大的下降。存货增加和贵重物品净值对化学品及化学制品制造这个行业进口诱发能力有很大的下降。四种最终需求都对计算机、电子产品和光学产品制造行业进口诱发能力有很大的提升，使该行业在进口结构中的比重迅速上升，并占有绝对优势。

第五，中国作为韩国市场提供者的地位不会再有较大幅度的提高，而是趋于目前水平的平稳状态。最终需求的进口诱发能力在 2005 年或 2010 年时达到最大值。这也正是 2000 年以来，中国为韩国提供市场能力能够保持持续上升的根本原因。但是，2014 年与 2010 年相比，中国最终需求进口诱发能力出现大幅度下降，这也预示着以后中国作为韩国市场提供者的地位仍持续上升的可能性不高。

本章小结

中国对外市场提供者地位大幅提升的同时，中国对外市场提供的结构也一定会发生变化。近年来，中国对外提供初级产品市场规模所占比重经历了迅速上升，但目前已经出现明显下降的趋势。中国提供的中间产品市场所占比重会比较稳定或呈下降趋势，提供的最终产品市场所占的比重将逐渐上升。中国对外市场提供的结构变化会对经济增长产生一定的影响。初级产品市场提供规模的迅速上升对中国经济增长作用并不明显，但增加了国内经济对国际初级产品市场的依赖程度。虽然中间产品市场提供和最终产品市场提供都是引起经济增长的原因，但从两者与经济增长的长期均衡关系来看，最终产品市场提供与经济增长的长期均衡关系更为明显。同时，不同行业产品的市场提供与经济增长的关系有较大差异。玩具、杂货类和纺织类的中间产品市场提供与经济增长的长期均衡关系较强；而电气机械类和精密仪器类中间产品市场提供与经济增长的长期均衡关系较弱。纺织类，钢铁、有色金属类，电气机械类的最终产品市场提供与经济增长的长期均衡关系较强；食品类和化学制品及相关产品类的最终产品市场提供与经济增长的长期均衡关系较弱。

从不同进口产业部门的角度来看，中国在对进口产业部门市场需求的拉动作用上，中国对基础资源型产业部门以及初级能源提供型产业部门的拉动作用更强一些，即中国对外提供的市场仍旧是初级产品市场和中间产品市场所占比重比较大。中国对外的基础资源型进口产业部门的中间产品市场需求将出现下降趋势，中国国内进口产业部门的变化不会太大，而对于部分服务性强的产业部门的中间产品市场需求有进一步上升趋势。从发展趋势上来看，中国对外提供市场的产业类型会从中间产品产业类型向最终产品产业类型逐渐转换，即中国对外提供最终产品市场的能力会伴随着中国产业结构的升级而不断提高。虽然前景比较乐观，但是这一转变的实现仍旧有很长的路要走。

最终需求是诱发一个国家产生进口的动力根源，也是一国对外所提供市场出现结构变化的根本因素。这里构建了中国对外非竞争（进口）型投入产出表，以此可以分析中国对外提供市场的结构变化和动力来源等问题。基于 WIOT 数据库，以中国作为韩国市场提供者为例，在影响中国为韩国提供市场的四种最终需求的动力来源中，动力最大的是存货增加和贵重物品净值。而最终消费支出和固定资本形成的动力效果明显低于存货增加和贵重物品净值，但是它们的影响范围较为广泛。最终消费支出的进口诱发能力始终是最低的，其综合进口诱发能力仅高于出口，且都有下降趋势。出口的进口诱发能力较强，但是其综合进口诱发能力始终是最低的。固定资本形成的进口诱发能力和综合进口诱发能力低于存货增加和贵重物品净值，但是高于最终消费支出和出口。存货增加和贵重物品净值进口诱发能力较强的行业构成了中国为韩国所提供产品市场的重要主体。从最终需求对不同行业诱发能力的变化历程来看，四类最终需求的进口诱发能力和综合进口诱发能力都出现了先上升，而后又下降的趋势。各项最终需求对不同行业进口诱发能力的变化直接推动中国对外提供市场结构上的变化。

参考文献

安文强、朱钧钧:《离岸人民币外汇期货市场月度报告(2015年10月)》,《金融博览》2015年第22期。

安文强:《境外人民币外汇衍生品市场月度报告(2016年11月)》,《金融博览》2016年第12期。

毕玉江:《汇率、国民收入与商品进出口——基于标准国际贸易分类的实证检验》,《财贸研究》2005年第4期。

曹阳、李剑武:《人民币实际汇率水平与波动对进出口贸易的影响——基于1980~2004年的实证研究》,《世界经济研究》2006年第8期。

陈昌才:《产业关联测度方法的改进及应用——基于OECD非竞争型投入产出表的分析》,《统计与信息论坛》2013年第3期。

陈建安:《东亚的产业分工体系及其结构性不平衡》,《世界经济研究》2008年第4期。

陈雨露、王芳、杨明:《作为国家竞争战略的货币国际化:美元的经验证据——兼论人民币的国际化问题》,《经济研究》2005年第2期。

陈云、何秀红:《人民币汇率波动对我国HS分类商品出口的影响》,《数量经济技术经济研究》2008年第3期。

丛涛:《日本能成为东亚的市场提供者吗?》,《日本研究》1996年第1期。

丁任重:《关于供给侧结构性改革的政治经济学分析》,《经济学家》2016年第3期。

丁一兵、刘璐、傅缨捷:《中国在东亚区域贸易中的地位变化与其经济结构调整》,《国际商务》2013年第4期。

董葆茗：《日元升值对日本进出口贸易的影响分析》，《现代日本经济》2006年第5期。

冯永琦、黄翰庭：《中国作为东亚市场提供者的地位与前景研究》，《世界经济研究》2016年第8期。

冯永琦、裴祥宇：《人民币实际有效汇率变动的进口贸易转型效应》，《世界经济研究》2014年第3期。

冯永琦、裴祥宇：《中国进口贸易结构变化与经济增长关系实证研究》，《经济问题探索》2013年第10期。

冯永琦、王丽莉：《中日作为东亚市场提供者的地位变化及其原因和影响分析》，《现代日本经济》2016年第4期。

冯永琦：《东亚区域的生产分工、产品需求结构与贸易模式转型》，《当代亚太》2011年第3期。

谷宇、高铁梅：《人民币汇率波动性对中国进出口影响的分析》，《世界经济》2007年第10期。

〔日〕关志雄：《亚洲货币一体化研究——日元区发展趋势》，中国财政经济出版社，2003。

何帆、朱鹤、韩国成：《特朗普贸易新政下，中国如何化挑战为机遇?》，中国新闻网，http://finance.chinanews.com/cj/2017/03-21/8179589.shtml。

胡鞍钢、周绍杰、任皓：《供给侧结构性改革——适应和引领中国经济新常态》，《清华大学学报》（哲学社会科学版）2016年第2期。

黄锦明：《人民币实际有效汇率变动对中国进出口贸易的影响——基于1995-2009年季度数据的实证研究》，《国际贸易问题》2010年第9期。

黄梅波：《货币国际化及其决定因素——欧元与美元的比较》，《厦门大学学报》（哲学社会科学版）2001年第2期。

季莹、王怡：《人民币汇率波动对中国对外贸易影响的动态分析》，Proceeding of International Conference on Engineering and Business Management，2010。

季铸：《进口贸易与经济增长的动态分析》，《财贸经济》2002年第11期。

焦继军:《人民币国际化研究》,博士学位论文,辽宁大学,2004。

靳军会:《边限检验理论及几点讨论》,《统计与信息论坛》2008年第7期。

李兵:《进口贸易结构与我国经济增长的实证研究》,《国际贸易问题》2008年第6期。

李琮:《现阶段发达资本主义国家的经济发展模式》,《经济社会体制论坛》1996年第6期。

李娇、陆晓丽:《从国际生产网络视角考察东亚贸易模式转变》,《亚太经济》2008年第3期。

李晓、丁一兵:《新世纪的东亚区域货币合作:中国的地位与作用》,《吉林大学社会科学学报》2004年第2期。

李晓、丁一兵:《亚洲的超越——构建东亚区域货币体系与“人民币亚洲化”》,中国当代出版社,2006。

李晓、冯永琦:《中日两国在东亚区域内贸易中地位的变化及其影响》,《当代亚太》2009年第6期。

李晓、付竞卉:《现阶段的国际货币体系改革:东亚的困境与战略选择》,《世界经济与政治论坛》2010年第4期。

李晓、付竞卉:《中国作为东亚市场提供者的现状与前景》,《吉林大学社会科学学报》2010年第2期。

李晓、张建平:《东亚产业关联的研究方法与现状——一个国际/国家间投入产出模型的综述》,《经济研究》2010年第4期。

李晓:《中日经济关系在东亚经济发展中的地位与作用》,《世界经济与政治》1995年第1期。

刘志雄、王新哲:《中国作为东盟产品市场提供者的实证研究》,《经济问题探索》2013年第1期。

卢锋:《产品内分工》,《经济学》(季刊)2004年第1期。

麦慧珍:《浅析香港离岸人民币债券的发展现状》,《时代金融》2014年第8期。

〔加〕蒙代尔:《汇率与最优货币区》,《蒙代尔经济学文集》第五卷,中国金融统计出版社,2003。

裴长洪：《对未来经济发展取向和增长理念的若干分析》，《经济学动态》2013 年第 2 期。

齐舒畅、王飞、张亚雄：《我国非竞争型投入产出表编制及其应用分析》，《统计研究》2008 年第 5 期。

沈利生、吴振宇：《外贸对经济增长贡献的定量分析》，《吉林大学社会科学学报》2004 年第 4 期。

沈利生：《"三驾马车"的拉动作用评估》，《数量经济技术经济研究》2009 年第 4 期。

史智宇：《东亚产业内贸易发展趋势的实证研究——对发展我国与东亚产业内贸易的政策思考》，《财经研究》2003 年第 9 期。

苏海峰、陈浪南：《人民币汇率变动对中国贸易收支时变性影响的实证研究》，《国际金融研究》2014 年第 2 期。

孙卫东、韩友德：《东亚地区生产分工对其贸易结构影响的实证研究》，《经济与管理》2007 年第 7 期。

佟家栋：《关于我国进口与经济增长关系的探讨》，《南开学报》1995 年第 3 期。

汪斌：《东亚国际产业分工的发展和 21 世纪的新产业发展模式》，《亚太经济》1998 年第 7 期。

汪琳：《人民币汇率波动对我国进口商品结构的影响》，《武汉金融》2011 年第 10 期。

王巧英：《影响力系数和感应度系数计算方法新探》，《理论探索》2010 年第 10 期。

王珊珊、黄梅波：《人民币成为东亚区域计价结算货币的影响因素研究——基于最终产品市场提供者的视角》，《经济经纬》2015 年第 3 期。

王伟：《中国的东亚市场提供者地位研究》，博士学位论文，吉林大学，2011。

王岩：《世界银行 ICP2011 的方法、指标与数据问题研究》，《东北财经大学学报》2016 年第 4 期。

谢锐：《东亚区域经济一体化进程中中国贸易结构变迁与经济效应研究》，博士学位论文，湖南大学，2010。

徐春祥：《“浅层次”贸易一体化：东亚区域经济合作新模式》，《亚太经济》2009年第1期。

徐光耀：《我国进口贸易结构与经济增长的相关性分析》，《国际贸易问题》2007年第2期。

徐奇渊、刘力臻：《人民币国际化进程中的汇率变化研究》，中国金融出版社，2009。

羊绍武：《日元升值与日本产业的海外转移》，《当代经济》2005年第11期。

阳中良：《需求贸易理论与我国的绿色贸易战略》，《现代经济探讨》2006年第9期。

杨碧云：《人民币汇率变动对我国加工贸易进口影响的实证研究：1995—2008》，《当代财经》2009年第9期。

袁富华：《低碳经济约束下的中国潜在经济增长》，《经济研究》2010年第8期。

张伯伟、彭支伟：《东亚地区经济内部化及产业分工体系研究》，《南开学报》2006年第5期。

张伯伟、田朔：《汇率波动对出口贸易的非线性影响——基于国别面板数据的研究》，《国际贸易问题》2014年第6期。

张红霞：《东亚地区产业分工模式的演进及中国的对策》，《东北亚论坛》2006年第5期。

张坤：《东亚新贸易模式的形成与转型——基于中国地位及作用的考察》，《世界经济研究》2013年第10期。

张蕴岭：《东亚区域合作的新趋势》，《当代亚太》2009年第4期。

郑京淑、李佳：《“后雁形模式”与东亚贸易结构的变化》，《世界经济与政治论坛》2007年第2期。

郑京淑：《东亚的区域内贸易发展及其动力机制研究》，《南开经济研究》2005年第4期。

郑昭阳、周昕：《中国东亚地区贸易结构中的地位和作用——基于零部件贸易的研究》，《世界经济研究》2007年第8期。

中国经济增长前沿课题组：《中国经济长期增长路径、效率与潜在增长水平》,《经济研究》2012 年第 11 期。

中国人民银行货币政策司:《中国货币政策执行报告 2010 年第一季度》, 2010。

中国人民银行货币政策司:《中国货币政策执行报告 2015 年第三季度》, 2015。

中国人民银行货币政策司:《中国货币政策执行报告 2016 年第三季度》, 2016。

钟伟:《需求模式与贸易结构》,《南京社会科学》1998 年第 11 期。

周林、温小郑:《货币国际化》, 上海财经大学出版社, 2001。

朱春兰:《进口贸易结构对我国经济增长的影响》,《经济技术与管理研究》2012 年第 4 期。

朱民:《持续低迷和结构性变化主导世界经济》,《第一财经日报》2017 年 2 月 20 日。

朱民:《世界经济未来 10 年:低迷、结构性变化和拐点》,《21 世纪经济报道》2017 年 3 月 1 日。

朱民:《特朗普的经济政策将如何影响全球?》,《第一财经日报》2017 年 3 月 6 日。

朱心坤:《1985 年日元升值以来的日本经济及其 90 年代的发展前景》,《日本研究》1990 年第 2 期。

Alberto, Trejos, and Randall Wright, "Toward a Theory of International Currency: A Step Further," *PIER Working Paper*, 1996.

Ando, Mitsuyo, "Fragmentation and Vertical Intra-Industry Trade in East Asia," Claremont Regional Integration Workshop with Particular Reference to Asia, 2005.

Arndt, W. Sven, "Globalization and the Open Economy," *North American Journal of Economics and Finance*, Vol. 1, 1997.

Barhoumi, K., "Differences in Long Run Exchange Rate Pass-through into Import Prices in Developing Countries: An Empirical Investigation," *Economic Modeling*, Vol. 23, No. 6, 2006.

Barkoulas, J. T., Baum, C. F., and Caglayan, M., "Exchange Rate

Effects on the Volume and Variability of Trade Flows," *Journal of International Money and Finance*, Vol. 21, No. 4, 2002.

Bergsten, C. Fred, "The Dollar and the Euro," *Foreign Affairs*, Vol. 76, No. 4, 1997.

Bergsten, C. Fred, *The Dilemma of the Dollar: The Economics and Politics of United States International Monetary Policy*, ME Sharpe, 1996.

Black, W. Stanley, "The International Use of Currencies," in Yoshio Suzuki, Junichi Miyabe, and Mitsyaki Okabe, eds., *The Evolution of the International Monetary System*, University of Tokyo Press, 1990.

Chen, Xikang, et al., "The Estimation of Domestic Value-Added and Employment Induced by Exports: An Application to Chinese Exports to the United States," *A Working Paper, Department of Economics*, Stanford University, 2001.

Chou, W. L., "Exchange Rate Variability and China's Exports," *Journal of Comparative Economics*, Vol. 28, No. 1, 2000.

Chow, P., et al., "East Asian NIC Manufacture Intra-Industry Trade 1965-1990," *Journal of Asia Economics*, Vo1. 5, No. 3, 1994.

Cipolla, *Money, Prices and Civilization in the Mediterranean World, Fifth to Seventeenth Century*, New York: Gordian Press, 1967.

Coe, D., Helpman, E., Hoffmaister, A., "North-South R&D Spillovers," *Economic Journal*, Vol. 107, 1997.

Cohen, J. Benjamin, *The Future of Sterling as an International Currency*, London, Macmillan; New York, St. Martin's Press, 1971.

Cohen, J. Benjamin, *The Geography of Money*, Cornell University Press, 1998.

Connolly, M., "The Dual Nature of Trade: Measuring Its Impact on Imitation and Growth," *Journal of Development Economics*, Vol. 72, 2003.

Cote, A., "Exchange Rate Volatility and Trade: A Survey," *Bank of Canada Working Paper*, Vol. 94, No. 5, 1994.

Dellas, H., Zilberfarb, H., "Real Exchange Rate Volatility and

International Trade: A Reexamination of the Theory," *Southern Economic Journal*, Vol. 59, No. 4, 1993.

Engle, R. F. and C. J. Granger, "Co-Integration and Error Correction Representation," *Estimation and Testing Econometrica*, Vol. 55, No. 3, 1987.

Feenstra, C. Robert, "Integration of Trade and Disintegration of Production in the Global Economy," *Journal of Economic Perspectives*, Vol. 12, No. 4, 1998.

Francis, Ng, and Alexander Yeats, "Major Trade Trends in East Asia," *World Bank Policy Rearch Paper*, No. 3084, 2003.

Françoise, Lemoine, Deniz Ünal-Kesenci, "China's Emergence and the Reorganisation of Trade Flows in Asia," *China Economic Review*, Vol. 18, No. 3, 2006.

Frenkel, J., Goldstein, M., "The International Role of the Deutsche Mark," in Deutsche Bundesbank, ed., *Fifty Years of the Deutsche Mark: Central Bank and the Currency in Germany since* 1948, Oxford University Press, 1999.

Gaulier, G., F. Lemoine, and Ü. K. Deniz, "China's Emergence and the Reorganisation of Trade Flows in Asia," *China Economic Review*, Vol. 18, No. 3, 2007.

Gerald, P., Dwyer Jr., and James R. Lothian, *The Economics of International Monies*, Federal Reserve, 2003.

Gerald, Selgin, "World Monetary Policy after the Euro," *Cato Journal*, Vol. 20, No. 1, 2000.

Goldstein, M., M. S. Kahn, "Income and Price Effects in Foreign Trade," in R. W. Jones and P. B. Kenen, eds., *Handbook of International Economics*, Amsterdam: Elsevier, 1985.

Grubel, P., J. Lloyd, *Intradeindustry Trade: The Theory and Measuremen to Iniemational Tradein Differeniiated Produets*, London: Macmillan, 1975.

Guillaume, Gaulier, et al., "China's Integration in East Asia: Production Sharing, FDI & High-Tech Trade," *CEPII Working Paper*, Vol. 40, No. 1, 2005.

Hartmann, P., *Currency Competition and Foreign Exchange Markets: The*

Dollar, the Yen and the Euro, Cambridge University Press, 1998.

Hashem, M. Pesaran, Ron P. Smith, "Structural Analysis of Cointegrating VARs," *Economic Surveys*, Vol. 12, 1998.

Hellvin, Lisbeth, "Intra-Industry Tradein Asia," *International Economic Journal*, Vol. 8, No. 4, 1994.

Hooper, P., S. Kohlhagen, "The Effect of Exchange Rate Uncertainly on the Prices and Volume of International Trade," *Journal of International Economics*, Vol. 8, 1978.

Hummels, D., et al., "The Nature and Growth of Vertical Specialization in the World Trade," *Journal of International Economics*, No. 54, 2001.

Hummels, D., et al., "Vertical Specialization and the Changing Nature of World Trade," *Economic Policy Review*, No. 7, 1998.

Ishii, Jun, and Kei-Mu Yi, "The Growth of World Trade," *Federal Reserve Bank of New York Research Paper*, No. 9718, 1997.

Jones, R. W. and Kierzkowski, H., "The Role of Services in Production and International Trade: A Theoretical Framework," *RCER Working Papers from University of Rochester*, 1988.

Jonne, Cutler, et al., "Intra-Regional Trade and the Role of Mainland China," *Hong Kong Monetary Authority Quarterly Bulletin*, No. 12, 2004.

Kimura, Fukunari, and Mitsuyo Ando, "The Economic Analysis of International Production/Distribution Networks in East Asia and Latin America: The Implication of Regional Trade Arrangements," *Business and Politics*, Vol. 7, No. 1, 2005.

Koopman, Robert, Wang Zhi, and Wei Shang-Jin, "Tracing Value-Added and Double Counting in Gross Exports," *Social Science Electronic Publishing*, Vol. 104, No. 2, 2014.

Kyoji, Fukao, et al., "Direct Investment in East Asia," *RIETI Dicussion Paper Seriese*, 2003.

Kyoji, Fukao, et al., "Vertical Intra-Industry Trade and Foreign Direct Investment in East Asia," *Japanese Internationgal Economies*, Vol. 17, 2003.

Lawrence, Z. Robert, "Trade and Growth: Experience from Japan and Korea," *Rethinking the East Asian Miracle*, 2000.

Lee, J. W., "Capital Goods Imports and Long-Run Growth," *Journal of Development Economics*, Vol. 48, No. 1, 1995.

Li, Xiao, and Yibing Ding, "From Export Platform to Market Provider: China's Perspectives on Its Past and Future Role in a Globalised Asian Economy," *Third World Quarterly*, Vol. 36, No. 11, 2014.

Liu, Ruixiang, and An, Tongliang, "The Driving Force of China Economic Growth and Transformation Prospect: An Analysis from Final Demand Perspective," *Economic Research Journal*, No. 7, 2011.

Maehara, Y., "The Internationalisation of the Yen and Its Role as a Key Currency," *Journal of Asian Economics*, Vol. 4, No. 1, 1993.

Mukund, Raj, Currency Competition Survival of the Fittest, http://econwpa. wustl. edu: 8089/eps/mac/papers/0309/0309010. pdf.

Mundell, Robert, "The Euro and the Stability of the International Monetary System," paper prepared for Conference on the Euro as a Built-In Stabilizer in the Economic System, Luxembourg, December 3, 1998.

Otani, A., Shiratsuka, S., Shirota, T., "Revisiting the Decline in the Exchange Rate Pass-through: Further Evidence from Japan's Import Price," *Monetary and Economic Studies*, Vol. 24, 2004.

Patricia, S. Pollard, "The Creation of the Euro and the Role of the Dollar in International Markets," *The Federal Reserve Bank of St. Louis*, 2001.

Philipp, Hartmann and Otmar Issing, "The International Role of the Euro," *Journal of Policy Modeling*, Vol. 24, 2002.

Prema-chandra, Athukorala, "Multinational Enterprises and Manufacturing for Export in Developing Asian Countries: Emerging Patterns and Opportunities for Latecomers," *Hi-Stat Discussion Paper Series*, No. 4, 2006.

Prema-chandra, Athukorala, "Product Fragmentation and Trade Patterns in East Asia," *RePEc Working Paper*, No. 21, 2003.

Prema-chandra, Athukorala, " Production Fragmentation and Trade

Integration: East Asia in a Global Context," *The North American Journal of Economics and Finance* , Vol. 17, No. 3, 2006.

Pula, G., and T. A. Peltonen, "Has Emerging Asia Decoupled? An Analysis of Production and Trade Linkages Using the Asian International Input-Output Table," *ECB Working Paper*, No. 993, 2009.

Rasul, Shams, "Is It Time for a World Currency?" *HWWA Discussion Paper*, Vol. 167, 2002.

Rolf, Weder, "Domestic Demand, Comparative Advantage, and the Pattern of Trade," *Swiss Journal of Economics and Statistics*, Vol. 131, No. 3, 1995.

Rolf, Weder, "How Domestic Demand Shapes the Pattern of International Trade," *World Economy*, Vol. 9, No. 3, 1996.

Romer, Paul, "Idea Gaps and Object Gaps in Economic Development," *Journal of Monetary Economics*, Vol. 32, 1993.

Ryuhei, Wakasugi, "Vertical Intra-Industry Trade and Economic Integration in East Asia," *Asian Economic Paper*, Vol. 6, No. 1, 2007.

Sercu, P., Vanhulle, C., "Exchange Rate Volatility, Exposure and the Value of Exporting Firms," *Journal of Banking and Finance*, Vol. 16, 1992.

Swoboda, Alexander, *The Euro-Dollar Market: An Interpretation*, Essays in International Finance, Princeton University, 1968.

Tavlas, G., *On the International Use of Currencies: The Case of the Deutsche Mark*, Princeton University, 1991.

Thygesen, N., *International Currency Competition and the Future Role of the Single European Currency*, Kluwer Law International, 1995.

Timmer, P. Marcel, et al., "An Illustrated User Guide to the World Input-Output Database: The Case of Global Automotive Production," *Review of International Economics*, Vol. 23, No. 3, 2015.

Wolfgang, Keller, "How Trade Patterns and Technology Flows Affect Productivity Growth," *NBER Working Paper*, 1999.

Yi, Kei-Mu, "Can Vertical Specialization Explain the Growth of World Trade," *Journal of Political Economy*, Vol. 111, No. 1, 2003.

附　表

附表1　56个行业部门英文编码与汉字对照

编码	行业部门名称
A01	作物和牲畜生产、狩猎和相关服务
A02	林业与伐木业
A03	渔业与水产业
B	采矿和采石
C10_C12	食品制造、饮料制造、烟草制品制造
C13_C15	纺织品制造、服装制造、皮革和相关产品制造
C16	木材、木材制品及软木制品的制造（家具除外）、草编制品及编织材料物品制造
C17	纸和纸制品制造
C18	记录媒介物的印刷及复制
C19	焦炭和精炼石油产品制造
C20	化学品及化学制品制造
C21	基本医药产品和医药制剂制造
C22	橡胶和塑料制品制造
C23	其他非金属矿物制品制造
C24	基本金属制造
C25	机械设备除外的金属制品制造
C26	计算机、电子产品和光学产品制造
C27	电力设备制造
C28	未另分类的机械和设备制造
C29	汽车、挂车和半挂车制造
C30	其他运输设备制造
C31_C32	家具制造、其他制造业
C33	机械和设备的修理和安装
D35	电、煤气、蒸气和空调供应

续表

编码	行业部门名称
E36	集水、水处理与水供应
E37_E39	污水处理，废物的收集、处理和处置，材料回收、补救和其他废物管理服务
F	建筑业
G45	批发和零售业、汽车和摩托车修理
G46	汽车和摩托车外的批发贸易
G47	汽车和摩托车外的零售贸易
H49	陆路运输与管道运输
H50	水上运输
H51	航空运输
H52	储存和运输辅助
H53	邮政和邮递
I	食宿服务
J58	出版
J59_J60	电影、录像和电视节目制作、录音及音乐作品出版、电台和电视广播
J61	电信
J62_J63	计算机程序设计、咨询及相关、信息服务
K64	保险和养恤金之外的金融服务
K65	强制性社会保障除外的保险、再保险和养恤金
K66	金融保险服务及其附属
L68	房地产
M69_M70	法律和会计，管理咨询
M71	建筑和工程、技术测试和分析
M72	科学研究与发展
M73	广告业和市场调研
M74_M75	其他专业、科学和技术、兽医
N	行政和辅助
O84	管理与国防；强制性社会保障
P85	教育
Q	人体健康和社会工作
R_S	艺术、娱乐和文娱、其他服务
T	家庭作为雇主的；家庭自用、未加区分的物品生产和服务
U	国际组织和机构

资料来源：根据联合国经济和社会事务统计局制定的《全部经济活动国际标准行业分类》（*International Standard Industrial Classification of All Economic Activities*，简称《国际标准行业分类》）修订版第 4 版整理得出。

附表 2 中国对外提供的 56 个进口行业部门中间产品综合分配系数

部门名称	2000 年	2005 年	2010 年	2014 年	部门名称	2000 年	2005 年	2010 年	2014 年
A01	1.0093	1.1170	1.0826	1.0461	G46	0.9705	0.9275	0.8747	0.8646
A02	1.2592	1.2525	1.2272	1.2140	G47	0.9073	0.8212	0.7634	0.7724
A03	0.2591	0.3832	0.3772	0.3847	H49	0.9620	1.0048	1.0023	0.9870
B	1.2249	1.2345	1.2234	1.2135	H50	0.8134	0.7378	0.8060	0.8118
C10_C12	0.4051	0.5442	0.5245	0.4337	H51	0.8141	1.1127	1.1303	1.1293
C13_C15	1.1066	1.0537	0.8902	0.7527	H52	0.8169	0.8085	0.9511	0.9560
C16	1.2407	1.2046	1.1857	1.1738	H53	0.8146	0.7347	0.8157	0.8214
C17	1.2365	1.2282	1.1959	1.1532	I	0.6103	0.6378	0.8022	0.7929
C18	1.1809	1.1461	1.1485	1.0831	J58	0.8955	0.7581	0.8671	0.6009
C19	1.0212	1.2274	0.9909	1.0049	J59_J60	0.9890	0.7618	0.7172	0.6809
C20	1.2153	1.2144	1.1786	1.1864	J61	0.8121	0.7428	0.8175	0.7948
C21	0.4153	0.4305	0.3337	0.2995	J62_J63	0.9715	0.7378	0.8051	0.2888
C22	1.0509	1.0582	1.0891	1.0411	K64	0.8335	0.7326	0.8024	0.8007
C23	1.1970	1.2054	1.1808	1.1733	K65	0.8155	0.7359	0.7929	0.7856
C24	1.2488	1.2453	1.2216	1.2095	K66	0.8341	0.7136	0.7500	0.6019
C25	0.8265	0.8678	0.9138	0.9384	L68	1.0276	0.8616	0.8391	0.8273
C26	0.8361	0.8528	0.8778	0.8955	M69_M70	0.8151	0.7342	0.8061	0.8290
C27	0.7391	0.7449	0.7453	0.7127	M71	0.7641	0.6501	0.7504	0.6274
C28	0.3517	0.3718	0.4364	0.4517	M72	0.7413	0.6288	0.7959	0.7788
C29	0.6295	0.6479	0.4984	0.4302	M73	0.8281	0.7338	0.8024	0.7186
C30	0.6480	0.4668	0.5487	0.4452	M74_M75	0.9327	0.6942	0.7913	0.6663
C31_C32	0.5376	0.4899	0.9085	0.9266	N	0.9880	0.8392	0.8121	1.0336
C33	0.6122	0.4972	0.6769	0.6414	O84	0.4257	0.7800	0.8420	0.8824
D35	1.0761	1.0607	1.0515	1.0497	P85	0.7903	0.7105	0.7942	0.7887
E36	1.0554	0.9314	0.9221	1.0780	Q	0.7820	0.7228	0.8117	0.7933
E37_E39	1.1564	1.1109	0.9631	1.1846	R_S	1.0235	0.4399	0.4936	0.4446
F	1.1545	1.0123	1.0254	1.1504	T	1.1697	0.6760	0.8495	0.7274
G45	0.9277	0.8001	0.6916	0.6414	U	0.0000	0.0000	0.0000	0.0000

附表 3 中国对外提供的 56 个进口行业部门最终产品综合分配系数

部门名称	2000 年	2005 年	2010 年	2014 年	部门名称	2000 年	2005 年	2010 年	2014 年
A01	0.4427	0.2395	0.2761	0.3084	G46	0.5108	0.5690	0.6641	0.6366
A02	0.0036	0.0039	0.0063	0.0047	G47	0.6219	0.7539	0.8717	0.8034
A03	1.7609	1.5156	1.5925	1.5047	H49	0.5258	0.4346	0.4260	0.4153
B	0.0639	0.0352	0.0134	0.0056	H50	0.7870	0.8989	0.7922	0.7322
C10_C12	1.5044	1.2357	1.3176	1.4161	H51	0.7857	0.2469	0.1870	0.1579
C13_C15	0.2718	0.3497	0.6351	0.8390	H52	0.7807	0.7760	0.5214	0.4714
C16	0.0361	0.0872	0.0837	0.0773	H53	0.7848	0.9044	0.7741	0.7148
C17	0.0435	0.0461	0.0647	0.1147	I	1.1437	1.0729	0.7994	0.7663
C18	0.1412	0.1889	0.1531	0.2414	J58	0.6427	0.8637	0.6782	1.1137
C19	0.4217	0.0475	0.4472	0.3829	J59_J60	0.4785	0.8572	0.9580	0.9689
C20	0.0807	0.0701	0.0971	0.0546	J61	0.7892	0.8902	0.7709	0.7629
C21	1.4864	1.4332	1.6735	1.6588	J62_J63	0.5092	0.8989	0.7940	1.6781
C22	0.3696	0.3417	0.2639	0.3174	K64	0.7516	0.9079	0.7990	0.7523
C23	0.1130	0.0858	0.0929	0.0782	K65	0.7832	0.9022	0.8166	0.7796
C24	0.0219	0.0164	0.0166	0.0128	K66	0.7505	0.9410	0.8967	1.1118
C25	0.7639	0.6728	0.5912	0.5031	L68	0.4106	0.6836	0.7305	0.7041
C26	0.7471	0.6990	0.6583	0.5808	M69_M70	0.7839	0.9053	0.7920	0.7010
C27	0.9174	0.8866	0.9055	0.9115	M71	0.8735	1.0515	0.8959	1.0656
C28	1.5982	1.5353	1.4820	1.3836	M72	0.9136	1.0884	0.8111	0.7919
C29	1.1100	1.0553	1.3662	1.4223	M73	0.7611	0.9059	0.7991	0.9007
C30	1.0776	1.3702	1.2725	1.3954	M74_M75	0.5774	0.9747	0.8197	0.9954
C31_C32	1.2715	1.3300	0.6010	0.5246	N	0.4802	0.7227	0.7808	0.3309
C33	1.1405	1.3173	1.0331	1.0403	O84	1.4681	0.8255	0.7251	0.6044
D35	0.3254	0.3374	0.3342	0.3019	P85	0.8276	0.9465	0.8142	0.7739
E36	0.3617	0.5623	0.5756	0.2507	Q	0.8422	0.9250	0.7816	0.7656
E37_E39	0.1843	0.2501	0.4990	0.0577	R_S	0.4178	1.4169	1.3753	1.3964
F	0.1876	0.4216	0.3829	0.1197	T	0.1608	1.0064	0.7110	0.8848
G45	0.5861	0.7906	1.0058	1.0403	U	0.0000	0.0000	0.0000	0.0000

附表 4　中国对外提供的 56 个进口行业部门的感应度系数

部门名称	2000 年	2005 年	2010 年	2014 年	部门名称	2000 年	2005 年	2010 年	2014 年
A01	0. 8961	1. 0207	0. 9856	0. 9427	G46	0. 8646	0. 8340	0. 8138	0. 7987
A02	1. 2572	1. 2502	1. 2238	1. 2114	G47	0. 8272	0. 7979	0. 8045	0. 7837
A03	1. 4523	1. 1698	1. 2200	1. 1505	H49	0. 8585	0. 8912	0. 8954	0. 8791
B	1. 1914	1. 2152	1. 2163	1. 2104	H50	0. 8040	0. 8042	0. 8013	0. 7853
C10_C12	1. 1514	0. 9358	0. 9795	1. 0659	H51	0. 8040	1. 0147	1. 0535	1. 0595
C13_C15	1. 0042	0. 9408	0. 8197	0. 7856	H52	0. 8042	0. 7969	0. 8536	0. 8522
C16	1. 2211	1. 1600	1. 1455	1. 1353	H53	0. 8041	0. 8050	0. 8017	0. 7868
C17	1. 2131	1. 2033	1. 1640	1. 0990	I	0. 8856	0. 8517	0. 8012	0. 7837
C18	1. 1147	1. 0632	1. 0821	0. 9908	J58	0. 8222	0. 7999	0. 8113	0. 8604
C19	0. 9072	1. 2018	0. 8850	0. 8967	J59_J60	0. 8787	0. 7993	0. 8177	0. 8077
C20	1. 1740	1. 1777	1. 1328	1. 1583	J61	0. 8040	0. 8029	0. 8018	0. 7837
C21	1. 1337	1. 0892	1. 3101	1. 3241	J62_J63	0. 8653	0. 8042	0. 8012	1. 3483
C22	0. 9373	0. 9460	0. 9943	0. 9367	K64	0. 8057	0. 8056	0. 8012	0. 7841
C23	1. 1417	1. 1613	1. 1368	1. 1344	K65	0. 8041	0. 8047	0. 8014	0. 7835
C24	1. 2367	1. 2360	1. 2129	1. 2025	K66	0. 8058	0. 8117	0. 8073	0. 8595
C25	0. 8049	0. 8077	0. 8307	0. 8389	L68	0. 9133	0. 8058	0. 8046	0. 7879
C26	0. 8061	0. 8035	0. 8149	0. 8124	M69_M70	0. 8041	0. 8051	0. 8013	0. 7882
C27	0. 8129	0. 8025	0. 8085	0. 7950	M71	0. 8072	0. 8435	0. 8072	0. 8396
C28	1. 2507	1. 1905	1. 1112	1. 0376	M72	0. 8123	0. 8581	0. 8013	0. 7835
C29	0. 8702	0. 8449	1. 0147	1. 0715	M73	0. 8051	0. 8052	0. 8012	0. 7932
C30	0. 8569	1. 0341	0. 9497	1. 0477	M74_M75	0. 8401	0. 8195	0. 8014	0. 8151
C31_C32	0. 9587	1. 0020	0. 8280	0. 8307	N	0. 8780	0. 8006	0. 8015	0. 9279
C33	0. 8841	0. 9923	0. 8372	0. 8300	O84	1. 1162	0. 7972	0. 8051	0. 8061
D35	0. 9659	0. 9488	0. 9471	0. 9471	P85	0. 8042	0. 8128	0. 8013	0. 7835
E36	0. 9422	0. 8363	0. 8352	0. 9837	Q	0. 8048	0. 8085	0. 8015	0. 7837
E37_E39	1. 0755	1. 0123	0. 8623	1. 1551	R_S	0. 9093	1. 0744	1. 0216	1. 0486
F	1. 0726	0. 8981	0. 9183	1. 0944	T	1. 0965	0. 8284	0. 8066	0. 7907
G45	0. 8374	0. 7967	0. 8292	0. 8300	U	0. 0000	0. 0000	0. 0000	0. 0000

图书在版编目(CIP)数据

中国对外市场提供者问题研究 / 冯永琦著. -- 北京：社会科学文献出版社，2018.6
（吉林大学哲学社会科学学术文库）
ISBN 978-7-5201-2561-1

Ⅰ. 中… Ⅱ. ①冯… Ⅲ. ①区域经济合作-国际合作-研究-中国 Ⅳ. ①F125.5

中国版本图书馆 CIP 数据核字(2018)第 074271 号

· 吉林大学哲学社会科学学术文库 ·
中国对外市场提供者问题研究

著　　者 / 冯永琦

出 版 人 / 谢寿光
项目统筹 / 恽　薇　陈凤玲
责任编辑 / 关少华　王红平

出　　版 / 社会科学文献出版社 · 经济与管理分社（010）59367226
地址：北京市北三环中路甲 29 号院华龙大厦　邮编：100029
网址：www. ssap. com. cn
发　　行 / 市场营销中心（010）59367081　59367018
印　　装 / 三河市龙林印务有限公司

规　　格 / 开　本：787mm× 1092mm　1/16
印　张：22　字　数：345 千字
版　　次 / 2018 年 6 月第 1 版　2018 年 6 月第 1 次印刷
书　　号 / ISBN 978-7-5201-2561-1
定　　价 / 98.00 元